KB143617

동아시아로부터
생각한다

동아시아
교양총서
0 2

생각한다 동아시아로부터

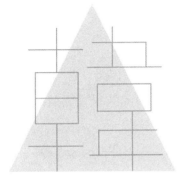

배항섭

박소현

박이진

책임 편집

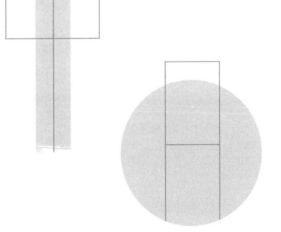

성균관대학교
출판부

이 책은 성균관대학교 동아시아학술원 교양총서 시리즈 1권『동아시아 연구, 어떻게 할 것인가』(성균관대학교출판부, 2016)와 함께 '동아시아학 입문서'로 기획된 연구서이다.

한국에서 최초로 일국적 시야에서 벗어나 '동아시아'라는 넓은 맥락 속에서 인문학을 연구하고자 했던 동아시아학술원은 복합적이고 융합적인 연구를 통해 기존의 분과 학문에 뿌리를 둔 학문 패러다임을 극복하고자 했다. 그에 따라 대학원 동아시아학과가 설립되면서 '동아시아학'에 대한 통합적이고 체계적인 이해가 더욱 절실히 요청되었다.

이러한 요청은 '동아시아학 입문서' 구상으로 연결되었다. 한국학, 중국학, 일본학의 총합이 아닌, '융합 학문'으로서의 '동아시아학'을 고민하고 구성하기 위해 동아시아학술원의 여러 선생님들이 모여 '동아시아학의 재구성'이라는 연구 모임을 결성하게 된 것이다. 이와 같은 연구 모임의 구성이 가능했던 것은 무엇보다 동아시아 지역의 문학, 역사, 철학, 사회과학을 연구하는 다양한 분야의 연구자들로 구성된 동아시아학술원의 독특한 연구 환경과 시스템이 있었기 때문이다.

물론 융합 학문으로서의 '동아시아학'에 대한 고민이 동아시아학술원에만 국한된 것은 아니다. 1990년대부터 탈냉전, 세계화, 지역주의, 신자유주의 등 변화하는 국제정세에 대응하기 위한 대안적 담론으로서의 동아시아론이 활발히 전개되었다. 동아시아 평화와 상생, 번영을 추구하여 동아시아 역내 국가 간의 협력과 공동체를 구상하고, 역사와 문화를 통해 동아시아에 대한 새로운 이해를 모색하는 등 다양하게 전개된 '동아시아론'은 한때 침체한 인문학계에 새로운 활기를 불어넣는 것처럼 보였다. 그러나 안타깝게도 동아시아론의 활기는 오래가지 못했다. 세계화 추세가 가속화되면서 국가 간의 인적 교류가 폭발적으로 증가한 2000년대에 들어와서는 오히려 퇴조한 측면이 있다.

　동아시아론의 퇴조는 무엇보다 내셔널리즘에 뿌리를 둔 영토문제, '역사전쟁', 그리고 안보문제 등을 둘러싼 '현안'들이 동아시아 각국의 내셔널리즘을 다시 자극, 고조시키면서 갈등과 대립의 골을 깊게 만드는 국제정치의 현실 때문일 것이다. 그러나 돌이켜보면 인문학자들이 주도한 동아시아론이 동아시아의 사회·정치적 현실을 극복할 새로운 비전을 제시하지 못한 채 지나치게 이상적이거나 추상적인 접근에 머물렀다는 데에서도 그 원인의 하나를 찾을 수 있을 것이다. 결국 기왕의 동아시아아론은 인문학 고유의 보편적 통찰을 통해 동아시아의 자국중심주의와 지역이기주의, 문화적 특수주의(particularism)의 한계를 극복하고 새로운 지평을 열어간다는 목표에는 도달하지 못한 것이다.

　2000년대에 들어와서 성균관대 동아시아학술원을 비롯해 여러 대학에서 인문학과 사회과학의 융합을 목표로 하는 〈(동)아시아 연구소〉가 설립되었다. 그러나 이러한 제도적 변화가 '동아시아학'과 관련한 새로운 비전과 가능성을 충실히 보여주지는 못하고 있다. 한국의 동아시아론은 여전히 지역연구(area studies)의 사회과학적 패러다임을 극복할 수 있는 새로운 담론을 생성하지 못하고 있으며, 오히려 동아시아라는 경계가 지역주의의 극복 및 '탈경계'를 방해하는 부정적인 현상마저 나타나고 있다. 다시 말해서 동아시아 지역연구가 다른 아시아 지역연구와 유기적, 수평적으로 연결되지 못하고 동아시아의 지정학적 특수성, 특히 동북아 지역의 정치경제적 환경을 지나치게 강조하는 한계를 보이고 있는 것이다.

한편, 지역연구의 방법론과 패러다임은 냉전체제의 산물로서 제2차 세계대전 이후 미국과 유럽 대학에서 본격적으로 연구되었다는 점에서 미국학계나 유럽학계의 동아시아 연구를 참조해볼 필요가 있을 것이다. 유럽 대학들은 19세기 식민정책의 연장선상에서 오리엔트 연구(Oriental Studies)를 해왔다. 이와 달리 미국 대학들은 제2차 세계대전 이후 본격적으로 아시아학과(Asian Studies) 또는 동아시아학과(East Asian Studies)를 신설하고 아시아 또는 동아시아를 하나의 지역 또는 현상으로 연구해오고 있다. 그러나 미국 대학의 '동아시아학' 역시 새로운 학문적 비전과 가능성을 성공적으로 제시하였다고 보기 어렵다. 오히려 에드워드 사이드(Edward Said)의 오리엔탈리즘 비판 이후 수십 년이 지나도록 이렇다 할 대안을 찾지 못한 채, 아직도 오리엔탈리즘 비판의 후유증에서 벗어나지 못한 상태이다. 그럼에도 불구하고 '(동)아시아학'을 연구하는 서구학자들 가운데는 (동)아시아 인문학이 세계화의 막다른 골목에 맞닥뜨린 서구사회를 구원할 대안이라고 믿고 있는 학자들이 적지 않다.

그렇지만 이러한 대안이 그리 쉽게 찾아지는 것은 아닌 듯하다. 이웃한 일본의 예도 그렇다. 19세기 말 중국문화권(중화)에서 (대)동아문화권으로의 '중심' 이동을 제창하였지만, 그들이 주장하는 '동아', '동양'과 같은 개념의 핵심에는 제국의 지배논리가 자리 잡고 있었다. 따라서 제국 일본의 '동아' 혹은 '동양' 구상은 주변국들에게까지 막대한 희생을 초래하면서 파국적 종말을 맞고 말았다. 그 결과 제2차 세계대전에서 패전한 이후 일본에서는 아시아와의 단절이나 아시아 망각이라는 이른바 '쇄국상태'가 연출되었고, (동)아시아는 일종의 금기어가 되기도 했다. 그러다가 1960년대 이후 세계사 속 지역연구의 일환으로 일본 혹은 동아시아가 구상되기 시작하였고, 사상적으로 서양의 근대주의 비판이라는 맥락에서 동아시아 담론이 등장하였다. 이후 냉전해체의 시류 속에서 평화와 연대를 지향하는 동아시아 공동체론이 제기되기도 했다. 하지만 일본의 동아시아 담론은 여전히 아시아와의 연대냐 고립이냐를 두고 분열된 주장을 보이는 등, 기능주의적이고 편의주의적 성향이 강함을 부정할 수 없다. 지역 구상 면에서도 동남아, 동북아, 환태평양, 환일본해와 같이 한정된 권역권을 설정하며 통일된 동아시아를 구상해 내고 있지 못하다. 이는 일본만의 역사적 경험이나 현실적 환경과 밀접한 관련을 가지는 것일 터이지만, 원론적인 차원에서 생각할 때 실체이든 개념이든 '동아시아론'의 주체적 구성이 간단한 문제가 아님을 보여주는 것일 수도 있다.

요컨대 동아시아를 한 마디로 정의하는 것이 불가능한 것만큼이나 동아시아를 어떤 관점에서 바라보고 어떻게 연구할 것인가에 대한 정답은 없는 것 같다. 결국 우리만의 방식으로 그 해답을 찾아야 한다는 것이 유일한 정답일 것이다. 이에 '입문서' 제1권에 해당하는 『동아시아 연구, 어떻게 할 것인가』에서는 우리가 동아시아를 사유함에 있어서 필요한 문제의식과 연구방법, 그리고 국내외의 동아시아 연구 동향에 관한 논의들을 개괄해 보았다. 특히 국내 동아시아 연구 상황의 추이에 유념하면서 (재)검토해야 할 기본 과제에 중점을 두고 1부 〈동아시아 연구의 시각과 방법〉, 2부 〈동아시아 담론의 현재와 전망〉, 3부 〈동아시아의 과거와 현재―현상과 이해〉로 엮은 것이다.

'입문서' 제2권의 성격을 갖고 있는 이 책『동아시아로부터 생각한다』는 기존의 서구/근대 중심적 가치체계에서 벗어나기 위한 하나의 방법으로서의 '동아시아' 연구를 제안한다. 다양한 분야와 주제에서 이루어진 동아시아 연구의 구체적인 사례들을 통해 서구/근대 중심적 연구를 벗어날 수 있는 가능성들을 보여주고자 하였다. 이 책에 실린 글들이 충분한 일관성을 가진 것은 아니지만, 무엇보다 통합적이고 보편적인 학문적 패러다임 창출을 위해 생활 · 질서 · 지식 영역 간의 융합과 소통을 논의의 기저에 두고자 하였다.

1부 '질서 · 생활'은 동아시아 지역 내에 존재하는 개별 국가들이 국가 내적으로 어떤 질서와 운영 방식을 지니고 있었는지, 또 국가 내적 질서가 국가 간의 질서와 어떤 형태로 관련을 맺고 있는지를 동아시아 고유의 생활양식과의 연계(다양성과 지속성) 속에서 성찰해 보았다.

김경호의「고대 동아시아의 호적제도」는 문서를 통한 지배 질서를 전형적으로 보여주는 호적을 소재로 새로운 동아시아의 이해를 도모하고 있다. 고대 동아시아 사회에서 호적과 관련한 기준과 원칙은 중국 전국시대 중엽 상앙(商鞅)이 2차에 걸쳐 추진한 이른바 가족개혁법령(分異令)에 처음으로 등장한다. 이러한 호적 관련 법령의 출현은 국가가 병역과 요역 등에 필요한 노동력의 확보를 전제하는 것이지만,「사기」·「한서」 등의 문헌 자료에 나와 있는 제한된 서술로는 그 구체적 내용을 파악하기 어렵다. 그러나 최근 중국에서 출토된 이야진간(里耶秦簡), 장가산한간(張家山漢簡) 등의 출토자료로 인해 중국 고대 호적의 실체와 관련 법령을 이해할 수 있는 관련 자료들이 연이어 공개되었다. 한국에서도 비록 완전한 형태와 많은 수량은 아닐지라도 고대 한국의 호적제도를 이해할 수 있는 목간들이 출토되기 시작했다. 이러한 새로운 출토자료의 공개와 관련 연구 성과를 분석하는 김경호의 글은 고대 동아시아 사회에서 호적을 통한 민(民)의 지배와 국가운영 등의 문제를 확장하고 재조명해 동아시아인들의 고유 생활영역을 재인식하는 계기를 제공하고 있다.

손병규 「동아시아 근세의 호적(戶籍)」은 고대사회 이후 역사적 환경에 따라 동아시아 각국의 호적이 그 목적과 양식 측면에서 변화해 가는 과정에 주목한다. 중국의 경우는 송대 이후 신분제가 해체되면서 호적상에 국가적 신분규정이 사라지고 조세의 토지세화 경향에 따라 지세를 중심으로 하는 납세 장부에 근거해 호구가 파악되었다. 반대로 한국에서는 양천신분제와 병농일치의 군역제가 지속됨으로써 호적에 개별 인신의 직역과 신분이 기재되게 된다. 토지세 징수를 위해 별도로 토지조사가 이루어지는 한편, 호적이 3년마다 지속적으로 작성되어 전인민을 대상으로 하는 징수체계를 유지했다. 일본의 경우는 에도막부가 통일정권을 수립하면서 종교조사를 겸한 호구조사를 시도하고 메이지유신을 계기로 전국적인 호적작성이 재개된다. 메이지 이후의 호적은 본적지를 근거로 혈연적 가족관계를 조사하는 형태였으며, 이후 식민지 대만과 조선에도 적용되어 최근까지 작성되었다.

고은미는 「전근대 동아시아 국제질서」에서 동아시아 지역세계의 독자적인 연계방식에 주목한다. 이 글은 지역세계가 형성되는 데는 단지 특정 지역에 포함된 개별국가나 민족의 총합이 영향을 미치는 것이 아니라, 해당 지역세계에는 그 지역 세계만의 독자적인 연계방식이 존재한다는 사실을 전제로 한다. 곧 동아시아 역시 동아시아만의 연계방식이 존재한다는 것이다. 그리고 이러한 내재적인 구조 혹은 연계방식은 시기에 따라 변화해왔다. 그러한 연계방식의 변화는 동아시아의 역사는 물론이고 질서와 생활영역의 복합체로서의 문화적 상이(相異)성을 재편할 수도 있다. 이 글에서는 그러한 변화상을 책봉체제론, 맹약체제와 해역아시아, 몽골제국, 조공체제와 호시체제라는 개념을 통해 살펴보고 있다.

배항섭의 「근세 동아시아의 토지 소유구조와 매매관습」은 동아시아의 토지소유와 매매관습에 대한 비교연구를 통해 서구중심적 역사인식에 이의를 제기한 글이다. 조선시대의 토지소유구조와 매매관습은 서구의 중세나 에도시대의 일본은 물론이고 명청대의 중국과도 매우 달랐다. 토지의 사적 소유와 자유로운 매매라는 점에서 중국은 조선보다 훨씬 빨랐지만, 명청시기와 조선시대를 비교할 때 중국의 토지소유구조는 중층적이었고, 매매관습 역시 시장친화적이지 않았다. 서구나 일본의 경우 토지소유의 배타성이나 시장친화적 매매관습은 시민혁명 같은 근대적 정치변혁, 그리고 '근대적' 자본주의적 시장경제와 밀접한 관련을 가지며 형성되었다. 조선에서는 그러한 소유구조나 매매관습이 늦어도 17세기 이후에는 성립해 있었지만, 그것은 근대적 변혁이나 자본주의적 시장경제과 무관한 것이었다. 이는 경제적 면에서의 근대와 정치적 면에서의 근대가 서구의 경험에서 보이듯이 반드시 동시에, 혹은 밀접한 관련 속에서만 진행되는 것은 아님을 시사한다.

정승진의 「동아시아 촌락공동체론」은 공동체적 농민문화라는 사회적 가치나 규범을 전제한 위에, 열린 촌락 하에서의 개인주의적 또는 협력적 농민상이라는 두 가지 경로를 비교사적 관점에서 고찰하고 있다. 19~20세기 동아시아 사회의 급격한 변동으로 농촌촌락의 해체도 가속화되어 왔다. 그러나 열린 촌락 하에서 농민들이 개인주의적 행태를 보이고는 있지만 그것이 공동체적 농민문화에 대한 연구사적 의의가 줄어드는 것을 의미하지는 않는다. 오히려 급격한 도시화 및 산업화에도 불구하고 농민사회가 갖는 고유한 경제·문화적 특질, 그리고 그것이 현대 사회에 미치는 영향력이 끈질기게 존속하고 있음을 이 글은 주장한다. 현실 위기상황에서 '이익보다는 안정화 기능의 우위'를 추구하는 공동체의 성격을 재확인함으로써 동아시아의 집합적 또는 협력적 전통·민속이 갖는 정당성을 환기할 수 있는 것이다.

백우열의 「현대 중국의 탄원(信訪)정치」는 현대 중국공산당 정권의 궁극적인 정치적 목표가 사회 안정을 통한 정권의 유지와 생존에 있음에 착안해 헌법과 신방조례 등에 의해 보호받는 일반 시민의 정당한 정치적 권리인 '신방(信訪)'에 주목한다. 이를 통해 '각종 당과 정부 및 기타 기관들에 서신과 방문을 통하여 개인 시민 또는 집단이 불만, 건의, 제안을 탄원하는' 행위와 이를 보장하는 신방제도를 통해 중국의 권위주의 정권이 취하고 있는 생존전략의 한 부분을 구체적으로 밝혀내고 있다. 결론적으로 중국 권위주의 정권의 개선을 위해 '아래로부터의 저항과 통제를 강화할 수 있는 정치제도의 구축'을 제언하고 있는 이 글은 동아시아의 질서·생활체계에 대한 비교사적 연구에 많은 시사점을 던지고 있다.

2부 '지식·소통'은 동아시아의 지식체계가 어떤 내용으로 형성되고 변화해 왔는지 비판적으로 살펴보는 한편, 지식의 표현 방식과 전달 체계가 서로 소통하고 유동하는 양상을 담아내고 있다.

먼저 조민환의 글 「동아시아 미학과 예술정신을 어떻게 이해할 것인가?」에서는 지식의 표현체이자 전달체인 예술창작의 동아시아적 의미를 정의하고 있다. 동양 예술가들은 예술발생론과 관련하여 천지자연의 조화, 리(理), '일음일양'하는 도를 거론하여 왔다. 이 같은 형이상학적 원리를 마음으로 깨달은 이후 기교를 통해 구체적 형상으로 표현하고자 한 것이 예술창작이라는 것이다. 아울러 사물의 형상을 그대로 재현한 '형사(形似)' 차원의 미보다는 작가의 예술정신이 담긴 '신사(神似)' 차원의 미를 더 높은 경지로 여겼고, 이런 사유는 동양예술의 모든 장르에 적용되는 특징이라 볼 수 있다. 말하자면 동양인이 추구한 미의식과 예술정신에는 유가철학과 노장철학이 제기한 우주론과 심성론이 담겨 있기 때문에 동양예술의 핵심을 이해하려면 예술가들이 자신의 예술작품에 담고자 한 철학과 미학에 대한 이해가 선행되어야 함을 이 글은 강조하고 있다.

이영호의 「유학의 전개와 조선의 주자학」은 공자에게서 발원한 유학이 동아시아에서 인간 문명의 기반을 마련한 사상이었고, 여기에서 가장 중요하게 작용한 것이 바로 인간 사회를 구축하는 데 필요한 실천윤리학이었다는 점을 지적하면서 논의를 시작한다. 이후 송대 주자학은 공자의 실천윤리학적 이념을 계승하면서도, 공자의 유학에서 불충분했던 인간 정신의 본원에 대한 깊이 있는 탐색을 시도했다. 그 결과 외적이고 구체적인 실천윤리적 성격의 유학이 내적이고 추상적인 심성의 탐색으로 그 외연을 확장하게 되었다. 따라서 조선주자학은 기본적으로 공자와 중국주자학의 계승이라고 할 수 있다. 이는 조선주자학이 공자의 실천윤리학과 주희의 인간 본성에 대한 이론을 풍부하게 함유하고 있음을 의미한다. 그러나 한편으로 이황을 종주로 하는 조선주자학은 학문과 종교의 접점에서 자신만의 독자적 영역을 구축하면서, 유학의 종교적 초월성과 신성성을 복원시키는 방향으로 나아갔다. 결과적으로 공자의 실천유학은 주희의 심성유학으로, 그리고 조선에 이르러 종교의 초월성을 모두 포괄하는 유학사상으로 변신을 거듭하면서 발전하였음을 이 글을 통해 알 수 있다.

조성산 「17~19세기 조선과 청나라의 비학(碑學) 유행과 그 의미」는 근세 동아시아에서 비약적으로 발전한 비학 연구에 주목한 글이다. 비학연구의 발전의 요인으로는 청나라에서 발전한 금석학, 고증학, 서체 연구 등을 들 수 있다. 특히 19세기 전반 완원(阮元)의 「남북서파론(南北書派論)」·「북비남첩론(北碑南帖論)」은 비학 연구에 중요한 전환을 가져왔다. 북비야말로 진정한 중화문화의 구현에 가깝다는 주장은 비학 연구의 외연을 획기적으로 확대시켰다. 이 시기 이후 고비(古碑)와 고동(古董)에 대한 관심이 기존보다 더욱 증대되었고, 전국 각지에서 많은 유물들이 발굴·발견되게 된다. 이는 결과적으로 중화문화의 외연이 더욱 구체화되고 확대되는 과정이었으며, 점차 고대 중화문화의 정수가 남겨져 있다고 생각되었던 조선과 일본의 고비에 대한 관심으로 나아갔다. 또한 사고전서(四庫全書) 편찬과정에서 촉발된 바, 모든 서책들을 모은다는 문제의식도 여기에는 깊이 관여되어 있다. 이와 같이 18, 19세기 조선의 비학 연구는 청나라의 문화적 추세와 깊은 관련성을 가졌으며, 김정희의 추사체도 이러한 학술경향 속에서 배태될 수 있었던 것이다.

김도형은 「근대 동아시아의 '천(天)'과 '진화(進化)'」에서 근대 동아시아에 진화론이 수용되는 과정을 전통적 관념 내지 소양과의 연관 속에서 논의한다. 특히 중국과 일본에서 가장 선구적으로 진화론을 받아들였던 옌푸(嚴復)와 가토 히로유키(加藤弘之)의 진화론 이해 및 수용에 대해 새롭게 이해하고자 하였다. 기존에는 스펜서, 다윈 등의 진화론을 기준으로 삼아 이들을 비교하는 연구가 대부분이었지만, 이글에서는 이들이 모두 전통적인 '천(天)'관념과의 연관, 곧 '천'관념의 불가지성(不可知性)이라는 측면을 진화론 수용의 단서로 삼고 있었다는 점에 주목하였다. 하지만 옌푸는 그 불가지성을 기반으로 '천연(天

演'이라는 원리 안에서 '임천(任天)'과 '승천(勝天)'을 공존시키며 종합하는 방향으로 나아간다. 한편 가토는 그 불가지성으로부터 출발한 '천부(天賦)'의 관념이 모순에 빠지자 '천'의 초월성을 해소하고 철저한 자연법칙, 즉 '천칙(天則)'으로 나아가는 방향으로 자신의 진화론을 전개한다. 이러한 양상을 이 글은 상세히 제시하고 있다.

박은영의 글 「근대 동아시아의 기독교 수용과 확산」은 지금까지 동아시아 각국의 기독교 수용에 대한 연구가 근대화의 원동력으로서의 기독교 이해, 서양사상 수용의 한 사례로서의 기독교 수용이라는 맥락에서 이루어져 왔음을 문제시한다. 이것은 동아시아의 19세기를 근대를 선취한 서구로부터의 '충격'에 대한 '반응'으로 해석하는 방식에 다름 아니라고 주장한다. 그러나 동아시아 각국의 근대화에서 보이는 서로 다른 모습을 염두에 둘 때, 동아시아의 기독교라는 문제는 필연적으로 시대가 내포하고 있던 과제와 밀접한 관계를 가질 수밖에 없다. 따라서 기존에 서구의 종교로서 동아시아에 전해진 기독교라는 전달자 중심의 기독교 이해로부터 탈각하여, 동아시아의 기독교 수용 문제를 바라보는 시각을 재조정할 필요가 있다. 이 글에서는 동아시아, 그 중에서도 일본의 사례를 통해 기독교 수용자들이 처해있던 개별적이고 구체적인 시대 상황 속에서 그들의 문제의식과 사상적 배경을 검토하고 있다. 이를 통해 동아시아의 기독교 수용을 역사적 문맥 속에서 새롭게 이해할 수 있는 단서를 제시하고자 하였다.

박이진의 글 「일본에서 '근대의 초극'을 되묻는 방식」은 제2차 세계대전 이후 일본에서 '근대의 초극' 담론을 둘러싸고 전개된 논의들의 특징과 한계를 보여준다. '근대의 초극'에 대해서는 문제의식이나 역사적 맥락 등 총체적 시각에서 접근되기보다 전쟁기의 근대의 초극론, 그리고 그것에 대해 다케우치 요시미가 논문 「근대의 초극」에서 제출한 '전쟁의 이중성'론에 집중하는 경향이 있어 왔다. 그러나 전쟁기의 근대의 초극론도 일본에서 이루어진 '근대의 초극' 사상의 흐름 속에서 제안된 것이다. 따라서 이러한 역사적 맥락이 도외시되거 결여되면 논의가 편파적으로 흐르기 쉽다. 물론 다케우치 요시미의 제안 중에 '일본 근대사의 아포리아'가 문제시되고 있듯이, 전쟁기의 그것을 둘러싼 논란 중에서도 총체로서의 근대화와 근대의 초극을 되묻는 국면이 일어났고 그것은 그것대로 검토의 대상이 된다. 하지만 이 글에서는 각각의 문제 시각 자체를 소개하기 위해 편의적으로 일본에서 제기되었던 '근대의 초극'의 총체를 묻는 논의와 '전쟁기 근대의 초극 사상'을 둘러싼 논의, 두 그룹으로 나누어 그 대강을 살펴보고 있다.

동아시아에 관심을 갖고 있고, 또 동아시아 연구에 입문하는 분들에게 이 책이 작은 도움이 되길 기대해 본다. 동아시아를 한 마디로 정의할 수 없듯이 동아시아연구 혹은 '동아시아학'을 체계화해 나가는 데에는 앞으로도 끊임없는 질문과 그에 대한 답변이 필요하다. 이후로도 학생들을 비롯한 독자들의 의견을 성실히 청취하고 필자들 간에도 진지한 논의를 지속해나가고자 한다. 이러한 소통과 논의들이야말로 기왕의 지역학적인 접근이 아닌 융합 학문으로서의 '동아시아학'을 고민하고 새로운 학문적 비전과 가능성을 더욱 구체화해나가는 데 가장 훌륭한 자양분이 될 것이라 생각한다.

필자들을 대신해

배항섭, 박소현, 박이진 씀

1부

# 질서 · 생활

C

# 1장

# 고대 동아시아의 호적제도

ㅣ

## 출토자료를 중심으로

김경호

## 1. 머리말

고대 동아시아 사회에서 지배단위로서의 가족에 대한 명칭은 '호(戶)'이고, 그 구성원에 대한 신상정보(이름·신분·성별·거주지와 더불어 국가적 노동력으로서의 활용 가능 여부 등)를 수록한 장부가 '호적(戶籍)'이다. '호적'은 정부가 인민 통치를 위하여 몇 년에 한 번씩 행정지역단위로 가족과 그 구성원을 '호(戶)'와 '구(口)'로 파악한 조사문서이다. 정부의 호구파악에는 광범위한 지역에 대한 중앙정부의 집권적 통치 체제가 존재하는 것을 전제로 한다. 중앙정부가 주민을 일률적인 호구로 파악하는 것이 중앙집권적 전제국가의 이상이었다. 따라서 호적은 국가의 대민지배의 가장 기초적 자료로서, 세역(稅役)의 수취와 기층 사회질서의 유지에 필요한 문서행정의 출발점이다. 즉 문서를 통한 사람의 지배를 전형적으로 보여주는 것이 호적이다.

호적 자료에는 개별 인적사항을 가족단위로 파악한 '호적'과 그것을 행정구획별로 통계를 한 '호구부(戶口簿)'가 있다. '호적'은 지방정부에서 작성되어 '호구부'와 함께 중앙에 보고되는데, 중앙정부는 주로 '호구부'를 확인하는 선에서 그쳤다. 그런데 '호적'에는 호의 편제과정에서 구성원의 일부가 가감되고 지역단위의 '호구부'에는 정부가 필요한 만큼의 호구수가 일정한 수치로 총액화하는 경향이 있었다. 지방정부의 자율적 호구조사를 수용한 위에 광범위한 지역으로부터 일정 정도의 호구를 집권적으로 파악하는 방법이었다. 동아시아 전제국가의 중앙집권은 중앙정부와 지방정부의 상호 교감과 견제가 요구되는 체제였던 것이다.

또한 '호적'에는 가족관계·성명·나이 등, 호 구성원의 인적사항만 기록한 것이 있는 반면, 호별 호구통계와 함께 경작지나 조세, 혹은 진대 곡물에 관한 기록이 병기된 것이 있다. 호적은 치안만이 아니라 인력동원을 근간으로 재정운영을 위한 기본대장이었음을 말한다. 전제국가의 재정은 인력 및 재화의 징수와 재구성, 그리고 재분배의 과정을 집권적으로 수행하는 소위 '국가재분배'의 운영원리를 가지고 있었다. 고대 동아시아 사회에서 호적과 관련한 기준과 원칙이 등장한 것은 중국의 전국시대(戰國時代) 중엽 상앙(商鞅)이 2차에 걸쳐 추진한 이른바 가족개혁법령(분이령(分異令))에 기인한다. 이러한 호족 관련 법령이 출현하였다는 것은 두말할 나위 없이 국가가 병역과 요역 등에 필요한 노동력을 확보하기 위한 것이었다. 그렇지만 관련 자료의 한계 등으로 그 구체적인 내용을 이해하기에는 한계가 있었지만 최근 중국에서는 리야진간(里耶秦簡), 장가산한간(張家山漢簡) 등 중국 고대 호적의 실체와 관련 법령을 이해할 수 있는 호적 관련 출토자료들이 연이어 공개되었으며, 한국에서도 비록 완정한 형태와 많은 수량은 아닐지라도 고대 한국의 호적제도를 이해할 수 있는 목간들이 출토되기 시작하였다. 따라서 새로운 자료의 공개와 관련 연구 성과는 고대 동아시아 사회에서 호적을 통한 민의 지배와 국가운영 등의 문제를 검토할 수 있는 새로운 계기를 제공하였다(권오중·윤재석·김경호 외, 2010).

고대 동아시아에서의 호적은 중국 고대사회로부터 작성되기 시작하여 시차를 두고 한국과 일본에 전파되어, 각 지역의 통치체제를 중앙집권적으로 형성하는 기본 도구가 되었다. 한편, 호적작성 방법은 지역의 상황에 따라 독자적으로 적용하게 되었는데 각 지역 통치체제의 서로 다른 특성과 관련되었다. 이 글에서는 고대 동아시아 각지의 호적 자료에 대한 비교사적 분석에 기초하여 중앙집권적 통치체제의 형성과 변화과정을 살펴보기로 한다.

## 2. 호적의 연원: 중국 고대 사회의 호적

호적(戶籍)은 호(戶)를 기본 단위로 호주(戶主)와 그 가속(家屬)들을 기록한 문서를 일컫는다. 따라서 진한제국의 철저한 호적의 전국적 관리는 호를 기초로 한 인적자원의 관리였으며, 이는 곧 국가에 의해서 시행된 토지 분배가 "위호(爲戶)"[1](堀敏一, 1987; 金珍佑, 2008)를 기본으로 한 세역의 확보와 노동력의 재분배를 의미하는 것이다(이성규, 1999:62). 따라서 『상군서(商君書)』 「거강편(去强篇)」 "민의 인구수를 등록할 때 태어난 자는 (적[籍]에) 기록하고 죽은 자는 (적에서) 말소한다(擧民衆口數 生者著 死者削)"는 기사나 호적에 남자에 한해서 나이를 기록했다는 『사기』 「진시황본기(秦始皇本紀)」 "16년 9월……비로서 (籍에) 남자의 연령을 기록하였다(十六年 九月……初 令男子書年)"는 기사[2]는 바로 편호(編戶)가 국가에 요역(徭役)이나 병역(兵役)을 제공해야 하는

---

**1** 睡虎地秦墓竹簡整理小組編, 『睡虎地秦墓竹簡』, 文物出版社, 2001, (이하 『睡虎地秦簡』으로 약칭) 「爲吏之道」 p.174, "自今以來, 假門逆旅, 贅壻後夫, 勿令爲戶, 勿予田宇."

**2** 이와 관련한 내용은 『睡虎地秦簡』, 「編年記」, p.7, ("十六年, 七月丁巳, 公終, 自占年.")에도 명기되어 있다.

「부(傅)」와 밀접한 관련이 있음을 보여주고 있다.[3] 이와 같이 전국시대 이래로 국가권력이 호구편성을 중요시 한 것은 후한말 서간(徐幹)이 언급한 것처럼 국가통치의 핵심이 호적이었기 때문이다.[4]

이러한 측면에서 호적류 문서는 법령과 현실 통치의 양면을 함께 파악할 수 있는 유용한 자료라 하겠다. 다만 이러한 간독(簡牘)과 지장(紙張) 문서의 출현이 현재로서는 후난(湖南), 둔황(敦煌), 투루판(吐魯番) 등 진한 및 당제국의 변방지역에 한하여 확인되고 있으며, 이들 문서 작성의 하한시기는 전국 후기에서 대략 당대 직후인 10세기 정도까지로 한정되었기 때문에 당대까지의 호적류 문서에 대한 분석은 그만큼 용이하지 못했던 것이 사실이다. 이러한 의미에서 19세기 말에서 20세기 초에 걸쳐 간독 및 문헌자료들에 대한 최근의 정리 및 재검토 작업이나 1997년부터 2006년까지 투루판 지역내에서 새로이 발굴, 수집된 문헌자료들에 대한 정리 작업을 통하여(박근칠, 2010) 호적류 문서의 일부가 확인된 것은 특기할 만한 일이다.

『리야발굴보고(里耶發掘報告)』(湖南省文物考古研究所, 2007:203-208; 김경호, 2008)에 의하면 향급(鄕級) 호적(戶籍) 문서(文書)인 리야진간 호적간은 출토 시에는 51매였지만, 정리 복원 작업을 거쳐 24매의 호적 간독이 세상에 공포되었다. 본고에서는 서술의 편의상 『리야발굴보고』에 소개된 호적간의 내용 가운데 서술의 편의상 K27, K1/25/50, K43간 등 일부 간을 통해 대략의 내용을 살펴보고자 한다(이성규, 2008; 鈴木直美, 2008; 黎明釗, 2009. 숫자는 각 간의 해당 란(欄)이다.).

---

**3** 『漢書』卷1「高帝紀」二年五月條 師古注, "傅 著也. 言著名籍 給公家徭役也."

**4** 『中論』「民數篇」, "夫治平在庶功興, 庶功興在事役均, 事役均在民數周, 民數周在國之本也."

|         (K27)         |       (K1/25/50)       |         (K43)         |
|----------------------|------------------------|-----------------------|
| 1 南陽戶人荊不更蠻强    | 1 南陽戶人荊不更黃得     | 1 南陽戶人荊不更大口    |
| 2 妻曰嘯              | 2 妻曰嘯                |   弟不更慶             |
| 3 子小上造□           | 3 子小上造台            | 2 妻曰娛               |
| 4 子小女子駝          |   子小上造              |   慶妻規               |
| 5 臣曰聚              |   子小上造定            | 3 子小上造視           |
|   伍長                | 4 子小女㜍              |   子小造口             |
|                      |   子小女移              |                       |
|                      | 5 子小女平              |                       |
|                      |   五長                  |                       |

비록 상기한 호적간 3매를 예시로 제시하였지만 리야진간 호적간 전체 24매의 주요 내용을 대체로 5가지 정도로 요약할 수 있다(湖南省文物考古硏究所, 2007:208−209). 첫째, 각 란의 기재 내용 즉 제1란은 성년남자로서 호인(戶人)·호인의 자식·호인의 동생, 제2란은 성년여자로서 처(妻)·모(母)·동생의 처, 제3란은 미성년 남자인 자식·동생의 자식, 제4란은 미성년 여자인 딸·동생의 딸·「무실(毋室)」(K28/29簡, 가옥이 없음을 의미, 鈴木直美, 2008), 제5란은 남자 노예·오장(伍長; 특

[사진 1] 리야진간 호적간의 일부

기사형)이다. 둘째, 기재 내용은 남녀와 대소의 구별 그리고 혈연과 노예의 차이를 보이고 있다. 셋째는 호인의 자녀·형제 등 1촌의 범위에 있는 자는 친족관계만을 표시하고 있지 호인의 이름을 첫머리에 사용하지 않는다. 동생의 처자에게는 동생의 이름을 명기하여 부부·친자의 관계를 명확하게 하고 있다.

본 고에서는 기재 양식과 관련 있는 제1란의 내용에 주목하고자 한다. 제1란은 호주의 적관(籍貫), 작위, 성명 등이 "남양호인형불갱만강(南陽戶人荊不更蠻强)"의 형식으로 기재되어 있다. 특히 '호인'과 관련한 기재방식은 전한시기부터 삼국 오 지역에서 출토된 자료에서도 확인되고 있다. 즉 제1란 기입의 기본적인 구성은 '지명'+'호인(호주)'+'작위(爵位)'+'성명'+'연령'의 순서이다. 더욱이 호적간은 아니지만 이러한 기재 양식은 거연한간(居延漢簡) 수졸(戍卒) 명적간(名籍簡) "戍卒/掖郡/居延/當遂里/公士/張襃/年卅"(謝桂華 외, 1987, 「194.18」, "/"표시 필자)에서 알 수 있듯이 기재 내용이 현(縣), 리(里), 작위, 성명, 연령 순서로 되어 있는 것과 거의 일치한다. 사실 한대 명현작리(名縣爵里)로 불리는 개인 신상의 표기는 1973년 발굴된 후베이(湖北) 장링(江陵) 봉황산(鳳凰山) 10호(號) 서한묘(西漢墓)의 「정리늠부(鄭里廩簿)」 중의 내용인 "戶人越人, 能田三人, 口六人, 田卅七畝. 十 卩, 貸三石.", "戶人不章, 能田四人, 口七人, 田卅七畝. 十 卩, 貸三石七斗."(裘錫圭, 1974:51) 등에서 처음으로 확인되었다. 더욱이 이 간에서는 리야진간과 동일한 성격의 "호인", 즉 호주의 존재를 확인할 수 있다. 또한 주마루오간(走馬樓吳簡(走馬樓簡牘整理組編, 2003))에서도 호주와 그 가속이 동일한 간에 기재되었음을 확인할 수 있으니 '하륭(夏隆)'이라는 남자와 그 가속을 기재한 호적간이 그것이다.

宜陽里戶人公乘夏隆年卅一眞吏　融子男帠年十一　帠男弟燥年

八歲　燥男弟得年六歲　隆　　戶下奴謹年十三雀兩足　隆戶下奴成

年卄二　右隆家乑食九人　訾一石

（簡號: 9090, 9165, 9213, 9217, 9013, 9092, 9324）

　물론 주마루오간의 명적이 완정간이 아니기 때문에 호 전체를 복
원하는 것은 결코 쉬운 것은 아니지만, 상기의 명적에서도 '호인'이
란 용어를 확인할 수 있을 뿐만아니라 리명(里名), 작위(爵位), 성명(姓
名), 연령(年齡)이 기재된 양식이 리야진간이나 거연한간 명적부의 경
우와도 일치한다. 엄격히 말하자면 호구관련 자료가 아닌, 『수호지진
간』「봉진식(封診式)」봉수(封守)에서도 고소된 남자의 가족은 도망한
처, 성인인 딸, 미성년인 아들, 남자 노예, 미성년의 여자 노예의 순
서대로 기재되어 있고 자(子)는 남녀의 순서가 아니라 연령에 따르고
있음을 알 수 있다(池田溫, 1979:19).[5] 따라서 이상과 같은 진대(秦代)
리야진간부터 삼국시대 주마루오간에 이르기까지 출토문헌의 호구자
료들의 기재양식은 일정한 기준하에서 작성됨을 알 수 있다. 이러한
사실은 사마천의 임용 기록인 "太史令茂陵顯武里大父司馬遷, 年卄
八, 三年六月乙卯除, 六百石"[6] 역시 관명, 현리명, 작위, 이름, 나이,
제임일 순서로 기록되어 있음을 볼 때, 이 역시 명현작리의 순서에 입
각한 기재방식을 입증한 것이다.

　호적 작성의 규정에 대해서는 종래 문헌에는 "팔월안비(八月案比)"

---

**5** 『睡虎地秦簡』, 「封診式」封守, "鄕某爰書. 以某縣丞某書, 封有鞫者某里士伍甲家室·
　妻·子·臣妾·衣器·畜産. …(중략)… · 妻曰某, 亡, 不會封. · 子大女子某, 未有夫.
　· 子小男子某, 高六尺五寸. · 臣某, 妾小女子某. · 牡犬一. …(하략)…."

**6** 『史記』卷130「太史公自序」索隱引『博物志』

라고 하여 8월의 호구조사 시행 정도로 알려졌다. 그러나 최근 여후(呂后) 2년(B.C.184) 시기로 추정되는 한초 법령인 「이년율령」이 발견되었다. 이 법령 내용 가운데 호적과 관련한 이른바 「호율(戶律)」(328-330簡)의 내용에 의하면 현(縣)의 하급 행정 단위인 향(鄉)의 관리인 색부(嗇夫)와 현의 관리가 함께 호적을 조사하고 조사가 완료된 호적의 부본을 현정(縣廷)으로 보내며, 전출한 자가 있으면 해당자의 호적과 작위 및 요역 관련 정보등을 전출지에 보내는 규정이 기재되어 있다. 리야진간의 작성은 바로 이년율령에 보이는 규정에 의해 작성된 내용의 일부라고 볼 수 있다. 향에서 작성된 호적은 상급 행정 기구인 현으로 이송되며, 현에서 작성한 호적문서는 또 다시 군(郡)으로, 그리고 중앙정부로 상계(上計)된다. 이러한 호적 문서의 상계과정을 현재 확인할 수 있는 대표적인 자료로서는 현 단위에서 작성된 문서는 안휘성 톈창시 안뤄진 지좡촌 19호 한묘목독(安徽省天長市安樂鎭紀庄村19號漢墓木牘; 이하 '톈창한묘목독(天長漢墓木牘)'으로 칭함, 天長市文物管理所·天長市博物館, 2006:8,17)이고 군 단위의 문서는 인완한묘간독(尹灣漢墓簡牘)《집부(集簿)》(連雲港市博物館 외, 1997;1-4), 낙랑군초원 4년 현별호구다소□□(樂浪郡初元四年縣別戶口多少□□)(손영종, 2006:30-33, 2006:49-52, 윤용구, 2007:241-263, 2009), 장저우송바이목독(荊州松柏木牘; 荊州博物館, 2008) 등이 현재 실물이 확인된 호적이다. 톈창한묘목독은 호구부(戶口簿), 산부(算簿), 서신(書信), 명알(名謁), 약방(藥方), 예단(禮單) 등이 주요 내용으로 34편(片)의 목독에 2,500자 정도의 문자가 양면 혹은 한면에 쓰여져 있으며 목독의 길이는 22.2~23.2cm, 너비 3.6~6.9cm의 형제(形制)이고 묘주는 동양현(東陽縣)에서 일정한 권력을 가지고 있는 사맹(謝孟)이며 연대는 전한 중기 초로 파악하고 있다. 서술의 편의상 본 고와 관련 있는 호구부와 산부 목독의 내용을 중심으로 언급하고자 한다.

<table>
<tr><td align="center">戶口簿(A면)</td><td align="center">算簿(B면)</td></tr>
<tr><td>•戶凡九千一百六十九少前</td><td>集八月事算二萬九復算二千卅卅五</td></tr>
<tr><td>口四萬九百七十少前</td><td>都鄉八月事算五千卅卅五</td></tr>
<tr><td>•東鄉戶千七百八十三口</td><td>東鄉八月事算三千六百八十九</td></tr>
<tr><td>七千七百九十五</td><td>垣雍北鄉戶八月事算</td></tr>
<tr><td>都鄉戶二千三百九十八口萬</td><td>三千二百八十五</td></tr>
<tr><td>八百一十九</td><td>垣雍東鄉八月事算二千九百卅一</td></tr>
<tr><td>楊池鄉戶千四百五十一口六 千三百</td><td>鞠鄉八月事算千八百九十</td></tr>
<tr><td>卅八</td><td>楊池鄉八月事算三千一百六十九</td></tr>
<tr><td>鞠鄉戶八百八十口四千五</td><td>•右八月</td></tr>
<tr><td>垣雍北鄉戶千三百七十五口六</td><td>集九月事算萬九千九百八十八復算</td></tr>
<tr><td>千三百五十四</td><td>二千六十五</td></tr>
<tr><td>垣雍東鄉戶千二百八十二口五千六百</td><td></td></tr>
<tr><td>六十九</td><td></td></tr>
</table>

1호 목독(M19:40-1A·B)은 정면(A면)과 배면(B면)에 각각 '호구부'와 '산부'라고 기입되어 있는 행정문서이다. 즉 군(郡)으로 상계하기 위한 문서로서 문서 자체에 '호구부'라고 기재되어 있는 한대 호구부가 실물형식으로는 처음 공개된 것이다. 호구부와 산부에 명기되어 있는 향(鄉)은 14호와 24호 목독에 "진동양(進東陽)", 10호에는 "유동향(留東陽)", 25호에는 "동양승(東陽丞)" 등의 문자가 보이며『한서』「지리지(地理志)」의 기사에도 임준현(臨淮郡) 관할하에 동양현이 있음을 알 수 있

나(大長市 文物管理所 외, 2006:20). 따라서 1호 목독의 호구기사는 '동양형(東陽縣)'이라 기재되어 않지만 동양현의 호구부라고 보아도 대과는 없을 듯하다. 기재 내용 가운데 주목되는 것은 "전년도 호구수보다 감소하였다(少前)"라는 표현이다(《사진 2, 3: 「호구부」와 「산부」).

이와 관련하여 후술할 군 단위에서 작성된 인완한간 「집부」의 내용은 다음과 같다.

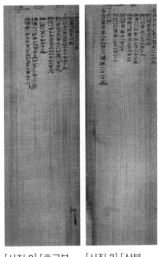

[사진 2] 「호구부」    [사진 3] 「산부」

······亭688 卒2,972人 郵34 人408

如前

界東西551里 南北488里 如前

戶266,290 多前2,629 其戶11,662 獲流

提封512,092 頃85畝······人如前

男子706,064 女子688,132 女子多前7,926

年九十以上11,670人 年七十以上受杖2,823人

凡14,493 多前718

春種樹65,679畝 多前46,320畝

인완한간 집부의 기사에서 알 수 있듯이 전년대비 증감치나 동일함을 기재하는 용어인 "소전(少前)"·"다전(多前)"과 "여전(如前)" 등은 주요 기재 대상인 호구(戶口)만이 아니라 지역 경계의 넓이, 간전(墾田)의 수, 춘종수(春種樹)의 수 등 집부의 모든 기재 대상에 적용

[사진 4] 윤만한간 집부

되고 있다. 이러한 사실은 후시 산 전한 죽간(虎溪山 前漢 竹簡) 의 내용 중 「황부(黃簿)」의 "□□ 方 九十五. 如前.(M1T:43-97)"과 "復算: 百七十, 多前四, 以産子 故.(M1T:43-98)"에서도 확인할 수 있다(湖南省文物考古研究所 외, 2003).[7] 따라서 호적 작성시에는 공통적으로 통일된 용어를 사용 하며, 특히 호구 기재와 관련해 서는 '호(戶)+호구수(戶口數)+[소 전·다전·여전]+증감수치 /구(口)+구수(口數)+[소전·다전·여전]+증감수 치'의 공식적인 기재 방식을 사용하고 있음을 알 수 있다.

호구의 증감과 동일함을 의미하는 "소전"·"다전"·"여전" 외에도 동일한 의미로 사용한 용어를 찾아볼 수 있다. 즉 2004년 말 후베이 성(湖北省) 장저우시(荊州市) 장저우구(荊州區) 지난전(紀南鎭) 송바이춘 (松柏村)에서 출토된 전한 무제(武帝) 초기(建元年間) 목독 가운데 48호 목독 「이년서향호구부(二年西鄕戶口簿)」의 관련 기사이다(彭浩, 2009).

---

**7** 前漢 文帝 後元二年(기원전 162년) 사망한 제1대 원릉후 吳陽의 묘에서 발견된 죽간 의 주요 내용은「黃簿」,「日書」,「美食方」등의 3부분이다. 이 가운데「黃簿」는 241매이 지만 완정간은 120매로서 완정간의 길이는 14cm, 너비 0.7cm, 두께 0.1cm이며 상하 두 곳이 편철되어 있으며 예서로 서사되어 있다.「簡報」에 소개된 내용에 의하면 黃 簿는 전한 초년 원릉후국의 행정기구, 리원인수, 호구인민, 전부무세, 대형가축(耕牛 등), 경제임목(배, 매실 등) 등의 수량과 兵甲船 및 각 항목의 증감과 그 원인, 그리고 도로교통, 亭聚, 장안을 왕래한 노선과 수륙 이정 등이 상세히 기재되어 있다. 이 전 체상이 명확하게 규명된다면 전한 전기의 縣級 관문서의 상당한 부분이 명확하게 될 가능성이 있다.

현새까지 실물은 공개되지 않았지만 주요 기재 내용을 살펴보면 다음과 같다(괄호안의 수자는 欄을 표기함).

- 二年西鄕戶口簿(상-1) 戶千一百九十六(2) 息戶七十(3) 耗
  戶三十五(4) 相除定息四十五戶(5) 大男九百九十一人(6) 小
  男千四十五人(7) 大女千六百九十五人(8) 小女六百四十二
  人(9)
  息口八十六人(하-1) 耗口四十三人(2) 相除定息口四十三(3)
- 凡口四千三百七十三人(4)

「이년서향호구부」는 서향에 남아있는 호구문서로서 그해 남군 장링현(江陵縣)에 보고한 상계 수치와 일치하는 것으로 톈창한묘목독의 "·戶凡九千一百六十九少前 口四萬九百七十少前"의 기록처럼 강링현 호구부는 전면에 먼저 장링현 전체의 호구 수를 기록한 다음, "西鄕戶千一百九十六多前三十五 口四千三百七十三多前四十三"으로 기재하였을 것이다. 현재까지 향급 단위에서 호구의 증감을 표기하는 방식으로 "다전"과 같은 표기는 보이고 있지 않아 단언할 수는 없지만 적어도 향급 단위에서의 호구 파악시 변동사항은 "식호(息戶; 口)"·"모호(耗戶; 口)" 등으로 표기했을 가능성도 배제할 수 없다.

현에서는 호구를 비롯한 각 방면의 현황을 작성하여 매년 군으로 보고하면 군에서는 관할현의 관련 분야의 현황을 종합한다. 그 전형적인 자료가 장쑤성(江蘇省) 렌윈강시(連雲港市) 관할하의 인완촌에 위치한 무덤에서 발견된 인완한간이다. 특히 6호묘에서는 23개의 목독과 133매의 죽간이 발견되었는데, 그 중《집부(集簿)》에는 호구와 관련한 내용이 기록되어 있다. 표제인《집부》는 목독 정면 최상단부 중

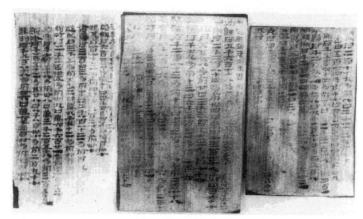

[사진 5] 「樂浪郡初元四年縣別戶口多少□□」

잉에 예서(隷書)로 쓰여져 있으며 본문은 초서체로서 앞 뒤면에 작성한 문서이다. 주요 내용은 상술하였듯이 동해군의 행정기구, 이원(吏員)의 설치, 호구, 간전과 전곡(錢穀)의 출입 등을 기록한 해당연도의 통계숫자로서 동해군이 중앙에 보고할 때 사용한 집부의 저본 혹은 부본일 것으로 추측하고 있으며 이미 상술하였지만 호구 관련 부분은 "戶266,290 多前2,629 其戶11,662 獲流"의 내용이다.

최근에 이미 보고된 바와 같이 평양시(平壤市) 정백동(貞柏洞) 364호에서 낙랑군(樂浪郡) 산하 25개현의 호구 수를 집계한 이른바 「낙랑군초원사년현별호구다소□□(樂浪郡初元四年縣別戶口多少□□)」라 명명하는 호구부의 사진이 공개되어 그 전체 내용에 대한 석독이 명확하게 되었다.[8] 호구부의 주요 기재 양식을 살펴보면 3매로 나누어진 목독으로 사진의 중간 목독 첫줄에 표제인 「낙랑군초원사년현별호구다소

---

8  낙랑호구부의 실물 자료는 공개되지 않았지만, 북한사회과학원 고고학연구소에서 발간하는 『조선고고연구』제149집(2008년-4기)의 뒤표지 배면에 '락랑 유적에서 나온 목간'이란 설명이 붙은 사진 1장으로 내용을 파악할 수 있었다.

□□」가 명기되어 있으며, 그 이하는 『한서』「지리지」의 서술 순서에 준하여 25개 현의 호구 증감을 표기하고 마지막 행에 낙랑군 전체의 호구 수를 기재하고 있다(윤용구, 2009).

> 樂浪郡初元四年縣別戶口多少㦤簿
>
> 朝鮮戶9,678多前93口56,890多前1,862……(中略)……提奚戶
>
> 173多前4口1,303多前37……(中略)……
>
> 凡戶43,835多前584口280,361
>
> (서술의 편의상 총계수자는 아라비아 수자로 표기)

비록 인완한간에서는 동해군 관할하의 현명과 그 호수의 증감에 대한 기사는 보이지 않지만 군 전체의 호의 증감을 '다전'이란 용어로서 기재하고 있다. 낙랑군에서 발견된 호구부는 이보다 상세하게 현별 호구 증감은 물론이고 군 전체의 호 증감에 대해서도 '다전'이란 용어로서 설명하고 있다. 비록 낙랑군 초원4년의 호구부와 같이 군에서 현별로 호구를 집계한 문서는 아니지만, 각 현에서 상계한 호구집계에 기초하여 관련 사항 등을 군에서 다시 집계한 관련 문서가 최근에 공개되었다.

상기한 「이년서향호구부」가 출토된 이른바 송바이(松柏)목독이다. 『송바이간보(松柏簡報)』(荊州博物館, 2008)에 의하면 1호묘(M1)에서 출토된 63매의 목독 가운데 6매는 문자가 없으며 31매는 단면에, 26매는 양면에 문자가 쓰여져 있다. 길이 22.7~23.3cm, 너비 2.7~6.5cm, 두께 0.2cm의 비교적 너비가 좁은 장방형의 목독이다. 묘의 연대는 무제 건원(建元)(기원전 140~135년) 및 원광(元光)(기원전 134~129년) 연간의 역보(曆譜)가 함께 출토된 점으로 보아 전한 무제 초기로 추정된

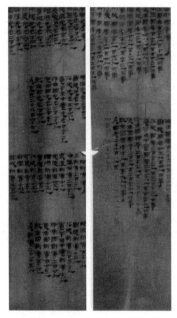

[사진 6] 松柏木牘 35호

다. 또한 묘주는 출토된 칠목기(漆木器) 가운데 "주(周)"자가 새겨져 있는 것으로 미루어 목독이나 목간에서 언급되고 있는 "주언(周偃)"이 틀림없으며, 그 관직은 "강릉서향유질색부(江陵西鄕有秩嗇夫)"이고 작위는 "공승(公乘)"이라 한다. 이미 공개된 목독의 주요 내용은 남군 소속 13개 현과 4개의 후국의 「면로부(免老簿)」, 「신부부(新傅簿)」, 「파륭부(罷隆簿)」의 35호 목독(荊州博物館, 2008), 표제는 없지만 남군 속현과 후국의 이름 뒤에 순차적으로 용졸(用卒)의 인수(人數), 요역교대(更替)회수, 요역에 복역하는 사람 수 및 남거나 부족한 인원수, 그리고 다른 지역으로 동원된 인원수 등이 기록되어 있으며, 제2란 7행은 용졸총수(用卒總數)("・凡萬四七十人")를, 8행은 매월의 용졸수(用卒數)("月用卒二千一百七十九人")를 명기한 47호 목독(彭浩, 2009.4.12.), 그리고 상기한 48호 목독인 「이년서향호구부」(彭浩, 2009.4.4.)가 있다. 그리고 장릉현을 비롯한 7개 현과 편후국(便侯國)을 등 3개 후국 등 각 현과 후국 내의 인구에 대하여 성별과 연령에 따른 통계, 즉 사대남(使大男)・대녀(大女)・소남(小男)・소녀(小女)・복인(復人)의 총수를 집계한 53호(彭浩, 2009.4.11;胡平生, 2009.4.12.)목독이다. 이외에 미공개된 자료로서『송바이간보(松柏簡報)』에 따르면 「정리부(正里簿)」・「귀의부(歸義簿)」・「복사산부(復事算簿)」・「견졸부(見(現)卒簿)」・「치리졸부(置吏卒簿)」 및 「남군원년호구부(南

郡元年戶口簿)」(彭浩, 2009.4.4.)[9] 등이 공개를 기다리고 있다.

이상과 같이 장황하게 송바이 전한목독의 내용을 소개한 까닭은 호구 집계 방식이 군 소속 전체의 행정 단위 수(縣·侯國·邑·鄕·亭·里·郵)를 비롯한 군 전체 면적, 행정 기관의 구성과 관리 수를 군 단위에서 집계한 인완한간 집부의 기재 방식과는 달리 현별로 호구수를 집계한 낙랑군 초원4년 호구부와 매우 유사하기 때문이다. 이러한 내용은 「남군원연호구부」의 내용이 공개되지 않아 호구 집계 방식의 정확한 내용을 알기가 어렵지만, 35호 목독에 보이는 「면로부」, 「신부부」, 「파릉부」의 기재 방식이나 47호 및 53호 목독의 기재양식을 참조하면 낙랑군 호구부와 같이 각 현에서 집계된 자료가 군에서 다시 정리되고 있음을 추측할 수 있다.

한초의 법령가운데 호구 조사와 관련한 『이년율령』 「호율」과 소송 문서인 『주언서(奏讞書)』의 관련 기사 내용을 참고하면 진한시기 군현 민들은 자신들이 호구 관련하여 향에 직접 신고하게 되어 있었다. 아래의 인용 기사가 관련 내용이다.

> 백성들은 모두 스스로 나이를 신고해야 한다. (나이가) 어려서 스스로 신고할 수 없고 부모나 형제가 대신 신고할 수 없는 경우에는 관리가 그 나이를 결정한다. 스스로 신고하건, 부모나 형제가 대신 신고하건 실제 나이와 3세 차이가 나면 모두 耐刑에 처한다. 아이를 낳은 자는 항상 8월에 신고를 해야 한다.[10]

---

**9** 무제 건원2년(기원전 139년) 강릉현의 戶는 5,500여 戶이고 口는 21,000여 인으로서 강릉현의 호구와 인구의 1/5를 차지한다고 한다.

**10** 『二年律令與奏讞書』 「戶律」 325~326簡, "民皆自占年. 小未能自占, 而毋父母·同產 爲占者, 吏以口比定其年. 自占·占子·同產年, 不以實三歲以上, 皆耐. 產子者恒以

이와 같이 『이년율령』「호율」에는 호적 신고와 이를 위배했을 경우에 처벌하는 규정이 있다. 주요 규정은 다음과 같다. 첫째, 스스로 신고(自占)하는 것이 원칙이다. 둘째, 나이가 어리거나 신고할 형편이 어려우면 부모나 형제가 대신 신고할 수 있다. 셋째, 실제 나이에 준하여 신고해야 한다. 넷째, 아이는 태어나면 매년 8월 안비(案比)시에 신고하여 국가의 호적에 등록해야 한다. 또한 이와 관련하여 『주언서』 안례14에서는 관련 법령에 따르면 30일 이내에 호적이 없는 자들은 관할 관청[縣道官]에 가서 신고하도록 명기되어 있으며 이를 시행하지 않을 경우에는 내위예신첩(耐爲隸臣妾)에 처하고 고(錮)에 하도록 하며 작(爵)과 상(賞)으로 감면하지 못하게 하고 있다.[11] 따라서 민들은 출생과 동시에 국가에 의해서 편호(編戶)되었음을 알 수 있다.

이러한 원칙과 과정을 통해 작성된 호적 문서는 매년 8월 향부의 색부(嗇夫)·리(吏)·영사(令史) 등의 관리들에 의해 작성된다. 이들은 민에게서 신고를 받아 공동으로 호 단위를 기초로 호구, 토지, 작위, 가족사항 등을 주요 내용으로 하는 장부를 만들고 이를 보관한다. 향은 이렇게 작성된 호적을 부본과 집계한 장부를 현으로 이송하며 현 역시 이를 군으로 이송한 것이다. 이 때에 호적의 원본이 이송되는 것이 아니라 각 행정단위기관에서 집계한 장부가 군에 보고되고 상기한 군급의 호적 문서들은 이러한 과정을 거쳐 작성된 것이다. 그런데 군 또는 현에 보고된 집계 장부 즉 집부에 기재 내용을 살펴보면 무제 이후 군현의 호구문서에서 동일한 용어로서 그 증감을 표기한다거나

---

戶時占其☑

**11** 『二年律令與奏讞書』『奏讞書』案例14, "‧令曰: 諸無名數者, 皆令自占書名數, 令到縣道官, 盈卅日, 不自占書名數, 皆耐爲隸臣妾, 錮, 勿令以爵‧賞免 舍匿者與同罪."

전체 수를 집계할 경우 "・凡×××"로 표기하는 등 호구부 작성에서 통일된 기재 원칙에서 작성되었음을 알 수 있다. 즉 제국 통치의 근간인 이민(里民)의 구성원을 향에서 파악하여 그 결과를 보고하고, 현급의 행정단위에서는 국가운영의 근간이 되는 요역의 부과 및 면제 대상자의 수, 남녀 비율 등의 집계 내용을 군에 보고해야 하기 때문에 통일된 양식을 통하여 작성했을 가능성은 농후하다. 군 역시 각 현에서 보고받은 다양한 집계의 내용을 다시 정리하여 중앙 정부에 상계해야 하기 때문에 통일된 문서 양식에 기재해야 할 필요성이 있었던 것이다.

## 3. 호적의 전파

간독(簡牘)과 문헌자료에 대한 발굴과 정리 작업에서 진한(秦漢) 및 삼국(三國) 오(吳) 등의 간독 자료 가운데 호적제도의 운영 관련 법률 규정과 관련 문서로 추정되는 간독 호적이 적어도 3세기 초·중반까지의 상황을 설명하고 있다면 4세기 후반의 상황을 반영한 종이로 만든 호적은 「전진건원이십년(384)삼월고창군고령현도향안읍리적(前秦 建元卄年(384)三月高昌郡高寧縣都鄉安邑里籍)」(이하 이 문서는 '전진건원20년 적'으로 약칭함, 榮新江 외, 2008:176-179)과 서위 대통13(547)년(西魏 大統 13(547)年) 문서(周紹良 主編, 1990:78-85; 郝春文 主編, 2003:317-341; 池田 溫, 1979:149-165; 唐耕耦·陸宏基編, 1986:112-127) 등이 대표적이다. 비록 이 두 자료는 시기적으로 1세기 정도의 차이가 있지만 현재로서는 간독 호적으로부터 종이 호적으로 서사(書寫)의 재료가 바뀌면서 나타나는 다양한 형식과 내용상의 변화를 추정할 수 있는 유일한 자료이

[사진 7] 前秦建元20年籍

기도 하다.

4~5세기 종이가 서사재료로 본격적으로 사용되기 시작함에 따라 종래 죽간 혹은 목간을 사용하여 작성된 호적은 종이로 대체되기 시작하였다. 즉 함화(咸和)3년(328) 이후 동진(東晉)의 호적은 종이 위에 적기 시작하였음을 알 수 있다.[12] 우선 '전진건원20년적'의 일부 내용을 제시하면 다음과 같다.

---

12 『通典』 권3 「食貨」, "梁武帝時所司奏, 南徐, 江, 郢逖兩年黃籍不上, 尚書令沈約上言曰, 晋咸和初, 蘇峻作亂, 版籍焚燒, 以後起咸和三年以至乎宋, 並皆詳悉, 朱筆隱注, 紙連悉縫, 而尚書上省庫籍, 唯有宋元嘉中以來, 以爲宜檢之日, 卽事所須故也, 晋代舊籍, 並在下省左人曹, 謂之晋籍, 有東西二庫, 旣不係尋檢, 主者不復經懷, 拘牽鼠齧, 雨濕沾爛, 解散於地, 又無扃騰."

[표 1] 〈「前秦建元二十年(384)三月高昌郡高寧縣都鄉安邑里籍」〉[13]

| 01 | 高昌郡高寧縣都鄉安邑里民張晏年卅三 | | |
|----|----|----|----|
| 02 | 叔聰年卅五物故 | 奴女弟想年九 | 桑三畝半 |
| 03 | 母荊年五十三 | 晏妻辛年卅新上 | 城南常田十一畝入李規 |
| 04 | 叔妻劉年[卅][六] | 丁男一 | 得張崇桑一畝 |
| 05 | 晏女弟婢年卅物故 | 丁女三 | 沙車城下道北田二畝 |
| 06 | 婢男弟隆年十五 | [次]丁男三 | 率加田五畝 |
| 07 | 隆男弟駒[年　　] | [次]丁女一 | [舍一]區 |
| 08 | 駒女弟□[年　　] | [小女一] | [建元卅年三月籍] |
| 09 | 聰息男[奴年　　] | 凡口[九] | |

호(戶)의 기재 형식을 살펴보면 해당 호의 첫 행(01)에는 '민 장안(民張晏)'을 필두로 호의 내역이 기재되기 시작한다. 이어서 그 다음 행부터 해당 호의 호구와 전토 등의 내역을 3단으로 구분하여 기재하고 있는데, 상단에는 각 호의 구성원 각자의 내역을, 중단에는 정(丁)·차(次)·소(小) 등 구분에 따른 구수(口數) 집계와 전체 구수 합계를, 하단에는 보유권이 이동한 전토(田土)와 노비의 내역을 명시하였다. 그리고 하단 말미에는 '건원20년삼월적(建元卅年三月籍)'이라 명시함으로써 해당 호의 등재를 마무리하고 있다. 각 호의 첫 행에 '적관(籍貫)+민(民)+성명(姓名)+연령(年齡)'의 형식으로 명시된 '민 모(民某)'는 각 호의 호주에 해당한다. 즉 호주의 성명 앞에 '호주'를 명시하는 대신 '민'이라 지칭하고 있다. 즉 '전진건원20년적'은 민호를 대상으로 한 호적

---

**13** 문서의 결락된 부분은 [ ]으로 표시하였고 내용상 추정이 가능한 것은 괄호 안에 기재하였다.

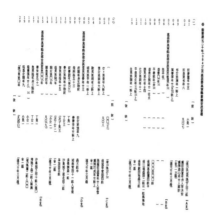

[사진 8] 前秦建元20年籍 석문

으로 구별할 수 있다.

이와 같이 종이에 기재된 호적에서도 단을 구별지어 작성하는 양식은 지속되고 있음을 알 수 있다. 신분, 성명, 연령 등의 기록이 기본적인 요소로서 구분하여 호적을 작성한 사례는 한국의 출토 목간에서도 찾아볼 수 있다. 한반도에서 출토된 호적류의 목간은 상기한 평양에서 발견된 「낙랑군초원4년현별호구집부」가 주목된다. 초원 4년(B.C.45) 전한제국의 지배를 받고 있던 낙랑군에 소속하는 25현의 호구수를 전년도와 비교하여 기재한 내용이다. 이후 시기의 확실한 호적류의 출토 실례는 없다. 그러나 늦어도 6세기에는 한반도에서 호적류가 작성되어 있었던 것은 대체로 확실하게 여겨진다. 예를 들면 신라의 성산산성(城山山城) 유적에서 발견된 대량의 하찰(荷札)목간은 공진자(貢進者)의 이름이 적혀져 있어 호적류의 문서의 존재를 엿보게 한다. 또한, 백제의 수도인 부여의 능산리사지(陵山里寺址)에서는 가로로 선을 그어 4단으로 쓴 복수의 인명을 기록한 목간이 출토하고 있다. 7세기 초에는 백제의 군역소(軍役所)로 보이는 복암리(伏岩里)유적으로부터 겉면에 '정(丁)', '중구(中口)' 등과 같은 연령구분의 기재와 관련된 목간이 출토되었다. 부여(夫餘) 궁남지(宮南池)에서 출토된 '서부후항(西部後巷)' 목간에서도 '중구사(中口四)', '소구(小口)'의 어구의 내용으로 보아 연령별로 인민파악이 행해지고 있었던 것을 알 수 있다. 또한 쌍북리(雙北里)에서 출토된 좌관대식기(佐官貸食

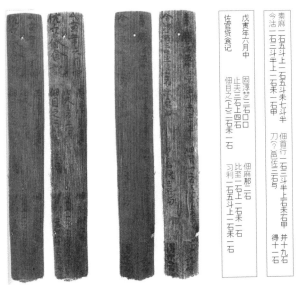

素麻
一石五斗二五五斗未七斗半
今沽一石三斗半上二石未一石甲
佃育行一石三斗半上石未右甲
刀个邑佐三石与
得十一石
井十九石

戊寅年六月中
佐官貸食記
固淳多三石口
止夫三石上四石
佃目之(上)二石未一石
比至二石上二石未二石
佃麻那一石
習利一石五斗上二石未二石

[사진 9] 좌관대식기(전면.후면)

記)에 보이는 10명의 인명은 백제시기에 이미 정교한 호구 조사와 이를 관리하는 호적문서가 존재하였음을 시사하는 것이다. 한편 복암리 목간의 뒷면에서는 '수전(水田)', '전(畠)', '맥전(麦田)' 각각의 면적(단위는 '형(形)')이 기록되어 있고, 앞선 두 가지에는 수확고(단위는 '석(石)')도 적혀져 있다. 이 목간은 수전·전·맥전을 경작하기 위한 노동력(소도 포함)을 연령구분에 따라 집계했던 것으로 여겨진다.

　일본에서도 호적류 목간의 사용을 확인할 수 있다. 호적류 문서의 도입을 보여주는 초기의 사료는 시라이노미야케(白猪屯倉)에 관한 『일본서기』의 일련의 기사를 들 수 있다. 그것에 의하면 킨메이(欽明) 16년, 소가노 이나메(蘇我稲目)·호즈미노 이와유미(穗積磐弓) 등을 키비(吉備)에 파견하여 시라이노미야케가 설치되었다. 그 때 미야케에서 관리하는 토지를 경작하는 '전부(田部)'가 설정되고 '적(籍)'이 작성되었다. 또한 『일본서기』 킨메이 원년 8월 조목에는 진인(秦人)·한인(漢人) 등의 도래인을 소집하고 '국군(國郡)'에 안치하고 '호적'에 등재하여 진인의 호수는 전부 7,053호였다고 기록되어 있다. 도래계 씨족 중에는 '모호(某戶)'성을 가진 자가 존재하는 것과 더불어, 호적은 도래계 씨족을 대상으로 시작되었을 가능성이 지적되고 있다.

일본에서의 호적 제작 기술은 백제를 중심으로 한 도래인에 의해 도입되었다고 여겨진다. '적(籍)'에는 '후미타(文板)', '후무타(札)'이라는 고훈(古訓)이 있듯이, 처음에는 목간이었을 가능성이 있다. 한반도를 매개로 문서를 제작하는 기술을 배운 일본열도에서는, 처음에는 일부 지역이나 집단을 대상으로 한 호적류 밖에 작성되지 않았는데, 텐치(天智) 9년(670)에는 전국의 인민을 대상으로 한 최초의 본격적인 호적, 경오연적(庚午年籍)이 작성된다. 한 사람씩 씨성(氏姓)이나 부성(部姓)을 확정시키는 작업을 동반했던 점도 있어, 경오연적은 씨성의 근본대장으로서 영구 보전되었다. 그리고 지토우(持統) 4년(690)의 경인연적(庚寅年籍) 이후는 원칙적으로 6년에 한 번씩 호적이 작성되게 된다. 호적은 11월 상순에 조적을 개시하고, 익년 5월 30일까지 완성시켜, 중앙으로 보내는 것으로 되어 있었다. 그리고 정창원 문서 중에서도 미농국(美濃國) 호적에서도 동일한 형태의 작성이 행해졌었다.

## 4. 맺음말

이상과 같이 고대 동아시아 3국의 주요 호적자료의 분석을 통하여 각 국에서의 호적제도 시행과 관리 방식을 중심으로 한 제도사적 접근과 더불어 호적의 형태와 내용 및 그 구조에 대한 분석을 시도하고자 하는 것이 본 고의 목적이다. 호적 관련 규정이나 양식 등은 이미 기원전 2세기 무렵 중국에서 확인된 사실로서 그 시기나 절차는 각 지역에 따라 달랐지만, 호적을 통한 민의 지배라는 성격은 공통적 성격이었다. 호적은 복수의 사람을 하나의 단위로서 성원 상호 관계를 파악하려한 등록부라고 할 수 있다. 이러한 제도는 동아시아 사회에서의 특유한 제도라고 말 할 수 있으며 현재에도 한국·중국·일본·대만 등지에서만 볼 수 있는 제도이다. 물론 이러하 호적은 고대부터 일관된 형태로서 지속된 것은 아니라 현행의 제도는 근대의 상황에 적합하게 만들어진 것이다. 그러나 그 기원은 본 고에서 서술한 바와같이 진대(秦代)까지 거슬러 올라간다. 그리고 하급기관에서 작성된 호적에 기초하여 집계가 이루어지고 이를 기초로 작성된 집계부는 중앙정부에까지 보내져 국가의 운영을 담당하게 된 것이다.

| 참고문헌 |

권오중·윤재석·김경호·윤용구·이성제·윤선태 지음, 2010, 『낙랑군 호구부 연구』, 동북아역사재단.

金珍佑, 2008, 「秦漢律의 '爲戶'를 통해 본 編戶制 운용의 한 성격」, 『中國古中世史研究』第20輯.

김경호, 2008, 「이천년 전 里耶鎭으로의 旅程과 『里耶秦簡』簡介」, 『中國古中世史研究』제19집.

朴根七, 2010, 「吐魯番文獻의 流散과 整理—'新材料'의 擴充—」, 『中國古中世史研究』제23집.

손영종, 2006a, 「락랑군 남부지역(후의 대방군지역)의 위치—'락랑군 초원4년 현별 호구다소□□' 통계 자료를 중심으로」, 『역사과학』198.

_____, 2006b, 「료동지방 전한 군현들의 위치와 그 후의 변천(1)」, 『역사과학』199.

尹龍九, 2007, 「새로 발견된 樂浪木簡—樂浪郡 初元四年 縣別戶口簿」, 『韓國古代史研究』46.

_____, 2009, 「平壤出土 ·樂浪郡初元四年縣別戶口簿 研究」, 『木簡과 文字』제3호.

李成珪, 1999, 「前漢末 地方資源의 動員과 分配—尹灣漢牘〈東海郡下轄長吏不在署名籍〉의 분석」, 『釜大史學』第23輯.

_____, 2008, 「里耶秦簡 南陽戶人 戶籍과 秦의 遷徙政策」, 『中國學報』제57집.

裘錫圭, 1974, 「湖北江陵鳳凰山十號漢墓出土簡牘考釋」, 『文物』7期.

唐耕耦·陸宏基編, 1986, 『敦煌社會經濟文獻眞蹟釋錄』(第一輯), 書目文獻出版社.

謝桂華·李均明·朱國炤, 1987, 『居延漢簡釋文合校』, 文物出版社.

黎明釗, 2009, 「里耶秦簡:戶籍檔案的探討」, 『中國史研究』.

連雲港市博物館·中國社會科學院簡帛研究中心·東海縣博物館·中國文物研究所, 1997, 『尹灣漢墓簡牘』, 中　華書局.

榮新江·李肯·孟憲實 主編, 2008, 『新獲吐魯番出土文獻 (上)』, 中華書局.

走馬樓簡牘整理組編, 2003, 『長沙走馬樓吳簡』竹簡(壹), 文物出版社.

周紹良 主編, 1990, 『英藏敦煌文獻(漢文佛經以外部分)』(第2卷), 四川人民出版社.

天長市文物管理所·天長市博物館, 2006, 「安徽天長西漢墓發掘簡報」, 『文物』11期.

彭浩, 2009.4.4, 「讀松柏出土的西漢木牘(二)」, 武漢大學 簡帛網 簡帛文庫 漢簡專欄.

____, 2009.4.11, 「讀松柏出土的西漢木牘(三)」, 武漢大學 簡帛網 簡帛文庫 漢簡專欄.

____, 2009.4.12, 「讀松柏出土的西漢木牘(四)」, 武漢大學 簡帛網 簡帛文庫 漢簡專欄.

彭浩·陳偉·工藤元男 主編, 2007, 『二年律令與奏讞書』, 上海古籍出版社.

郝春文 主編, 2003, 『英藏敦煌社會歷史文獻釋錄』(第3卷), 社會科學文獻出版社.

荊州博物館, 2008, 「湖北荊州紀南松柏漢墓發掘簡報」, 『文物』4期.

湖南省文物考古硏究所 編著, 2007, 『里耶發掘報告』, 岳麓書社, 2007.

湖南省文物考古硏究所·懷化市文物處·沅陵縣博物館, 2003, 「沅陵虎溪山一號漢墓發掘簡報」, 『文物』1期.

胡平生, 2009.4.12, 「松柏漢簡五三號木牘釋解」, 武漢大學 簡帛網 簡帛文庫 漢簡專欄.

堀敏一, 1987, 「漢代の七科謫身分とその起源」 『中國古代の身分制―良と賤』, 汲古書院.

鈴木直美, 2008, 「里耶秦簡にみる秦の戶口把握―同居·室人再考―」, 『東洋學報』2008-3.

池田溫, 1979, 『中國古代籍帳研究―概觀·錄文』, 東京大學出版會.

# 2장

# 동아시아 근세의 호적(戸籍)

손병규

'호적(戶籍)'은 징수와 통치를 위하여 가족단위로 주민 개개인을 파악한 장부로 중국 고대사회로부터 그 연원을 갖는다. 뿐만 아니라 호적은 중앙집권적 전제국가의 형태를 갖춘 주변지역에 일반적으로 수용되었으며, 현대에 이르기까지 당시의 필요성에 따라 다양한 형태를 띠면서 동아시아 각지에서 삭성되어 왔다. 여기서 동아시아의 호적에 대한 검토를 '근세'에 한정하고자 하는데, 그것은 호구조사가 고대사회의 호적 시행 경험을 계승하여 근대사회에 이르기까지 장기지속적으로 시행된 특성을 논하기 위한 시기설정에 지나지 않는다. 더하여 장기적 관점만이 아니라 동아시아의 호구정책과 호적제도가 각지의 역사경험에 따라 나타나는 다양한 양상에도 주목하기로 한다.

호구정책은 광범위한 지역에 대한 집권적 통치체제를 전제로 시행된다. 재정의 출납을 담당하는 국가기구와 징수 및 진휼 업무를 수행하는 지방조직이 관료체제와 지방행정체제 위에 설정되는 중앙집권적인 국가경제 운영시스템이 갖추어져야 한다. 호적은 재화의 생산과 민생에 대한 조사가 그 작동의 시작이기 때문이다. 따라서 국가 행정 및 재정과 관련하여 동아시아 호적의 역사를 언급하기 위해서는 호적을 보는 다음의 몇 가지 관점이 필요하다.

첫째는 호구를 대상으로 하는 징수라 할 때에 그것은 주로 토지세에 근거한 재화의 징수만이 아니라 '국역(國役)' 의무에 근거한 노동력

징발을 포함한다는 점이다. 군역(軍役)을 위시한 개인에 대한 '직역(職役)'은 물론, 토목공사와 지방관청의 부역(赴役) 차출을 포함한 호에 부과되는 '요역(徭役)'이 그것이다. 둘째는 재정의 징수만이 아니라 지출 측면에서도 관찰할 필요가 있다는 점이다. 징수대상으로의 호구만이 아니라 구휼대상으로의 호구를 말한다. 셋째로 위의 두 가지 문제와 관련하여 호구가 재정운영과 인민통치의 대상만이 아니라 그 주체로서 존재한다는 점이다. 호의 대표자는 징수·징발 및 재원분배의 대상으로서만이 아니라 재원 납부의 주체로서 활동한다. 또한 호의 대표자 가족은 호적상 그 호에 종속되는 구성원은 물론, 호적에 등재되지 않는 가족들에 대해 관리, 부조할 책무를 가진다.

이러한 점을 염두에 둔다면, 동아시아 전제국가의 중앙집권적인 지배질서가 지방과 하부 단위의 자율성 위에 존속될 수 있음을 눈치채게 된다. 왕조의 통치가 장기지속적인 관점에서 중앙집권화되어가는 과정에서도 동아시아 각 지역이 국가와 민, 중앙과 지방의 사이에 형성해가는 권력관계의 다양성을 발견할 수 있다. 호적은 이러한 다양한 양상과 그 변화 과정을 이해하는 계기를 마련해 준다.


## 1. 원(元)과 명(明)의 호적

중국 고대사회부터 작성되어 오던 호적은 원대(元代)에 들어서도 지속되었다. 여기서 우선 상대적으로 양호한 형태로 잔존하는 1289년 호주로(湖州路)의 '호적책(戶籍冊)'을 살펴보기로 한다(『增修互注禮部韻略』第一冊背紙公文紙資料). '호적책'이란 개별 호구를 지역 행정단위로 모아 놓은 장부를 말한다.

一戶, 王萬四, 元係湖州路安吉縣浮玉鄕六管施村人氏, 亡宋爲漆
匠戶, 至元十二年十二月歸附.

　　計家; 親族 陸口

　　　　男子 參口

　　　　　　成丁 貳口

　　　　　　　　男王萬十, 年肆拾貳歲. 第王十三, 年參拾伍.

　　　　　　　　不成丁 壹口, 本身, 年陸拾玖歲.

　　　　婦人 參口

　　　　　　　　妻徐一娘, 年柒拾歲. 男婦葉三娘, 年參拾?.

　　　　　　　　孫女王娜娘, 年玖歲.

　　計産; 田土 貳拾柒畝玖分伍厘

　　　　　　水田 貳畝壹分伍厘, 陸地 捌分.

　　　　　　山 貳拾伍畝.

　　房舍 瓦屋貳間.

　孶畜; 黃牛壹.

　營生; 漆匠


　　칠장(漆匠)인 자의 호를 보면, 먼저 호의 대표자인 호주의 이름, 주
소, 송대(宋代)의 장인(匠人) 종류—장인 이외에는 '민호(民戶)'로 구성
됨—, 호적작성시기가 기록된다. 다음으로 '계가(計家)', '사산(事産)',
'자축(孶畜)', '영생(營生)'으로 나누어, 각각 호구의 인적사항과 통계,
토지 및 가옥, 가축, 직업 사항을 기재한다.
　　주목할 만한 사실은 첫째로 호적의 구성이 호구성원의 인적사항과
통계를 기재하는 부분과 함께, 토지나 가옥, 가축, 직업 등이 병기되
어있는데, 이러한 호적 기재양식은 고대사회부터 지속되는 것이라는

점이다. 고대사회부터 호적은 재원의 징발, 징수와 분배라는 재정적 목적으로 작성되었다. 그렇기 때문에 토지세 징수 여부와 호구의 경제상황이 호적작성과 함께 파악될 필요가 있었던 것이다. 이러한 호적 기재양식이 원대에 이르기까지 지속적으로 사용되었다.

둘째로는 한편으로 고대사회에는 호마다 대표자가 갖가지 직책이나 군역명을 개별적인 '직역(職役)'으로 기재했으나, 이 호적책에는 그것이 기재되지 않았다는 점이다. 고대사회에는 인민의 신분을 국가의 공무를 담당할 대상으로서의 양인(良人)과 국가기관이나 개인에게 개별 인신적으로 종속되는 천인(賤人)으로 나누는 '양천'의 신분제를 시행하고 있었다. '직역'이란 이 양인 가족을 대상으로 국가의 공공업무로서의 직책과 군역 등을 부과하는 '신역(身役)' 체계상의 호적 기재양식을 말한다. 단지 송대에 그 호가 칠장(漆匠), 와장(瓦匠)과 같은 장인의 호였던 경우가 많이 나타나며, 그 외에는 특별히 직역을 가지고 있지 않은 '민호(民戶)'가 대부분이었다. 이미 송대에 장인과 같은 특수직종을 제외하고 직역 기재가 사라진 것으로 추정된다.

이미 송대의 호적부터 이러한 '직역'이 더 이상 기재되지 않는다는 것은 고대사회의 양천 신분제와 신역(身役) 체계가 당시부터 소멸되었음을 의미한다. 관직을 독점하는 귀족과 천인인 '노비(奴婢)'가 부정되고 모든 인민이 양인으로서 관료 시험인 과거(科擧)에 임할 수 있게 되었으며, 주로 농민인 양인에게 군사적 업무를 부과하는 '병농일치(兵農一致)'의 군역(軍役) 제도도 함께 사라진 것이다. 군역제도의 소멸 원인은 전문적인 군대조직이 결성되고 정치 안정화에 따라 농업생산력이 상승한 것 때문이라고 여겨지고 있다. 농민은 군병차출로부터 해방되어 농업에 집중하는 대신에 전문 군대를 양성하기 위한 비용을 토지세로 납부하는 재정운영방식을 취하게 되었다. 따라서 호적상에

[사진 1] 원대(元代)의 호적

농민은 개별적인 군역을 기재할 필요가 없어졌으며, 단지 장인들을 구별하고 '민호'로 일반화되었다고 할 수 있다.

원대에 들어와서는 농촌지역의 호적에 장인호와 민호의 구분도 사라졌는데, 이러한 호적기재양식은 명대(明代)에도 대체로 관철되었다. 호적은 3년에 한 번씩 작성되는 것이 원칙이지만, 명대에는 이갑제(里甲制)의 실시와 함께 10년마다 「부역황책(賦役黃冊)」으로 작성되었다. '황책' 작성을 위해 각 호가 관에 제출한 호적 사례를 살펴보면, '인정(人丁)'과 '사산(事産)'의 '실재(實在)'가 원대의 그것과 동일한 양식으로 기재되었다. '인정'은 '남자(男子)', '부녀(婦女)'의 구분 하에 각각의 통계와 개별 구성원의 이름, 나이와 같은 인적사항이 기재되었다. '사산'은 토지 면적과 세량(稅糧), 가옥이 기재되었다. 호구 파악에 기초한 요역(徭役) 동원, 토지파악에 기초한 토지세 징수가 호 단위로 일원화되어 있었음을 알 수 있다.

그러나 부역징수가 점차 토지세로 전환되는 경향을 보이면서 징세 대상이 되는 토지가 별도로 보다 치밀하게 파악되어 갔다. 토지대장은 토지의 번지, 토지형상, 둘레, 사지(四至), 면적, 세액, 소유자, 경작자명 등이 기록되면서 도면으로 그려져 '어린도책(魚鱗圖冊)'이라 불리었다.

## 2. 고려에서 조선으로, 호적기재와 징수방법의 변화

경주부 지방관을 지낸 자들의 명부인『경주부윤선생안(慶州府尹先生案)』에는 고려 성종5년(986)에 "내외(內外)의 호구를 시행"한 사실을 기록하고 있다. 고려왕조는 이때에 12목을 설치하여 지방제도를 정비하면서 호적제도를 실시하도록 했다.

『고려사(高麗史)』식화지(食貨志)에는 호구 조항을 별도로 설정하여 인종13년(1135) 이후의 호적에 대해 언급하고 있다. 그 첫머리에는 "나이 16세에 '정(丁)'이 되어 비로소 국역에 복무하며, 60에는 '노(老)'가 되어 그 역을 면제한다. 주(州)·군(郡) 등의 지방행정관청은 매년 호구를 헤아려서 호부에 보고하라. 징병과 요역은 호적에 기초하여 차출하는 것이 원칙이다(民年十六爲丁始服國役, 六十爲老而免役. 州郡每歲計口籍民, 貢于戶部. 凡徵兵調役, 以戶籍抄定)."라고 시작한다. 호적을 작성하는 주요한 목적은 징병과 노동력 차출에 있었던 것이다.

한편, 식화지의 전제(田制)에는 전국의 토지를 '정'을 단위로 분급하는 제도가 적혀있다. "토지는 직역에 따라 고르게 분급하여 백성의 생계를 꾸리게 하고 국가의 재정에 사용하도록(定內外田丁, 各隨職役平均分給, 以資民生, 又支國用)" 한 것이 그것이다. 여기서 '직역(職役)'이란 관직과 군역을 포함하여 국가의 공공업무를 수행하는 국역을 말한다. 이 제도는 왕토가 배분된 것에 대해 백성이 국역의 의무를 수행하는 통치원리에 입각하고 있다. 또한 주인이 없는 땅은 직역이 없는 자로 '호를 세워서 국역에 충당(立戶充役)'함으로써 배분되었다. 토지배분의 근거가 되는 직역은 호를 단위로 설정되었음을 알 수 있다.

다음으로 호를 단위로 호구성원의 인적사항이 기재되는 가장 오래된 고려시대 호적은 '이교호적(李喬戶籍)'이다. 1237년에 작성되었다

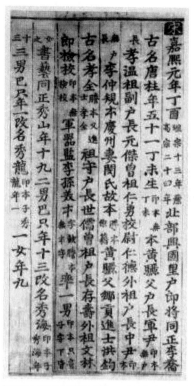

고 여겨지는 이교호적은 여주이씨의 족보에 계보의 증빙을 위해 부록으로 실려 있다. 민간 족보는 15세기 이후에 편찬되고 18세기 이후로는 부계남성 중심의 계보로 전환된다. 따라서 조선후기 족보의 부록으로 실린 호적의 기재내용이 원형 그대로인지는 의문의 여지가 있다. 족보의 편찬의도에 맞추어 호적의 정보를 정리했을 가능성도 있기 때문이다. 그렇더라도 이교호적은 고려에서 조선까지 이어지는 호적기재양식의 원칙적인 형태를 보여주는 사례다.

[사진 2] 이교호적(李嶠戶籍; 1237년 작성)

이교호적에 기재된 구성원은 부부와 3남1녀의 혈연 가족에 한정된다. 이교호적에서 조선시대에 이르기까지 호적이 갖는 일관된 특징으로 들 수 있는 점은 첫째로 개인에게 '직역'이 기재된다는 것, 둘째로 호주 부부에게 모두 부, 조, 증조, 외조라는 '사조(四祖)'가 기록된다는 것이다. 직역은 송대 이후의 호적에서 사라지며, 계보 기록은 청대 특수 호적에 부계의 조(祖)와 부(父)에 한정해서 기록되었던 것과 대비된다.

고려왕조는 직역에 따른 토지와 노비의 배분을 제도적으로 유지했으며, 과거제도와 관직임용에도 직역과 신분을 확인했다. 양반신분에 해당하는 자의 호적에 호주의 직역과 함께 부부의 '세계(世系)'를 기록하도록 하였는데, 문종9년(1055)에는 이 세계가 호적에 등록되어 있지 않은 사람에게는 과거를 보지 못하게 하였다. 또한 호적상 부모의 사조 선조들이 혈연적으로 노비와 관련되지 않아야만 비로소 벼슬을 할 수 있었다.

국보로 지정되어 있는 1390년의 이성계(李成桂) 호적은 호적장부 원본이거나 공증을 위하여 그것을 그대로 옮겨놓은 것으로 여겨지고 있다. 이 호적은 양반 및 군역자의 호와 그에 귀속된 노비들의 호를 모아놓았다. 한 단락으로 한 호를 기록하고 새로운 호는 줄을 바꾸어 기재하게 되는데, 한 호 내에서도 사조를 기록하는 자에게는 그 자의 앞에 '호(戶)'라는 굵은 글씨를 써서 구분하고 있다. 호주의 처나 노비에게도 '호'자를 써서 구분한 것으로 보아 이것은 별도로 존재하던 호적의 내용을 가져다 붙였음을 나타내었다고 판단된다.

이성계 호적이 작성되던 그해의 공양왕2년(1390)에 조정에서는 구래의 호적법이 문란해져서 양반들의 세계를 찾기 어려울 뿐 아니라, 양인을 억압하여 천인으로 만들거나 천인을 양인으로 만드는 사태에 대해 논의하고 있다. 양인이 권세가에 들어가서 국역에 응하지 않고 도리어 양반의 노비가 국역을 대행하는 일에 대해서는 일찍부터 문제시되어 왔다. 관청이나 양반가에 가사를 돕는 노비가 아니라 일반 농민으로 노비가 되는 자들이 늘어나고 있었던 것이다. 노비제가 고대 사회의 그것과 다른 새로운 방향으로 증폭되는 현상이 고려 후기를 통해 진행되고 있었다.

『고려사』 공양왕2년의 기록에는 호적이 없는 자는 과거 급제와 관리 임용에서 제외하고 호적에 기록되지 않은 노비는 모두 국가에 귀속시키자는 주장이 결국 현실화되지는 못했다고 적혀 있다. 그러나 이성계 호적은 법전에 제시된 대로 노비의 전래되어온 계통과 노비가

낳은 아이들의 이름·연령, 그리고 노처(奴妻)와 비부(婢父)의 양천(良
賤) 신분 등을 상당히 충실하게 기록하고 있다.

고려말에서 조선초로 넘어가는 과정에서 호적의 기재형태가 변화
하는 가장 주목되는 특징은 부부의 사조와 증조의 사조뿐 아니라 '장
인의 사조, 외조·외증조·외고조의 사조'라는 식으로 처가와 모·조
모·증조모의 가문을 포함하는 여러 모계의 사조를 기록하는 현상이
점차 심해져간다는 것이다. 남아있는 고려시대의 호적은 얼마 되지
않지만, 사조가 기록되는 모계의 범위가 확대되는 경향을 읽을 수 있
다. 호적상에 더욱 복잡해지는 계보기록은 고려왕조 후기로 갈수록
증가하여 조선왕조가 건립된 1392년 이후에도 나타난다. 호적에서
선조의 선조로 거슬러 올라가는 사조 기록은 남편 쪽으로 최대 16가
문, 처 쪽으로는 최대 9가문까지 포함하고 있음을 확인할 수 있다.

이러한 기록이 가능한 것은 대대로 혼인을 거듭하면서 부부가 각
자의 호적 정보를 합하여 자신들의 호적을 작성하고 다시 후대에 물
려주기 때문이라고 추측된다. 이렇게 많은 선조들의 계보를 기재하
는 것은 개인에게 이르는 신분 내력을 과시하고 그러한 신분 사이에
서 혼인이 이루어졌음을 밝히기 위한 것이었다. 고려는 '직역'으로 대
표되는 신분제를 견지할 뿐 아니라 신분에 따른 토지 징수권의 분배
를 통해 재정을 운영하고 있었다. 선조들이 중앙관료인 '양반귀족'으
로 존재하거나 향리로서 지방사회의 지배적 계층으로 존재했음을 역
대 혼인관계를 통해 분명하게 함으로써 자신의 신분지위를 드러내고
자 한 것이다.

그러나 조선 초기에 사조에 대한 호적기재양식이 바뀌었다. 조선왕
조가 건국된 이후 통치체제가 정비된 15세기에 대법전, 『경국대전(經
國大典)』이 편찬되었다. 호전(戶典)의 '호구식(戶口式)'에는 13세기 초의

호적과 같이 호주 부부의 사조만을 기록하도록 하였다.

戶, 某部 · 某坊 · 第幾里住.    호, 어느 지역 주소에 거주함.

某職 · 姓名 · 年甲 · 本貫 · 四祖.   어떤 직, 성명, 나이와 출생년도, 본관, 사조.

妻, 某氏 · 年甲 · 本貫 · 四祖.   처, 어떤 씨, 나이와 출생년도, 본관, 사조.

率居子女, 某某 · 年甲.   솔하의 거주 자녀, 아무개, 나이와 출생년도.

奴婢 · 雇工, 某某 · 年甲.   노비와 고공, 아무개, 나이와 출생년도.

이 '호구식(戶口式)'이 법전으로 공표된 이후, 호구단자나 준호구에 사조의 사조가 복잡하게 기재되는 일은 사라졌다. 고려왕조 시기에 선조의 계보를 번잡하게 기록하여 신분적 증명으로 삼거나 세력을 과시할 수 없게 된 것이다. 이제 조선왕조는 호적을 기재하는 데에 기존의 양반귀족층에게 더 이상 특수한 계보기록을 허락하지 않고 서민과 기본적으로 동일한 양식으로 기록하도록 하여 차별을 없앴다. 신분제 개혁으로 특권층에 대해 더 이상 정치 · 경제적 보장을 하지 않게 된 결과였다.

고려왕조로부터 조선초에 이르기까지 호적은 신분에 따라 징수방법을 달리하는 조세제도상의 필요에 응하여 작성되었다. 고려왕조는 직역(職役)을 수행하는 대가로 토지 징수권을 나누어 주었다. 즉 왕조 국가의 공무를 수행하기 위해 들어가는 재정을 국가재무기관을 통해서 지출하지 않고, 관리나 직역자에게 조세를 징수할 수 있는 토지를 분배하여 업무수행 비용에 충당하는 재정정책을 행하고 있었다. 따라서 조세 징수와 지출을 한꺼번에 처리하는 재정운영을 위해 호적상에 신분적 연원이 분명해야 했던 것이다. 그러나 조선전기를 통해 '양반전(兩班田)', '인리위전(人吏位田)', '군인전(軍人田)' 등, 직역에 따른 소위 '수조권(受租權; 조세를 납부해 받는 권리) 분여' 토지는 소멸되었다. 신분제는 양인과 천인(賤人; 奴婢)으로 나뉘는 양천제를 유지할 뿐, 모든 양인은 과거를 통해 관직을 획득할 수 있는 제도가 마련된 것이다. 관직을 비롯한 직역자는 국가의 공공업무를 수행하는 국역 의무자의 하나로 존재하게 되었다.

따라서 호적상에 대대로 귀족이었음을 분명히 하는 계보기록은 필요치 않았다. 단지 양인의 경우에 호적기재의 원칙이었던 사조만을 기록하도록 일률화되었으며, 노비의 경우에는 신분적 귀속을 밝히기 위해 부모가 노비인가 아닌가, 소유주는 누구인가를 확인하면 되었다. 호주부부 각각의 사조만을 기재하도록 하는 호적의 기재양식은 조선왕조가 끝나는 19세기 말까지 변함이 없었다. 호적은 이제 토지세 징수와 분리되고, 특산물 공납(貢納)이나 군역 및 호역 징수를 위한 대장으로 역할을 했다.


### 3. 조선왕조의 호적대장(戶籍大帳)

조선왕조에 호적과 관련한 가장 큰 조세정책의 변화는 17세기의 '대동법(大同法)'과 18세기 중엽 군현별 조세징수의 '총액제(總額制)' 시행이다. 특히 대동법은 호(戶) 파악에 기초해서 지역 특산물을 징수하는 '공납'을 경작 토지에 부과하는 제도이다. 호세가 토지세로 전환된 것이다. 기존의 토지세인 '전세(田稅)'가 토지면적 1결(結)당 미곡 4~6두(斗; 말)인데 대해 대동세는 미곡 12두 이상이었으니, 특산물 공납 비중이 토지세의 3배에 해당하는 무거운 것이었다. 대동법의 의미는 이렇게 공납이라는 주요한 조세부담을 토지세로 전환시켰을 뿐 아니라, 중앙재무기관의 하나로 '선혜청(宣惠廳)'을 설치하여, 그곳에서 대동세 징수를 전담하고 다른 국가기관의 재정을 충당하도록 하는 집권적 조세정책을 감행했다는 점이다.

그러나 대동법 시행으로 공납의 모든 부담이 토지세로 전환된 것은 아니다. 이전의 공납은 특정 호를 선정하여 특산물을 채집하거나 제작하고 수요처인 왕실과 국가기관까지 수송하도록 했다. 혹은 행정구역 내의 전체 호에 부담을 할당하기도 했다. 이 대부분의 공납 부담이 대동법으로 인해 토지세로 전환되었지만 조세물품을 운반, 수송하는 부담은 여전히 호를 단위로 하는 '요역(徭役)'으로 수행되었다. 본래 요역은 호적에 근거하여 중앙의 토목공사에 차출하는 노역(勞役) 징수를 말한다. 조세 납부 부담도 호를 단위로 노역이 징발되므로 '요역', 혹은 '호역'으로 불리며, 정식의 조세 징수에 포함되지 않아 '잡역'이라 불리기도 했다. 이러한 '호역'을 징발하는 데에는 여전히 호적이 기본대장이 되었다.

상기한 바와 같이 조선건국 초기의 호적은 고려시대 호적과 같이 족보 등에 기록되어 있으며, 호적의 양식도 그것과 크게 다르지 않다. '호구단자'나 '준호구'와 같은 호단위 호적이 아니라 지역단위로 모든 호들을 망라하는 호적장부의 형태로 조선초기의 것은 현존하지 않는다. 16세기 호적장부의 단편이 소개되기는 했지만, 한 지역의 호적이 책자로 묶여져 있는 호적장부 원본은 1606년의 『산음장적(山陰帳籍)』이 가장 오래되었다.

산음현 호적장부는 가로 35cm, 세로 90cm 정도의 크기로 위아래로 길죽하게 기록되어 있다. 호적장부를 '장적'이라고도 하지만 '호적대장(戶籍大帳)'이라고도 불린다. 큰 대(大)자 '대장'으로 쓰는 것은 군현산하 행정구역에서 작성한 여러 호적중초(戶籍中草)를 모두 모아 거질의 책자로 만들었기 때문이기도 하지만, 주민에 대한 호적장부의 권위를 나타낸 것으로 느껴지기도 한다. 산음현은 현재의 경상남도 산청군 지역에 해당하는데, 이 호적장부에는 단성현의 호적이 합록되어 있다. 단성지역은 당시에 산음현의 임내(任內; 屬縣)로 존재하다가 이후에 독립하였으나, 현재에는 17세기초와 마찬가지로 산청군의 일부로 편입되어 있다.

산음현 호적대장은 1606년의 것 이외에 1630년의 것이 남아 있는데, 형태는 같다. 그러나 1609년에 작성된 경상도 울산의 호적대장은 가로 세로 53cm 남짓으로 정방형에 가깝다. 또한 1663년의 한성북부(漢城北部) 호적대장은 가로 세로 43cm 정도의 정방형으로 1609년의 울산 호적대장보다 약간 작다. 지역에 따라 호적대장의 크기가 일률적이지 않으나 호적대장이 지역사회에서 발휘하는 위용은 다르지 않았을 것이다.

호적대장은 간지의 갑자(甲子)로부터 삼년마다 지지(地支)의 자(子)·묘(卯)·오(午)·유(酉)가 뒤에 붙는 해에 작성되었다. 서너 부가 복사되어 한 부는 지방관청에 보관하고 나머지는 중앙의 호조(戶曹)나 한성부(漢城府), 도의 감영(監營) 등에 보고되었다. 현지에서는 수송에 맞추어 한 해 전부터 호적 작성을 준비하였는데, 그러다 보니 나이가 한 살 적게 기록되는 경우도 있었다.

1675년에 다섯 호를 하나의 통(統)으로 묶도록 하는 '오가통사목(五家統事目)'이 반포됨으로써 이후의 호적대장에는 통호제도가 도입되

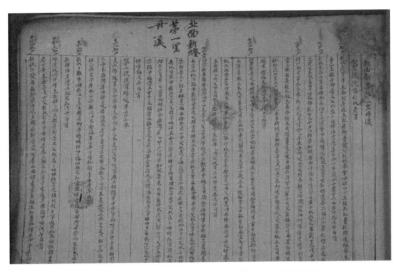

[사진 3] 1717년도 경상도단성현호적대장(慶尙道丹城縣戶籍大帳) 신등면 첫장

었다. 통호제도와 함께 17세기 말부터 호적대장 책자의 모양은 가로 80~85cm, 세로 45~60cm 정도로 종래보다 크고 좌우로 길죽하게 되었다. 더구나 이러한 책자 형태와 크기는 17세기 말의 대부분 지역 호적대장에 동일하게 나타난다.

울산부와 상주목(尙州牧)의 호적대장은 18세기 초에 가로 60~70cm, 세로 40~50cm 정도로 약간 축소되지만, 단성현과 대구부(大丘府), 언양현(彦陽縣) 호적대장은 18세기말까지 17세기말의 책자 형태를 유지한다. 규모가 작은 소읍(小邑)은 군현 전체의 면리를 하나의 책자로 묶기도 하였으나, 대읍(大邑)은 두세 개의 면을 하나의 책자로 묶어 몇 개의 호적대장 책자를 만들기도 했다. 워낙 거질의 두껍고 무거운 책자였으므로 실로 묶은 곳에 철판을 대고 가운데에 쇠고리를 달아 걸어서 보관하였다. 눌려서 습기에 상할 염려가 없었으며, 특정 호구를 참조해 볼 때에도 수시로 펼쳐보기 편했을 것이다.

호적대장은 1790년대부터 전 지역에서 책자의 크기가 약간 축소되고 1810년대 이후에는 가로 27cm, 세로 43cm 전후로 더욱 작아져서 일반 서적과 같은 형태를 띠게 되었다. 단성의 경우에는 18세기까지 산하 행정구역 여덟 개 면을 모두 합해서 하나의 책자로 묶여져 있었는데, 이때부터 두 개 면씩 묶어서 4책으로 작성되었다.

호적대장은 면별 호적중초를 지방관청에 모아서 새롭게 하나의 책자로 등사하여 작성한다. 그런데 여기서는 중초를 그대로 수합하여 군현의 호적대장으로 사용한 듯하다. 1810년대 이후의 다른 지역 호적들도 대부분 이러한 형태로 제작되었다. 이때의 호적에는 호구수가 18세기의 수치보다 약간 적은 수준으로 고정되고 호구 기재내용도 단순화하여 형식화된 기록이라는 느낌을 준다. 호적대장이 가지고 있는 권위는 이전에 비해 떨어지지 않았던 것으로 여겨진다. 그러나 형식적이라고 해서 실용성이 없어졌다는 의미는 아니다. 이 장부는 계속해서 상부에 보고될 뿐 아니라, 지방관청의 통치 및 재정운영에 활용되고 있었다.

호단위의 호적문서로 '호구단자(戶口單子)'는 호적장부를 작성하기 위해 호주가 호구성원의 인적사항을 적어서 관에 신고하는 문서를 말한다. 일단 관에 의해서 호구가 편제된 뒤, 주민이 필요에 의해서 호구장부의 원문과 동일하게 등본을 요청할 경우에 발급하는 것이 '준호구(準戶口)'다. 여기에는 편제과정에서 부여받은 새로운 주소가 기록되고 호적장부 원문과 동일함을 증명하는 도장이 찍히게 된다. 원문과 틀리지 않게 등본을 만들었다면 '주협무개인(周挾無改印)'이라는 도장을 찍고, 옮겨쓰다 틀리거나 빼먹은 자수가 발생하면 '주협 자개인(周挾 字改印)'이라는 도장을 찍고 공란에 그 자수를 기입했다.

호적장부의 적성은 '호구단자'의 신고로부터 시작된다. 이것은 호적작성 뒤에 발급받는 '준호구'와 달리 발급시기와 발급처, 그리고 준거한 호적대장을 명시하지 않는다. 또한 통호번호를 받기 이전 단계의 것이므로 주소도 기재되어 있지 않다. 정확히 말해 통호번호를 기재하는 곳이 공란으로 되어있다. 우선 면리별로 이 호구단자를 모아 나열하여 호구수를 조정

[사진 4] 19세기 권구성(權九成)호의 준호구(準戶口)

한 다음 통호수 번호가 확정되면 이 공란에 주소를 기입하게 된다.

때로는 '호구단자'를 받아 호구를 편제하고 호적장부에 그렇게 등재됨을 알리기 위해 그 '호구단자'를 '준호구'로 되돌려주는 경우가 있었다. 유학(幼學) 권구성의 호를 예로 들어보면 그림과 같다. 정자로 가지런히 쓰여진 문장이 제출될 당시의 초안인데 여기에는 '第( )戶'라는 식으로 호번지수를 적는 부분이 비어있다. 이 호구단자를 가지고 다른 호구단자와 함께 통호를 편제하게 된다.

호적작성 과정에서 통호번지만 새롭게 부과하는 데에 그치지 않는다. 그 호의 구성원 남녀를 신분·직역에 따라 노·장·약(老·壯·弱)의 나이대별로 집계하였다. '幼學 壯一, 婦女 壯二, 奴 壯二, 婢 壯三'이라고 기재한 것이 그것이다. '장(壯)'이라는 것은 15세에서 59세까지 혹은 16세에서 60세까지의 나이를 가리킨다. 이 나이대는 국역

의 의무를 지는 기간과 일치한다. '유학'은 주호인 권구성이며 '부녀'
는 그의 어머니 최씨와 처 최씨를 말한다. '노'는 남자노비, '비'는 여
자노비를 뜻하는데 그 수대로 통계를 내었다. 또한 주호 이외에 통계
에 들어가는 자에게는 위에 점을 찍어서 집계를 확인했다.

그런데 이 통계는 단순히 호구성원을 집계하는 데에 그치지는 않았
다. 처음 제출된 호구단자의 호구성원이 아닌 자를 첨가하여 호의 구
수를 조정하는 데에 이른다. 여기서는 노비를 가지고 그러한 조정이
이루어졌다. 처음 제출된 호구단자에는 비 원덕은 도망갔고 노 말삼
은 이 호에서 독립하여 새로운 호를 세워나갔으므로 비 춘덕만이 호
내의 구성원인 것으로 신고되었다. 그러나 이 호에서 빠져나간 노 말
삼을 호내 구성원으로 하고 여기에 더해서 노 춘삼, 비 복단, 비 춘심
을 첨가하여 노 2명, 비 3명으로 조정한 것이다. 그리고 첨가된 노 춘
삼을 통수로 세웠다. 비 춘덕은 중복해서 적었다가 다시 지웠다.

군현단위의 호적대장을 작성하기 전에 호구단자를 모아 면리별로
호적중초를 작성하는데, 여기에 '통기(統記)'가 사용되었다. 우선 동리
별로 호구단자를 모아 나열하고 전식년의 호적중초에 준해서 그것을
5호씩 나누어 동리 전체의 통호수를 정하게 된다. 이 과정에서 남녀
호구수나 직역자의 수를 가늠하기 위해 통호별로 간단한 인적사항을
기재하는데, 이것이 '통기'이다. 기재내용은 호별로 구성원의 직역,
성명, 나이에 한정되는 것이 일반적이었다.

이러한 과정을 거쳐서 작성되는 호적장부의 말미에는 호구수와 직
역별 통계가 제시되었다. 면단위의 호적중초 말미에는 '이상(已上)'이
라 해서 면단위의 통계가, 군현단위의 호적대장 말미에는 '도이상(都
已上)'이라 해서 군현단위 전체의 통계가 집계되었다. 도의 감영이나
중앙관서로 호적대장 책자 전체가 보고되지만 현실적으로는 본문보

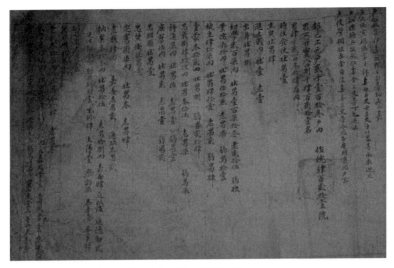

[사진 5] 1717년도 경상도단성현호적대장의 '도이상(都已上)'

다 이 '도이상'에 제시된 통계가 호구정책을 시행하는 참고사항이 될
뿐이었다.

'도이상'은 '도총(都總)'이라고도 하여 여기에는 호적대장을 작성하
는 해당 식년의 군현 전체 호구총수와 함께, 남녀의 직역(職役) 및 신
분마다 '노(老)-장(壯)-약(弱)'으로 나이를 분류하여 통계를 내고 있다.
'도이상' 기록에서 이 호구와 직역의 통계는 국가 재정 운영과 관련하
여 중요한 의미를 갖는다.

우선 직역 통계다. 18세기 전반기에 중앙 및 지방의 국가기관에 소
속된 군역자의 정족수를 확정하는 군역(軍役)의 정액(定額) 사업이 진
행되었다. 노역과 군포로 이루어지는 인적자원의 징수를 건전화하기
위한 시도였다. 18세기 중엽의 『양역실총(良役實摠)』에 정액된 양역자
(良役者)의 수와 이후의 읍지 「군총(軍摠)」조에 기록된 군역자의 수를
당시 호적대장의 도이상에 기록된 군역자 통계와 비교해 보면 역종별

수치에 그리 큰 차이를 발견할 수 없다. 18세기중엽 『대구부호적대장 (大丘府戸籍大帳)』의 경우에는 양쪽의 수치가 일치하는 사례가 많이 발견된다. 이것은 18세기 중엽에 완료되는 군역 정액사업의 결과가 호적대장의 도이상 통계에 그대로 반영되었음을 말한다. 이러한 사실로 보건대 적어도 이 시기에는 지역에 할당된 군역자의 정액이 도이상에 반영되고 그에 따라 호적대장 본문의 직역 기재가 조정되었을 가능성이 높다고 할 수 있다.

한편, 18세기 후반에서 19세기 초에 호적대장 도이상과 본문에는 지방관청에 소속되어 노역에 동원되거나 미전(米錢)으로 대납을 하는 소위 '읍소속(邑所屬)' 역종자들이 대거 증가하는 현상을 확인할 수 있다. 중앙 상부기관에 소속된 역송들에 대한 정액 사업으로 군현 전체의 부담이 어느 정도의 액수로 고정되는 대신에 지방관청 스스로 사용할 수 있는 인적자원을 확대시켜나간 결과이다. 지방재정의 자율성을 높이기 위한 재원확보를 삼 년마다 이루어지는 호구조사를 통해 확보한 것이다.

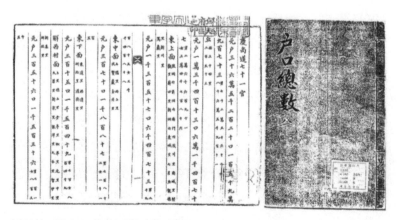

[사진 6] 18세기 말 편찬 『호구총수(戸口總數)』

호단위로 부과되는 '호역(戶役)'은 국가의 토목공사에 동원하거나 공납물을 마련하거나 조세 수송에 동원하는 등, 재정을 충당하기 위한 주요 징수 재원이다. 임진왜란과 병자호란을 거치면서 저하되었던 호구파악 능력이 17세기 말에 회복되고 이후로 전국적인 호구총수가 일정한 수준을 지속적으로 유지했다. 18세기 말에는 호적대장 도이상의 기록으로부터 군현별 호구총수를 일괄적으로 조사하여 기록한 『호구총수(戶口總數)』를 편찬하여 군현별로 고정된 액수로 공표하기에 이르렀다. 재원의 증감을 억제하여 안정적인 재정수입을 보장하려는 의도였으며, 이것은 상기의 군역 징수와 토지세 징수에서도 관철되고 있었다.

18세기 말에 고정된 호구수는 19세기 초까지 유지되다가 그 시기부터 대한제국기까지 오히려 약간 감소한 수준을 유지한다. 18세기 말 이후로 호적대장의 호구수는 지방관청이 지방재정 적자를 보완하기 위한 수단으로 활용되었다. 특히 19세기에는 대부분의 지방에서 환곡이 진휼곡의 소비성 재원인 이유로 분배 후의 회수가 어려워졌다. 환곡 운영을 위한 재정에 적자를 면치 못했으며, 기타 지방재정도 적자가 발생하기 일쑤였다. 이에 지방관청은 관할행정구역 내의 면리에 지방세와 같은 징수를 시도했으며, 종래의 고정적인 호구총수를 면리별 징수재원 할당의 기준으로 삼았다.

## 4. 청(淸) 요녕호적(遼寧戶籍)과 에도(江戶) 인별종문개장(人別宗門改帳)

청대에는 요녕(遼寧) 지역 이주민으로 구성된 별도의 특수한 호적이 작성되고 있었다. 이 호적은 '한군팔기인정호구책(漢軍八旗人丁戶口冊)

이라고도 불리어 만주족의 팔기제에서 기원한다. 요녕 지역은 청의 발원지로 만주족의 수도 심양(瀋陽)이 있는 곳이다. 만주족을 위시한 주변의 여러 민족들과 팔기제도에 편입된 한족 이민자들에 대해 중앙이 특수 관할지역으로 선정하여 인구를 조사하고 이동을 통제했다.

이 요녕호적(遼寧戶籍; Liaoning Register)은 이갑제 하의 호적보다 폭넓고 정확한 정보를 제공하고 있다. 호(=正戶; household group)는 여러 개의 영호(另戶; household)로 나누어져 호수(戶首)와 가족이 등재된다. 명대 이전의 호적이 정호를 중심으로 파악되어 기타의 많은 가족이 누락된 것을 생각하면 요녕호적은 상대적으로 충실한 호구조사였다고 할 수 있다. 그러나 이 호적에 기재된 자들의 남녀 연령분포를 살펴보면, 조선왕조의 그것과 마찬가지로 젊은 층들의 현저한 누락이 눈에 띤다. 호적작성의 의도에 따라 선별적으로 파악된 조사였음을 의미한다.

명대에 이르는 기존의 호적과 다른 두드러진 차이점은 조(祖), 부(父)와 같은 족보의 가장 기본적인 요소, 즉 세계(世系)를 구비하고 있다는 점이다. 이 "인정호구책" 형식으로 존재하는 호적 가운데에는 일족 전체의 구성을 별도로 열거하는 기록도 발견된다. 또한 정부는 "가보(家譜)"와 "가보도(家譜圖)"의 형식으로 별도의 기록을 호적과 함께 신고하도록 했다. 이 가보에는 남성들이 가족의 세계에 따라 세대별로 나열되어 있는데, 여성에 대한 기록은 전혀 없다. "승습책(承襲冊)"이라 하여 팔기의 인정이 부(父)의 세직(世職), 세작(世爵)을 계승하도록 정부에서 내린 조서들도 존재한다. 정부가 호구조사와 함께 인민을 부계집단으로 파악하려 한 것으로 여겨진다. 고려와 조선왕조의 호적이 계보적인 기록으로 대표자 부부 각각의 부계와 모계 선조인 '사조'를 기록하는 것과 여러 측면에서 비교될 수 있다.

고대부터 호적을 작성한 일본에서도 호적은 300년간 20여점이 분산적으로 현존한다. 그러나 이후 호적작성이 중단되었다가 16세기 말~17세기 초에 인구조사가 다시 시작되었다. 당시 일본에서는 각지의 영주들이 서로 전쟁을 벌이고 있었는데, 국지전에서 원격지 전투로 전쟁이 확산되면서 영지마다 물적·인적 자원의 동원, 즉 수송인원, 가축수, 선박수등이 파악될 필요가 있었다. 각지에서 작성된 "인별개장(人別改帳; NAC)"은 국가의 일률적인 호구조사는 아니지만, 호적과 같이 가족을 단위로 성별을 비롯한 가족관계와 이름, 나이가 기재되고 토지 및 가축과 관련한 기록이 첨가된 경우도 있다.

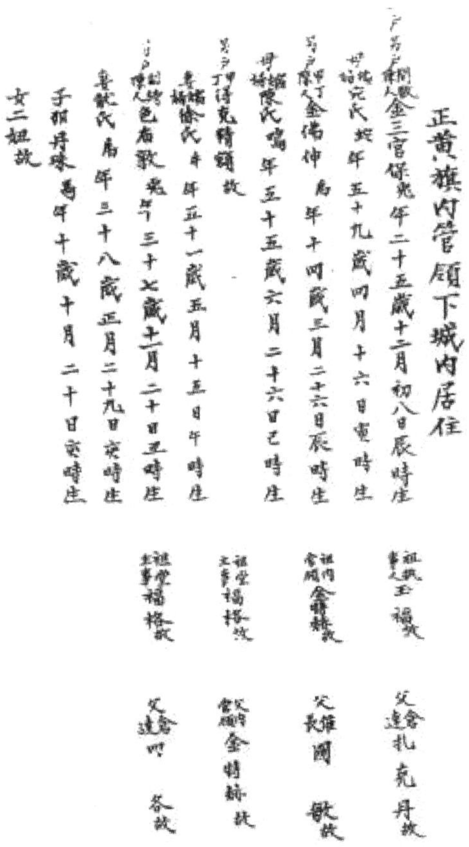
正黃旗内管領下城内居住

[사진 7] 청대(淸代) 요녕호적(遼寧戶籍)

한편, 여러 차례 쇄국이 단행되면서 17세기 초에 기독교가 금지되어 선교사가 추방되고, 일본인의 해외도항 및 귀국이 금지되었다. 이와 더불어 가족의 인적사항을 기록하는 형태를 빌려 집마다 가족구성원 각자의 소속하는 불교 종파명, 사원명을 기록하는 신앙조사를 시행했다. 우선 막부관료와 불교사원의 승려들이 동참하여 막부직할지인 천령(天領)만이 아니라 영주인 다이묘(大名)의 영토에도 "종문개장(宗門改帳; SAC)"이라는 이름으로 조사가 실시되었다. 조사 당시에 예수와 마리아상이 부조된 그림을 밟도록 함으로써 "답회장(踏繪帳)"이라는 별칭도 있으며, '인별개장'과 형식을 겸함으로써 "종문인별개장(宗門人別改帳)"으로도 불렸다.

종문개장은 조선왕조 호적의 통호(統戶)구성과 같이 5가를 묶어 '오가조(伍家組)'로 작성되었다.

조선왕조 호적이 현재 거주하는 자에 한정되는 '주민등록'의 형태인 것과 같이 구성원이 이동한 사실을 일일이 기록하는 현주지주의(現住地主義)의 기재 방식과 함께, 구성원이 타지로 이동했는지 알 수 없는 본적지주의(本籍地主義) 기재도 존재했다. 장주번(長州藩)에서는 18세기 말부터 '호적'이 작성되고 있었다. 이 호적은 종문개장과 같이 매년 작성되는 것이 아니라 본적지의 한 장부에 구성원의 변동사항이 있을 때마다 그것을 종이에 써서 덧붙이는 형식을 가지고 있었다. 메

[사진 8] 에도(江戶)의 인별개장(人別改帳)

이지유신(明治維新) 직후의 일본은 1871년에 호적법을 반포하고 총인구와 거주의 동태를 살피는 호구조사를 시행토록 했는데, 이때에 이렇게 본적지의 장부에 구성원의 제적과 가입을 기록하는 장주번의

호적이 원형이 되었다.

일본의 메이지 정부는 1872년에 새로운 형태의 호적, 임신호적(壬申戸籍)을 작성하기 시작했다. 호적에 기재되는 내용은 주소, 신분을 구분하는 족적(族籍), 이전의 호주(戸主), 호주의 성명 및 생년월일, 개별 가족 구성원의 호주와의 관계, 가족의 이름 및 생년월일, 입적(入籍) 및 제적(除籍)의 사유 등이다. 이 호적은 가족 구성원을 본적지 등재에 근거하여 파악하면서 일시적인 이동을 현거주에서의 '기류(寄留)'로 별도 조사하는 방식을 취했다. 전 가족이 이주하면 본적 자체가 바뀐다.

그런데 1886년의 호적법개정을 계기로 메이지호적은 현실적 생활공동체를 표현하지 못하고 점차 가족관계 변동의 기록으로서 그 기능이 커져갔다. 1898년의 민법 '친족상속편'이 시행됨에 따라 그러한 경향은 더욱 심화되어 호적이 주거와 유리된 친족관계의 '이에(家)' 등록부로 전환되어갔다. 이러한 일본의 메이지호적은 식민지화 과정 속에서 식민지 대만(臺灣)과 식민지 조선에 준용되었다.


## 5. 대한제국과 식민지시대의 호적

조선왕조를 대신해서 대한제국(大韓帝國)이 성립하기 직전인 1896년 9월에 '호구조사규칙(戸口調査規則)'과 '호구조사세칙(戸口調査細則)'이 공표되어 종래와 다른 호구조사가 실시되었다. 이때부터 호마다 낱장으로 호적표(戸籍表)를 작성하여 행정구역별로 묶어 호적장부로 제작했다. 이것을 소위 '광무호적(光武戸籍)'이라 하며, 조선왕조의 '구호적(舊戸籍)'에 대해 '신호적(新戸籍)'이라고도 불렀다.

이때의 호구조사는 갑오개혁을 경과하면서 조세가 전세(田稅)와 호세(戶稅)로 통일되어 국가재원으로 징수되었던 사실에 직접적인 영향을 받았다. 호세는 19세기에 이미 지방재정의 보전을 위한 것으로 활용되어 왔다. 그런데 이때의 호세는 지방재정 수입을 단절하고 그것을 중앙재정으로 전환하여 중앙정부가 직접 재원을 징수하는 것이었다. 국가재정의 확보를 위하여 호세를 징수할 대상 호수를 증가시킬 필요가 있었다. 이에 '호구조사규칙' 등은 일호일구(一戶一口)도 누락되이 없이 호적에 등재할 것을 종용했던 것이다. 그러나 그 결과는 오히려 그 반대로 전국적인 호수의 격감를 초래했다.

조선왕조의 구호적은 지역마다 종래 오랫동안 설정되었던 '호구총수'를 기준으로 필요한 만큼의 호구를 등재할 뿐이었다. 18세기 말 이후로는 그것도 지방관청의 재정과 통치 운영을 위해 활용되어 왔다. 이러한 지방재원에 대해 중앙정부가 출납회계를 일률적으로 시행하고자 했을 때, 지방의 주민들은 '향회(鄕會)'의 논의를 통해 오히려 적은 수치로 호수를 보고하는 현상을 보였던 것이다.

호적장부 형태로 작성되지 않은 것 이외에 기존의 '구호적'과 다른 호적표 기재양식의 몇 가지 특징을 살펴볼 수 있다.

광무호적의 호번 양식은 호적표마다 도군명이 최상단에 기재되고 바로 밑에 면리동명과 통호수 번호가 기재되었다. 이것은 기존의 구호적 '준호구'의 주소 기재양식과 동일하다. 그런데 이와 함께 왼쪽 첫줄에 '戶籍表 第○○號'라고 별도의 호번을 기재하고 있다. 이것은 기존의 호적에 보이지 않는 새로운 기재양식이다. 호적표는 신구의 호번 양식을 모두 갖추고 있어 호를 파악하는 방식이 전환되는 과도적 형태를 나타내고 있다고 할 수 있다.

호의 구성도 '호주(戶主)'라고 호의 대표자를 명기하고 그의 가족을

'동거친속(同居親屬)'으로 구분하여 기재하고 있다. 기존의 호적에 그러한 표기가 없던 것과 대조된다. 그와 관련하여 기존의 호적에 호의 대표자 이외에 모, 처, 며느리, 사위 등의 혼인관계로 맺어진 자들에게도 부, 조, 증조, 외조라는 '사조(四祖)'가 기재되던 것과 달리 호적표에는 호주에게만 사조를 기재할 수 있도록 되어있다. 호의 책임소재를 분명히 하고자 함이다.

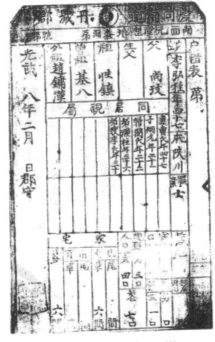

[사진 9] 대한제국기의 광무호적(光武戶籍)

또한 호적표에는 호내 구성원 개개인에게 기재되던 '직역(職役)'이 사라지고 호주에게만 '직업(職業)'란을 설정하여 '사농공상(士農工商)'이라는 동아시아 전통적인 신분구분을 명시하고 있다. 조선왕조의 국역체계가 사라지긴 했지만, 통치체계의 근간이 되었던 신분제적 파악을 포기할 수는 없었던 듯하다. 실제로 '사(士)'와 '농(農)'은 같은 형제 사이에도 다를 수 있고 시기적으로 변할 수도 있는 것으로 어떤 구속력을 갖는 것은 아니었다. 그리고 호내 구성원 가운데 친인척이 아닌 자들은 '기구(寄口)'라 하여 남녀 인명수만 기재하고 있다. 노비나 고공과 같은 종속적 구성원이 당시에도 존속했던 것으로 생각된다.

또 한 가지 이 호적표가 기존의 호적과 다른 것은 '가택(家宅)'란을 설정하여 가옥의 소유관계—'기유(己有)'와 '차유(借有)'—와 가옥의 형태 및 규모—'기와(瓦)' '초가(草)'의 칸수(間數)—를 기재한다는 점이다. 호적표에 가옥에 관해 기재하는 것은 호에 대한 호주의 권리가 가옥에 대한 권리를 포함한다는 것을 의미한다. 이것은 동시에 호적표의 호 구성원이 '이러한 규모의 한 가옥에 거주하는 자들'을 가리킨다는 것을 말한다. '가택'란을 광무호적 기재양식에 첨가한 것은 지역내의 호구총수를 맞추기 위해 편제되는 기존의 호구파악과 달리 생활공동체로서의 세대를 호로 파악하고자 한 의도를 나타낸다. 그러나 분가(分家)의 사례나 가옥의 칸수 등을 잘 살펴보면 실제 상황이 아닌 경우를 발견하기도 한다. 모든 호가 아직 실제의 가옥 건물을 고정된 주소로 확정해두지 못하는 상황임을 짐작할 수 있다.

전국규모 호구수의 급격한 변화는 통감부 시기가 시작하는 1906년 이후에 나타난다. 1907년부터 민적법(民籍法)에 의한 호구조사가 시행되는 1909년까지의 3년 사이에 전국적인 호구수가 급증하게 된다. 이러한 변화는 세무를 중앙재무기관으로 집권화한 1906년의 '관세관관제(管稅官官制)'의 제정에서 시작하여 국가재원의 근거를 현실적으로 파악하고자하는 시도에 영향을 받은 듯하다. 실재하는 호구를 모두 파악하겠다는 이때의 호구조사는 급격한 증가만큼 심한 강제가 동원되고 호세와의 관계를 부정함으로써 진행될 수 있었다. 조선왕조의 호적작성 관행이 향촌의 자율성에 기초하여 중앙정부의 묵인하에 이루어지던 것과는 달랐던 것이다. 그러나 현실의 호구조사가 급속히 진행될 수 있었던 또 다른 이유는 식민지당국의 강제만이 아니라 호적작성의 오랜 경험 때문이었다.

1909년 이후에 작성되는 '민적'의 양식은 일본의 메이지유신 직후에 실시된 메이지호적에 기초한다. 민적은 호마다 '본적(本籍)' 주소와 '호주(戶主)' 사항을 등치시키고 그 뒤로 호주와의 관계인 '신위(身位)'를 매개로 나머지 호구성원들을 등재한다. 호의 모든 구성원들에게는 '성명(姓名)'을 기재하고, 성명의 오른쪽에는 부모의 이름과 그로부터 몇 번째 자녀인가를 나타내는 '출생별(出生別)'과 본관을 기재하며, 왼쪽에는 '출생월일(出生月日)'을 기재하게 되어 있다. 모든

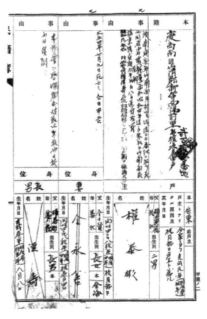

[사진 10] 식민지조선의 제적부(除籍簿)

구성원들에게는 상단에 입적 및 제적의 '사유(事由)'를 기재한다. 여기에 호주에게는 다른 구성원들과 달리 '전호주(前戶主)'와 '호주된 원인과 그 연월일(戶主된原因及其年月日)'이 별도로 기록된다.

이러한 개별호의 민적들을 하나의 장부로 묶어놓은 것이 민적부(民籍簿)이다. 면사무소에서 민적부를 관리하는데, 호주가 사망하거나 이주를 해서 변경사유가 있을 때에 개별 민적을 민적부에서 제거하여 별도로 모아둔다. 이것이 제적부(除籍簿)다.

그런데 1910년대를 거치면서 민적의 작성방법에 커다란 변화가 발생한다. 그것은 연장자를 호주로 하여 가족이 혈연적으로 파악되는 '본적지주의(本籍地主義)' 호적으로 바뀐 것이다. 조선왕조와 대한제국기의 호적은 다시 조사되는 3년 동안 거주이동이 있을 경우에 호적이

변경되는 '현주지주의(現住地主義)'를 원칙으로 한다. 현재의 주민등록과 같다. 그러나 식민지시대 호적은 혼인이나 양자로 인한 입적 및 제적을 제외하고 현 거주지 이동으로 호적을 변경 기재할 필요는 없다. 주민등록과 별도로 호주제가 폐지되기 전까지 사용하던 호적이 바로 이러한 본적지주의 호적이다.

1923년 호적법이 시행되어 '민적'이 다시 '호적'으로 불릴 때까지 조사된 호구의 내용에도 변화가 있었다. 호적에 누락되었던 인구, 특히 연소자층 인구가 이 시기에 거의 모두 파악되었다. 조선시대와 대한제국기의 호적에는 모든 인구가 등재될 필요는 없었다. 실재하는 모든 호구가 지방사회에서 빠짐없이 파악되고 있었지만 공식적으로는 적정선에서 호구수가 보고되었다. 특히 조세 징수와 징발에 관련하여 호구가 파악되는 경향이 강했다. 호적 등재 여부가 어느 정도 지방의 자율에 맡겨진 만큼, 말단의 재정 일부도 지방 자율의 운영권이 보장되었던 것이다. 식민지시대의 호구조사는 조세와 관계없이 행해졌으며, 호주의 신고에 의거하지만 지역사회의 자율성 개입은 사라졌다.


## 6. 맺음말

가족 단위로 개개인의 인적사항을 파악하는 호적과 달리, 일본의 근대적 인구조사(census)는 식민지 대만에서의 시도를 경험삼아 '국세조사(國勢調査)'라는 이름으로 1920년에 실시되기 시작했다. 인구조사는 연중 일정한 날짜에 전국 인구를 대상으로 성별, 나이, 배우자유무 등을 전수조사하여 지역별로 집계하는 방법으로 이루어진다. 근대 국민국가의 경제성장과 관련하여 인구학 요소에 대한 통계적 분석을 하나의 목적으로 한다. 대만의 인구조사는 본래 일본의 메이지호적에 준하여 호구조사로 실시되었으나 '기류'라는 현재 거주이전 상황에 대한 조사가 인구조사의 기반이 되었다. 식민지 조선의 경우는 일본의 '국세조사'가 두 번째로 실행되는 1925년에 비로소 실시되었다.

1912년에 성립한 중화민국(中華民國) 정부는 의회선거를 실시하기 위하여 새롭게 인구조사를 실시했으나, 전국을 망라하지 못하고 조사 방법도 청말 호구조사의 연속상에 있었다. 1927에 민국정부에 의해 전국통일이 이루어짐으로써 이듬해에 '호구조사통계보고규칙'을 제정하여 각지의 조사, 보고를 요구하였다. 이 조사 데이터는 호수와 남녀구수에 한정되었으나, 전국을 통일한 뒤의 조사로서 이후의 인구추계에 중요한 출발점이 되었다. 중국역사상 본격적 인구센서스는 해방 후 1953년에 이루어졌다.

그런데 근대적인 인구조사가 시작되었음에도 불구하고 이미 기술한 바와 같이 전통적인 인구조사 형태라 할 수 있는 '호적'도 동아시아 각지에서 지속적으로 작성되었다. 메이지호적으로 시작된 일본의 호적은 현재에도 여전히 거주지 중심의 주민등록제도로 활용되고 있다. 중국은 1976년 이후에 인구억제 정책의 일환으로 '1가구 1자녀'의 산아제한운동(産兒制限運動)을 실시했는데, 간혹 허용된 자녀수를 벗어나 낳은 자녀를 제 때에 호적에 올리지 못하는 경우도 있다. 이런 아이를 '헤이하이즈(黑孩子)'라고도 하여 커다란 사회문제가 되기도 했다. 현재는 도시부의 경제성장에 따라 농촌지역에서 몰려드는 노동자들을 규제하기 위해 도시단위의 거주를 허락하는 호적제도가 시행되고 있다.

한국에서는 한 가족의 대표를 호주로 세워서 그자에게 가족 구성원의 입적과 제적에 관한 권리를 부여하는 호주제(戶主制)가 2005년에 폐지되었다. 호주에 대한 법제적 자격은 물론, '가족'을 '호'로 파악하는 제도적 장치가 파기된 것이다. 현대 한국은 주민등록제도와 함께 호적제도가 병행되어왔지만, 호적은 가족의 유대관계에 기초하여 본적지주의로 시도된 식민지적 인신파악 방법이었던 것과 동시에 근대적 가부장제를 강화하는 것으로 여겨졌기 때문에 부정되어야 했다.

동아시아 호적제도의 역사는 국가마다 해당지역의 상황에 따라 다르게 변화해 왔다. 그러나 더욱 주목되는 것은 고대사회부터 실시되던 전통적인 호적제도가 목적과 방법의 변화에도 불구하고 근현대에 이르기까지 지속적으로 시행되고 있다는 점이다. 동아시아 전통사회는 전제국가를 단위로 하는 중앙집권적 통치 질서를 유지해왔다. 호구조사를 통한 인민파악 방법은 세계역사상 가장 집권적이라고 하는 근대국가의 건설에 직면하여 동아시아 각국이 취한 특유의 '방법'으로 나타난 것이라 할 수 있다.

## | 참고문헌 |

『元史』(宋濂 편), 『高麗史』, 『朝鮮王朝實錄』

『經國大典』, 『戶口總數』, 『官報』(建陽元年, 光武10年)

『山陰帳籍』(1606년, 1630년), 『慶尙道丹城縣戶籍大帳』(17~19세기)

「戶口單子」「準戶口」(19세기 丹城縣 新等面)

「光武戶籍」(1905/1906년 丹城面 培養里)

『除籍簿』(1910년대 山淸郡 新等面)


邱源媛, 2015, 「18세기 중엽~20세기 초 중국의 "官修家譜"-中國第一歷史檔案館에 소장된 『淸代譜牒檔案』을 중심으로-」, 『大東文化硏究』91, 대동문화연구원.

김건태, 2006, 「호적대장에 등재된 호구의 성격」, 『韓國史研究』132, 韓國史研究會.

盧明鎬 외, 2000, 『韓國古代中世古文書硏究』2권, 서울대학교출판부.

단성호적연구팀, 2004, 『단선호적대장연구』, 성균관대학교 대동문화연구원.

손병규, 2007, 『호적; 1606-1923 호구기록으로 본 조선의 문화사』, 휴머니스트.

_____, 2008a, 「식민지 시대 除籍簿의 인구정보 – 경상도 산청군 신등면 제적부의 자료적 성격」, 『史林』30, 首善史學會.

_____, 2008b, 「明治戶籍과 光武戶籍의 비교」, 『泰東古典硏究』24, 태동고전연구소.

_____, 2010, 「13~16세기 호적과 족보의 계보형태와 그 특성」, 『대동문화연구』71, 대동문화연구원.

_____, 2011a, 「18세기 말의 지역별 '戶口總數', 그 통계적 함의」, 『史林』38, 首善史學會.

_____, 2011b, 「조선후기 비총제 재정의 비교사적 검토 – 조선의 賦役實摠과 明淸의 賦役全書」, 『역사와 현실』81, 한국역사연구회.

이상국, 2003, 「고려시대 군역차정과 군인전」, 『한국중세사연구』15, 한국중세사학회.

조철제 역주, 2002, 『(國譯)慶州先生案』, 경주시.

한국정신문화연구원 편, 1999, 「安東府 周村 戶籍」, 『古文書集成-安東周村眞城李氏篇』41.

한영국, 1985, 「朝鮮王朝 戶籍의 基礎的 硏究」, 『韓國史學』6, 한국정신문화연구원.

速水融, 1993, 「硏究資料; 明治前期人口統計史年表」, 『日本硏究』第9集.

_____, 1997, 『歷史人口學の世界』, 岩波書店.

孫炳圭, 2001, 「李朝後期 地方財政史の研究」, 東京大學 博士學位論文.

李榮薫, 1993, 「朝鮮前期・明代の戸籍についての比較史的檢討」, 『東アジア専制国家と社会・経済ー比較史の観点からー』, 東京: 青木書店.

朱玫, 2017, 「13~14世紀中韓戶口文書登載事項的對比研究ー以高麗與元明的戶口文書爲中心」, 中國社會科學院 歷史研究所 紀要.

定宜莊・郭松義・李中清・康文林, 2004, 『遼東移民中的旗人社會 : 歷史文獻, 人口統計與田野調查』, 上海社會科學院出版社.

Lee, James Z. and Wang, 1999, *One Quarter of Humanity ; Malthusian Mythology and Chinese Realities, 1700~2000*, Harvard University Press.

# 3장

# 전근대 동아시아의
# 국제질서

|

## 일본의 연구성과를 중심으로

고은미

## 1. 지역세계의 구조

우리가 어떤 지역이라는 개념을 사용하여 과거와 현재를 인식하고자 하는 경우 거기에는 특정 국가나 민족을 중심으로 서로 연관관계를 가지는 주변지역까지 포함한 성찰을 통해, 해당 국가나 민족을 종합적으로 파악하고자 하는 의도가 존재하는 것이 사실이다. 예를 들어 한반도는 주변지역인 중국이나 일본과의 관계를 고려하지 않고는 그 역사적 변천을 이해하기 힘들다. 그렇다면 한반도가 직접적인 영향을 주고받은 몇몇 국가만을 포함하여 파악하면 되지 왜 동아시아와 같은 지역 개념이 필요한가 하는 의문이 제기될 것이다.

어떤 공간을 다른 공간과 구분하여 파악한다는 것은 해당 공간에는 다른 공간과는 다른 관계망이 형성되었고, 그것이 해당 공간을 형성하는 구성원 모두의 행동양식에 직·간접적인 영향을 미쳤다는 사실을 전제로 한다. 즉 특정 지역에 포함된 개별국가나 민족의 총합이 지역세계를 형성하는 것이 아니라, 해당 지역세계에는 그 지역세계만의 독자적인 연계방식이 존재한다는 사실이 전제가 되는 것이다.

동아시아 역시 동아시아만의 연계방식이 존재한다는 사실을 전제

---

＊  본고는『史林』제59호(2017년 1월호)에 실린 논문을 재수록한 것임.

로 한다. 이러한 주장은 1960년대에 니시지마 사다오(西嶋定生)에 의해 제기되었는데, 니시지마 사다오 이전의 일본 역사학계는 세계사의 보편적인 발전단계론에 입각하여 동아시아의 구조 역시 도출하고 있었다(廣瀨憲雄, 2008: 4~5). 즉 맑스주의적 역사학에 기반한 보편적 역사발전법칙의 영향으로, 선진지역인 중국이 후진지역인 조선이나 일본에 영향을 주어 해당 지역의 역사발전을 견인했다는 구조를 상정하고 있었던 것이다.

예를 들어 미야자키 이치사다(宮崎市定)는 아시아의 역사에서 교통의 중요성에 주목하여, 이러한 교통의 발전으로 '역사발전의 평행현상'이 발생하여 아시아 지역이 보편적인 역사적 경험을 한다는 사실에 주목한다. 그런 의미에서 중국 역시 서아시아나 인도 등 주변지역의 영향을 받아 자국의 문화을 발전시킨 점이 부각되고 있지만, 한반도나 일본·베트남 등은 그렇게 형성된 중국문화의 영향을 일방적으로 받은 지역으로만 묘사되고 있다. 따라서 동아시아는 상호영향하에서 하나의 문화권을 형성했다기 보다는 선진지역인 중국이 형성한 문화를 주변지역이 받아들여 동화되는 방식을 통해 형성되었다고 평가되고 있는 셈이다(宮崎市定, 1993: 13~16·189). 이러한 역사인식방법은 중심과 주변을 구별하여 중심의 발전을 축으로 역사발전을 설명하는 이론적 틀에 기반해 있는데, 속도의 차이는 있지만 주변지역들은 중심지역이 거쳐 온 사회적 단계를 모두 거쳐야 한다는 측면에서 역사적 발전단계론의 입장에 서 있다고 평가할 수 있다.

이처럼 역사전개를 파악하는 데 있어서 전 인류사회에서 관찰되는 보편적인 경향을 동아시아에도 대입하려는 시각에 반해, 니시지마 사다오는 중국왕조와 그 주변세력간에 형성된 구체적인 정치체제인 책봉관계를 통해 동아시아 역사전개의 상호관련성을 제시했다. 이는 동아시아라는 지역만이 가진 특수성에 주목하는 시각으로의 전환이었다.

이러한 시각은 본고에서 다루고자 하는 모든 연구에서 발견되는데, 예를 들어 하마시타 다케시(浜下武志)는 지역세계를 연구하기 위해서는 특정 지역이 어떤 내재적 논리를 가지고 시간적·공간적으로 전개되어 왔는지를 파악할 필요가 있다고 주장하고, 그러한 문제를 아시아 지역에 적용할 경우 유효한 개념 중 하나로 조공무역(朝貢貿易)을 들고 있다(浜下武志, 1993: 2). 따라서 독자적인 연계방식을 통해 동아시아 혹은 그를 포함한 아시아를 파악하고자 하는 시도는 니시지마 사다오 이후 일관되게 전개되고 있다고 할 수 있다. 다만 앞으로 살펴볼 것처럼 니시지마 사다오 역시 중국이라는 선진적인 사회구조가 그 주변지역에 영향을 주어 해당 지역 전체가 일정한 공통점을 가지게 되었다는 '역사발전의 평행현상'을 부인하는 것은 아니다. 오히려 그러한 현상이 발생하는 내재적인 구조를 제시하는데 선구적인 역할을 했다고 보아야 한다.

한편 이러한 내재적인 구조 혹은 연계방식은 시기에 따라 변화해왔는데, 그러한 연계방식의 변화를 통해 동아시아의 역사를 구분할 수도 있다. 본고에서는 전근대를 통해 그러한 변화상을 일본의 연구성과를 정리하여 소개하는 방식으로 살펴보고자 한다. 이는 동아시아의 국제질서가 장기간에 걸쳐 어떻게 변화했는가를 파악하려는 일본 측의 연구가 한국학계에는 그다지 소개되지 않았다고 판단했기 때문이다. 또한 이러한 시도는 자신의 연구가 긴 역사적 맥락과 어떻게 유기적으로 연계되어 있는가라는 필자의 개인적인 문제의식에서 비롯된 것이기도 하다.

다만 본고에서 다루는 지역세계는 현재 동아시아라는 개념이 일반적으로 의미하는 한중일 중심의 지리적 공간을 훨씬 뛰어넘어 넓게는 유라시아 전체를 대상으로 삼기도 한다. 이는 그처럼 넓은 지역세계의 질서에 동아시아 역시 포함되어 있거나 혹은 연동되어 있었다는 측면에서 주목하기 때문이다. 그렇다면 이처럼 확대되거나 축소되는 공간속에 동아시아라는 개념이 여전히 유효한지 하는 문제가 당연히 제기될 수 있다. 본고가 그 문제를 직접적으로 다루지는 않지만, 그를 검토하기 위한 시론이라는 점은 밝혀두고자 한다.

## 2. 책봉체제론

니시지마 사다오는 근대가 되어 통일세계가 지구상을 덮기 이전에는 각각의 지역마다 완결된 세계가 있었고, 동아시아세계도 그 중 하나라고 주장한다(니시지마 사다오. 2008). 동아시아세계는 중국을 중심으로, 주변의 한반도·일본·베트남 및 몽골에서 티베트고원 사이에 있는 서북회랑지대 동부의 여러 지역을 포함하는 개념으로, 이에 속한 여러 나라의 문화가 공통적으로 중국에 기원을 두었거나 적어도 그 영향을 받았다고 판단한다. 베트남 북부를 동아시아세계에 포함시킨 것은 이 지역이 한대(漢代)에서 당대(唐代)까지 중국의 영역에 포함되어 있었기 때문이다. 그러나 동아시아세계는 6~8세기를 염두에 두고 역사적 세계로 설정된 개념이기 때문에 포함되는 범위는 유동적으로, 고정적인 것으로 이해해서는 안된다는 점도 지적하고 있다.

그는 동아시아세계를 구성하는 문화적 지표로 한자·유교·율령제·중국불교 등을 들면서도, 동아시아가 하나의 세계로 인정받으려면 거기에 공통문화가 존재했다는 사실 외에도 자기완결적인 정치구조가 존재했다는 것을 증명해야 한다고 주장했다. 왜냐하면 동아시아

세계의 공동지표가 된 문화적 현상들은 문화로서 독자적으로 확장되지는 않으며, 그 배경에는 이 세계를 규제하는 정치구조가 존재해서 이 정치구조를 매개로 확장되기 때문이라는 것이다. 따라서 책봉체제가 동아시아 형성의 핵심을 이룬다고 파악했다.

이처럼 니시지마 사다오의 책봉체제론이나 동아시아세계론은 중국을 중심으로 하는 선진지역이 주변의 후진지역에 영향을 주어 역사발전이 이루어졌다는 점에 주목한다. 이러한 구도하에서는 후진지역의 종속성이 높으면 높을수록 역사발전의 관련이 명확히 제시되기 때문에 주변세력의 주체성이 강조될 여지는 적어지게 된다(廣瀬憲雄, 2014: 25).

그러나 어떤 문화적 현상이 상호간의 교류를 통해 전파된다고 하더라도, 그것이 특정 사회에 정착하는가 아닌가 하는 문제는 그것을 받아들이는 사회가 어떤 선택을 하는지에 달려있다. 이성시는 중국과 책봉관계를 맺은 모든 국가가 한자를 포함한 문화적 요소를 받아들여 내재화한 것은 아니라고 비판하였다(李成市, 2000: 45~48). 즉 책봉관계는 중국문화가 전파되는 하나의 계기가 되기는 했지만, 주변 민족에게 중국문화가 정착되는 것과 직결된 것은 아니라는 것이다. 예를 들어 책봉체제에 포함된 국가들 중에 한자문화권에 속하게 된 국가는 소수에 지나지 않는다는 점을 들어, 한자문화의 전파와 수용에 중국과의 정치적 관계가 커다란 계기가 되었겠지만, 한자가 해당 국가의 문자로 정착하기 위해서는 단순히 책봉체제에 편입되었다는 사실 자체가 중요한 것은 아니라고 판단하고 있다. 오히려 주변지역이 상호간의 교류에도 한자를 사용할 필요성이 존재했던 지역에서만 한자가 정착되었다는 것이다(李成市, 2000: 69). 이는 중국의 문화적 요소가 책봉체제라는 정치제도를 통해 일방적으로 전파된 것이 아니라, 해당

체제나 문화에 접촉한 주변세력이 자신들의 필요에 따라 어떻게 그것을 활용했는가가 더욱 핵심적인 문제라는 입장이다.

이러한 비판은 주로 책봉체제론이 전개된 공간적·시간적 범주는 인정하면서 그 안에서 주변세력의 주체성을 강조하는 입장에서 행해진 것이지만, 책봉체제론에 대한 주된 비판은 오히려 그것이 가진 공간적·시간적 한계에 집중되었다. 다음장에서는 공간적인 범주와 시간적인 범주를 나누어 어떤 비판과 논의가 전개되었는지를 살펴보고자 한다.


## 3. 맹약체제와 해역아시아


### (1) 맹약체제

니시지마 사다오의 책봉체제론은 중국·한반도·일본·베트남을 중심으로 한 한정된 지역을 검토하여 도출된 논리인데, 엄밀한 의미에서 책봉은 중국이 주변국들과 맺은 관계 중 일부에 지나지 않는다는 비판이 제기되었다(堀敏一, 1994: 159~160). 특히 책봉체제론은 당대를 기반으로 하고 있는데, 당은 그 성립에서 멸망에 이르기까지 북아시아·중앙아시아와 연동된 역사전개를 보였고, 따라서 당의 국가적 관심은 우선 북방에 그 다음으로 서방에 놓여져 있었다(石見清裕, 2010a: 14). 그런데 니시지마 사다오가 제시한 동아시아세계는 이러한 핵심지역이 배제되고 있는 것이다.[1]

---

1  당의 북방과 서방에 있던 돌궐(突厥)·위구르·토번(吐蕃)은 당에 필적한만한 대등한

이것은 단순히 동아시아세계가 가진 공간적 한계만을 지적하는 것이 아니라, 당시 국제질서를 추동하고 있던 세력관계가 어디에 있었는가의 문제를 제기하는 시각이기도 하다. 즉 당의 대외정책의 근간이었던 돌궐이나 토번 등 서·북방의 국가들과의 관계야말로 당과 다른 지역과의 관계를 규정짓는 핵심적인 요소였는데, 서·북방 지역과의 관계를 설명하는 논리가 결여된 책봉체제론은 동아시아세계를 설명하는데도 한계를 가지고 있다는 비판이다(山內晋次, 1998: 14). 이러한 입장에서 중국대륙의 서·북방에서 성장하여 거대국가를 형성한 세력들을 중심에 두고 국제질서를 설명하려는 시각이 제시되었다.

스기야마 마사아키(杉山正明)는 유목세계와 농경세계가 별도의 국가시스템을 가지고 병립하던 방식에서 양 세계가 융합과 대통합으로 나아가는 시대가 10세기경부터 시작되어 13세기에는 유라시아의 거의 전역을 통합한 몽골제국이 출현했다고 지적하고 있다(杉山正明, 1997: 52~62).[2] 그리고 몽골제국이 출현하기 이전인 11~13세기에 유라시아의 동부는 맹약(盟約)이라는 국제조약에 기반하여 다수의 국가가 평화적으로 공존하는 방식이 전개되었다고 주장했다(杉山正明, 2005: 211~213·277). 유라시아의 동부의 역사전개를 유목국가와 농경국가의 상호연관이라는 측면에서 파악하면서도 유목민의 주도적인 역할을 강조하는 이러한 시각은 이후 동부유라시아라는 개념을 통해 동아시아라는 개념을 비판하려는 시도에 영향을 미쳤다.[3]

---

국가인 '敵國'으로 책봉체제에 편입되었다고는 보기 힘들다(森安孝夫, 2007: 262).

2  이는 10세기경부터 인구가 적은 북방의 유목민 세력이 초원에 본거지를 남겨둔 채로 남방에 위치하는 도시나 농경지대를 지배하는 중앙유라시아형 국가시스템이 형성되었기 때문인데, 이를 지탱한 최대의 기반은 유목민집단의 군사력과 실크로드무역에 의한 경제력이었다(森安孝夫, 2007: 308~310).

3  동아시아의 공간적 한계를 극복하고 유라시아의 동쪽 지역 전체를 시야에 넣고 국제

후루마츠 타다시(古松崇志)는 이러한 맹약체제를 1004년 거란(契丹)과 북송(北宋) 사이에 맺어진 '전연의 맹약(澶淵之盟)'에서 이름을 따 '전연체제(澶淵體制)'라고 명명하고 그 성격을 명확히 하였다(古松崇志, 2007: 33~35). 즉 서약서(誓書)에 정해진 세폐(歲幣) 및 국경의 준수를 기반으로 한 평화유지규정이나 의제가족화(擬制家族化) 및 외교의례·관리무역제도 등에 의해 양국이 대등한 국가로서 공존할 수 있는 틀이 마련되었다고 보고, 이러한 틀에 따라 복수의 국가가 공존하는 국제질서를 '전연체제'라고 정의한 것이다. 또한 이처럼 맹약에 기반한 평화공존은 일시적인 단절을 겪으면서도 몽골이 화북을 침공하는 13세기초까지 지속되었다고 판단하였다.

동아시아세계론이 중국황제와 주변세력의 수장간의 군신관계에 기반한 책봉에 주목하는데 반해, '전연체제'는 거란과 북송간의 대등한 관계에 기반한 맹약에 주목한다는 점에서 양자는 완전히 상반되는 국제정세를 상정한다고 할 수 있다(廣瀬憲雄, 2012: 9). 다만 거란과 북송의 관계는 형식적으로는 대등하지만 실질적으로는 거란이 우위에 있었다는 점(毛利英介, 2009: 272)이나, 금(金)과 남송(南宋)의 관계는 외교의례라는 형식면에서도 금이 상위에 있었다는 점(廣瀬憲雄, 2008: 14~15)도 지적되고 있다.

한편 '전연의 맹약'에서 전형적으로 보이는 거란에게 보내는 세폐, 황제간의 의사혈연관계 및 거란을 '북조(北朝)', 송을 '남조(南朝)'로 부르는 호칭 등은 이미 5대(五代)의 후진(後晉)과 거란의 관계로까지 거슬러 올라가는 것으로, 그 배경에는 905년에 운주(雲州)에서 맺어진

---

질서를 파악하기 위해 '유라시아 동부', '유라시아 동방', '동유라시아', '동부유라시아' 등 다양한 개념이 제시되었다. 본고에서는 혼란을 피하기 위해 동부유라시아로 통일하였다.

거란의 야율아보기(耶律阿保機)와 당말의 군벌 이극용(李克用)과의 회맹(會盟)이 있었다는 주장도 제기되었다(毛利英介, 2006). 따라서 군신관계가 아니라 원칙적으로 대등한 관계를 바탕으로 하는 맹약의 시대는 1004년 이전까지 거슬러 올라가는 셈인데, 이러한 맹약은 이미 8세기에도 확인된다.

당은 755년에 발발한 안사의 난을 위구르의 원군을 받아 평정하였고, 이후 위구르에 대해 열세에 놓이게 되었다(石見淸裕, 2009: 14). 또한 처음에는 당의 책봉을 받은 적도 있던 토번의 왕도 계속해서 당과 전쟁을 벌여 8세기 후반부터는 종종 당과 회맹(會盟)을 맺고 있다(堀敏一, 1994: 121). 따라서 이러한 맹약체제로의 전환은 이미 당이 쇠퇴하는 8세기 후반부터 시작되었다고 볼 수 있다.

그러나 유목국가와 농경국가의 결합이라는 측면에서 동부유라시아의 역사를 전망한다면, 그러한 결합은 이미 당의 건국 이전부터 시작되고 있었다. 3·4세기경에 시작되는 유목민의 활발한 이동의 영향으로 동부유라시아에서는 한(漢)을 대신해 선비족(鮮卑族)의 북위(北魏) 및 북조계(北朝系) 왕조가 성립하여 그것이 수·당으로 이어졌다(荒川正晴, 2010: 8). 당의 성립 역시 중국의 통일이라기보다는 몽골리아 남부와 중국 화북지역의 통일로 볼 수 있는 측면을 가지고 있었다(石見淸裕, 2010b: 31~34). 당의 이러한 성격은 제국을 유지하는데 필요한 군사력을 확보하는 방식에서 명확하게 확인되는데, 당은 주요한 군사력을 유목민이 거주하였던 기미주(羈縻州)를 통해 확보하였다. 기미주는 당정부가 직접 통치하는 것이 아니라 이민족의 집단에게 자치를 인정하고 해당 집단의 리더에게 편의상 관리권한을 부여하는 간접적인 이민족자치주를 의미한다. 이들 리더들은 전쟁이 발생하면 자신의 부족민을 이끌고 참전했는데, 당이 대외적으로 우위를 점할 수 있었던 요인에는 이러한 유목기마병을 동원할 수 있는 측면이 크게 작용하였다. 이는 전성기에 당의 군주가 중화의 황제이면서 동시에 초원세계의 천자에 해당하는 '대가한(大可汗)'의 성격을 가지고 있었다는 점에서도 확인할 수 있다(森安孝夫, 2007: 169). 따라서 당을 전통적인 중국왕조라는 시각으로 판단해서는 안된다는 것이다.

또한 송과 병존하고 있던 거란·서하(西夏)·금 등의 국가도 중국본토의 일부를 영유하고 중국왕조의 통치제도를 받아들이는 한편, 유목민계통의 부족집단의 군사력을 중심으로 하여 다양한 종족의 인간집단으로 구성된 중앙유라시아계통의 국가적 특징도 가지고 있었다는 점이 지적되고 있다(古松崇志, 2011: 121). 이처럼 기존의 중국왕조의 국가체제와 중앙유라시아의 국가체제가 통합되는 양상은 그후로도 원(元)으로 이어져 명·청의 통치방식에도 영향을 미쳤다.

이처럼 유목국가와의 관계를 중점에 두고 동부유라시아의 역사 전개를 파악하는 입장에서는 당연히 그 지리적 범위가 동아시아를 넘어 크게 확대된다. 기본적으로는 시베리아 동부를 포함한 동북아시아, 티벳고원·몽골고원을 포함한 중앙아시아, 한반도·일본을 포함한 동아시아 및 동남아시아와 인도의 일부를 포함한 지역을 상정하고 있는 것으로 보인다(上田信, 2005: 31).[4] 여기에는 동아시아론이 가진 지리적 한계를 극복하려는 것은 물론 중국중심적 관점을 상대화하려는 시도도 내재되어 있다. 전형적인 책봉관계가 형성되었다는 당대에도 이미 군신관계를 기반으로 하는 책봉이 국제질서의 중심은 아니었다는 것이다.

---

**4**  동아시아·동북아시아·북아시아·중앙아시아·동남아시아를 포함한 지역으로 정의하는 시각이나(山内晋次, 2011: 45), 파미르 고원의 동쪽지역을 상정하는 시각(荒川正晴, 2010: 1; 廣瀬憲雄, 2014: 33~34) 역시 유사한 지리적 범위를 염두에 두고 있는 것으로 판단된다.

## (2) 해역아시아

니시지마 사다오의 책봉체제론은 전형적인 책봉관계가 형성된 지역에 주목해서 보더라도, 시기적으로는 당대 까지만 적용된다는 한계를 가지고 있다. 이러한 시각에서 당이 쇠퇴하기 시작하면서 나타난 새로운 교류형태에 주목한 연구경향이 등장하였다. 그것이 해역세계와 해상세력을 중심으로 동아시아의 상호관련성을 파악하려는 시각이다.

9~14세기의 동아시아는 군주가 외교를 독점한다는 대원칙이 완화되어 보다 광범위한 계층이나 지역이 대외관계에 참가한 시대로 평가된다(中村榮孝, 1963: 16; 村井章介, 1987: 98; 榎本渉, 2007a: 3). 주변국이 조공을 하고 당이 주변국 군주의 지위를 인정하여 책봉하는 책봉체제하에서는 각국의 군주만이 타국과의 외교관계를 전개할 수 있었고, 그러한 관계를 통해 얻은 관직이나 물품은 국내의 통치를 유리하게 하는데 활용되었다. 예를 들어 840년에는 현재의 완도에서 청해진대사(淸海鎭大使)로 활동하고 있던 장보고가 무역을 유리하게 전개하기 위해 일본에 사신을 보내 조공하고자 하였으나, 일본측은 신라왕의 신하인 장보고에게는 외교의 자격이 없다는 이유로 거절하였다.[5] 이러한 사례가 책봉체제하의 교류의 성격을 전형적으로 보여준다고 할 수 있다.

그러나 안사의 난을 계기로 당은 서·북방의 국경지대를 잃었을 뿐아니라, 변경은 물론 내지에도 군사지휘관인 절도사(節度使)가 설치되어 마침내 행정권 및 재정권까지 장악하고 지방에서 자립화하는 경

---

5 『續日本後紀』承和7년(840) 12월 己巳조.

향이 나타났다. 그 결과 당의 실질적인 지배영역은 상당히 좁아졌다. 그러나 회남(淮南)~강남(江南)의 농업경제의 비약적인 발전으로 이후 150년 가까이 명맥을 유지하는 것이 가능했다. 이는 안사의 난 이후로 당이 자력으로 군사력을 조달하는 무력국가(武力國家)에서 돈으로 평화를 사는 재정국가(財政國家)로 변신했다는 것을 의미했다(宮崎市定, 1993: 295; 森安孝夫, 2007: 305~306). 이것은 한편으로는 유목국가와 농경국가의 결합이라는 측면에서 유목국가의 성격이 약화된 것을 의미하는데, 이러한 성격은 기본적으로 송(宋)으로 이어졌다.

이러한 당의 쇠퇴는 무역의 모습도 크게 변화시켰다. 동남아시아 각국의 조공회수를 보면 당초부터 756년까지 138년간 113회였던 것이 그 이후의 152년간 겨우 14회로 급감한다. 이는 무역 자체의 쇠퇴를 의미하는 것이 아니라 조공무역의 부진을 대신해 이슬람상인이나 당상인에 의한 민간무역이 급속하게 성장한 것을 배경으로 한다(和田久德, 1961: 119~122).

이처럼 대외교류의 성격이 변화한 것은 절도사의 자립에 의한 국가권한의 분산·하락과 깊은 연관이 있다. 절도사들은 경제적 기반을 확립하기 위해 유력한 상인에게 명목상의 장군칭호를 주고, 각지에 파견하여 상업활동에 종사하게 했다. 그리고 이러한 상인유형은 당에만 나타난 것은 아니었다. 한반도 남부, 큐슈(九州) 북부, 산동반도(山東半島)를 연결한 무역으로 많은 부를 축적하여 신라에서 중책을 맡게 되었다가, 마침내 반역자로 추방된 장보고 역시 비슷한 유형의 상인이었다(荒野泰典·石井正敏·村井章介, 1992: 21).

당말 이후의 무역은 더 이상 전시대와 같은 정치적 교섭의 부속물이 아니라, 민간자본이 도입되면서 상업활동이 중심이 되어 상인주도로 행해졌다. 그러나 무역이 완전히 민간중심의 활동이 되었다고는 할 수 없다. 당의 절도사 및 신라정부의 행동에서 확인되는 것처럼, 중앙이나 지방의 공권력이 상인의 무역활동에 명분을 주었고, 따라서 상인을 받아들이는 측은 이들을 조공사신으로 취급하는 것이 가능했다(荒野泰典·石井正敏·村井章介, 1992: 22).

이러한 과도기를 거쳐 10세기 후반에는 동중국해 연안 각국에서 공권력의 의뢰를 받았는지 여부와 상관없이 무역을 위해 왕래하는 해상을 합법적으로 받아들이는 체제가 성립한다. 그 배경에는 송의 성립에도 불구하고 중국측의 세력이 위축되고 주변 민족의 세력이 강화되면서, 더 이상 중국을 중심으로 하는 일원적인 책봉체제를 구축하는 것이 불가능해진 상황이 존재한다. 예를 들어, 고려와 서하(西夏)는 모두 송과 거란에 동시에 책봉 내지는 거기에 준하는 관계를 맺는 소위 '양속(兩屬)'관계를 유지하였다. 이렇게 주변국을 자국을 중심으로 한 일원적인 질서속에 위치짓는 일이 어려워지자, 송은 주변국을 국가나 지역별로 나누어 개별적으로 대응하는 방식을 채택했다(김성규, 2000: 36~40).

일본의 경우에는 중국측이 요구하는 조공관계에 편입되는 것을 거부하여 일송간에는 공식적인 외교관계가 재개되지 않았다. 그렇다고 양국간의 왕래가 사라진 것은 아니었다. 동아시아 삼국을 무대로 무역에 종사하며 이들 국가간의 공식·비공식적 교류를 중개하는 해상이 등장한 것이다. 그들은 외교문서를 전달하거나 사절을 호송하는 역할도 담당하였고, 승려들의 왕래를 돕거나 편지를 전달하는 등 인적·물적교류를 가능케 하는 존재였다(山內晋次, 1996). 이러한 해상의 주도적인 활약은 과거와 같이 국가가 대외교류를 독점하여 국가의 수장이외에 다른 세력이 독자적으로 외국과 교류하는 것을 금지하는 방식이 더 이상 통용되지 않게 되었다는 것을 의미한다.

이러한 체제는 명(明)이 건국되어 조공 이외의 무역을 인정하지 않는 정책으로 전환하는 15세기초까지 이어진다. 따라서 9~14세기는 해상의 활동에 의해 각국이 연결되는 독특한 통상체제가 형성된 시기였다(中村榮孝, 1963: 8~9; 榎本涉, 2007a: 3). 물론 무역을 행하는 상인이 이때 처음으로 등장한 것은 아니다. 그 이전에도 해상의 왕래가 없었던 것은 아니지만, 그것은 정치적인 국제 관계에 수반하는 것이었다. 사적인 상인의 무역은 공적인 국교의 표현인 조공과 회사(回賜)의 그늘 아래 숨겨졌다. 그러나 이 시기에는 상인들이 독자적으로 외국과 무역하는 것이 가능해졌던 것이다.

동중국해에 처음으로 등장한 해상세력은 9세기의 장보고를 대표로 하는 신라계 해상이었지만, 이들의 활동이 확인되지 않는 10세기 이후에는 중국계 해상이 주도적인 역할을 하였다. 그러나 원래부터 신라해상은 당해상(唐海商)과 협력하여 무역에 종사하고 있어서, 중국계 해상의 등장이 민족적인 세력교체를 의미하는 것은 아니었다. 신라계 해상이 모습을 감춘 이후 그들의 지식이나 인맥은 중국계 해상에게 계승되었던 것이다(榎本涉, 2007b, 88~90).

그러나 그것이 동중국해를 오가는 선박에 승선한 선원이나 상인들 중에 고려출신이나 일본출신의 인물이 포함되어 있었다는 사실을 부정하는 것은 아니다. 당시의 무역선이 국제적인 성격을 가지고 있었다는 점은 1976년에 전라남도 신안군 앞바다에서 발견된 침몰선을 통해 짐작할 수 있다. 1323년에 중국의 경원(慶元; 현재의 寧波)을 출항하여 일본의 하카타(博多)로 향하던 중 표류한 것으로 보이는 이 선박에서는 중국냄비(中華鍋), 고려의 수저(匙), 일본의 장기판·장기알 및 나막신(下駄) 등이 인양되었다(문화재관리국, 1988). 이러한 물품들은 상품이 아니라 일상생활용품으로, 당시 이 선박에 승선했던 선원이나 상인들이 사용했던 것으로 판단된다. 이러한 유물을 통해 당시 한중일 삼국간을 오가는 선박에 삼국인이 모두 승선하고 있던 상황을 짐작할 수 있다.

다만 해역아시아에는 동해 및 황해나 동중국해를 둘러싼 지역만이 아니라 남중국해 및 벵골 만을 둘러싼 지역 역시 포함되어 있었다는 점을 간과해서는 안된다. 남중국해에서 중국해상의 활동이 확인되는 것은 10세기 중반부터이지만, 그 이전부터 인도양과 남중국해를 연결하는 무역에서 중요한 역할을 담당하고 있던 것은 아랍·페르시아계의 이슬람상인들이었다(榎本涉, 2008: 16~17). 이들이 바다를 오가며 주변지역을 중개하는 이유는 당연히 경제적인 이익을 얻고자 하는 측면이 강한데, 그러한 해상운송의 대부분은 동남아시아와 중국간에 이루어졌다. 고려·일본과 중국과의 무역 규모는 그와는 비교할 수 없을 정도로 작았다.[6] 따라서 맹약체제에서 지적한 것과 마찬가지로 당시의 해역아시아에서도 고려나 일본이 차지하는 비중은 작았다. 이처럼 맹약이나 해역세계를 강조하는 시각은 기존의 동아시아론이 가지고 있던 중국은 물론 한반도나 일본의 역할에 대한 과대평가를 수정하는 성격을 가지고 있다.

---

**6** 예를 들어 송대에는 양 지역간의 무역규모를 살펴볼 수 있는 다음과 같은 사례가 있다. 송대에 무역관리기구인 시박사(市舶司)가 설치된 주요 지역은 양절로(兩浙路)·복건로(福建路)·광남로(廣南路)였다. 항로상 양절로는 고려·일본을 오가는 선박을, 복건로·광남로는 동남아시아 방면을 경유하는 선박을 관리하는 구조였다. 그런데 1166년에는 양절로에 설치되어 있던 시박사가 폐지되어 전임관을 해임하고 시박사의 임무는 지방관이 겸임하게 되었다. 이는 복건로와 광남로에 설치되어 있던 시박사의 경우에는 화물이 풍부하여 관리를 두어 관할하는 것이 적절하지만, 양절로의 경우에는 무역량이 적고 그에 따른 시박사의 수입도 적어서 시박사 관리의 봉급에도 미치지 못할 정도였기 때문이었다(『宋會要輯稿』職官44-28, 乾道2년(1166) 6월 3일조; 『皇宋中興兩朝聖政』卷29).

## 4. 몽골제국

앞에서 언급한 해역을 중심으로 구성된 세계는 육지를 중심으로 맹약체제를 구성하는 지역과는 상호 밀접한 관련없이 독자적으로 존재하는 듯한 양상을 보인다. 물론 양쪽 모두에 소속된 송이 동남아시아에서 입수한 향료 등을 서·북방의 세력들에 수출하여 자국방어에 필요한 말을 구입하거나, 일본에서 구입한 유황을 화약무기로 만들어서·북방지역의 군사방어에 이용하는 등 일정한 매개역할을 하기는했지만, 양 세계가 유기적으로 연계되어 있었다고 보기는 어렵다. 이러한 두 세계를 하나로 통합한 것이 몽골제국이다.

여기서는 유라시아를 범위에 두고 역사전개를 파악해야 한다고 보는 스기야마 마사아키의 주장을 중심으로 살펴보고자 한다(杉山正明, 1997). 스기야마 마사아키는 전쟁이나 반란 등 동란이 연쇄적으로 발생하는 공간으로 유라시아를 규정하고 있다. 즉 정치적 격변이 동시적으로 영향을 미치는 공간이라는 측면에서 유라시아를 전체적으로파악할 필요성을 지적하고 있는 셈이다.

이처럼 넓은 시각에서 보면 유목세계와 농경세계의 병립과 융합이라는 측면에서 동부유라시아의 역사적 변천 역시 전망할 수 있다는것이다. 또한 유라시아에서 대제국의 출현은 강대한 유목국가의 등장으로 가능해진 것으로, 그 원동력은 유목민과 그들이 가진 군사력이었다고도 주장하고 있다. 즉 바다와 화포(火砲)로 대표되는 근대와는달리 전근대의 군사력의 핵심은 육지와 기사(騎射)라는 것이다. 여기에는 군사적 우위가 명백한 유목국가와 대항하고 있던 중국왕조를 평가할 때, 군사적으로 열세였지만 경제적·문화적으로 우위에 있었다는 시각을 도입하여 중국왕조를 실제보다 거대하게 평가하는 것에 대한 비판이 존재한다. 또한 역사적 세력관계를 있는 그대로 파악하여 중국왕조를 중심으로 역사를 서술하는 태도를 상대화하려는 의도도 작동하고 있다.

앞에서 지적한 것처럼 스기야마 마사아키는 유목세계와 농경세계가 별도의 국가시스템을 가지고 병립하던 방식에서 양 세계가 융합과 대통합으로 나아가는 시대가 10세기경부터 시작되어 13세기에는 유라시아의 거의 전역을 통합한 몽골제국이 출현했다고도 지적하고 있다. 몽골제국은 자신들이 장악한 지역의 지배층을 인종·민족·언어·종교에 관계없이 하나의 정치공동체로 포섭하여 공통의 안녕과 번영을 추구하였고, 이러한 성격이야말로 초광역적인 세계국가가 실현되는 기반이 되었다.

즉 몽골제국은 정치·경제상의 핵심 지역만을 장악하고 사회·종교·문화에 대해서는 해당 지역의 지배층에게 위임하는 방식을 택하여 점과 점을 잇는 지배를 행했던 것이다. 이는 전근대제국의 지배가 거점을 장악하여 해당 거점을 중심으로 이루어지는 네트워크를 포괄하는 방식으로 이루어졌다는 지적과도 일맥상통한다. 여기서는 영역적 지배를 의미하는 지역과 그 이외의 지역이 교류 네트워크를 통해 연결된다. 그러나 거점을 중심으로 하는 지배라도 제국의 통합적 기반은 존재하였다. 몽골치하의 전 지역은 역전(驛傳)이라는 교통·운송망으로 연결되어 은(銀)을 공통의 가치척도로 삼고 페르시아어가 국제어로 통용되는 세계였다(杉山正明, 2005: 354).

이러한 몽골제국은 유목민의 군사력, 중화의 경제력, 이슬람의 상업력이 결합되어 형성되었다. 또한 유목세계와 농경세계를 결합하는데 그치지 않고, 남송을 접수한 후에는 해역세계도 장악하여 해상제국의 일면을 갖추게 된다. 몽골은 징기스칸때부터 내륙무역에 종사하는 이슬람상인과 공생관계를 맺어왔는데 이것이 남송을 통합한 후에는 해양으로까지 확대되었고, 13세기말에는 중국에서 이란·아랍 방면까지 이르는 해역과 그곳을 왕래하는 해상루트 전체가 몽골제국의 영향력하에 들어갔다(杉山正明, 1995: 195~196). 이로서 유라시아와 북아프리카를 육상과 해상루트를 통해 연결하여 과거와는 다른 동서 대교류가 시작되었다. 이처럼 유럽세력에 의해 전 지구가 하나로 통합되기 훨씬 이전에 유라시아는 몽골에 의해 하나로 통합되어 동일한 시간을 경험했다는 것이다.

이러한 통합은 경제력에 바탕을 두고 있었다는 점이 주목할 만한데, 특히 13세기 후반에 몽골제국의 권력을 장악한 쿠빌라이 정권은 원래 유목민의 군사력을 기반으로 하는 군사정권이면서도, 군사력에 의한 지배가 아니라 경제의 장악을 국가경영의 핵심으로 삼았다(杉山正明, 1995: 198~204). 즉 몽골제국은 유통경제기구를 스스로 창출하였고, 거기서 발생하는 이윤에 과세하여 국가재정을 확립했던 것이다. 예를 들어 중앙정부 수입의 80% 이상이 소금을 전매해서 얻는 이윤이었고, 여기에 10~15%에 달하는 상업세가 더해졌다. 반면 농업생산물에서 얻는 수입은 지방재정에 충당되어, 중앙과 지방은 다른 재원을 가지고 운영되었다.

이처럼 유통과 통상을 바탕으로 유라시아가 느슨하게 통합되어 그 이전에는 없던 세계규모의 경제·문화적 번영을 누렸던 몽골제국은, 1310년대부터 80년대까지 유라시아 및 북아프리카의 거의 전역에서 발생한 이상기후와 그에 따른 자연재해의 영향으로 해체되게 된다. 그럼에도 유라시아가 통합되었던 역사적 경험은 이후 유럽의 해상진출에 영향을 미쳐 전 지구가 하나의 세계로 통합되는데 선구적인 역할을 하였다.

## 5. 조공무역체제와 호시체제

1310년대부터 지구규모의 천재지변이라고 할 만한 재해가 연속되자, 각지의 몽골정권은 동요되었고 몽골의 지배는 해체되기 시작한다. 몽골의 지배하에서 거점을 중심으로 하는 네트워크로 통합되어 있었던 유라시아는 다시 여러개의 닫힌 세계로 전환된다.

이처럼 원에서 명으로 중국의 정권이 바뀐 14세기 중반은 중국만이 아니라 유라시아 전체의 시스템이 변화하는 시기이다. 명은 주변지역의 군주들의 조공만을 받아들이는 시스템으로 전환하였고, 이러한 기본정책은 청으로까지 이어진다. 조공체제하에서 중국은 압도적인 경제력을 바탕으로 동부유라시아[7]를 포섭하여, 교역에서 우대하는 대신에 조공체제에 규정된 의식에 따를 것을 요구하였다. 이에 따라 중국은 조공국의 군주를 국왕으로 책봉하고 조공국은 신하의 예를 취해 의제적인 통치—피통치관계를 형성하였는데, 이렇게 해서 지역전체의 질서를 안정화하는 방식이 채택되었다(浜下武志, 2013: 47).

다만 중국을 중심에 두고 주변지역과 수직적인 관계망을 상정하는 조공—책봉관계는 국제관계를 규정하는 논리로 탄생한 것은 아니었다. 여기서는 중국의 국내와 국외를 구분하지 않고 국내질서의 운용원리가 국외로까지 확장되는 양상을 보인다. 예를 들어 청은 지역공간을 중앙을 중심으로 관리가 파견되어 직접 통치하는 지방(地方), 소

---

**7** 조공무역체제를 주장하는 하마시타 다케시(浜下武志)가 동부유라시아라는 개념을 사용하지는 않지만, 뒤에서 지적하는 것처럼 그가 조공무역권으로 파악하는 동아시아를 중심으로 동남·동북·중앙·서북의 각 아시아지역을 포함하여 인도경제권과도 교차하는 지역은 동부유라시아와 지역범위가 대체적으로 일치하므로 편의상 해당 개념을 사용하였다.

수민족의 지도자를 토사(土司)·토관(土官)이라는 지방관에 임명하는 간접통치지역, 내부행정은 세습 수장이나 라마가 담당하고 청조의 감독을 받는 번부(藩部), 청을 종주국으로 받드는 조공(朝貢)지역, 대등한 무역상대국인 호시(互市)지역으로 구분하고 있었다. 그리고 이러한 지역공간을 실질적으로 통치하는 방식은 중앙에서 부과한 일정한 의무를 수행하기만 하면 해당 공간의 자율적인 질서에 개입하지 않는 방식이 채택되었다(浜下武志, 2013: 9~16).

따라서 명대 이후 동부유라시아에 성립된 국제질서는 조공에 관한 의례를 규정대로 행하기만 하면 그 내실은 문제삼지 않는 정형화된 관계를 기반으로 하였다(茂木敏夫, 2014b: 48~51). 즉 주변 국가나 사회가 한자나 유교·조공의례 등 조공에 필요한 최소한의 중국문화를 받아들이기만 하면 압도적인 대국인 중국의 직접적인 지배를 받는 일없이 자주를 지키는 일이 가능했다. 한편 중국 입장에서도 주변국의 자발적인 복종을 촉구하는 방식으로 적은 비용으로 대국으로서의 존재를 과시하는 일이 가능해졌고 그것이 역으로 국내에서 황제의 권위를 높이는 데도 기여했다.

이러한 조공관계는 해당 지역에 질서를 부여하여 지역의 안정화에 기여했을 뿐만 아니라, 일종의 무역관계로 기능하여 하나의 경제권을 형성했다. 왜냐하면 조공의 근본적인 특징은 그것이 상업행위라는 점으로, 조공물품에 대한 중국측의 답례인 회사(回賜)는 실질적으로 대가의 지불이라는 성격을 가지고 있기 때문이었다. 따라서 조공관계는 조공무역관계로 교역의 네트워크를 형성하였고, 동아시아를 중심으로 동남·동북·중앙·서북의 각 아시아지역을 포함하여 인도경제권과도 교차하는 지역이 전체적으로 조공무역권으로 기능하고 있었다(浜下武志, 1990: 34~37).

즉 동부유라시아의 국제관계는 화이관(華夷觀)을 공유하는 조공—책봉관계를 기반으로 연결되어 지역내의 교역·정보·이민·금은의 이동네트워크를 형성하고 있었고, 그 흡수와 배출은 중국 그 중에서도 특히 화중(華中)·화남(華南)의 경제지대가 중심이 되어 기능하였다(浜下武志, 2013: 22~23). 이처럼 동부유라시아에 존재했던 광역지배질서에는 조공—책봉관계처럼 배타적인 권력을 수립하려는 방향을 지향하는 움직임과 함께, 동중국해·남중국해를 둘러싸고 전개된 교역·이민·송금 네트워크처럼 이질적인 정치체제나 사회집단 및 상인그룹을 병존시켜 상호간을 연결시키는 것을 지향하는 움직임도 존재했다. 후자의 움직임하에서 광역지역질서는 권력을 조직하여 수직적으로 계층화하기 보다는 옆으로 확장하려는 양상을 보인다(浜下武志, 2013: X).

이러한 시점은 정치적 관계에 포괄되지 않는 유럽세력이 어떻게 아시아의 경제시스템에 참여할 수 있었는지를 분석할 수 있는 틀을 제시한다. 중화세계의 외부에는 화이관념이나 유교이념에 기반한 예(禮)를 받아들이지 않는 '화외(化外)'가 존재하여, 중국왕조는 이들 지역을 방치하거나 필요에 따라서는 예에 기반하지 않는 통상관계를 맺기도 했는데, 이는 결과적으로 양자가 '대등'한 관계를 형성했다는 것을 의미한다(茂木敏夫, 2014b: 51). 특히 청은 조공관계를 맺지않은 외국과의 무역은 특정항구를 지정하여 허가하는 대신에 해당 항구의 무역관리는 특권상인들이 담당하는 시스템을 구축하였다(上田信, 2005: 363). 이를 호시(互市)라고 하는데, 여기에 특권상인들이 개입하는 것은 외국인과 관료가 직접 교섭하면 조공형식을 취하지 않을 수 없었기 때문이었다. 이처럼 계층적인 국제관계를 전제로 하지 않고 조공에 따른 의례를 행하지 않고도 중국과 무역할 수 있었던 호시는 유럽

세력을 받아들이는 방식이 되었다.

따라서 조공무역체제하에서 서양의 진출은 필연적으로 동부유라시아에 수립된 조공관계의 존재에 직면하여 한편으로는 조공의 네트워크에 참여하는 형태를 취하거나, 한편으로는 조공관계의 일부에 개입하여 개편을 시도하거나 했다. 이는 동부유라시아가 서양에 대해 하나의 국가로서 개별적으로 대응한 것이 아니라 전체의 일부를 구성하는 조공시스템을 통해 대응했다는 것을 의미한다(浜下武志, 1990: 38).

이러한 하마시타 다케시의 조공무역체제론에 대해서는 조공이 경제교류의 주된 방식이었던 명대와는 달리, 청대에는 사무역의 성격이 강한 호시가 중심이었다는 시각에서 비판이 제기되었다. 이러한 변화는 이미 명대후기부터 시작되었는데, 16세기초부터 광동(廣東)을 중심으로 조공체제에 편입되지 않은 무역선을 받아들이려는 시도가 시작되어, 1556년을 전후로 관이 인정하는 중개상을 통해 조공과 무관한 외국상인도 무역이 가능한 상황이 전개되었다(岩井茂樹, 2004). 이처럼 조공 이외의 무역을 인정하는 상황은 청이 명을 멸망시킨 이후 반란세력이 해상을 장악한 기간 동안 일시적으로 중지되지만, 결국 1684년에 청조가 자국민의 출항금지를 해제하고 각지에 관세징수기구인 해관(海關)을 설치하여 해상교역을 확대하려는 정책을 실시하면서, 조공체제에서 호시체제로의 전환이 이루어졌다는 주장이다(岩井茂樹, 2006: 17). 즉 이러한 정책은 조공국인가 아닌가에 관계없이 광범위한 지역의 무역선을 받아들여 무역을 확대하려는 청조의 태도를 반영하는 것으로, 여기서 무역을 조공체제의 일부로 위치지으려는 사고는 전혀 확인되지 않는다는 것이다. 따라서 16세기 중반 이후 모든 측면에서 조공체제와는 반대되는 경향성을 가진 호시제도가 성장하여 그 범위를 확대해나가, 통상의 시대라고 불릴만한 18세기가 되면 실질적으로 조공체제를 뛰어넘어 확대되는 양상을 보였다는 것이다 (岩井茂樹, 2009: 50).

이러한 평가에는 조공과 무역을 일체화하는 조공체제를 지향했던 명조와는 달리, 청조는 조공과 무역을 분리하여 다루는 호시체제가 무역의 중심을 이루었다는 시각이 전제되어 있다(岩井茂樹, 2010: 136~137). 이처럼 계층적인 국제관계를 전제로 하는 조공을 통하지 않고도 중국과 무역할 수 있었던 호시는 조공관계만을 고집했던 명대와 달리 유연한 대외정책을 실시했던 청대의 특징이라고 할 수 있다(茂木敏夫, 2010: 66).

이러한 명과 청의 차이는 청이 명의 중화세계에 더해 내륙의 비중국문화권을 번부(藩部)의 형태로 포괄하는 세력권을 형성하였기 때문에 발생하였다. 번부에서는 각각의 지역사회에 예전부터 존재하던 유력자나 지배층에게 자치가 위임되어, 각 민족은 고유한 종교·문화·사회를 가진 독자적인 세계를 형성하면서 중국세계를 견제했던 것이다(茂木敏夫, 2000: 74~75). 따라서 청대에는 중화의 논리와는 다른 논리를 통치에 활용할 필요성이 있었다. 즉 명의 황제가 오직 유교적 이념에 기반을 두고 있었던 데 반해, 청의 황제는 네가지 측면을 가지고 있었다(上田信, 2005: 366). 만주족의 리더이면서 동시에 한족의 유교적 황제였고, 원(元)의 옥새를 수중에 넣으면서 몽골제국을 건설한 징기스칸의 후계자로 자부하였고, 나중에는 티벳불교의 대시주(大施主) 역할을 하면서 티벳불교를 통치에 활용하였던 것이다.

이러한 청조의 탄생으로 조공체제의 기반이 되는 화이관 역시 다원화되었다. 우선 더 이상 '華'가 중국 혹은 한민족(漢民族)의 전유물이 아니게 되었고, 동아시아에는 자신들을 '華'로 인식하는 여러 지역이 탄생했다. 또한 '華'와 '夷'를 구별하는 논리에도 다양한 버전이 생겨나서, 화이가 한족과 이민족의 종족간 구별이 아니라 주변 민족이라도 유교적 예와 윤리를 습득하면 '華'가 될 수 있다는 논리가 등장하였다. 따라서 조선·일본·베트남 등은 중국에 조공하고 책봉을 받아 정통성을 강화하는 방식보다는 스스로를 '華'로 주장하며 자존의식을 높이는 방식을 채택하였다(岸本美緒, 1998: 45~46).

화이를 구별하는 기준은 예의(禮義)인데, 청조의 예의는 '천하 질서의 안정과 번영에 유익한 모든 도덕규범'이라고 정의할 수 있을 만큼 광범위했다. 그래서 청조는 유학의 지지자이면서 동시에 티벳불교의 최대 시주(施主)이기도 했던 것이다. 이처럼 예의의 구체적인 내용을 문제삼지 않는 청조의 태도가 다민족을 포괄할 수 있는 기반이 되었다(岸本美緒, 1998: 49).

그러나 이처럼 청대의 성격이 명대와 다르다고 하더라도, 청대의 국제질서를 호시체제로 파악하려는 입장에는 대외관계를 일원적으로 파악하려는 시각이 결여되어 있는 것도 사실이다. 즉 호시체제론 역시 조공무역체제론을 출발점으로 삼아 조공과 무역을 일원화하던 방식이 점차 붕괴하여 조공무역보다는 호시가 주류가 되는 과정에 주목하는 시각으로, 청대의 대외관계를 호시라는 개념으로 완전히 포괄하는 것이 아니라 복수의 대외관계가 길항하는 과정속에서 호시가 주도권을 잡았다는 측면을 강조하는 것이다(壇上寬, 2013: 437~439). 또한 호시체제가 조공체제의 반작용으로 선택된 것으로 조공체제의 파생물이라는 반론이 존재할 수 있다는 점도 인정하고 있다(岩井茂樹, 2007: 390).

한편 다양하고 복합적인 제도의 일부에 지나지 않는 조공이나 호시라는 행위명칭으로 제도 전체를 일괄적으로 개념화하는 방식의 문제점을 지적하고, 명대에서 청대로의 전환을 시박사(市舶司)에서 해관(海

關)으로의 전환이라는 측면에서 파악하자는 주장도 대두되었다(岡本隆司, 2007: 88~92). 즉 명대의 조공일원체제를 전형적으로 대표하는 것이 시박사라면 청대의 다원체제를 전형적으로 대표하는 것이 해관이라는 것이다.

그러나 이러한 주장에는 원래의 조공무역체제가 가지고 있던 정치와 경제를 통합하여 국제질서를 검토하던 시각에서 경제적 측면만을 분리하여 분석하고 있다는 특징이 있다. 경제적인 측면에 주목해서 보면 분명히 청대에는 호시체제가 확대되어 가는 양상이 확인되는 것이 사실이다. 그러나 중국과 그 주변 국가 및 사회가 조공체제를 받아들인 이유는 경제적인 측면 때문만은 아니었다.

조공체제는 거기에 포함된 국가나 사회 내부의 안정을 유지하는 데 일정한 역할을 했던 것이다. 청대의 호시체제로의 전환을 주장하는 입장에서도 조공과 무역을 일원화하는 조공체제가 중국의 황제와 주변국의 군주간 협정에 의해 무역독점과 상호안전보장을 동시에 실현하는 구조를 가지고 있었다는 측면은 인정하고 있다(岩井茂樹, 2010: 145). 이는 중국을 상위에 두고 계층적인 국제관계를 형성하려는 조공체제에 대해 중국의 지배층만이 아니라 주변지역의 군주들도 이해관계를 가지고 있었다는 사실을 의미한다. 물론 이들과 상반되는 이해관계를 가진 세력들이 존재하여, 그들을 중심으로 호시제도가 확대되어 갔다는 측면 역시 무시할 수 없는 사실이다. 그러나 이러한 양자간의 길항관계속에서 호시체제가 조공체제를 압도했다는 결론에 이르기 위해서는 그 결정적인 기준이 무엇인지가 명확해지지 않으면 안 된다. 단지 조공과 무관한 무역이 증가했다는 사실만으로 호시체제가 조공체제를 넘어섰다고 결론짓는 일에는 신중해야 할 필요가 있다.

## 6. 맺음말

18세기 이후 사람·물건·화폐의 움직임이 활발해지면서, 특권상인들에게 무역을 관리시키는 방식은 붕괴하였고, 아편전쟁은 청이 이러한 사람·물건·화폐의 움직임을 거의 관리할 수 없는 지경에 이르렀다는 사실을 드러냈다(村上衛, 2010: 323). 따라서 새로운 제도를 구축할 필요성이 제기되었다. 그 과정에서 조공과 호시가 병존하는 방식을 대신해 대등한 국제관계와 자유무역에 기초한 유럽의 국제질서가 대안으로 등장했다.

그러나 그러한 질서재편은 기존의 질서를 어느 정도 인정하는 범위 내에서 전개되었다. 서구는 청의 조공국과 조약을 맺고자 하는 경우 반드시 종주국인 청을 교섭의 당사자중 하나로 삼았다. 즉 서구와 조공국간의 2국간 교섭의 경우에도 청이 운용하고 있는 조공관계전반과 해당 교섭을 어떻게 위치지을지가 문제시되었던 것이다. 그런 의미에서 조약상에 표현된 관계의 배경에는 조공관계가 조약의 상위에 직·간접적으로 내포되어 있었던 것이다(浜下武志, 1994: 279).

물론 그러한 과정에서 서구가 자신들의 국제질서를 일방적으로 아시아에 강요한 측면만 있는 것도 아니었다. 1882년에 청과 조선간에 맺어진 통상조약을 살펴보면, 청이 기존의 조공무역에서 재정부담이 일방적으로 중국측에 있었던 점을 개정하여 조선에게도 비용을 부담시키는 방식을 채택했다는 점을 알 수 있다(浜下武志, 1994: 284). 즉 청에도 서구적 질서 중 자국에 유리한 측면을 이용하여 주변국과의 관계를 변화시킬 요인이 존재하고 있었던 것이다. 이러한 측면은 조공무역하에서 외국상인이 가지고 있던 청의 국내무역에 대한 특권이 폐지되고 주변국의 개항장이 증가하면서, 중국상인의 통상활동이 청은 물론 조선, 일본의 개항장에서 일제히 등장·확대된 사실(浜下武志, 1994: 290)에서도 엿볼 수 있다. 서구의 개항요구는 중국상인이 동아시아의 교역망을 장악하는 데 기여했던 셈이다.

한편 청조는 약체화한 중앙정권을 외국과의 교섭주체로 삼아 중앙의 간섭에서 벗어나 세력을 강화하고 있던 지방, 특히 연해지방의 경제력을 외국세력의 중개하에 관리하려는 의도에서 외국과의 조약을 채택하였다(浜下武志, 1994: 300). 반면 19세기에 발생한 일본 및 동남아시아의 근대화 움직임은 역사적으로 형성된 중국으로부터의 영향력을 서양화라는 수단을 통해 단절하려는 시도로도 평가할 수 있다(浜下武志, 2013: 111·183). 이처럼 조공무역체제에 편입된 지역이나 국가는 그 내부에 다양한 이해관계를 가진 세력를 포괄하고 있었고, 이들은 자신들에게 유리한 측면에서 서양의 조약체계를 도입하였다.

여기서 중요한 점은 조공제도를 기반으로 동부유라시아의 각 지역에 공유된 화이사상이 단순히 자국과 주변국간의 위치관계를 확인하는 국제질서에 그치는 것이 아니라, 각국의 내부질서를 뒷받침하는 토대이기도 했다는 점이다. 청이 자신의 영향권을 직접적인 통치를 행하는 직할지와, 토착세력에게 자치를 허용하는 간접통치지역, 조공관계를 맺은 지역으로 나누고 있던 것처럼, 주변국 역시 그 내부에 간접통치지역이나 조공을 바치는 세력을 포괄하고 있었다.

해당 지역은 중앙정부의 흡인력 정도에 따라 변화하는 가변적이자 잠정적인 공간이었다(茂木敏夫, 2000: 73). 이는 당시의 국경이라는 것이 현재와 같이 선으로 나누어진 것이 아니라 일정한 면적을 가진 공간으로 존재하는 경우가 많았기 때문이다. 해당 공간은 여러 민족구성원이 잡거하는 지역으로 모든 주변국의 변경이기도 했다. 국가는 결코 단일한 밀도로 통합되어 있지 않았고, 어디까지를 해당국의 영토로 볼 것인가도 관점에 따라 달랐다. 서구가 아시아에 '평등한' 국제관계를 강요했을 때, 중국의 영역을 관료가 파견되는 직할지로 한정하려고 한 것이 그러한 예이다(茂木敏夫, 1997: 47). 그렇다면 당연히 간접통치지역이나 조공국은 중국조정과의 관계를 어떻게 정립할 것인지를 선택해야 하는 상황에 직면하게 된다. 이것은 단순히 중국만의 문제가 아니라 중국과 같은 화이사상을 공유하고 있던 주변국들 모두가 직면해야 했던 문제였고, 어디까지를 자국의 통치영역으로 볼 것인가하는 보다 근본적인 문제를 발생시켰다. 따라서 특정 국제질서를 받아들이고 세계관을 공유한다고 하는 것은 단순히 국가대 국가간의 문제만이 아니라 해당 국가의 통치체제와 연관된 문제였다.

또한 조공체제를 기반으로 한 동부유라시아의 국제질서는 단순히 중국과 주변국과의 일대일의 관계만이 아니라 주변국들간의 관계도 규제하는 것이었다. 따라서 해당 질서에 편입된 국가들은 해당 질서가 요구하는 패턴으로 행동하는 것을 통해 서로간의 무력충돌을 피하면서 교류하는 것도 가능하였다. 그러한 질서가 붕괴한다는 것은 각국가 내부의 통치방식의 변화만이 아니라 국가들간의 교류방식이나 행동양식을 새로 모색하여, 새로운 질서체계를 구축해야 한다는 것을 의미하였다. 동부유라시아에서 19세기 후반은 전통적인 중화질서와 서구적 근대질서가 각축을 벌이다 근대세계의 우위가 확립되는 시기였고(茂木敏夫, 2014a: 14~26), 더 이상 동부유라시아가 독자적인 관계망를 형성하며 존립할 수 없게 된 시기이기도 했다.

## 참고문헌

김성규, 2000, 「高麗 前期의 麗宋關係」, 『國史館論叢』 92.

니시지마 사다오, 이성시 엮음, 2008, 『일본의 고대사 인식―'동아시아세계론'과 일본』, 역사비평사.

문화재관리국, 1988, 『新安海底遺物』 종합편.

荒川正晴, 2010, 『ユーラシアの交通・交易と唐帝国』, 名古屋大学出版会.

荒野泰典・石井正敏・村井章介, 1992, 「時期区分論」, 荒野泰典・石井正敏・村井章介編, 『アジアのなかの日本史 I』, 東京大学出版会.

岩井茂樹, 2004, 「十六世紀中国における交易秩序の模索―互市の現実とその認識―」, 岩井茂樹編, 『中国近世社会の秩序形成』, 京都大学人文科学研究所.

_____, 2006, 「朝貢と互市―非・朝貢体制」論の試み―」, 『東アジアにおける国際秩序と交流の歴史的研究』 ニューズレター No.4.

_____, 2007, 「清代の互市と"沈黙外交"」, 夫馬進編, 『中国東アジア外交交流史の研究』, 京都大学学術出版会.

_____, 2009, 「帝国と互市―16-18世紀東アジアの通交」, 篭谷直人・脇村孝平編, 『帝国とアジア・ネットワーク――長期の19世紀』, 世界思想社.

_____, 2010, 「朝貢と互市」, 『岩波講座 東アジア近現代通史 第1巻 東アジア世界の近代―19世紀』, 岩波書店.

石見清裕, 2010a, 「唐の成立と内陸アジア」, 『歴史評論』 720.

_____, 2010b, 「中国隋唐史研究とユーラシア史」, 工藤元男・李成市編, 『アジア学のすすめ 第3巻 アジア歴史・思想論』, 弘文堂.

上田信, 2005, 『海と帝国 明清時代』, 講談社.

榎本渉, 2007a, 『東アジア海域と日中交流―9～14世紀―』, 吉川弘文館.

_____, 2007b, 「新羅海商と唐海商」, 佐藤信・藤田覺編, 『前近代の日本列島と朝鮮半島』, 山川出版社.

_____, 2008, 「中国人の海上進出と海上帝国としての中国」, 桃木至朗編, 『海域アジア史研究入門』, 岩波書店.

岡本隆司, 2007, 「「朝貢」と「互市」と海関」, 『史林』 90-5.

岸本美緒, 1998, 「東アジア・東南アジアにおける伝統社会の形成」, 『岩波講座世界歴史

13 東アジア・東南アジアにおける伝統社会の形成』, 岩波書店.

杉山正明, 1995, 『クビライの挑戦―モンゴル海上帝国への道―』, 朝日新聞社.

_____, 1997, 「中央ユーラシアの歴史構図―世界史をつないだもの―」, 『岩波講座　世界歴史　中央ユーラシアの統合』, 岩波書店.

_____, 2005, 『中国の歴史8　疾駆する草原の征服者』, 講談社.

壇上寛, 2013, 「明清時代の天朝体制と華夷秩序」, 『明代解禁＝朝貢システムと華夷秩序』, 京都大学学術出版会.

中村榮孝, 1963, 「十三・四世紀の東亞情勢とモンゴルの襲來」, 『岩波講座　日本歴史6』中世2, 岩波書店.

浜下武志, 1990, 『近代中国の国際的契機』, 東京大学出版会.

_____, 1993, 「地域研究とアジア」, 溝口雄三・浜下武志・平石直昭・宮嶋博史編, 『アジアから考える〔2〕　地域システム』, 東京大学出版会.

_____, 1994, 「朝貢と条約―東アジア開港場をめぐる交渉の時代　1834−94」, 溝口雄三他編, 『アジアから考える〔3〕周縁からの歴史』, 東京大学出版会.

_____, 2013, 『朝貢システムと近代アジア』, 岩波書店.

廣瀬憲雄, 2008, 「古代東アジア地域対外関係の研究動向―「冊封体制」論・「東アジア世界」論と「東夷の小帝国」論を中心に―」, 『歴史の理論と教育』129・130.

_____, 2012, 「東アジア世界論の現状と展望」, 『歴史評論』752.

_____, 2014, 『古代日本外交史―東部ユーラシアの視点から読み直す―』, 講談社.

古松崇志, 2007, 「契丹・宋間の澶淵体制における国境」, 『史林』90−1.

_____, 2011, 「10〜13世紀多國竝存時代のユーラシア(Eurasia)東方における國際關係」, 『中國史學』21.

堀敏一, 1994, 「東アジア世界と辺境」, 『律令制と東アジア世界―私の中国史学(二)』, 汲古書店.

宮崎市定, 1993,　初出1947, 「アジア史解説」, 『宮崎市定全集18』, 岩波書店.

_____, 1993, 初出1968, 「大唐帝国―中国の中世―」, 『宮崎市定全集8』, 岩波書店.

村井章介, 1987, 「中世における東アジア諸地域との交通」, 『日本の社會史　第1巻』, 岩波書店.

村上衛, 2010, 「清末中国沿海の変動と制度の再編」, 『岩波講座　東アジア近現代通史第1巻　東アジア世界の近代―19世紀』, 岩波書店.

茂木敏夫, 1997, 『変容する近代東アジアの国際秩序』, 山川出版社.

_____, 2000, 「東アジアにおける地域秩序形成の論理」, 辛島昇・高山博編, 『地域の世界史3 地域の成り立ち』, 山川出版社.

_____, 2010, 「近代中国における伝統的国際秩序の語り方」, 吉田忠研究代表, 『19世紀東アジアにおける国際秩序観の比較研究』, 国際高等研究所.

_____, 2014a, 「華夷秩序とアジア主義」, 長谷川雄一編, 『アジア主義思想と現代』, 慶応義塾大学出版会.

_____, 2014b, 「中華世界秩序論の新段階」, 『東京女子大学紀要論集』 65-1.

毛利英介, 2006, 「澶淵の盟の歴史的背景―雲中の会盟から澶淵の盟へ」, 『史林』 89-3.

_____, 2009, 「十一世紀後半における北宋の国際的地位について―宋麗通交再開と契丹の存在を手がかりに―」, 宋代史研究会編, 『『宋代中国』の相対化』, 汲古書院.

森安孝夫, 2007, 『興亡の世界史　第05巻　シルクロードと唐帝国』, 講談社.

山内晋次, 1996, 「東アジア海域における海商と国家―10~13世紀を中心とする覚書」, 『歴史学研究』 681.

_____, 1998, 「日本古代史研究からみた東アジア世界論―西島定生氏の東アジア世界論を中心に―」, 『新しい歴史学のために』, 230・231.

_____, 2011, 「「東アジア史」再考―日本古代史研究の立場から」, 『歴史評論』 733.

李成市, 2000, 『東アジア文化圏の形成』, 山川出版社.

和田久徳, 1961, 「東南アジアにおける華僑社会の成立」, 『世界の歴史13 南アジア世界の展開』, 筑摩書房.

# 4장

# 근세 동아시아의
# 토지 소유구조와 매매관습

배향섭

## 1. 서구중심주의 극복과 내재적 접근

서구중심주의는 서구의 사고방식에 지배되고, 서구에 대한 무비판적 모방에 길들여졌음을 말한다. 또한 이로 인해 창의적 사고, 독창적인 문제제기나 분석방법의 제시가 어렵게 되고, 결과적으로 자신들이 살고 있는 사회의 문제들에 대해서조차 자신들의 언어로 말하는 것이 어렵게 되었음을 의미한다. 서구중심적 역사인식을 너머서기 위해서는 무엇보다 비서구의 역사에서 보이는 구체적 경험들을 내재적으로 분석함으로써 개념, 이론, 방법론 등을 포함하여 새로운 사회과학적 지식을 만들어내고 새로운 역사상을 구축해 나갈 필요가 있다. 여기서는 동아시아의 토지소유구조와 매매관습에 대한 비교사적 이해를 통해 앞서 언급한 문제의식에 대답해보고자 한다.

조선시대 토지소유권에 대한 이해는 일본 식민사학자들이 구축해놓은 이른바 한국사의 정체성론을 극복하는 과정에서 진전되어 왔다. 식민사학자들은 조선시대에는 '세계사의 보편성'과 달리 토지의 사적 소유가 존재하지 않았다고 주장하였다. 식민지 시기부터 이에 반박하는 연구들이 진행되어 왔지만, 조선사회의 토지소유 문제에 대한 본격적인 재검토는 해방 이후에 이루어졌다.

식민사학에 대한 비판의 핵심은 한국사도 세계사의 '보편적 발전과

정'을 걸어왔음을 확인하는 데 있었고, 그를 위해 진력한 연구 가운데 하나가 토지의 사적 소유가 있었음을 밝히는 것이었다. 그 결과 이미 삼국시대부터 토지사유와 그에 입각한 지주제가 존재했고, 고려시대를 거치며 사적 소유는 한층 확대되고 강고해졌다는 점을 밝히려는 노력이 이어져왔다. 조선시대에 들어서는 소유권에 입각한 지주-전호제(地主-佃戶制)와 수조권에 입각한 전주-전객제(田主-佃客制)가 병존하였으나, 16세기에 들어 국가의 토지분급제가 폐지되면서 전주-전객제는 소멸되고 지주-전호제가 지배적인 생산관계로 된다고 하였다. 이러한 견해는 이후 조선시대 토지소유 문제와 생산관계를 이해하는 유력한 견해로 자리 잡았다. 또한 사적소유와 그를 토대로 한 지주제(地主制, 지주-작인관계)를 유럽 중세의 핵심적 생산관계인 '영주-농노 관계'와 비슷한 것으로 상정함으로써 통일신라 혹은 고려시대 이후 시기는 봉건사회로 비정되었다. 이어 조선후기에 들어서는 경제·사회 각 분야에서 자본주의의 맹아적 현상들이 족출하고 있었다는 사실이 확인되었다.

이러한 이해는 일본 식민사학자들의 논리를 극복하려는 의도에서 출발한 것이지만, 한국의 역사 전개과정을 유럽중심의 역사상에 종속시키는 것이기도 하였다. 그 결과 일본 식민사학자들이 주장하는 식민사학은 극복되었지만, 한국사의 전개과정이 가진 풍부하고 독창적인 경험들은 유럽사의 아류에 불과한 것으로 되고 말았다. 예컨대 서구에서 이미 산업 혁명이 일어나고 있을 때 조선에서는 이제 겨우 자본주의를 향한 맹아들이 보이기 시작했음을 강조하는 '자본주의 맹아론'은 결과적으로 서구에 비한 조선사회의 후진성을 '실증적'으로 증명해내는 논의이기도 했다. 서구중심주의에서 초래된 비대칭적 역사인식의 전형이라 할 수 있다.

이 글에서는 '근세' 한중일 동아시아 삼국의 토지소유구조, 그리고 토지매매와 관련된 법과 관습을 유럽(사실은 프랑스)의 그것과 비교해보고자 한다. 비교사의 목적은 역사를 일국사적 범위를 벗어나 한층 넓은 시야에서 접근하고, 또 다른 나라와 주고받은 역사적 경험을 상호관련 속에서 바라보려는 데 있다. 각 나라의 역사는 고유한 문맥을 가지고 전개되지만, 그 고유성은 비교의 과정을 통해 공통점과 독자성이 동시에 조명될 때 더욱 분명히 확인될 수 있다. 또한 비교사는 일국사적 접근에서는 미처 생각하지 못했던 새로운 분석방법을 마련하는 계기가 될 수 있다. 이 글에서는 동아시아 근세, 특히 조선시대 한국의 토지소유구조 및 매매관습에서 보이는 몇 가지 특징을 서구중심주의의 극복이라는 맥락에서 생각해보고자 한다.

## 2. 프랑스

중세 프랑스에서 토지는 크게 영주 유보지 혹은 본령지로 불리던 영주 직영지(domaine)와 망스(manses: mansi)라 불리던 농민들의 보유지로 구성되어 있었다. 농민과 영주의 관계도 다양하였지만, 가장 전형적이라 할 수 있는 토지보유농(tenanciers)들은 자신의 보유지를 세습할 수 있었고, 마음대로 처분할 수 있었다. 이점에서 보유지는 하나의 물권으로 존재했고, 보유농은 이에 대한 처분권과 상속권·사용권을 가지고 있었다. 그러나 농민들의 보유권 위에는 영주의 상급소유권이 중층적으로 얹혀 있었다. 곧 농민들이 보유한 토지는 영주에게 생산물의 일정량과 각종 부과조를 납부하는 것을 조건으로 양도받은 영대(永代) 세습지였다. 소유구조가 전형적인 중층성을 보이고 있었다.

한편 보유지의 매매도 기본적으로는 보유농의 자유에 맡겨졌지만, 관습상 커다란 제약이 따랐다. 16세기 프랑스의 각 지역에서 편찬된 관습법전 가운데는 〈친족매취(親族買取), retrait lignager〉와 〈약정매취(約定買取), retrait conventionnel〉라는 매매관습이 있었다. 〈친족매취〉는 어떤 사람 A1이 그 소유지를 일족 외부의 사람 B1에게 매각했을 경우, 그로부터 1년 1일이 경과하지 않았다면 A1의 일족인 A2가 B1에게 토지대금 및 기타 B1이 부담한 금액을 지불함으로써 해당 토지를 B1으로부터 매취할 수 있는 관습이었다. A2의 청구가 있을 때, B1은 A1으로부터 매득한 해당 토지를 A2에게 매각해야할 의무가 있었다고 한다. 이상과 같은 매취법의 배후에는 토지를 일족 내에 계속 보지시키고자 하는 강한 지향이 있었으며, 일본이나 중국에도 유사한 관습이 있었다.

　나폴레옹 민법전(1804년)에는 〈친족매취〉와 〈약정매취〉가 수용되지 않았지만, 이전의 관습법을 이어받은 〈환매법(還買法=受戻法), rachat, réméré〉이 포함되었다. 〈환매법〉의 핵심을 이루는 것은 매도인이 장래에 매각대금을 변제함으로써 매각한 토지를 환매할 수 있다는 것을 조건으로 토지를 매각하는 환매약관부매각(還買約款付賣却)이다. 기간이 정해진 경우도 있고 정해지지 않은 경우도 있었다. 환매 기한이 정해지지 않은 경우의 환매 가능기간은 영구적이라는 학설도 있었으나, 30년으로 보는 견해가 우세하였다. 〈환매법〉의 배후에는 경제적으로 곤궁하여 어쩔 수 없이 재산을 타인에게 매각하게 된 시민의 재산을 확정적으로 빼앗는 것은 정당하지 않다는 고려가 존재했다. 이 점에서 그것은 부유층의 토지집적을 크게 제약하는 장치이기도 했다. 나폴레옹 민법전에서는 기한이 정해지지 않은 경우의 환매가능 기간이 5년으로 단축되었다. 그것은 토지를 산 사람이 확정적으로 소유자가 될 수 있는지의 여부를 알 수 없는 불안정한 상태가 장기화하는 것은 농업과 시장거래에 유해하며, "공공의 이익"에 반한다는 판단 때문이었다. 〈환매법〉 가운데 A가 환매를 조건으로 매각한 토지를 B가 C에게 전매하거나 전당을 했을 때 A가 공시 없이 C에게까지 환매를 요구할 수 있는 규정이 폐지된 것은 1950년대에 들어 온 다음이었다.

영대세습지에 대한 프랑스 농민의 강고한 소유의식과 매매관습은 프랑스혁명 당시에 소유권 박탈과 관습 파괴를 초래하는 자본주의적 질서에 대한 강한 반발로 나타났다. 혁명 이후에도 〈환매법〉과 같은 "근대적" 시장경제 논리와 어긋나는 매매관습이 오래 동안 지속된 것도 관습을 지켜내려는 농민들에 의해 농촌공동체가 해체되지 않았다는 점, 영국에서와 같이 "양이 사람을 잡아먹는" 토지의 강제적 재통합 사태도 일어나지 않았으며, 비교적 균질적 소규모 경작을 뚜렷하게 유지하고 강화하는 데 성공하였다는 점과 무관하지 않을 것이다.

프랑스에서 지주제가 본격적으로 전개된 것은 프랑스혁명을 거치며 봉건제가 폐지되고 토지소유구조의 중층성이 해소된 다음이었다. 혁명전 전체의 20%에 달하던 교회의 토지재산은 소멸되었고, 귀족의 토지 소유도 22%에서 12%로 떨어졌다. 반면, 농민의 토지는 30%에서 42%로 늘어났고, 부르주아의 토지는 16%에서 28%로 증가하였다. 귀족들의 직영지는 여전히 귀족들의 수중에 남겨졌으며, 몰수·국유화된 교회와 귀족 소유지는 경쟁 입찰 방식으로 매각되었기 때문에 대부분이 부르주아나 부유한 농민들 수중으로 들어갔다. 토지 소유농의 비율은 증가하였지만, 빈농이나 무전 농민의 대부분은 토지소유에서 배제되었다. 농민들이 소유한 토지가 모든 봉건적 부과조로부터 해방되었듯이, 귀족직영지와 부르주아들의 토지소유 역시 중층적 구조를 불식하고 일물일권적이고 배타적인 근대적 소유로 전환한 것이었다.

귀족 및 부르주아들의 토지는 대부분 지주제에 의해 경작되었다. 혁명 이후 농업경영 형태를 지배한 것은 이러한 소유구조 하에서 "자유로운" 계약에 의해 전개된 지주-작인관계였다. 농민이 소유하던 대토지를 포함하면 1814년 현재 지주적 소유지 면적은 전경작지의 60%를 상회하였다. 혁명은 "영주적 토지소유"를 폐기하는 대신 소농민적 토지소유와 지주적 토지소유(지주-작인관계)로 이루어지는 농업사회를 출현시킨 것이다. 지주의 강력한 지대징수권은 "봉건적 토지소유권"을 대신하였으며, 지주들은 생산력의 증대보다도 지대착취나 조세전가에 의한 지대 증수(增收)를 선호하는 것이 일반적이었다.


## 3. 중국

중국의 '지주제'를 중세 유럽의 '영주제'와 사회형태 면에서 비교해 볼 때 보이는 두드러진 특징은 토지 사유권이 일찍부터 발달했다는 점, 토지매매가 상대적으로 자유로웠다는 점, 그리고 토지소유권이 군사·행정 및 사법권과 분리되어 있다는 점 등이다. 그러나 중국의 상대적으로 자유로운 토지매매 관행도 후술할 조선과 비교해 볼 때 많은 제약이 뒤따르고 있었다. 그러한 관행은 북방지역보다는 강남 지역에서 현저하게 나타났다.

화북 지역에 비해 중소지주의 비중이 컸던 강남지역 지주제의 중요한 특징 가운데 하나는 토지소유권이 전저권(田底權=소유권, 田骨, subsoil right)과 전면권(田面權=경작권, 田皮, topsoil right)으로 중층화(重層

化)해 있었고, 그에 따라 영구소작제, 곧 영전제(永佃制)가 널리 퍼져 있었다는 점이다. 영전권[田面權]은 토지권리의 일부로서 농민들에게 완전한 소유권의 하나로 인식되고 있었으며, 세습이나 매매·양도가 가능했다. 이 점에서 일전양주제(一田兩主制)로 이해되었던 영전제 하의 소유관계는 전형적인 중층적 구조를 보이고 있었다.

영전제는 남송시대부터 시작하여 명청교체기에 확실히 그 모습을 드러냈으며, 청대, 특히 태평천국 이후에 더욱 확산되었다. 황폐해진 토지를 재개간하는 과정에서 작인이 자본을 투자하여 경작하고 지주가 이들에게 영구소작권을 인정해주는 관습이 보편화되었기 때문이다. 20세기에 들어서도 이 관습은 여전히 많은 지역에서 이어져서 1930년대에도 전국적으로 20% 이상의 토지에 남아 있었다. 전면권을 가진 작인이 지대를 체납해도 그를 쫓아내지 못했을 뿐만 아니라, 전저권을 가진 지주가 일체의 세금을 부담해야 했기 때문에 전면권이 전저권보다 매력적이어서 많은 지역에서는 전면권이 더 인기가 있었고, 더 비싸게 매매되기도 했다.

그러나 중층적 소유구조를 전제로 한 영전제는 종법질서와 관련된 독특한 사회관습과 함께 토지거래에 커다란 제약 요인이 되었다. 우선 강남 지역의 종법질서는 관습적으로 토지거래에 상당한 제한 요인으로 작용했다. 종법질서 하에서 형성된 족전(族田)은 토지의 분할을 방지할 목적에서 만들어진 것이기 때문에 종족구성원의 동의 없이는 매각이나 분할이 허용되지 않았다. 뿐만 아니라 개별 가족이 소유한 토지도 1920년대까지는 가족 전체의 재산으로 간주되었기 때문에 가족의 동의 없이는 매각이나 분할이 허용되지 않았다. 이러한 관습은 장강 삼각주 일대에서 두드러졌다. 토지를 매각할 때는 먼저 종중(宗中)의 구성원에게 매입할 것을 제시하고 이들에게 매입할 의사가 없다는 점을 확인한 다음에야 외부인에 매각할 수 있었다. 특히 전면권의 경우 친척이나 같은 마을 사람들이 우선적으로 매입하는 관습이 있었다. 이러한 매매는 비용이나 수익에 대한 계산보다는 호혜성(互惠性)을 바탕으로 한 것이었으며, 수리, 방충, 노동부조(勞動扶助) 등과 관련한 공동체적 생활을 유지하려는 생태학적 원인에서 나온 것이었다. 토지매매를 둘러싼 이러한 관습은 일종의 공동체적 규제라고 볼 수 있으며, 토지매매를 크게 제약하였음은 물론이다.

토지의 매매를 제약하는 또 하나의 요인은 토지의 환매관습에서 찾을 수 있다. 청대의 토지 거래는 확실히 증가해갔지만, 일시에 소유권 전부를 팔아넘기는 경우는 드물었다. 농민들은 피치 못할 사정으로 돈이 필요할 때에는 토지를 저당(抵當) 잡히거나 환매(還買)를 조건으로 매도하여 돈을 마련했다. 이러한 관습은 "사두활미(死頭活尾)"라고도 불렸다. 뿐만 아니라 설사 계약서[賣地契]에 환매에 관한 조건이 부가되어 있지 않더라도 '절매(絶賣)'라는 단서가 명기되어 있지 않은 한 매도인은 30년 이내라면 언제든지 환매할 수 있는 관습이 성행했다.

이에 따라 채무자가 채무를 변제하지도 않고, 토지소유권을 넘기지도 않는 상황이 장기간 이어지기도 했다. 이 기간 동안 채무자와 채권자는 모두 소유권에 대한 부분적인 권리를 갖고 있었다. 채권자는 이 토지를 사용할 수는 있지만 매도가 불가능했고, 채무자는 채권자가 그 토지에 대한 충분한 소유권을 행사하는 것을 제약할 수 있었다. 이러한 곤란한 상황은 수 년, 심지어는 수십 년 동안 이어지기도 했다. 이와 같은 토지 거래관습은 토지의 자유로운 상품화에 방해가 되었을 뿐만 아니라, 생산력 면에서도 불리한 것이었다. 그럼에도 불구하고 이러한 매매관습이 20세기 이후까지 유지된 것은 민간의 관습이 아래로부터 밀어올린 힘 및 그와 연동된 국가의 정책 때문이었다.

청대의 국가권력은 토지매매가 증가하는 사회 현실을 인지하고 있었지만, 되돌릴 수 없다고 명기[絶賣]되어 있지 않는 이상(이런 경우는 거의 없었다) 사실상 판매자가 기한에 구애받지 않고 언제든 토지를 되살 수 있는 권리를 보장하는 방법을 통해 원래 소유주의 재산권을 보호하던 오랜 정책을 여전히 고수하고 있었다. 국가에서 법률로써 원래 소유주의 권리를 보호해준 것이다. 1753년에 환매할 수 있는 기한을 30년으로 제한하는 조례(條例)를 추가했지만 이런 장기의 기한은 분쟁의 씨앗을 제거하는데 별 도움을 주지 못했다.

또한 독일민법을 모방하여 만들어진 민국법(民國法)에는 근대 유럽의 법사상이 수용되었음에도 불구하고 여전히 환매할 수 있는 권리가 30년으로 규정되어 있었다. 만약 계약서에 기한이 명확히 규정되어 있다면 매도인은 만기 후 2년 내에만 환매권을 갖는다고 규정되어 있었지만, 실제로 많은 계약서에는 기한이 명기되지 않았기 때문에 그런 계약에 대해서는 민국의 민법도 청율(淸律)과 같은 30년 만기를 적용할 수밖에 없었다. 청대 말기에 새롭게 끌어온 민법(독일민법을 모델로 한)을 채용하는 대신, 그들은 『대청율례(大淸律例)』중의 민사 부분을 새로운 민국의 민법으로 근 20년 동안이나 유지하는 방법을 선택했다. 그들이 그렇게 했던 이유는 과도기를 두려는 의도도 있었지만, 무엇보다 옛 법률이 새로 끌어온 법률보다 중국의 실제에 적합하다고 생각했기 때문이었다.

20세기에 들어 주로 도시에 거주하던 지주가 가지고 있던 전저권은 매매가 점점 더 자유롭게 되었다. 그러나 대다수 농민은 전저권의 매매사실에 대해서는 알지도 못했으며, 전면권(田面權, 법률은 이 권리를 불승인했지만)은 여전히 동족이나 이웃에 의한 우선 매입(買入)이라는 관습의 제약을 받았다. 토지소유권 거래에 대한 "공동체적 규제"가 여전히 작동되고 있었던 것이다. 때문에 20세기에 들어와서도 지주 사이의 전저권 이동은 활발했지만, 전면권은 비교적 안정적이었다. 장강 삼각주의 소농경제는 이러한 방식으로 상품경제의 침투에 대응했고, 토지 소유권의 안정성을 유지했다.

이상에서 살펴 본 바와 같이 중국 청대(민국초)의 토지소유에서 보이는 중요한 특징은 소유구조가 중층적이었다는 점, 토지거래에서도 사실상 기한에 제한이 없는 환매관습이 광범위하게 이루어지고 있었다는 점을 들 수 있다. 이러한 소유구조와 환매관습은 종법질서(宗法秩序) 하의 공동체적 규제, 국가권력의 정책과 밀접한 관련이 있는 것이고, 근대적 토지소유권이나 토지의 자유로운 매매와 상품화를 크게 제약하는 것이었다. 영구적인 환매권 관행, 곧 "사두활미(死頭活尾)" 관행은 1910년대 이후 점차 사멸하면서 전면권과 전저권이 결합하는 양상을 보이게 되었다. 이에 따라 1920~30년대가 되면 부재지주 사이의 토지이동도 활발해졌고, 전통적인 종족 사이의 지권이동 관행도 사라짐으로써 토지는 진정한 의미에서 상품으로 될 수 있었다.


## 4. 일본

에도막부 시기의 토지소유구조는 서구와 유사하게 중층적이었다. 또, 하급소유권 또는 경작권이라 할 수 있는 백성들의 소지권(所持權) 행사를 제약하고, 토지집적을 억지하는 〈전답거래법〉이 존재했다. 그것은 무엇보다 일시에 소유권을 완전히 이전하는 매매를 금지한 〈논밭영구매매금지령(田畑永代賣買禁令)〉에서 확인할 수 있다. 이 금령은 1643년(관영 20)에 발포되어 막말(幕末)까지 유지되었다. 그 이유에 대해 막부(幕府)에서는 부유한 백성이 전답겸병에 의해 점점 더 부유해지고, 가난한 백성은 전답을 팔게 되어 점점 더 곤궁해지는 것을 방지하기 위하는 것이라고 설명했다. 막부체제의 근본을 이루는 연공수입을 안정적으로 확보하기 위해 무엇보다 촌락 질서의 안정을 도모한 것이다.

토지 소지권의 이동은 토리모도시특약매매[取戻特約賣買](환퇴를 조건으로 하는 매매) 또는 〈소유권분속적매매(所有權分屬的賣買)〉(소지권이 賣主 또는 買主에 일의적으로 귀속되는 것이 아니라, 일정기간 양자에게 분속되는 매매)의 형태로만 이루어졌다. 급전이 필요한 백성들이 "토리모도시특약"을 붙여 촌 내외의 호농(豪農)이나 상인, 고리대금업자에게 토지를 담보로 제공하고 돈을 빌려 쓰는 이러한 토지거래는 관습적으로 이루어졌으며, 막부에 의해서도 승인되었다. 〈質〉의 경우 〈토리모도시특약매매〉가 계약되면 토지의 경작권은 채권자에게 이전되어 거기서 나오는 생산물을 이자조로 거두어들일 수 있었다. 그 대신 토지 소지에 따른 일체의 연공(年貢) 부담은 경작권을 가진 채권자가 담당해야 했다. 채무에 대한 변제(辨濟) 기한을 넘기면 유질(流質)되어 소지권이 채권자에게 넘어가게 되어 있었지만, 그 토지에 대해서도 반환을 요청할 수 있었다. 18세기에 들어와 정비된 막부의 〈질지법(質地法)〉에 따르면 매도한 토지를 돌려받을 수 있는 기한은 최장 20년이었다.

그러나 각 지역에서 행해지는 관습은 막부법보다도 훨씬 엄격하게 토지이동을 제약하고 있었다. 실제 민간에서는 매도할 때 빌린 채무액의 원금만 변제하면 매도한지 수십 년은 물론, 심지어 100년이나 지난 다음에도 돌려받는 것이 가능한, 기한 없이 질지를 돌려 받을 수 있는 관행[無年季の質地請戻し慣行]이 광범위하게 시행되고 있었다. 질지를 매도할 때 쓴 증문(證文)에 영대(永代)로 넘긴다는 내용이 들어

있더라도 그 내용을 무시하고 되돌려 받는 경우도 많았다. 또 원지주 (元地主)는 질지가 A→B→C로 이동하더라도 C에 대해 되돌려 줄 것을 청구할 수 있었다. 에도시대 후기에는 사실상 기한에 구애되지 않는 질지의 반환이 촌법(村法)·향례(郷例) 등의 이름을 가진 하나의 관습으로 성립해 있었고, 오히려 막부법이나 번법(藩法)에 우선하는 것으로 인식되었다. 질지 계약은 자유로운 상품교환의 원리에 의한 계약관념보다는 가의식(家意識)을 매개로 한 "전근대적" 성격을 강하게 띠는 것이었다. 이것은 〈시즈치우케모도시(質地請戾し慣行)〉이 막부체제의 근간이 되는 소백성적 소지(所持)의 재생산을 지탱하는 불가결한 조건으로 인식되었기 때문이다. 따라서 질지의 반환요구에 응하지 않거나, 질지의 명의를 자신의 것으로 고친다든지 하는 부정을 저지른 지주나 촌역인에게는 "사욕에 따라 제멋대로 했다", "사욕으로 횡령했다"는 엄혹한 비판과 함께 공동체적 제재가 가해졌다. 따라서 지주적 소지(所持)가 그 자체의 논리를 관철시키는 것이 극히 곤란하였고, 지주들도 무제한적으로 소지를 확대하려는 욕구를 강하게 가지기 어려웠다.

지주적 소유는 "공법적" 토지소유에 규정되면서도 18세기를 전후하여 사적 소유의 성격을 강하게 띠어 갔다. 1723년 막부에서 토지의 처분권을 공식적으로 허용한 법규[流地禁令撤回]는 그 대표적 표현이었다. 그러나 다른 한편으로 이와 아울러 지주적 소유에 대한 공동체적 대항도 강해졌으며, 〈시즈치우케모도시〉관행은 막부의 재정을 지탱하는 백성의 가상속(家相續)이나 〈촌공동체〉의 성립 논리를 앞세우며 19세기에 들어 더욱 강화되어 갔다.

이와 같이 백성들의 토지소유권을 보호하는 관습이 강고하게 유지될 수 있었던 핵심적 근거는 일본의 국역체제(國役體制)와 관련된 토지소유의 공동체적 성격이었다. 전형적인 예가 시코쿠(四國) 지방 등에서 행해지던 토지 할환제(割換制=割地制度, 鬮地制度)이다. 니혼마츠번[二本松領] (현재의 福島縣) 아사카군(安積郡) 나리타촌(成田村)에서는 1794년부터 에도시대 말기까지 20년마다 할지가 행해져, 촌의 총경지(石高=총수확량) 545石 4斗 4升 5合(1856년)을 백성 45세대가 분할하여 경작하고 있었다. 어느 경지를 경작할 것인가는 45세대의 본백성(本百姓)이 제비를 뽑아 정하고, 이후 20년간 경작하였다. 이 할지제도야말로 일본 근세 토지 소지의 공동체적 성격을 가장 잘 나타내고 있다. 근세 농민이 소지하는 토지는 개인의 것이기도 하면서 동시에 촌의 것이기도 하였던 것이다.

촌내 경지에 대하여 촌락공동체가 관여하는 권한은 많은 근세촌락이 잠재적으로 가지고 있었으며, 자연재해가 다발하는 촌에서는 할지의 실시로 현재화하였다. 할지제도같이 사실상의 공동체적 소유가 아니더라도 대부분의 지역에서는 공동체적 규제가 에도말기까지 영향력을 행사하고 있었다. 예를 들면 토지 소지권의 매매가 있을 때, 동족이 우선적으로 그 토지를 사는 관행(프랑스의 retrati lignager에 해당), 또 소유권이 본래의 토지소유자[檢地名請人]로부터 채권자[質取主]에게 넘어가는 것을 제한하고, 사실상 토지가 본래의 소유자에게 귀속되는 것을 보증하고자 하는 관습[無年季金子有合次第請戾慣行]이 널리 존재했다. 또 다른 무라(村)의 사람에게 토지를 저당잡히는 것[質入]하는 것을 금하는 촌도 적지 않았고, 토지 소지권을 다른 촌의 사람에게 이전하고자 할 때는 촌의 승인을 거치도록 했다. 물론 모든 지역의 관행이 동일하였던 것은 아니다. 예를 들면 상품경제가 발달한 긴키(近畿)나 간사이(關西) 지방에서는 공동체적 토지소유가 다른 지역에 비해 상대적으로 약하였지만, 완전히 해소된 것은 아니었다.

토지소유에서 보이는 이러한 공동체적 성격은 지주층 등 개별 이에 (家)의 토지 소지권에 대한 촌락공동체의 규제라는 점에서 〈시츠치우케모도시〉관행보다 훨씬 직접적이고 강한 것이었다. 이러한 관행은 현대까지도 "촌에 의한 토지 선매권"의 형태로 이어지고 있다. 이러한 촌법류의 관습은 한편으로 토지이동이 상당히 활발하였음을 보여주는 것이기도 하지만, 토지소유권의 매매나 행사에 제약을 초래하였다.

따라서 근대적 소유권 확립과 토지의 자유로운 상품화를 위해서는 이러한 관습이 폐기되어야 했으며, 그 과정은 적지 않은 사회적 비용을 요구하였다. 메이지유신 이후 근대적 법과 제도가 만들어지면서 기한 없이 질지를 돌려받을 수 있는 관행[無年季的質地請戾し慣行]은 권력에 의해 부정되었다. 이에 따라 근대적 법에 의해 차입금(借入金)을 제때 변제하지 못한 농민들의 토지소유권은 은행 등 근대적 금융업자인 채권자에게 넘어갔다. 이에 대한 부채 농민들의 반발이 이어졌다. 토지를 상실한 부채 농민들의 질지반환(質地返還) 투쟁은 명치유신 이후 민중운동 가운데 대표적인 투쟁의 하나일 정도로 심각한 사회적 갈등을 야기했다.

## 5. 한국

### (1) 토지소유구조

조선왕조를 건국한 이성계 일파는 조선을 건국하기 1년 전인 1391년에 이미 새로운 토지제도인 과전법(科田法)을 만들었다. 조선 건국 세력들은 왕토(王土) 사상에 근거하여 고려말기 귀족들이 차지하고 있던 넓은 토지를 몰수하여 농민들에게 나누어주고자 하였다. 농민들에게 안정적인 생활을 보장함으로써 이들이 조세와 군역 등 국역을 순조롭게 부담할 수 있도록 하려는 의도였다. 또 과전법의 핵심 내용 가운데 하나는 왕조를 창건하는 데 기여한 공신이나 관료들에게 경제적으로 보상하기 위해 일정한 면적의 토지[사전 私田]를 지급하는 데 있었다. 사전을 지급받은 사람을 전주(田主)라고 불렀지만, 이들에게 토지 소유권을 넘겨주는 것이 아니었다. 그 토지[민전 民田]를 사실상 소유하고 있던 농민[전객 佃客]들이 국가에 바칠 조세를 국가 대신 수취하도록 한 것이다. 농민은 전주에게 수확물의 10%를 지급하고 나머지는 자신이 차지하였다.

한편 조정에서는 한편으로는 농민들의 안정적 생활을 보장하여야 했고, 다른 한편으로는 공신이나 관료들의 안정적 수입도 보장해주어야 했다. 그래서 여러 가지 방식으로 토지소유권을 제한하였다. 우선 토지의 자유로운 매매를 금지하였다. 원래는 공신이나 관료들이 사전에서 안정적으로 조세를 확보할 수 있도록 사전이 설정된 토지의 매매를 금지하였지만, 과전(科田)이 설정되지 않은 일반 민전으로까지 확대되었다. 나아가 토지를 타인에게 빌려주고 그 대가로 지대를 수취하는 병작(並作)도 특별한 경우[홀애비나 과부, 고아나 자식도 없고 노비도 없이 3·4結 이하 경작하는 자]를 제외하고는 금지하였다. 토지의 처분권이 제약된 데 이어, 사용권과 수익권의 분리도 금지된 것이다. 또 과전법에 따르면 전객이 사망하거나 고의로 경작하지 않을 경우 전주가 그 토지의 소유권을 다른 사람에게 이전할 수 있었다.

그러나 이러한 소유권 제한에도 불구하고 일반 민전(民田)의 토지매매는 수시로 이루어지고 있었고, 매매 요구는 증대되어 갔기 때문에 1424년(세종 6)에는 일반 민전의 매매를 허용하게 되었다. 물론 조선왕조의 가장 중요한 법전인 『경국대전(經國大典)』(1474)에도 3년 이상 경작하지 않은 토지[진전 陳田]는 다른 사람이 경작할 수 있도록 규정되어 있다. 안정적 재정 수입의 필요에 따라 토지소유권이 제약되고 있었음을 보여준다. 이러한 점은 특히 군역에 종사하는 사람들의 경우 부모의 사망, 부채, 기근 등 특별한 사유가 없이는 경지를 팔지 못하도록 한 데서도 보인다(1425, 세종 7년).

그럼에도 불구하고 일반 민전에서는 자유로운 매매가 가능해짐에 따라 토지소유권이 그 만큼 성장하게 되었다. 이어 과전법이 폐지되고 현직관리에게만 토지를 분급하는 직전법(職田法)이 시행되고(1466, 세조 12), 1478년에는 전주들이 전객으로부터 직접 지세를 받는 것이 아니라, 관청에서 받아서 전주들에게 지급하는 관수관급제(官收官給制)가 시행되면서 전객(佃客)의 토지에 대한 전주(田主)들의 영향력이 사실상 완전히 제거되었다. 1566년에는 관료들에게 지세 수취권을 주는 제도 자체가 폐지되었다.

또, 1554년에는 3년 이상 경작하지 않은 토지일지라도 전세(田稅)를 내고 있거나, 개간 중이라고 판단되는 토지에 대해서는 다른 사람이 경작할 수 없도록 규정하였다. 원래 소유자의 소유권이 강화된 것이다. 조선후기에는 오래된 진전(陳田)에 대해서도 다른 사람에게는 경작할 권리만 부여하고, 소유권은 원 소유자에게 그대로 두도록 하였다.

이런 과정을 거쳐 토지에 대한 소유권이 성장해 갔다. 특징적인 점은 왕실소유지의 일부, 혹은 매매까지 가능한 특정한 경작권이 설정된 일부의 토지를 제외한 모든 토지의 소유권 구조가 사실상 유럽이나 일본에서는 근대에 들어 보이는 것과 유사한 배타적 소유구조였다는 점이다. 조선의 경우 지주에게는 토지의 사용·수익권과 처분권이 배타적 권리로 인정되고 있다. 반면에 경작자=작인(作人)에게는 지주의 소유권에 대항할 만한 권리가 없었다. 이 점은 앞서 언급한 프랑스나 일본은 물론, 중국 강남 지역에서 특징적으로 보이는 소유구조와 다른 것이다. 조선후기에도 국가권력에 의한 소유권 침해가 없지 않았지만, 조선의 토지소유권에는 근대적 토지소유와 매우 흡사한, 근대 이전 서구나 일본은 물론 중국에 비해서도 매우 현저한 "일물일권적 배타성"이 확립되어 있었다. "조상 대대로 내려오던 가업과 토지 그리고 노비는 전해 받은 자가 주장하는 것으로, 주장하는 자가 갑에게 전해 주건 을에게 전해 주건 오직 그의 의사에 달렸을 뿐 공가에서 빼앗을 수 없었고"(『成宗實錄』, 成宗 21年 5月 26日), "토지가 공에 있지 않다.…지금의 솔토(率土)는 모두 사유가 되었다"(『磻溪隧錄』2, 田制 下, 田制雜議附)는 표현은 그러한 상황을 잘 보여 준다.

토지소유의 중층성 부재(不在)는 자유로운 매매가 이루어 질 수 있는 배경이 되었고 실제로 토지매매가 매우 활발하였다. 결국 토지 매매의 자유를 허용한 지 100년도 채 안되어 "궁한 자는 비록 조상이 물려준 토지라도 모두 팔게"되고, "부호들이 토지를 겸병"(『中宗實錄』, 中宗 13年 2月 21日)하는 토지소유분화가 진행되어 갔다. 18세기 후반의 유명한 지식인 박지원은 "아버지와 할아버지로부터 상속받은 토지를 그대로 유지하여, 다른 이에게 팔아넘기지 않는 사람은 10에 5정도"라는 하였다. 서울대 규장각에 소장된 고문서 47,000여점 가운데 토지매매문서가 70% 정도이고, 대부분은 조선 후기 이후의 문서이다.


## (2) 토지매매관습

또 하나 조선시대 토지소유권의 특징을 보여주는 중요한 지표는 매매법과 관습이다. 우선 조선사회에서는 토지매매에 대한 "공동체적" 규제가 매우 취약하였다. 물론 조선에서도 제위토(祭位土) 등 문중 토지는 문중의 동의를 얻어야 매매 등 처분이 가능했으며, 그렇지 않을 경우 기한에 상관없이 환퇴할 수 있었다. 이러한 관습은 법률로 규정된 것은 아니었지만, 관에서도 수용되었다. 때문에 문중 토지를 매매할 때 매수인은 매도인에게 문중의 협의를 거치게 하고, 문중 차원의 신표(信標)를 요구하였다. 또 종가에 대해 경제력을 유지시킬 목적으로 토지 등의 매각이나 분할을 금지하거나, 종족 자손이 다른 곳으로 이사를 가게 되면 그가 소유하고 있던 토지를 종가에 환속(還屬)시키도록 한 사례도 있다. 1739년에 작성된 「부인동동약(夫仁洞洞約)」에는 상한(常漢) 가운데 분외(分外)의 직임(職任)을 얻으려는 자나 이유없이 이사한 자, 야반도주한 자가 있을 경우 동중 사람들에게 알려 그들이 마을 사람들에게 토지를 팔지 못하도록 규제하는 항목이 있었다.

이러한 토지거래 제한은 중국의 사례와 유사하다. 그러나 대부분의 거래에서는 특별한 제한이 없었고, 중국이나 일본과는 크게 다른 매매법과 관습을 가지고 있었다. 특히 주목되는 점은 토지 환퇴(還退(= 환매(還買))와 관련된 법과 관습이다. 환매는 토지를 매매할 때 토지의 환매를 조건으로 계약하는 것을 말한다. 환매계약은 기간을 정하는 경우와 기한을 정하지 않는 경우가 있었다. 환매기간은 명시하는 것이 원칙이었지만, 친족에게 파는 경우에는 기한 없는 경우가 많았다. 이러한 관습은 친족간 환난상휼(患難相恤)의 보험적 기능으로 작용하여 토지상실의 속도를 상당기간 늦추었다. 그러나 다른 사람에게 파는 경우 대체로 1~5년의 기한이 정해진 사례가 많았고, 10년 이상은 거의 없었다. 환매 기한이 법이나 관습으로 정해진 것은 아니었지만, 대체적으로 10년을 상한으로 보았던 것으로 추측된다. 토지를 판 사람이 기한 내에 환매하지 않을 경우 함경도 일부를 제외한 대부분의 지역에서는 단지 "영원히 판다"는 매매문서를 작성하는 것에 의해 토지를 산 사람에게 소유권이 완전히 넘어갔다.

더구나 환매 약정이 없는 일반적인 매매에서는 환매할 수 있는 기간이 극단적으로 짧았다. 일반적인 토지 매매에서 쌍방이 환퇴할 수 있는 기한에 대해 조선왕조의 대표적인 법전인 『경국대전』에는 다음과 같이 규정되어 있다. 즉, 15일 내에 소장을 제출하고, 100일 이내에 관청에 나가 재판을 통해 그에 대한 확인서를 받아야 효력이 발휘된다는 것이다. 그러나 1548년(명종 3)에는 관청에 취송(就訟, 재판을 받기 위해 법정에 나감)해야 하는 시한이 100일에서 30일로 줄어들었다.

조선시대의 환매관련 법규정에서 보이는 특이한 사실은 왕조정부가 토지를 파는 사람의 경제적 어려움보다 토지를 산 사람의 소유권 보호를 더 중요하게 생각하고 있었다는 점이다. 다른 나라에 비해 환매 기한이 극단적으로 짧은 이유도 그 때문이었다. 앞서 언급했듯이 1548년(명종 3)에는 환매를 위해 관청에 가서 취송해야 하는 시한이 100일에서 30일로 줄어들었다. 그 이유에 대해 다음과 같이 밝히고 있다. "전지(田地)와 가사(家舍)를 사고 판 뒤에 환퇴를 하겠다는 소장을 제출하고 비록 100일 이내에 취송하였더라도 매수인이 가사를 깨끗이 정리해 놓았을 때, 그리고 전답인 경우에 흙을 잘 골라 놓은 뒤에(중략) 소송을 일으켜서 환퇴하는 것은 매우 옳지 못하다." 이 역시 앞서 살핀 프랑스나 중국, 일본에서는 어쩔 수 없이 매각해야 하는 매도인의 입장을 우선적으로 고려하였다는 점과 대비된다.

조선왕조 초기부터 토지를 파는 사람들은 대체로 "혹 부모의 상장(喪葬)이나, 혹 숙채(宿債)의 상환(償還)이나, 혹 집이 가난해서", 또는 "어찌할 수 없는 사정"에 처해 있던 가난한 소농민층이었다. 이러한 사실은 정부에서도 잘 알고 있었다. 더구나 토지를 내다 파는 핵심적인 이유는 다름 아닌 국역부담 때문이었고(『中宗實錄』, 中宗 23年 11月 3日), 권세가들은 관권이나 신분적 우위 등 위세를 통해 경제적으로 어려움에 처한 소농민들의 토지를 강제로 사들이는 사례도 적지 않았다. 이 역시 정부에서도 충분히 알고 있었다. 그럼에도 불구하고 왕조 정부는 매수인의 소유권 보호에 중점을 둔 법률을 왕조 말기까지 유지하였다.

## 6. 서구중심주의의 너머

전근대에서 '근대로의 이행' 과정은 정치, 경제, 사회 등 여러 국면에서 커다란 변화를 수반한다. 유럽의 경험에 입각할 때, 토지소유 면에서 보이는 가장 핵심적인 변화는 중층적(重層的) 소유구조의 해체와 일물일권적(一物一權的) 소유의 확립인 것으로 이해되어 왔다. 그것이야 말로 토지의 상품화를 위한 전제조건이기 때문이다. 이 과정은 토지매매 면에서 공동체적 규제가 해소됨으로써 토지가 자유롭게 시장에 방출되는 변화와 맞물려 있다. 대체적으로 이러한 변화 과정은 혁명을 비롯하여 많은 사회적 비용을 요구하였다. 한국의 역사학자들 역시 배타적 소유권의 확보야말로 토지의 자유로운 상품화와 그에 따른 농민층 분화를 통해 농업의 근대화를 열어가는 관건이 되는 것으로 인식하여 왔다.

그러나 이상에서 살펴본 조선 시대의 토지소유구조는 이러한 서구적 경험의 적용이 불가능하다는 점을 잘 보여준다. 무엇보다 늦어도 조선후기 무렵에는 일부의 궁방전이나 도지권이 설정된 토지 등 특정한 소유구조를 가지는 일부의 토지를 제외한 대부분의 토지에 일물일권적 소유구조가 확립되어 있었다. 식민지시기에 이루어진 토지조사사업 과정에서 일반민유지의 소유권 분쟁이 거의 없었던 것도 여기에서 연유하였음은 물론이다. 철저하게 매수자를 우위에 두는 조선의 매매관습은 프랑스나 일본은 물론 중국에 비해서도 이질적이었다. 이러한 조선의 토지소유구조나 매매관습은 서구나 중국, 일본과 달리 매우 '근대적'이었고, '시장친화적'이었다.

지주제 역시 조선후기부터는 보편적 현상으로 자리 잡고 있었지만, 영국이나 프랑스, 일본에서는 근대적 정치 변혁과정이나 그것이 끝난 다음에야 지배적 생산관계로 확립되었다. 토지소유권의 중층성이 소멸되고 배타적 소유권이 확립되는 한편, 토지매매가 공동체적 규제 등 그것을 제한하는 관습으로부터 자유롭게 된 것은 서구나 일본, 나아가 중국의 경우에도 '근대적' 내지 자본주의적 질서의 형성과 밀접한 관련을 가지는 현상이었다. 이와 달리 조선에서는 이러한 현상이 자본주의적 질서와는 무관한 '전근대'에 발생하였다. 그러면서도 배타적 소유권이나 자유로운 매매가 자본주의적 질서를 창출해 나가지도 않았다. 또 영국과 같이 농민층이 대토지소유자와 영세농, 무토민(無土民)으로 양극분해되거나 이른바 '자본가적 차지농'을 형성해나가지도 않았다. 이와 같은 현상은 서구중심적, 근대중심적 역사인식을 넘어서는 것이다. 이러한 모습이 인류사의 경험 속에서 어떤 의미를 가지는가를 이해하기 위해서는 새로운 인식틀이 요청된다.

# 참고문헌

고동욱, 1996, 「중세 말 영국 바넷 장원에서의 토지거래의 성격과 농민층 분화」, 『서양사론』 48.

宮嶋博史, 1991, 「토지조사사업과 근대적 토지소유권의 성립」, 『법사학연구』 12.

_____, 2003, 「근대를 다시본다」, 『창작과비평』(여름호).

_____, 2003, 「동아시아 소농사회론의 사상사 연구」, 『한국실학연구』 5.

_____, 2009, 「유교의 제민사상과 소농사회론」, 『국학연구』 14.

김건태, 2004, 『조선시대 양반가의 농업경영』, 역사비평사.

김용섭, 1988, 『한국근대농업사연구』(증보판).

_____, 1990, 『증보판 조선후기농업사연구 Ⅱ』, 일조각.

김태영, 1983, 『조선전기 토지제도사연구-과전법체제』, 지식산업사.

김호연, 2004, 『중세 영국농민의 사회경제적 지위』, UUP.

노만 콘, 1993, 『천년왕국운동사』, 한국신학연구소.

마르크 블로크, 2002, 『서양의 장원제』, 이기영 옮김, 까치글방.

민병희, 2009, 「성리학과 동아시아 사회-그 새로운 설명 틀을 찾아서」, 『사림』 32.

박병호, 1974, 『한국법제사고』, 법문사.

박정현, 2004, 『근대중국농촌사회연구』, 고려대학교 출판부.

배항섭, 1994, 「1894년 동학농민전쟁에 나타난 토지개혁구상」, 『사총』 43.

_____, 2010, 「'근대이행기'의 민중의식: '근대'와 '반근대'의 너머」, 『역사문제연구』 23.

송병건, 2008, 『영국근대화의 재구성』, 해남.

아나똘리 아도, 1992, 「프랑스혁명과 농민 프랑스혁명과 농민운동」, 『역사비평』(여름호).

알베르 소불 저, 1984, 『프랑스대혁명사 下』, 최갑수 옮김, 두레.

이경식, 1986, 『조선전기토지제도연구』, 일조각.

이세희, 1998, 「나폴레옹 시대 프랑스 농업구조와 농민의 생활상태」, 『부산사학』 34.

이영호, 1990, 「대한제국시기의 토지제도와 농민층분화의 양상—경기도 용인군 이동면·光武量案」과 ·土地調査簿」의 비교분석」, 『한국사연구』 69.

이영훈, 1996, 「한국사에 있어서 근대로의 이행과 특질」, 『경제사학』, 21.

_____, 1999, 「한국사에 있어서 토지제도의 발전과정」, 『고문서연구』 15.

_____, 2000, 『한국 시장경제와 민주주의의 역사적 특질』, 한국개발연구원.

_____, 2002, 「조선후기 이래 소농사회의 전개와 의의」, 『역사와 현실』 45.

장창민, 2002, 「조선시대의 환퇴제도」 『법사학연구』, 26.

전성호, 1997, 「18-19세기 토지거래 관행 및 가격추이」, 『제40회 전국역사학대회 발표요지』.

조강·진종의 저, 1985, 『중국토지제도사』, 윤정분 옮김, 대광문화사.

조윤선, 2002, 『조선후기 소송연구』, 국학자료원.

暉峻衆三 편, 1991, 『일본농업경제사』, 전성운 옮김, 강원대출판부.

D. H. 퍼킨스 지음, 1997, 『중국경제사: 1368~1968』, 양필승 옮김, 신서원.

G. 르페브르 지음, 1993, 『프랑스 혁명』, 민석홍 옮김, 을유문화사.

J.F.S. 해리슨, 1989, 『영국민중운동사』, 이영석 옮김, 소나무.

宮嶋博史, 1994, 「東アジア小農社會の形成」, 『長期社會變動-アジアから考える(6)』, 東京大學出版會.

宮川澄, 1969, 『近代的所有權の形成』, 御茶の水書房.

吉田恒, 2008, 「農民の價値規範と土地所有-ドイモイ後の北部ベトナムにおける土地使用權集積の事例-」, 東京大學 新領域創成科學研究科 國際協力學專攻 修士論文

大塚英二, 2000, 「質地請戾し·土地取戾しと ·家·村共同體」, 『民衆運動史 3: 社會と秩序』, 靑木書店.

渡辺尙志, 2004, 「近世村落共同体に関する一考察-公同体の土地関与への仕方 を中心に」, 『歷史評論』 451, 1987; 『展望 日本歷史, 15, 東京堂出版.

稻田雅洋, 1990, 『日本近代社會成立期の民衆運動』, 筑摩書房.

牧原憲夫, 1982, 「近代的土地所有 槪念の再檢討」, 『歷史學硏究』, 502.

白川部達夫, 2004, 「近世質地請戾し慣行と百姓高所持」, 『歷史學硏究』 552; 『展望 日本歷史, 15, 東京堂出版.

富岡次郎, 1975, 「イギリスにおける農民一揆」, 『中世の農民運動』, 學生社.

水林彪, 2005, 「土地所有秩序の變革と〈近代法〉」, 『日本史講座 8: 近代の成立』.

深谷克己, 1989, 「世直し一揆と新政反對一揆」, 安丸良夫·深谷克己, 『民衆運動: 日本近代思想大系 21』, 岩波書店.

湯淺赳男, 1981, 『フランス土地近代化史論』, 木鐸社.

鶴卷孝雄, 1991, 『近代化と 傳統的 民衆世界』, 東京大出版會.

Huang, Philip C., *The peasant family and rural development in the Yangzi Delta, 1350~1988*, Stanford University Press.

Huang, Philip C., *Civil justice in China: representation and practice in the Qing*, Stanford

University Press.

Sutherland, D. M. G., Peasants, Lords, and Leviathan: Winners and Losers from the Abolition of French Feudalism, 1780~1820, *The Journal of economic history*, Vol. 62-1, Mar. 2002.

# 5장

# 동아시아 촌락공동체론

|

## 한국의 열린 촌락,
## 닫힌 공동체의 이미지

정승진

## 1. 문제의 소재: 한국 촌락은 왜 닫힌 공동체의 이미지를 갖고 있는가?

비교사적 관점에서 볼 때 근대전환기에 들어서 한국 농촌은 외부 지역사회에 대해 열린 촌락(open village)의 양태를 취하고 있었다. 조선후기와 일제하에 걸쳐 한국의 가족제도는 직계가족(stem family)에서 핵가족(nuclear family)으로 이행하고 있으며, 촌락의 범위를 넘어서는 폭넓은 통혼권을 보여주고 있다. 또한 토지소유 상에 있어서 공동소유지의 협소함, 부재지주로 대변되는 소유·매매패턴 상의 대외 개방성을 커다란 특징으로 하고 있다. 더구나 20세기 식민지화 이래 교통의 발달 및 도시화로 인해 도·농간에 높은 이농(migration)이 이러한 경향을 한층 심화시키고 있었다(최재석, 1975).

그럼에도 불구하고 개항기 이래 대외적 위기와 식민지의 경험은 한

---

\* 이 글은 한국의 사례를 중심으로 동아시아의 촌락공동체에 대해 필자가 이전에 발표한 3편의 논문을 요약해, 수정·보완한 것이다. 拙稿(공저), 「근대 한국촌락의 중층성과 일본모델: 사회적 동원화와 '전통의 창조' 개념을 중심으로」, 『아세아연구』 51-1, 2008.03; 同, 「동아시아 촌락담론을 통해 본 한국 촌락의 위상: 동아시아지역학에서 농민문화라는 관점」, 『담론201』 11-1, 2008.05; 同, 「20세기 한국의 열린 촌락, 닫힌 공동체의 이미지: 농민의 행위패턴을 둘러싼 진화적 게임이론의 모색」, 『한국경제연구』 22, 2008.09.

국의 촌락을 닫힌 공동체(closed corporate community)라는 애매한 이미지 속에 가두어놓고 있었다. 이에 따라 농민의 행위 또한 저발전사회의 농민에게 일반적으로 요구되는 집합적 행위자로서의 폐쇄적 농민, 피동적 객체로서 부정적으로 묘사되곤 하였다(Wolf, 1966; Scott, 1976). 과연 대외 개방적 성격의 열린 촌락에도 불구하고 한국의 농민사회에 대한 닫힌 공동체로서의 애매한 이미지는 어디서 기인하는 것인가? 궁극적으로 한국인의 정체성이 농촌 촌락(공동체? 결사체?)에 있음에도 불구하고, 그 정체성의 모호함(ambiguity)은 무엇 때문인가?

근대 촌락·농민연구가 겪는 가장 큰 애로점은 식민지화 이래 식민지적 규율권력의 관통과 급격한 도시화·산업화에 따라 촌락의 통제·착취/발전·성장만이 부각된 채 농민사회의 사회문화적 특질, 정신세계 등이 연구사의 관심에서 사라져버렸다는 것이다. 특히 현대 농촌의 급격한 해체와 산업화의 변화상만이 상대적으로 강조되면서 촌락문제는 일종의 '무대배경'(mise en scene)으로 취급되어 버리고 국가적 통제·수탈이나 근대적 성장만이 연구의 주요 관심사로 부상했던 것이다. 그러나 눈부신 고도성장에도 불구하고 그 급속함 때문에 아직도 우리 몸속에 남아 있는 농민의 유전자(gene, 공동체의 그림자)를 어떻게 부정할 수 있단 말인가? 이 글은 동아시아라는 세계사적 맥락 속에서 근대한국의 촌락·농민의 실상을 이론적으로 또 비교사적으로 검토하고, 농촌 내 농민들의 인간관계의 양상 즉, 행위패턴(patterns of behavior)을 단서로 하여 농민문화의 일단에 접근하고자 하는 것이다. 이 글에서 사용하는 농민문화라는 개념은 지역사회(도시 포함) 내에서 부분사회(part society)를 둘러싸고 공유되고 있는 가치, 규범체계 등을 통칭한다. 여기서는 촌락이 하나의 불완전한 공동체로서 전체 지역사회의 부분사회를 형성하고 있으며, 자급자족에 기초한 가족농

(family farm)이 직접생산자 소농(小農)으로서 농촌 공동체의 주요한 구성원을 이루고 있다.


## 2. 동아시아 농민사회의 경제 · 문화적 특질

### (1) 스콧-팝킨(Scott-Popkin) 논쟁의 전개와 함의

농민의 행위 패턴을 둘러싸고 벌어졌던 스콧-팝킨(Scott-Popkin) 논쟁은 분석의 차원과 시기적 차이에도 불구하고 동아시아 촌락공동체에 대한 풍부한 논의의 여지를 열어놓았다. 스콧(Scott, 1976)의 모랄-이코노미론(moral economy)은 농촌사회에 공유된 가치 · 규범이 농민의 행위에 주요한 역할을 한다는 것인데, 그 실체는 최소한의 생존윤리(subsistence ethic)이다. 한편 팝킨(Popkin, 1979)의 폴리티칼-이코노미론(political economy)은 촌락내의 무임승차(free-rider) 문제를 지적하면서 '규범-행위'간의 인과관계를 부정하고 농민의 행위는 개인주의적 이기심에 따라 행동하며, 촌락은 이러한 개인주의적 행위의 종합에 불과하다는 것이다.

공동체 윤리를 강조하는 스콧의 연구에서는 농민문화 즉, 농민간의 小전통(little tradition)이 도시-농촌간의 공간적 배치를 넘어서 촌락내 계층구조에 따라 하층 농민간의 집합적 공동체문화로 치환되었다고 논의를 심화시켰다. 이 경우 공동체적 농민문화는 주로 영세 소농의 행위패턴으로 기능하고, 상층농은 개인주의적 행위를 벌이게 되는, 이른바 '계층적 분리'가 나타나고 있다. 이같은 모랄-이코노미적 입장에 대해 폴리티칼-이코노미스트인 팝킨은, 농민의 행위패턴은 추상적인 윤리·도덕(=공동체적 규범)이 아니라 개인주의적 이기심에 따라 이루어지며, 따라서 촌락에서 개인의 이해를 넘어서는 일체화된 공동체정신을 확인할 수 없다고 비판했던 것이다.

그런데 베트남 농민사회에 주목했던 양자의 논점은, 시기적으로, 지역적으로, 결정적으로는 분석의 추상 수준이 상이했다는 평가를 받게 되었다(松本武祝, 1998). 간략히 정리하면, 스콧은 주로 19세기 후반 중·북부 베트남(Annam, Tonkin)의 촌락(질서)과 그 윤리규범을, 팝킨은 20세기 전반 南베트남(Cochinchina)의 농민을 '합리적' 의사결정자로 묘사하고 있었던 것이다. 이 논쟁의 함의는 이후 동아시아 촌락공동체의 성격을 가늠하는 주요한 준거틀로 사용되었는데, 가령 자바(Java)와 일본(주로 關西)은 전자[닫힌 공동체]에, 南버마(이라와디 델타)와 南중국(양쯔강 델타)은 후자[열린 촌락]로 범주화되었다. 이 경우 한국은 北중국(화북)과 함께 양자의 중간 범주에 포함된다.

농민 개인의 행위패턴을 둘러싸고 벌어진 스콧-팝킨 논쟁은 궁극적으로 촌락의 공동체성에 대한 고전적인 문제를 다시금 제기하고 있다. 여기서 근대 중국촌락의 정체성을 둘러싸고 1950년대 일본에서 벌어진 히라노-가이노우(平野-戒能) 논쟁에 주목할 필요가 있다. 이 논쟁을 정리한 하타다 다카시(旗田巍, 1973)에 따르면, 중국 화북(華北) 농촌의 성격에 대해서, 히라노는 촌락의 일체화된 정신에 주목하면서 중국촌락의 단체성(corporateness)을 강조했던 것에 반해서, 가이노우는 가족 내 분할상속의 문제를 지적하는 가운데 가족(나아가 친족집단) 및 촌락 내 공동체적 성격의 결여를 주장했다. 이 논쟁을 정리한 하타다 다카시는 촌락 농민의 집합적 행위 그 자체만으로는 해당 촌락을 곧바로 공동체로 간주할 수는 없다는 논지로 가이노우의 설을 지지하였다. 이같은 일본의 고전적 논쟁을 돌이켜 볼 때 스콧-팝킨 논쟁은 동아시아 촌락문제를 보다 미시적인 차원에서 농민의 의사결정, 가치규범의 문제로 인식하면서, 농민문화를 둘러싸고 농민의 행위패턴과 심리(mentality)에 대해 보다 심층적인 관심을 기울여야 함을 주장하고 있는 셈이다(Little, 1989).

한국 근대사에서 스콧-팝킨 논쟁이 본격적으로 적용된 것은 신기욱(2004)과 마쯔모토 다께노리(松本武祝, 1998)에 의해서였다. 신기욱은 1930년대 식민지 농촌을 배경으로 하여 상업화와 계층화에 의해 개인주의적 행위를 펼치는 '합리적' 농민상을 그리고 있다. 마쯔모토는 촌락 내의 농민윤리를 전제한 위에 계층간 행위패턴이 상이할 수 있음을, 따라서 상층 재촌·중소지주들은 개인주의적 행위를 할 수 있음을 보고하고 있다. 이것은 일종의 무임승차(free-rider) 행위로서 상층 중소지주들이 1930년대 들어서 스스로 재건한 촌락질서를 상실하게 되는 주요한 계기를 이루고 있다. 이같은 개인주의적 농민상, 공동체 부재설에 대해 다른 한편으로, 브란트(Brandt, 1971), 소렌슨(Sorensen, 1988) 등은 농촌인류학적 관점에서 평등주의적 공동체원리, 반조합적(semi-corporate) 촌락 등을 지표로 현대 한국의 농민문화, 농민윤리의 존속을 개진하고 있다. 로저 쟈넬리(Janelli, 1982)는 민간의 조상숭배(ancestor worship)를 재발견함으로써 공동체적 전통을 민속학적차원에서 입증하였다. 이상에서 언급된 후자의 논리(공동체설)는 서구 학계의 통설(공동체부재설)과는 달리, 한국 학계에서 근대전환기의 식민지 농촌사회에서 여전히 존속하는 일종의 저항의 생존원리로서 (가령, "민속의 뚫을 수 없는 벽") 공동체 논의의 장(場)을 열어놓았다.

## (2) 제국주의/식민주의와 전통이 공존하는 장(場)의 문제, 전통의 동원화?

에드워드 사이드(Said, 1978)에 따르면, 오리엔탈리즘(Orientalism)은 근대를 선취한 서구가 동양을 타자화(otherness)함으로써 제국주의적 지배의 정당성을 강화시켜가는 헤게모니(hegemony)의 확대 과정이었다. 이것은 근대 서구 대 전근대 동양이라는 이분법적 시각을 강화함으로써 경제적 차원에서 뿐 아니라 문화·지식적 차원에서도 식민지적 근대화를 정당화해나가는 서구 중심적 프로젝트(project)의 일환이었다(Said, 1993). 서구 제국주의가 식민지의 타자화 즉, 민족(인종) 차별에 주안점을 두었다면, 동화와 차별의 선택적 정책 조합은 일본적 오리엔탈리즘(Japan's Orientalism)의 가장 큰 특징으로 지적되고 있다(Tanaka, 1993; 강상중, 1996). 그 이유는 구미 열강이 식민지로 삼았던 지역이 식민지 본국에 비해 문화적으로나 경제적으로 큰 차이가 있던 원격지였던 것에 대해서, 일본은 역사적으로 거의 비슷한 동질적 문화권에 속하는 인접지부터 전방위로 팽창해 나갔다는 차이점이 있었다. 일본의 제국주의자들은 근대적 법률에 대한 과도한 의존을 경계하고 성문법을 초월한 전통적 가치, 도덕규범을 동원하고자 노력하였다. 유교주의를 선택적으로 원용했던 시라토리(白鳥庫吉)의 고전적 수법은 식민지에서 더욱 강화되었던 것 같다(Tanaka, 1993).

1930년대 들어서 근대화와 문명화에 대한 인식은 커다란 전환기를 맞고 있었다. 일본 제국주의는 시장자본주의, 자유주의(=개인주의), 물질주의 등에 공식적인 반대를 표명하게 된다. 사회주의 또한 자본주의의 병폐로부터 파생된 것으로 간주·배격했던 것도 같은 맥락에서였다. 이른바 '15년전쟁기(1931–45)'에 천황제 이데올로기, 국체(國體)

의 이념 등을 중핵으로 하는 전체주의적 파시즘이 전면에 등장했던 것이다. 특히 쇼와공황기(1930~34)에 들어서 식민지 조선에서는 농촌 진흥운동이라는 국가적 규모의 캠페인 하에서 동양적 정신주의가 한 층 강조되고 농본주의(Agrarianism; 자급자족주의)가 서식할 수 있었던 사 회적 환경이 조성되고 있었다(Shin, 1999).

식민지 조선의 관점에서 본 일본적 제국주의는 근대화와 전통성의 착종, 차별(discrimination)과 동화(assimilation) 간의 혼종이라는 모호성 으로 다가오고 있었다. 그것은 민족차별과 '내선일체'의 이중변주 사 이에서, 규율권력(=식민지성)과 시장경제(=근대성)의 모순적 결합 속에 서 변질되고 있었다. 이 단계에서 제국주의/식민주의는 전통적 요소 를 본격적으로 동원하였다. 식민주의와 근대성의 융합은, 민족주의 담론이 흔히 주장하듯이 한국 고유의 정체성을 파괴하기 보다는 오 히려 기존의 정체성에 모호함과 우연성이 서식할 수 있는 조건을 만 들어 내었다. 특히 식민주의가 근대성과 결합함으로써 구래의 정체 성들의 부정과 변형, 새로운 정체성의 구성과 재구성이 용이해졌다. 이 "모호함과 우연성이 서식할 수 있는 조건"이 전통 농촌 내의 촌 락질서, 농민문화의 소재와 깊은 관련을 갖고 있었던 것이다(정승진, 2008a).

홉스봄(Hobsbawm, 1983)의 '만들어진 전통'(invented tradition) 테제 이 후로 '근대성이 반드시 전통을 말살하지 않는다'는 것은 이제 널리 통 용되는 견해이다. 전통은 정체성 형성의 또 다른 원천으로서 근대 성에 대한 반작용으로 되살려졌던 것만은 아니었다. 조선총독부는 1930년대 쇼와공황으로 초래된 농촌불안정에 대해 사회 · 경제적 문 제인 동시에 정신 · 도덕적인 문제로 간주하였다. 이를 타개하기 위해 총독부는 전통적인 유교문화와 제도, 특히 향약(鄕約)의 잠재적 가치를 인정하고 있었다. 동계(洞契), 향약(鄕約)과 같은 전통적 제도 속에 농촌 갱생에 필요한 도덕적 가치가 존재한다고 파악했던 것이다(善生永助 1926, 1935). 주지하다시피 1930년대 농촌진흥운동은 식민지 농촌사회를 전체적인 붕괴로부터 회복시키기 위해 경제적이고 정신적인 지도력을 발휘하는 보다 근본적인 프로그램으로 전개되었다. 특히, 충남의 농촌진흥회(農村振興會)는 향약 원리에 기초해 반관반민(半官半民)으로 조직화된 일종의 조합조직이었다(김영희, 2003). 그러나 규율권력에 의해 동원된 전통은 농촌문화의 일부분에 불과한 것이다. 조선총독 우가키(宇垣一成)는 전통 동족부락 등과 같은 곳에 강고하게 잔존하고 있는 전통적 가치·규범체계를 간과하고 있었다. 전통의 동원화가 일정한 한계에 봉착했음은 일제가 표방한 동화정책의 모순과 파탄에서도 분명해지고 있었다. 규율권력의 동원체제가 심화될수록 민족의 정체성도 한층 두드러지게 나타나면서 내선일체, 황민화 정책이 파탄에 빠지는 악순환이 거듭되었다(宮田節子, 1985). 이 것은 한국 농촌촌락이 그 형식적 틀[열린 촌락]과는 상관없이 외부규율에 의해 변질되지 않는, 여전히 어떤 폐쇄적 특질을 갖고 있음을 시사하고 있다.

## 3. 경기변동과 촌락 개폐(開閉)의 다이나믹스: 농민의 행위패턴을 중심으로

농촌과 도시부분을 포괄하는 지역사회는 촌락의 개폐(開閉)를 둘러싸고 다양한 가능성을 열어놓았다. 촌락의 유형은 〈표 1〉에서 보는 바와 같이 크게 보아 "닫힌 형태"와 "열린 형태"의 두 가지 이념형

(ideal type)으로 대별된다(Wolf, 1957; Skinner, 1971). 촌락의 개폐성은 소규모 공동체로서 당해 촌락과 그것이 인접한 지역사회와의 소통·관련에 의해 규정된 것이다.

**[표 1] 촌락의 유형과 농민의 행위패턴**

| 유 형 | 닫힌 촌락 | 열린 촌락 |
|---|---|---|
| 집합적 행위 | 유형 1 | 유형 4 |
| 개인주의적 행위 | 유형 3 | 유형 2 |

주: 농민의 행위패턴은 다음과 같이 단순화 할 수 있다.[1]

여기서 제시된 각각의 유형은 19~20세기의 근대전환기에 공간적 시간적 차이 및 각 지역의 문화적, 종교적, 이데올로기적 조건 등에 의해 다양하게 나타난다. 〈유형 1〉은 촌락공동체의 가장 전형적인 형태로서 울프(Wolf)가 제시한 사실상의 '이념형'이다. 기존의 많은 연구들

---

1  농민 행위의 4가지 유형

| 유 형 | | 대응자 | |
|---|---|---|---|
| | 득실 | (+) | (−) |
| 행위자 | (+) | 협력적 cooperative | 이기적 selfish |
| | (−) | 이타적 altruistic | 악의적 spiteful |

위 표에 따르면 농민 개인(행위자)에게 득(+)이 되는 행위는 협력적 행위와 이기적 행위이다. 농민들은 때로 대면공동체의 호혜적 또는 온정주의적 관점에서 각각 협력적, 이타적 행위를 하고 있다. 팝킨(Popkin)이 예리하게 비판했지만, 스콧(Scott)은 농민의 호혜적 태도를 단순히 이타적 행위로만 이해했고, 팝킨 자신은 농민의 개인주의적 행위를 이기적 행위로만 이해하는 단순화의 오류를 저질렀다. 농민의 개인주의적 행위는 자신에게 득(+)이 되는 거래로서 이기적 행위뿐 아니라 협력적 행위에 대해서도 모두 열려있다. 그러나 만일 의무 없는 호혜(reciprocity without commitment)에 대해 행위자가 이기적 행위로 나올 때 대응자는 악의적 행동으로 제재(sanction)할 지도 모른다. 19세기 후반과 20세기 전반기 동아시아의 농민소요 속에서 악의적 행위가 얼마나 많이 자행되었는가는 쉽게 확인할 수 있다.

이 집중했던 자급자족적 의미의 폐쇄적 농민사회이다. 〈유형 2〉는 〈유형 1〉과 극단적 대비를 이루는 현대 농촌에서 발견되는 것과 유사한 풍경을 보여준다. 여기서의 촌락민은 사실상 농민(peasant)으로서의 성격이 탈각되면서 근대적 의미의 경작자(farmer)로서의 특질을 보여주고 있다. 윌리엄 스키너(Skinner, 1971)는 중국 농촌시장을 사례로 하여 촌락공동체를 닫힘(shut case)과 열림(open case)의 교차와 양자 간의 순환과정으로 이해하였다. 스키너의 경기순환 가설에 의하면, 경기 불황 시 〈유형 2〉가 〈유형 1〉로 복귀하는 경우도 상정할 수 있다. 〈유형 3〉과 〈유형 4〉는 시기와 지역에 따라 폭넓은 스펙트럼을 보여주었다. 양자 간의 구별은 중앙 정부의 정책에 대해 지방 농촌사회가 자율적 의사결정을 행사하는가, 농민에 대해 공동체적 규범이 실질적인 구속력을 갖고 있는가, 가령 후원자-의존자관계(patron-client relation)가 강한가 약한가의 여부, 공식적 또는 비공식적 결사체 형성의 여부, 시장발달 등 농외 취업기회의 가능 여부 등에 따라 각각의 유형으로 분화되었다.

스콧-팝킨 논쟁의 무대였던 베트남에서 전술한 촌락유형화 가설을 적용하면, 모랄-이코노미론자인 스콧은 〈유형 1〉을, 폴리티칼 이코노미스트인 팝킨은 〈유형 4〉 내지 〈유형 3〉을 제시한 셈이다. 일찍이 인도네시아 자바를 연구한 기어츠(Geertz, 1963)는 동아시아 비교분석을 통해 도시 상업부문의 발달에 따라 일본의 촌락은 자바의 몇 가지 악조건[involution]이 시장-친화적으로 치환된, 한층 개방적인 촌락임을 주장하였다. 촌락공동체 이론에 회의적이었던 스키너(Skinner, 2000)는 시장경제의 발달 즉, 경기순환을 지표로 하여 중국의 촌락을 호경기의 "개방 촌락" 단계로 제시하고 있다. 특히 시장·상업관계가 발달한 南중국(양쯔강 델타)에서는 촌락공동체(또는 혈연집단)가 아니라 기층시장영역(standard market area)을 중심으로 하여 촌락이 보다 광역의 범위에서 통합되어 있음을 보고하였다. 이에 대해서 필립 황 (Huang, 1985)은 北중국(화북)의 촌락을 사례로 하여 스키너의 기층시 장이론=시장공동체이론을 부정하고 사실상 폐쇄적인 '협동조합적' 촌 락을 그리고 있다. 이러한 '스키너-황 논쟁'에 의해 중국 촌락에 대한 기존의 통설[공동체 부재설]은 연구사의 새로운 단계를 맞게 된다.

테리 람보(Rambo, 1977)는 스키너의 기층시장 모델을 베트남에 적 용한 후, 진정한 '열린 촌락'은 '닫힌 공동체'로 재차 전환이 불가능함 을 주장하였다. 즉 스키너가 말한 전환적인 변화를 수반하는 순환적 변동은 불가능하다는 것이다. 람보에 따르면, 촌락이 개방된 후 (다시 경기가 나빠지게 되면), "농민들은 이 불안정한 시기에 촌락의 문을 (다시 는) 닫을 수 없다. (촌락의) 문이 없어져 버렸기 때문이다. 이 때에는 어 느 누구도 촌락의 문을 다시 만들 수 없다. 지켜야 할 촌락(의 경계)이 없어져버렸기 때문이"라는 것이다.

20세기 전반 중국을 포함한 동아시아지역은 농업적 스태그네이션 (Agricultural Stagnation)을 경험하고 있었다. 이는 물가가 높은 상황에서 경기가 오히려 침체되는, 이전 시기에는 경험해보지 못한 새로운 경 제현상이었다. 이같은 현상은 일본을 포함해 한국, 대만, 필리핀, 인 도네시아 등에 걸쳐 광범위한 범위에서 전개된 공황의 전조였다. 특 히 전간기(戰間期)의 일본에서는 1918년 '미소동'(rice riot) 이후, 1930 년의 농업공황으로 그간의 농업모순이 폭발했다. 이는 명치농법(明治 農法)의 잠재력 소진과 신기술도입 지연의 기술적 갭(technology gap) 등 에 기인했다. 식민지 한국과 대만에서는 토지생산성의 상승과 농민궁 핍화가 동시진행되고 있음이 이 시기의 공통적인 현상으로 지적되고 있다. 필리핀과 자바(Java)에서는 인볼루션(involution)을 극복하는 기술 적 진보, 계층분해가 나타나기도 했다. 여기서 흥미로운 사실은 농업

발전, 촌락개량이 나타남에 따라 촌락의 개폐, 농민의 행태에 미치는 영향도 이전 시기와 상이한 양상을 보이고 있었다는 것이다. 특히, 일부 상층농[중소재촌지주, 富農]은 촌락개량을 계기로 개인주의적 행위를 통해 공동체의 규범에 저촉되면서까지 스스로 재건한 촌락질서를 해체시키고 있었다(松本武祝, 1998).

일본을 제외한 동아시아지역에서 형태를 달리하는 인볼류션이 발생했던 것에 대해 전전(戰前)의 일본에서는 흥미로운 현상이 나타났다. 일본의 자치촌락(自治村落)은 이같은 경제적 어려움, 사회적 불안정을 일종의 '조합주의적' 전략으로 대처하였다(齋藤仁, 1989). 메이지 말기 일본은 서구적 근대화에 의해 초래된 사회적 혼란과 불안정을 막기 위해 중앙정부 차원의 지방개량운동(1900~1918)을 구사하였다. 이에 농촌진흥뿐 아니라 소작인과 지주의 관계를 규제하는 소작법이나 촌락 자치적 성격의 신용조합, 협동조합의 설치가 적극 장려되었다. 여기서 흥미로운 사실은 행정촌(行政村)뿐 아니라 농업협동조합, 수리조합, 신용조합 등 산업 제단체가 공히 '자치촌락'을 물적, 인적 기반으로 삼고 있었다는 점이다. 제국의 중앙정부는 이같은 아래로부터의 자치적 움직임을 천황제하에서 집합적으로 동원하고 있었다. 이러한 현상은 아래로부터의 자치적 의사결정과정이 취약했던 식민지하 한국, 대만 등 동아시아지역과는 대조적인 양상이지만, 일본 내의 그것이 과연 민주적인 의사결정 과정의 산물인지는 여전히 미해결의 과제로 남아 있다.

식민지기 한국의 농업·농촌은 '퇴보'(involution)인가, '발전'(evolution)인가? 이에 대해 식민지근대화론을 둘러싼 한국 내의 논쟁사가 존재한다. 가지무라 히데끼(梶村秀樹, 1989)의 평가에 따르면, 근대전환기 한국의 농촌시장은 미곡 단작화, 재래수공업의 침체에 따라 "식민지기에 들어서 조선 내적인 사회적 분업, 상품유통이 오히려 쇠퇴했다." 1940년대 한국과 중국을 비교한 소렌슨(Sorensen 1981)에 따르면, 한국의 기층시장공동체(standard market community)는 스키너가 주장한 중국만큼 타이트하게 통합되어 있다고는 보지 않음으로써 농업의 상업화, 상품경제화가 충분히 만개하지 않았음을 보고하였다. 단, 일정 수준의 계층분화는 확인되었지만, 상층농이 재량적으로 움직일 수 있는 선택의 공간은 상대적으로 넓지 않았다.

## 4. 농촌사회에서 농민문화의 영역: 小전통의 맥락에서 전통·민속의 재현

### (1) 사회적 동원화: 식민지 규율권력의 침투·관통

근대전환기 농촌사회 연구에서 사회적 동원화의 개념은 근대화와 종종 동일한 사회현상으로 혼동되고 있다. 양자는 때로 자동적으로 동시에 발생하는 유사한 개념으로 간주되고 있다. 그러나 양자 간에는 근대와의 접촉 양식에 따라 침투의 층위(의 차이)가 발생한다. 여기에는 상품화폐경제화의 침투 및 적응과는 대조적으로, 외부세계에 대한 거부감, 혐오, 취약성 등 감정이입의 어려움이라는 심리, 가치, 문화적 개념이 작동하고 있다(Redfield, 1955; Foster, 1965). 근대전환기 농촌사회는 급격히 변화하고 있지만, 농민들은 근대화의 적응에 뒤쳐지거나 근본적으로 받아들이지 못하였다. 근대화에 대한 문화접촉의 거부감은 사회적 동원화 즉, 전통적 요소의 파괴와 신질서의 수립이라는 새로운 환경을 쉽사리 수용할 수 없는 농민사회의 가치구조와 사회규범에 기인하고 있다.

사회적 동원화와 근대화의 부조응은 근대성의 야누스적 두 얼굴로 나타난다. 이는 단적으로 경제의 양적 성장과 사회적 부적응의 복합적 국면이다. 농민측의 부적응과 저항은 전통적 가치의 해체 또는 잔존과 동시 진행하면서 농촌사회의 특질과 정체성을 반영하고 있다. 사회적 동원화가 강화될수록 농민사회는 근대화에 수동적으로 적응하거나 퇴행화된 부문으로 도피할지도 모른다. 이 같은 사실에 비추어 볼 때 일본모델은 급격한 근대화에도 불구하고 대규모 농민혁명 없이 '자치촌락'(自治村落)의 형태로 촌락의 안정화와 자치성을 보존한 흥미로운 비교의 대상이다(마쯔모토 다케노리·정승진, 2008).

1910년대 농업문제에 대처하기 위해 일본에서는 행정촌(行政村)이라는 지방행정체계를 필두로 산업조합(=금융조합), 농회, 수리조합 등 이른바 관변적 농업문제처리기구가 등장하였다(斉藤仁, 1989). 전술한 바와 같이, 행정촌을 비롯한 이 3단체는 공히 자치촌락(自治村落)을 기반으로 설립·기능하였다. 자치촌락은 봉건시대 이래 지방의 최말단 행정기구였지만 근대[1889년 지방제도 개편]에 들어서 생산·생활의 한 계면을 공유하는 농민 간의 비공식적 공동체로 전락했다. 그런데 자치촌락은 개인의 이해를 초월하는 촌락의 일체화된 정신문화를 공유하고 있다. 행정촌과의 관계에서는 촌락 내의 독자적인 합의형성 과정을 수행하고 촌락의 자치성이 훼손되지 않는 범위에서 국가적 동원에 유기적으로 대응하였다. 근대 이후 사실상의 공적 단체로서 자치촌락은 공동체적 속성을 전후(戰後) 시기까지 존속시켰던 것이다. 2차 세계대전을 전후한 시기까지 자치촌락의 전통이 지속했음은, 저명한 '촌팔분적'(村八分的) 제재(sanctions)의 엄존에서도 폭넓게 확인되고 있다.

한편, 식민지기 들어서 조선 농촌에 대한 규율권력의 침투는 촌락의 자치적 영역을 축소하고 있었다. 총독부의 직접통치 하에서 사회적 동원화 즉, 전통적 가치의 파괴가 촌락 측의 대응·저항이 상대적으로 저조한 상태에서 진행되었다. 그것은 먼저 식민지 관습의 변용으로 나타났다. 조선총독부에 의해 취해진 조선민사령(朝鮮民事令 1912.3)에 따라 조선의 관습은 근대적인 법률 형태로 법인화(法認化)되었고 그 과정에서 일정한 변용과정을 거치고 있었다. 주요한 변화는 1920년대 민사령 1차개정(1921.11) 및 민사령 2차개정(1923.7), 조선호적령(朝鮮戶籍令 1923.7) 등의 공포였다. 개정 민사령은 구래의 관습법을 일본의 민법체계와 결합시킴으로써 '신관습'(新慣習)을 창출하는 과정이었다. 그것은 구래의 조선 것도, 그 자체 일본 민법도 아닌 식민지적 관습법이었다(마쯔모토 다케노리·정승진, 2008).

1912년 조선민사령의 기본 취지는 구래의 관습을 법인화했다는 점에서 급격한 변화를 피하고자 했던 의도가 엿보인다. 이것에 대해서 1920년대의 개정 민사령과 조선호적령은 1910년대의 민사령에 비해 "시세(時勢)의 변화"를 적극 고려한 것이었다. 여기서는 가족제도를 비롯해 재산상속, 제사상속, 친족관습 등의 측면에서 전통적 가치의 의용(依用)과 변용(變容)이 교차하고 있다. 특히, 가족·친족관습에서는 혼인관계(혼인연령, 이혼형식), 양자관계(養子緣組, 離緣) 등에 걸쳐 관행상의 변화를 초래하였다. 이는 구관(舊慣)의 파괴와 신관습 창출의 복합적 과정으로서 촌락 관습의 중층성을 반영하고 있다. 이 경우 구관습과 신관습, 두 국면의 분리가 중요하다. 이는 식민지권력의 침투가 단순히 구래의 관습을 부정하는 형태로서뿐 아니라, 사회적 동원화에 충분히 적응할 수 없었던 촌락 농민측의 어려움과 거부감, 그리고 근대와의 부조응이라는 제도적 괴리감을 반영하고 있다.

총독부의 사회적 동원화는 합방 직후 지방행정구역의 개편작업으로 개시되었다. 1914년 기존 군·현(郡·縣)의 폐합, 지방제도의 개정, 특히 1917년 면제(面制)의 시행 등이 이어졌다. 이는 구래 촌락질서의 개편을 강요하고 있었다. 신설된 군-면-리의 지방행정 체계에서는 '지방자치제도'(地方自治制度)라는 이름하에 1890년대 일본식 시정촌제(市町村制)의 지방자치 개념이 차용되었다. 그런데, '지방자치제도'라는 명칭의 이면에는 일본의 촌락자치제와는 상이한, '면-리-부락'이라는 행정적 위계질서가 침윤되어 있다. 이는 행정면(面)의 비대화에 따라 자연부락의 자율성이 상대적으로 협소해지는 결과를 낳고 있었다. 규율권력의 농촌에 대한 침투는 전통적 향약(鄕約)이나 동계(洞契)의 쇠퇴·파괴를 동반하고 있으며, 그 빈 공간을 금융조합, 농회, 수리조합 등의 관변단체들이 메우고 있었다. 특히 후자는 면사무소와 일정한 분업관계를 유지하며 구래의 공동체적 제기능을 흡수하고 있었다. 1920년대에 본격화된 이같은 분업구조는 1930년대 들어서 농촌진흥회, 금융조합, 식산계(殖産契; 금융조합의 하부조직), 구장(區長)이라는 지방 관변단체의 정형적 틀로 고정화되었고, 전시기(1939~1945)에는 황국신민화의 구호 아래 규율권력의 일상적 침투·통제를 한층 용이하게 하였다. 결과적으로 식민지 농촌에는 경제적 근대화를 압도하는 사회적 동원화가 신속하게 전개되고, 행정측과 농민사회의 괴리는 식민주의자들이 선전하는 근대화(=지역개발)의 성과만큼이나 한층 심화되었다.

일본의 자치촌락은 경제적 근대화와 사회적 동원화가 동시병진하고 있는 상태를 전제하면서도, 한편으로 근세 무라[村]공동체와 달리 촌락 농민의 근대화에 대한 능동적 대응의 산물로서 '탄생'된 것이다. 일본의 자치촌락은 사회적 동원화로부터 오는 근대화의 피로감 및 불안감으로부터 농촌사회를 안정화시키려는 일종의 완충장치로서 기능하였다. 그런데 1930년대 이후 촌락내 자치적 합의형성의 전통은 급격한 사회적 동원화로 인해 국체(國體) 중심, 국가행정 중심의 전형적 파시즘체제의 정치질서로 변질되었다(長原豊, 1989). 촌락 내의 의사결정 과정이 자발적 동의에 의한 것인지, 권력의 헤게모니 하에서 강제된 것인가는 여전히 논란거리이다. 다만, 촌락의 합의형성이라는 자치적 역량이 행정 측의 동원 대상으로 흡수되고 있었던 것만큼은 부정하기 어려울 것이다. 1930년대 농업공황 이후 15년전쟁기(1931~1945) 동안 일본농촌에서의 이같은 상황은 전시기 식민지 조선에서 보다 선명하게 나타났다. 그것은 각종 '조합'형태로 매개되어 있는 국가와 농민간의 위계구조이다. 이 점에서 식민지 농촌사회는 일본의 촌락모델과 동시대성을 갖고 있다. 식민지 조선의 경우 자발적 근대화 없는 사회적 동원화가 식민지 농촌의 사회경제적 특질의 하나로 간주되었다. 이것은 농촌 농민사회의 상대적 정체와 무력함의 반영물인지도 모른다.

요컨대, 식민지 조선의 농촌 농민은 '제국'의 근대화에 능동적으로 적응하지 않았으며(=성공적으로 대응하지 못했으며), 오히려 근대와의 부조응, 그 지연 양상 때문에 "제국에 오염되지 않은 민족의 정체성을 담지하는 부문으로 남게 되었다(정승진, 2008b)." 한국 농촌·농민사회는 근대화된 도시부문과 달리 근대 부조응의 퇴행화된 부문으로 남게 되고, 변화에 대해 지연·저항하는 '민족적' 이데올로기를 담지하는 부분으로 남게 되는 시대적 상징성을 갖게 되었다. 동시에 근대적 상품경제화를 압도하는 사회적 동원화 시책이 근대와 괴리된 농촌부문의 상대적 고립화를 초래하면서 결국 식민지 모국인 일본과는 상이한 농민사회의 중층성의 한 요인을 이루고 있다. 이는 일종의 '부분 문화를 가진 부분 사회'였다.

## (2) 농민사회의 문화적 변화: 전통의 창조 · 재현

근대화가 만개한 19세기 말 20세기 초 유럽사회에서도 새로운 전통들이 만들어지고 있었다. 홉스봄은 그 요인을 급변하는 사회에서 변화와 개혁의 거부감을 완화시켜주는 안정성과 대중 동원을 위한 정당성이라는 차원에서 찾고 있다(Hobsbawm, 1983). 유럽뿐 아니라 식민지하 인도, 아프리카에서도 전통적 가치의 창조 · 재현 행위는 폭넓게 확인되고 있다. 사회적 동원화와 관련해 구래의 낡은 전통과 새롭게 만들어진 전통 간의 차이에 유의할 필요가 있다. "전자는 특정하고도 강한 구속력을 갖는 사회적 관행들이었던 반면, 후자는 그것들이 주입하는 집단적 가치와 권리와 의무 등과 관련해 불특정하고 모호한 경향이 있다"는 것이다. 특히 후자와 관련해 소전통(little tradition)이라는 맥락에서 표현하자면, '만들어진 전통'은 촌락개량, 질서유지, 애향심, 일체감 등과 같이 포괄적 불명확성, 계몽적 성격을 동반하고 있었다. 농민간의 '소전통'이라는 차원에서 전통적 가치의 창조는

**[표 2] 1930년대 초 한국인발행 단행출판물 허가 건수**

| 종류별 | 1931년 | 1932년 | 종류별 | 1931년 | 1932년 |
|---|---|---|---|---|---|
| 政治 | 10 | 12 | 思想 | 23 | 42 |
| 倫理 | 12 | 20 | 詩歌 | 61 | 75 |
| 宗敎 | 29 | 32 | 文藝 | 10 | 19 |
| 地理 | 14 | 21 | 音樂 | 26 | 27 |
| 歷史 | 32 | 38 | 文集 | **64** | **65** |
| 醫藥 · 衛生 | 17 | 29 | 遺稿 | 15 | 10 |
| 兒童讀物 | 11 | 25 | 書式 | 22 | 23 |
| 舊小說 | 71 | 65 | 語學 | 18 | 21 |
| 新小說 | 111 | 123 | 族譜 | **137** | **151** |
| 八卦 | 13 | 17 | 雜 | 105 | 151 |
| ……… | ……… | ……… | 총 계 | 870 | 1,088 |

자료: 善生永助,『朝鮮の聚落(後篇 同族部落)』, 1935, 131~132쪽에서 재작성.

식민지 조선에서 민속(folklore)이라는 이름하에 폭넓게 확인되고 있다 (Redfield, 1955; Janelli, 1982). 만들어진 전통은 농민간의 집합적 행위의 반영물로서 나타나고, 급격한 변화에 대한 완충장치로서 기능하고 있었다.

전통적 요소의 창조, 재현 행위는 먼저 가족·혈연관계에서 나타나고 있었다. 한국은 일본과 마찬가지로 부계 중심의 직계가족제(stem family system)로서 중국과 인도의 복합가족제(joint family system)와는 상이하다. 이것은 같은 성(姓)이라 하더라도 지연동족(localized lineage)만을 친족(親族)으로 간주하는 한국적 특질에 기인한다. 그런데 한일간에도 상속제도 상에 커다란 차이가 있다. 일본은 이른바 가독상속(家督相續)이라 하여 장자 단독상속이 확립되어 있는 반면, 한국은 중국과 마찬가지로 형제 균분상속이 관행이었다(한국의 경우 장자 우대). 차남 이하 형제·자매의 분가·출가 형태는 자연부락의 구성원리에 상당한 차이를 연출하였다. 일본에서는 부락외 분가가 일반적이었기 때문에 하나의 부락 내에 가까운 일가친척이 존재하기 어려운 반면, 한국에서는 균분상속의 관행 때문에 차남 이하 형제·자매의 부락 내 거주가 상대적으로 빈출했다. 이같은 상황은 촌락내 혈연적 유대를 계기로 동족부락이 발전할 가능성을 높이고 있었다. 젠쇼 에이스케(善生永助, 1935)는 1930년대의 동족부락을 조선 전체 부락의 1/3 전후로 추정하였다. 여기서 흥미로운 사실은 동족부락을 배경으로 족보(族譜)의 출간 등이 빈발했다는 사실이다. 특히 족보출간은 〈표 2〉에서 보는 바와 같이 1930년대 조선인의 출판물 가운데 1위를 점하고 있었다. 요컨대, '족보의 홍수'를 이루었던 것이다. 〈표 2〉는 젠쇼 에이스케가 한국 농촌사회를 이해하는 핵심어구로서 '동족부락'에 주목하게 된 결정적 근거가 된다. 이러한 혈연 중심적 특징은 한국의 농촌사회가 일본의 자치촌락 모델과는 상이한 사회통합 원리에 기초하고 있음을 시사하고 있다.

일본 자치촌락의 경우 가(家)와 가(家) 간의 수직적인 연계를 기반으로 하여 농민 개개인의 이해를 넘어서는 공적 관계[상부구조]가 수립되는 반면, 한국 자연부락의 경우 일본모델에 비해 상대적으로 비공식적 요소가 강하고 혈연적 유대 또는 의제 혈연적 관계를 중심으로 2~3개의 자연부락이 좁은 지역사회를 구축하는 경향이 있다. 후술하겠지만 한국에서 흔히 볼 수 있는 동족부락은 혈연적 계기를 통한 족보의 중수(重修)를 넘어서 지연적(地緣的) 단위로 구래의 향약(鄕約)이나 동계(洞契)를 재현하는 양상을 보이기도 했다(김필동, 1992; 최재석, 1975). 이것은 한말 일제 초에 걸쳐, 더 소급해서는 19세기 이래 신분제 해체과정에서 동계, 향약이 해체되는 과정과 역의 상황을 보여주고 있다. 그러나 이것은 외부 규범의 변화에 대한 농민사회의 적응형태로서 이전의 형태와는 상이한 '만들어진 전통'의 일환이었다. 그것은 더이상 구래의 향약기능(=질서유지)으로서가 아니라 상부상조나 친목도모의 호혜적 성격을 강하게 띠고 있었다.

한국농촌에서 흔히 발견되는 계(契)는 일본과 중국에는 존재하지 않는 한국 고유의 사회현상이다(中根千枝, 2002). 식민지기의 조사자료에 따르면(善生永助, 1926), 계는 그 기능에 따라 공공사업, 상호부조, 산업진흥, 금융목적, 오락유흥, 기타의 6가지로 대별된다. 이전에는 동계나 대동계(大同契)라 하여 위의 6가지 기능을 모두 포괄하는 지역적 단체로서 존재했지만 19세기 전기간에 걸친 기능분화 과정에서 해체·변질되고 있었다. 식민지기 규율권력의 침투, 행정기능의 강화에 따라 계는 다음과 같은 세 가지 길을 걷고 있었다. 첫째, 각종 계는 그 기능에 따라 계통농회, 금융조합, 수리조합, 산업조합 등 각종 관변단체로 제도화되고 있었다. 이것은 외형상 일본모델과의 주요한 공통점이며, 식민정책의 결과로 나타난 새로운 사회현상이었다. 둘째, 족계(族契), 부락계, 수리계(水利契), 송계(松契), 학계(學契) 등과 같이 공공재 공급의 특성 상 국가의 공적 기능으로 흡수되지 않은 채 촌락의 전통적인 자치기능으로 존속한 경우도 있었다. 이 경우 구래의 형태 그대로는 아니고 일종의 목적계의 형태로 변질되면서 과거의 전통적 요소를 복원하는 형태로 존재하였다. 셋째, 양자의 중간 형태로서 주로 동계류 조직이 촌락민의 자치기구로 남아 있다가 1930년대 농촌진흥운동기에 들어서 관변조직으로 흡수된 경우이다. 가령 동리별 진흥회(振興會) 등이 대표적 사례인데, 사회적 동원화에 따라 전술한 두번째 경로가 세번째 경로로 변질될 가능성은 언제나 상존했다.

계나 족보의 중수에서와 같은 '전통의 창조' 행위(두번째 경로)는 촌락 농민에게 근대화와 사회적 동원화에 대한 '지연된 적응'의 완충장치로서 기능하였다. 이것은 유교주의적 색체와 상징체계로 구성되어 있으나 그 자체 구래의 양반문화는 아니었다. 이것은 시장이나 규율권력의 관통에 의해서도 해체되지 않는 농촌 농민간의 독자적인 생활문화 영역을 반영하고 있다.

전통적 요소의 재현, 전통의 창조가 사회적 동원화와 동시 병진하고 있다는 사실은 재현된 전통·가치의 의미를 모호하고 애매하게 하는 측면이 있다. 이것은 마치 1910년대 조선 민사령과 1920년대 민사령 개정에서 나타난 식민지적 관습법의 창출과정 즉, 사회적 동원화의 의용(依用) 과정에서와 마찬가지이다. 식민지기 전통적 계의 양식이 존속하는 원인에 대해 젠쇼 에이스케는 다음과 같이 정리하고 있는데, 이같은 평가는 1930년대 동족부락에 대한 평가에서도 유사한 것이다.

"契의 思想은 조선인 간에는 상상 이상으로 보급되어 있고, 그
이용 범위도 극히 광범위하며, 계의 활동은 사회상 組合勢力으로
서 상당히 유력한 것임을 엿볼 수 있다. 식산흥업의 진흥, 사회교육
의 보급, 국민생활의 향상 등을 위해서는 民衆의 共同團結은 더욱
필요하기 때문에 현재 조선인 간에 함양되어 있는 계의 사상을 더
욱 크게 조장해 각종 조합사업의 진보개선을 도모함은 실로 긴요하
다"(善生永助,『朝鮮の契』, 1926, 25~26면).

인용문에서는 계의 광범위한 존재를 전제한 위에 그것의 결속력을
식민지 시정에 활용하고자 하는 의도를 엿볼 수 있다. 여기서 중요한
사실은 계의 광범한 존속과 그것을 떠받치는 '민중의 공동단결' 즉,
'계의 사상'이다. 이것은 미야타 세츠코(宮田節子, 1985)가 말하는 "식민
주의에 의해서도 결코 뚫을 수 없는 두터운 민족의 벽"이라고 부른,
식민지 근대화에 순응하지 않는 조선인의 일상적 문화영역이다. 촌락
내 농민간의 일체성이 과연 계를 통해 장기 존속하는가, 아니면 관찰
자가 촌락의 공동체성을 무의식적으로 전제했는가는 여전히 논란거
리이지만, 최소한 식민지 시정에 위험 요소로 작용하지 않는 한 총독
부로서는 계의 존속을 묵인하거나 조장하고 나아가 공적 조합의 형태
로 흡수·동원하겠다는 자신감을 드러내고 있다. 총독부는 촌락의 조
직화를 전개하면서 전통적인 유교문화와 제도, 특히 계나 향약 등의
잠재적 가치를 인정하고 있었다.
　식민지기에 들어서 전통적 집성촌에서 족계(族契), 종중계(宗中契)의
사례는 당시 폭발적으로 발간된 족보를 통해서 반추해볼 수 있다. 이
같은 집합적 행위는 비단 전통 양반 후예의 혈연관계에서만 나타난
것은 아니며, 일반 농민 간에도 자연부락을 단위로 두레나 부락제 등

으로 빈출하고 있었다. 자연부락의 기능이 일본모델에서처럼 농민의 공동생활의 한계면을 공유하는 경우도 존재하였다. 전라도(나주)에서는 폭넓은 기능을 수행했던 향약계, 동계가 의례적 대동계(大同契)로 재현되는 사례가 보고되었다(정승진, 2006). 여기서는 구래의 향약적 기능(주로 질서유지)이 소멸되고 마을의 공동제사, 교육, 두레 등이 새롭게 중수된 대동계의 형태로 재현되고 있었다.

한편, 구래의 향약을 복원해 식민지 시정에 활용하려는 사례도 확인되고 있다. 함경북도의 북관향약(北關鄕約)은 일본인 도지사가 구래의 향약을 도(道)의 행정에 접목시키려는 일종의 '수령향약'이었다. 요컨대, 충효, 예의, 상부상조의 유교주의적 원리가 식민지 시정에 폭넓게 활용되었던 한 단면을 볼 수 있다. 한편, 충남의 진흥회(振興會)는 구래의 동계와 동회(洞會)가 식민지기에 들어서 자치적 원리에 의해 행정리(行政里)의 단위로 재편된 것이다(김영희, 2003). 향약정신에 입각한 풍교유지, 흥업치산, 촌락개량 등의 포괄적인 기능이 수행되었다. 진흥회는 1930년대부터 총독부의 지원 하에 면행정을 보조하는 기능을 담당하면서 리-면-군-도의 계통조직을 가지고 공려조합(共勵組合)으로 전환되었다. 1930년대 총독부가 시행한 이른바 '향약사업'은 유교주의적 가치와 전통규범이 식민지 사회질서를 유지하는 데 도움이 된다는 일제 측의 입장을 반영하고 있었다.

일반 농민간의 일체화된 공동체의식은 두레노동, 부락제(部落祭) 등에서 두드러지게 발현되었다(村山智順, 1937). 이 양자는 강력한 동족부락이 아니더라도 조선 농촌에 광범하게 존재한다. 두레는 농민의 노동·생산의 한계면에서 발생하는 공동관계이다. 농번기의 노동력 부족 사태에 공동으로 대처함으로써 촌락의 일체감과 집단적 생존윤리를 공유하였다. 전남 영광의 사례에서는 기존의 두레를 '농업계'(農

業契)라 명명하여 지주가에서 추수기와 함께 관리하고 있으며(정승진, 2003), 전북 익산에서는 두레의 연합체가 결성되어 기세배(민속)놀이로 확대되었던 사례도 확인되고 있다(정승진, 2012). 한편, 부락제는 혈연적 원리를 지연적 결합원리에 결합시킨 것으로서 여기서는 단일 문중이 아니라 하더라도 마을의 공동 제사를 통해 지연적 관계를 마치 혈연적 유대처럼 의례화하는 의식이 재현되었다. 동족부락 하의 동계에서 부락제가 보다 성황을 이루었음은 두말할 나위가 없다. 이와 같이 농민간의 자치적 공간과 영역은 다양한 스펙트럼을 보여주고 있다. 전통의 재현·창조 행위는 농민에게 변화에 대한 '더딘 적응'의 자기정당성, 촌락유대로부터 오는 정서적 안정감을 부여하면서 촌락의 안정화를 유도하고 있었다.

한국의 촌락은 일본모델[자치촌락]에 비해 규율권력과 시장경제의 급격한 침투 속에서 촌락 내 농민의 자치영역은 축소되어 있는 가운데, 전통의 재현 행위를 통해 일견 뒤쳐지고 과거회귀적인 이미지를 띄고 있다. 그러나 한편으로 전통의 창조·재현이라는 농민의 협력적·집합적 행위는 촌락 내 농민들이 공통의 정신문화를 기반으로 하고 있음을 보여주고 있다. 이것은 근현대 농촌 농민사회에서 공동체적 문화·의식이 존속하고 있는 또 다른 표현이지만, 한편으로 규율권력에 의한 사회적 동원화가 농촌사회에 쉽게 침투하고 관철되는 사회문화적 배경을 이루고 있다. 한국 촌락의 중층성의 특질, 그것의 딜레마도 여기에 기인한다. 외부규범에 개방된 농촌사회에서 사회적 동원화와 대항국면에 있는 조선촌락의, 그 농민문화의 독자적이지만 취약한 영역이 식민지적 근대와 공존하고 있었던 것이다.

## 5. 맺음말

현대 자본주의사회는 금세기 들어서도 개인주의화(아노미현상), 경기침체(양극화), 자원고갈 및 환경파괴(='공유의 비극') 등의 제문제를 안고 있다. 이러한 위기적 양상은 20세기 후반 동아시아에서 벌어진 급격한 농촌해체, 정치사회적 격변, 종속적 불균등성장 등 지구적 규모의 '세기말적' 현상과 오버랩되고 있다. 위기의 주기성은 이른바 '역사의 반복'을 낳았다고 할 정도였던 것이다. 현대위기를 돌파하기 위한 사회적 대안으로서 우리는 다시 공동체론에 관심을 갖는다. 이는 공동체론 자체가 가진 위기극복 기제로서의 특징 즉, '이익(극대화)보다 보험(=안정화) 기능의 우위'에 기인한다. 격동의 시대에는 성장·발전보다는 생존과 안정이 보다 중요한 사회적 목표였던 것이다.

20세기 한국사회의 급격한 변동에 따라 농촌촌락의 해체도 가속화하고 있다. 그러나 열린 촌락 하에서 농민들의 개인주의적 행태에도 불구하고 공동체적 농민문화의 연구사적 의의는 결코 감소하지 않을 것이다. 이 글에서는 공동체적 농민문화라는 사회적 규범을 전제한 위에, 열린 촌락 하에서의 개인주의적 또는 협력적 농민상이라는 두 가지 경로를 동시에 고려해 보았다. 이 과정에서 급격한 도시화, 근대화에도 불구하고 농민사회가 갖는 고유한 경제·문화적 특질과 그것의 현대사회에 대한 영향력이 끈질기게 존속하고 있음을 확인하였다.

머리말의 문제의식으로 돌아가서, 1) 과연 대외 개방적 성격의 열린 촌락에도 불구하고 한국의 농민사회에 대한 닫힌 공동체로서의 애매한 이미지는 어디서 기인하는 것인가? 이는 식민지적 근대성과 쉽사리 소통할 수 없는 농민의 정신사조[ethos] 때문일지도 모른다. 시장경제에 대한 부적응 또는 지연된 적응, 규율권력에 대한 거부감, 익숙한 것 즉, 민속에 대한 회귀 등이 농촌 촌락에서 전통·민속이라는 비공식적 채널의 필요성을 환기시켰을 것이다. 그렇다면, 2) 한국인의 정체성이 농민에게 있음에도 불구하고, 그 정체성의 모호함은 무엇 때문인가? 먼저, 차별과 동화의 이중 변주를 구사하는 일본의 제국주의 정책을 지적할 수 있다. 이 때문에 농민 스스로의 자각에 의한 근대화는 더욱 지체될 수밖에 없었다. 이 경우 우리는 개인적 이해와 공동체의 이해 사이에서 선택의 딜레마에 빠진 농민 개인을 발견하게 된다. 그는 개인주의, 협력주의, 이타주의 등 다양한 선택의 '회색지대'에 놓여 있다. 특히, 호경기에 개인의 선택문제는 전술한 계층분화에 따라 프리라이더(free-rider)의 가능성을 노정하고 있다. 마지막으로, 3) 눈부신 고도성장에도 불구하고 그 급속함 때문에 아직도 우리 몸속에 남아 있는 농민의 유전자를 어떻게 설명할 수 있단 말인가? 일종의 '혈연적 민족주의'는 이에 대한 중요한 시사점을 던지고 있다. 유교문화권사회에 친숙한 가족윤리는 근·현대에 걸쳐 효, 경로, 나아가 서열의 엄존 등으로 확대되었다. 공동체적 의사결정의 방향은 때로는 혈연 그 자체의 확대로, 때로 혈연은 의제 혈연의 지연으로, 지연은 공공성으로 이데올로기화 하였다. 우리 몸속에 남아 있는 농민의 유전자(=에토스)는 상상의 공동체를 상정하는 '간인'(間人)적 행위패턴과 유사한 그것이다. 타인의 반응이나 (기대)행위가 나 자신 행위의 원천이 되는 이 행위패턴은, 타인을 먼저 고려해야 하는 농민간의 소전통(little tradition)의 맥락에서 환영받았던 것이다. 또한 그러한 맥락에서 집합적 또는 협력적 전통·민속도 그 정당성을 확보하고 있었다.

## | 참고문헌 |

강상중, 1997(1996),『오리엔탈리즘을 넘어서』, 이경덕·임성모 옮김, 이산.

김영희, 2003, 『일제시대 농촌통제정책 연구』, 경인문화사.

김필동, 1992,『한국사회조직사연구: 계조직의 구조적 특성과 역사적 변동』, 일조각.

마쓰모토 다케노리, 정승진, 2008,「근대 한국촌락의 중층성과 일본모델: 사회적 동원화
와 '전통의 창조' 개념을 중심으로」,『아세아연구』51-1.

楉村秀樹, 1989,「1910年代 朝鮮의 經濟循環과 小農經營」, 安秉直·李大根·中村哲·楉
村秀樹,『近代朝鮮의 經濟構造』, 比峰出版社.

신기욱, 2004,「1930년대 농촌진흥운동과 농촌사회 변화: 식민지조합주의를 중심으로」,
방기중 편,『일제 파시즘 지배정책과 민중생활』, 혜안.

정승진, 2003,『한국근세지역경제사: 전라도 영광군 일대의 사례』, 경민문화사

_____, 2006,「羅州 草洞洞契의 장기지속과 변화, 1601~2001」,『大東文化研究』54.

_____, 2008a,「동아시아 촌락담론을 통해 본 한국 촌락의 위상: 동아시아지역학에서 농
민문화라는 관점」,『담론201』11-1.

_____, 2008b,「20세기 한국의 열린 촌락, 닫힌 공동체의 이미지: 농민의 행위패턴을 둘
러싼 진화적 게임이론의 모색」,『한국경제연구』22.

_____,「익산 금마두레와 근대공동체론」,『大東文化研究』80.

崔在錫, 1975,『韓國農村社會研究』, 一志社.


宮田節子, 1985,『朝鮮民衆と'皇民化'政策』, 東京: 未來社.

旗田巍, 1973,『中國村落と共同體理論』, 東京: 岩波書店.

善生永助, 1926,『朝鮮の契』, 京城: 朝鮮總督府.

_____, 1935,『朝鮮の聚落(後篇 同族部落)』, 京城: 朝鮮總督府.

松本武祝, 1998,『植民地權力と朝鮮農民』, 東京: 社會評論社.

長原豊, 1989,『天皇制國家と農民-合意形成の組織論』, 東京: 日本經濟評論社.

齋藤仁, 1989,『農業問題の展開と自治村落』, 東京: 日本經濟評論社.

中根千枝, 2002,『社會人類學—アジア諸社會の考察』, 東京: 講談社.

村山智順, 1937,『部落祭』, 京城: 朝鮮總督府.

Brandt, Vincent, 1971, *A Korean Village: Between Farm and Sea*, Cambridge, Massachusetts: Harvard University Press. (國譯: 金珖奉譯, 1975,『韓國의 村落』, 서울: 時事問題硏究.)

Foster, George M, 1965, "Peasant Society and the Image of Limited Good," *American Anthropologist* 67(2).

Geertz, Clifford, 1963, *Agricultural Involution: The Process of Ecological Change in Indonesia*, Berkeley & LA: University of California Press. (日譯: 池本幸生譯, 2001,『インボリューション ── 內に向かう發展 ──』, 東京: NTT出版.)

Huang, Phillip, 1985, *The Peasant Economy and Social Change in North China*, Stanford, California: Stanford University Press.

Hobsbawm, Eric, & Terence Ranger, 1983, 편저 · 박지향 · 장문석 역, 2004,『만들어진 전통』, 서울: Humanist.

Janelli, Roger & Dawnhee Yim Janelli, 1982, *Ancestor Worship and Korean Society*, Stanford, California: Stanford University Press.

Little, Daniel, 1989, *Understanding Peasant China: Case Studies in the Philosophy of Social Science*, New Haven & London: Yale University Press.

Popkin, Samuel, 1979, *The Rational Peasant: The Political Economy of Rural Society in Vietnam*, Berkeley & LA & London: University of California Press.

Rambo, Terry, 1977, "Closed Corporate and Open Peasant Communities: Reopening a Hastily Shut Case," *Comparative Studies in Society and History* 19(2).

Redfield, Robert, 1955, *The Little Community: Viewpoints for the Study of a Human Whole*, Chicago, Illinois: The University of Chicago Press.

Said, Edward, 1978, *Orientalism*, New York: Vintage Books. (國譯: 박홍규譯, 2007(개정증보판),『오리엔탈리즘』, 서울: 교보문고.)

, 1993, *Culture and Imperialism*. (國譯: 박홍규譯, 2004,『문화와 제국주의』, 서울: 문예출판사.)

Scott, James, 1976, *The Moral Economy of the Peasant: Rebellion and Subsistence in Southeast Asia*, New Haven & London: Yale University Press. (國譯: 김춘동역, 2004, 『농민의 도덕경제』, 서울: 아카넷.)

Shin, Gi-Wook, 1999, "Agrarianism: A Critique of Colonial Modernity," *Comparative Studies in Society and History* 41(4).

Skinner, William, 1971, "China Peasants and the Closed Community: An Open and Shut Case," *Comparative Studies in Society and History* 13(3).

Skinner, William, 2000,『중국의 전통시장』, 양필승 역, 서울: 신서원. (First Published in 1964-66)

Sorensen, Clark, 1981, "Marketing and Social Structure among the Peasantry of the Yongso Region of South Korea," *Journal of Korean Studies* 3.

Sorensen, Clark, 1988, *Over the Mountains Are Mountains: Korean Peasant Households and Their Adaptation to Rapid Industrialization*, Seattle & London: University of Washington Press.

Tanaka, Stefan, 1993, *Japan's Orient: Rendering Pasts into History*, Berkeley: University of California Press. (國譯: 박영재·함동주 譯, 2004, 『일본 동양학의 구조』, 서울: 문학과지성사.)

Wolf, Eric, 1957, "Closed Corporate Peasant Communities in Mesoamerica and Central Java," *Southwestern Journal of Anthropology* 13.

Wolf, Eric, 1966, *Peasants*, New Jersey: Prentice Hall. (國譯: 朴賢洙 譯, 1978, 『農民』, 서울: 青年社.)

# 6장

# 현대 중국의
# 탄원(信訪)정치

ㅣ

권위주의정권의 정치참여,
쟁의정치, 그리고 거버넌스

백우열

## 1. 현대 중국정치의 신방(信訪) : 문제제기

중국공산당은 1978년 '11기 3중 전회'에서 덩샤오핑의 주도로 개혁개방(改革開放) 정책을 도입한 이후 지난 35년 간 중국의 유일한 집정당(執政黨, ruling party)으로서 여러 정치적 '특색(特色)'들을 발전시켜 왔다. 대체로 기존 문헌들은 이러한 중국 특색 정치의 핵심은 마오쩌둥 시기의 전체주의에서 일당권위주의(one party authoritarian regime)로 전환한 정치체제로 파악하고 있다. 경쟁선거를 도입하지 않은 중국은 베트남과 더불어 위의 일반적인 분류에서 다소 벗어난 상이한 정치체제를 형성해왔으며 이의 정치적 표현이 '중국 특색의 사회주의민주정치(中國特色社會主義民主政治)'라고 할 수 있다.

이러한 특색들 중 하나를 발견할 수 있는 장소가 2000년대 중후반부터 꾸준히 중국 국내외 언론에 의해 보도된 베이징시 차오양구 쌍허촌 등에 위치했던 다수의 '흑감옥(黑監獄)'이다. 이 불법적인 사설 감옥은 각급 지방정부가 중국 각지에서 베이징으로 상경하여 자신의 억울한 사정을 중앙의 당과 정부 기관에 탄원하려는 '신방인(信訪人, 탄원

---

*  이 장은 백우열. "현대 중국의 탄원정치: 권위주의정권의 정치참여, 쟁의정치, 그리고 거버넌스"(『한국정치학회보』 47집 5호, 367-388)를 요약한 것으로 특히 편집자의 요청으로 각주와 인용출처들을 생략하였으며 이에 대해서는 위의 원본을 참조하기 바란다.

서 제출자 및 항의 방문자)'들을 회유 또는 납치하여 거주지로 돌려보내기 전에 구금하기 위해 암묵적으로 운영되었다. 이 흑감옥은 개혁개방 이후 '사회주의 시장경제화'로 급속한 경제성장을 추구하는 과정 속에서 형성된 부작용에 기인한다. 즉 당정간부들과 사영기업가, 전문가 계층으로 이루어진 공고한 기득권층의 불법적인 공권력 사용, 부패, 착취, 강탈 등으로 인해서 농민, 노동자, 이주노동자 등 다수 일반 시민들의 이익을 심각하게 침해와 이의 결과인 극심한 빈부격차 등의 불공정한 중국정치의 현실을 상징하는 존재로 자리매김 하였다.

하지만 이러한 언론보도 수준을 넘어 면밀히 분석하면 우리는 신방(信訪)이 권위주의 정치체제가 이끌어가는 현대중국정치의 여러 핵심 메커니즘을 이해하는 중요한 단서임을 알 수 있다. 이 신방은 '중국 특색의 사회주의 민주정치'라는 목표를 달성하기 위한 주요한 정치제도로서 지속적으로 강화되고 있다.

## 2. 신방제도의 기원과 현대 중국정치에서의 등장 배경 및 개관

현대 중국정치에서의 신방은 1951년 중앙인민정부정무원의 〈인민의 서신 탄원 처리와 인민 방문 탄원 접대 공작에 관한 결정(關於處理人民來信和接待人民來訪工作的決定)〉에서 처음 공식적으로 사용된 '인민래신래방(人民來信來訪)'이라는 용어에서 기인한다. 신방은 1971년 중공중앙기관지인 홍기(紅旗)에서 마오쩌둥의 관련 발언을 기념하는 의미에서 '인민래신래방'을 축약한 '신방'이라는 단어를 사용하면서 공식 명칭으로 확정되어 현재까지 사용되고 있다. 다시 말해 신방(信防)은 '각종 당과 정부 및 기타 기관들에 서신과 방문을 통하여 개인 시민 또는 집단이 불만, 건의, 제안을 탄원하는' 행위를 일컬으며 헌법과 2005년 반포된 신방조례(信訪條例)개정안 등에 의해 인민의 정당하고 보호받는 정치적 권리로 정의, 해석되고 있다. 물론 이러한 탄원은 중국에만 국한된 정치행위라고 할 수 없으며 중국의 과거와 현재의 정치체제에서 모두 활용되었다. 탄원, 즉 신방 제도와 업무를 관할하는 국가신방국(國家信訪局)이 2000년 발간한 2,300페이지에 달하는 매뉴얼에 따르면 이 신방은 원시시대를 거쳐 춘추전국시대, 진한대의 왕조들의 유가적 정치제도에 기인하며 그 이후 청나라에 이르기까지 유가와 법가의 혼합된 형태에 기초한 왕조 정치에서 꾸준히, 그러나 매우 상징적이고 보조적으로 활용되었다. 이 탄원의 전통은 초기 중국공산당 시기에도 이후 중국의 통일을 완성한 후에도 꾸준히 활용되었으나 그 정치적 역할은 미미하였다.

이러한 명목적인 정치제도와 행위로서 존재하던 신방은 1978년 개혁개방이 시작되어 시장경제화가 적극적으로 추진되고 전체주의적인 정치체제가 해체되어 시민 개개인의 여러 자유와 권리가 보장되기 시작하면서 그 전기를 맞게 된다. 그 시작은 1980년대 초기에 폭발적으로 늘어난 문화대혁명(無産階級文化大革命, 1966~1976) 관련 신방이었다. 중국공산당 지도부에 의해 '10년 동란'이라고 규정된 문화대혁명의 피해자들이 자신들의 정치적 복권과 피해 보상을 호소하는 탄원을 각급 당정기관에 대한 신방행위를 통해 본격화하면서 이 신방제도의 중요성과 가치가 부각되기 시작하였다. 이를 시작으로 개혁개방이 본격화되면서 공산당 지도부가 신방제도를 급격하게 팽창시키기 시작했다. 즉, 급속도로 발전하는 시장경제와 동시에 폭발적으로 증가하는 국가-사회간, 사회 계층간, 집단간, 개인간의 이해 갈등과 충돌을 수렴하고 해결하여 사회안정(社會穩定)을 유지하면서 체제의 내구성

(resilience)을 확보하는 정치제도의 필요성을 절감한 이후이다.

중국공산당정권의 정치적 정당성(legitimacy)과 내구성이 주로 지난 35년간 평균 국민총생산(GDP) 성장률 10%에 가까운 경제발전에 기반한다는 것은 주지의 사실이다. 하지만 급속한 지방분권적 발전국가 모델을 통한 경제발전은 수많은 정치경제적인 문제 또한 발생시켰다. 중앙정부의 강력한 "성장우선" 경제발전 정책에 따라서 지방정부에 경제적 권한을 대폭 이양했고 이를 기반으로 하여 각급의 지방정부와 당정간부들은 개발독재형 지방경제발전 정책을 추구하며 소수의 '붉은자본가(red-capitalist)'라고 불리는 사영기업가와 협력하여 경제발전을 추구하는 동시에 그 성과를 대부분 독점했다. 물론 경제발전에 의한 '낙수(trickle-down) 효과'는 중국 전체의 생활수준을 급속히 향상시켰지만 그 과정에서 소외되고 착취당하며 박탈당한 수많은 일반시민(老百姓)—농민, 노동자, 이주노동자—의 정치경제적 불만은 급격히 심화되었다.

이러한 폭발적인 정치적, 경제적, 사회적 갈등과 충돌은 이 정권의 가장 중요한 정책적 목표, 즉 덩샤오핑이 1989년 천안문사건 직후 천명한 '사회안정이 무엇보다 우선한다(穩定壓到一切)'는 원칙에 가장 큰 위협이 되어 왔으며 어떠한 형식으로든 이를 해소 또는 통제하는 정치적인 기제가 필요했다. 여러 권위주의정권들과는 달리 사회 갈등과 충돌을 상당부분 수렴, 타협, 해결해주는 기제인 준경쟁선거(semi-competitive election)를 도입하지 않은 중국공산당정권에게 이의 대체재는 필수적이었다. 그 역할을 수행해야 하는 전국인민대표대회와 지방인민대표대회(성급(성/직할시/자치구), 지급, 현급(현/시/구), 향급(향/전/가도))는 그 정치적 위상과 역할이 증대했음에도 여전히 위의 정치적 요구를 충족시키기에는 많이 부족하다. 또한 기층민주주의의 확대로 평가받는 촌민위원회선거(村民委員會選擧), 행정소송법(行政訴訟法) 등의 여러 정치제도들도 위의 정치경제적 문제들을 해결하기에는 역부족이다. 이러한 맥락에서 신방제도가 한 대안으로서 부각되어 적극적으로 활용된 것이다. 물론 다음의 분석에서 알 수 있듯이 위에서 제시된 대안적 정치제도들과 마찬가지로 신방도 어느 정도의 역할만 할 수 있을 뿐 효능적인 대안이 되기 어렵다. 그럼에도 불구하고 그 정치 제도적 역할은 국가─사회의 역학관계에서 중요성을 더하고 있다.

신방제도의 조직적 구조는 중국 당정 체계의 기본인 중앙에서 기층에 이르는 종적 관리체제(條條)와 지역적 횡적 관리체제(塊塊) 그리고 기층의 신방공작망(基層信訪工作網)으로 상당히 복잡하고 촘촘하게 형성되어 있다. 하지만 이 구조는 다른 당정 관료 조직과는 두 가지 측면에서 구별된다. 첫째, 신방조직은 정부의 국토자원, 가족계획, 공안, 민정 부문 등과 같은 전형적인 부서가 아니다. 조직의 최상위에는 국무원 산하의 국가신방국이 있으며 각급 정부─중앙, 성급, 시급, 현급, 향급, 심지어 다수의 경우 공식 정부 단위가 아닌 촌까지─의 당위원회와 인민정부가 공동으로 신방국, 신방처 등의 신방 전담 부서를 두고 있다. 이와 같은 각급 당정의 신방 컨트롤 타워 아래 모든 정부 부서와 거의 모든 당정 기관들이 각각의 신방 관련 조직들을 운용하고 있다.

신방제도를 통한 탄원 행위는 크게 탄원수단(서신 또는 방문)과 탄원인수(개인 또는 집체)의 두 가지 기준으로 분류된다. 이에 따라 탄원인들은 각자의 상황에 맞게끔 개인서신탄원, 개인방문탄원, 집체서신탄원, 집체방문탄원을 선택하여 개인과 집체의 불만, 건의, 고발 사항들을 적절한 당정기관의 신방 조직에 접수하게 된다. 아래 표1에서 볼 수 있듯이 신방탄원의 주요 항목들은 다양하지만 공통적으로 엘리트 계층이 아닌 일반 시민-농민, 도시노동자, 이주노동자-들의 불만과 애로 사항임을 잘 알 수 있으며 대부분의 사항은 '문제해결추구'의 성격을 가지고 있다. 신방의 주요 항목들은 농민의 경우 불법적인 토지 수용과 불공정한 보상, 농업세 및 예산외 부가금 과다 징수, 환경오염이 주를 이루고 도시노동자의 경우 국영기업 민영화에 따른 실업, 사영기업 고용주에 대한 불만, 강제 주택 철거 및 이주, 그리고 이주노동자의 경우 사영기업 고용주에 대한 불만과 거주, 교육, 의료 등의 공공서비스 관련 문제였다. 또한, 세 부류의 일반 시민들이 공통적으로 제기하는 문제는 지방정부 당정간부들의 부패와 공권력 남용 문제였음을 알 수 있다. 각 시기별로 주요한 신방 항목들이 약간씩의 변화가 있지만 대부분의 항목들은 그대로 유지되고 있는 특징을 보이며 이는 중국공산당이 고질적인 기층의 정치, 경제, 사회적 문제들을 해결하지 못하고 있음을 반증하는 것이라 하겠다.

[표 1] 주요 신방탄원 항목 1994 - 2009

| 탄원자 탄원내용 | 탄원자 유형 | | |
|---|---|---|---|
| | 농민 | 도시노동자 | 이주노동자(농민공) |
| 고용 | | *국영기업민영화에 따른 실업:<br>— 미지급 임금<br>— 미지급 연금<br>— 불공정한 보상<br>— 재취업 보장 이행 지연/취소<br>*사영고용주에 대한 불만:<br>— 미지급 임금<br>— 열악한 근무 조건<br>— 불공정한 노동계약 (파기)<br>— 부적절한 산업재해 보상<br>— 구타 등의 신체적 상해 | * 사영고용주에 대한 불만:<br>— 미지급 임금<br>— 열악한 근무 조건<br>— 불공정한 노동계약 (파기)<br>— 부적절한 산업재해 보상<br>— 구타 등의 신체적 상해 |
| 재산 | — 토지 수용과 불공정한 보상<br>— 강제주택철거 및 이주<br>— 토지사용계약 위반<br>— 불공평한 집체토지 등의 자원 배분<br>— 환경오염 | — 토지 수용과 불공정한 보상<br>— 강제주택철거 및 이주<br>— 주택관련 소유권 침해 및 관리부실<br>— 환경오염 | — 짠주증(임시거주증) 발급 및 유지 애로 |
| 지방정부 및 간부 | — 농업세 및 예산외부 가금 과다 징수<br>— 부패 및 공권력 남용 (촌민위원회 재정 사기, 매관매직 등), 촌민위원회 부정 선거<br>— 예산 및 기금 오남용 (전기, 수도, 하수 관련)<br>— 학교 관련 예산 횡령 및 남용<br>— 교사 임금 미지급<br>— 기타 공공재(학교, 병원 등) 부족<br>— 법원과 상급정부 결정 불이행 | — 부패 및 공권력 남용<br>— 예산 및 기금 오남용<br>— 법원과 상급정부 결정 불이행 | — 부패 및 공권력 남용<br>— 이주노동자들에 대한 지방정부의 보호 미흡<br>— 이주노동자 자녀들의 교육기회 부재 |

출처: 중국18개 성연감(省年鑑1995~2009), 30개 도시/현연감(城市/縣年鑑2002-2008).

## 3. 신방의 정치적 역할

### (1) 신방의 3가지 정치적 역할: 국가-사회관계적 분석

위에서 살펴보았듯이 개혁개방이 본격화된 이후 신방은 제도적 측면과 활용도 측면에서 폭발적인 성장을 해오고 있다. 이는 위에서 분석했듯이 '사회주의 시장경제'정책에 따른 급속하면서도 불균형한 경제성장에서 기인한 정치, 경제, 사회적인 충돌과 갈등을 해결해야 하는 중국공산당정권이 마주친 정치적 현실이 그대로 드러나는 현상이다. 하지만 이 신방을 이렇듯 뭉뚱그려 분석하는 것은 이러한 제도적 틀에서 복잡다단한 관계를 형성하고 있는 중국의 국가-사회의 주요한 세 행위 주체들-중앙 및 상급지방정부, 하급지방정부, 그리고 일반시민대중-의 관계를 파악하기 어렵게 한다. 아래와 같이 서로에 정치적 상호작용을 하는 세 행위 주체들을 중심으로 신방의 정치적역할과 이로 인한 결과들을 분석하는 것이 필요하다. 이는 크게 세 유형의 국가-사회관계로 분석할 수 있다.

첫째, 신방은 절대적 또는 상대적 약자인 다수의 일반시민들이 하급지방정부와 간부들에 의해 침해받곤 하는 이익을 보상받기 위해 정치제도의 유도(channel)를 따라 실행하는 대중정치참여(mass political participation)이다. 둘째, 신방은 권력 남용과 부패로 수많은 대중들의 이익을 침해하고 있는 하급지방정부와 그 당정 간부들, 그리고 그들과 결탁한 자본가에 대한 중앙과 상급지방 정부의 감시와 통제 기능(monitoring local government)을 하고 있다. 셋째, 신방은 정치적 자유와 권리를 제한하는 권위주의 정권(중앙 및 상급지방정부와 하급지방정부)이 사회불만 세력인 신방탄원인들을 통제하는 대중사회통제(mass social control)의 거버넌스 기제로 작동하고 있다. 이러한 세 가지 이론틀로 분석하면 표2에서 요약되듯이 현대중국정치의 갈등 구조의 한 단면을 파악할 수 있다. 대중정치참여의 관점에서 보면 중앙(상급지방)정부와 대중신방탄원인이 함께 하급지방정부에 대응하며, 지방정부 감시의 관점에서도 동일한 갈등 구조가 형성되지만 마지막 대중사회통제의 관점에서는 중앙(상급지방)정부와 하급지방정부가 함께 신방탄원인과 집단과 갈등하는 다층적인 국가-사회관계를 파악할 수 있다.

**[표 2] 신방제도와 신방행위의 3가지 해석**

| 해석 | 행위자 | | | 갈등구조 |
|---|---|---|---|---|
| | (a)중앙(상급지방)정부 | (b)하급지방정부 | (c)대중신방탄원인 | |
| 관리된 정치참여 | 정보수집 선택적 문제 해결 | 정보수집 신방탄원인 억제 | 이익보호요구 | ( a ) + ( c ) vs.(b) |
| 지방정부감시 | 지방정부 부정행위 적발 및 방지 | 정보은폐 | 지방정부 부정행위 및 이익침해 폭로 및 고발 | ( a ) + ( c ) vs.(b) |
| 대중사회통제 | 사회 불만 대중 파악 및 통제 | 사회 불만 대중 파악 및 통제 | 국가 탄압에 대한 저항 | ( a ) + ( b ) vs.(c) |

## (2) 대중정치참여

신방제도의 가장 중요한 기능은 인민대중의 정치참여 경로를 제공하는 역할이다. 위에서 언급하였듯이 개혁개방 이전의 중국에서는 수많은 대중동원운동을 통하여 또한 기층단위인 생산대와 단위의 정치행위를 통하여 일반시민대중들이 직접적으로 정치에 참여하였고 기층간부들과의 정치적 상호작용 또한 활발하였다. 이로 인하여 문화대혁명에서와 같은 부정적인 결과들이 중국 사회를 휩쓸었음에도 일면

대중의 정치적 영향력은 상대적으로 강했다고 말할 수 있겠다. 하지만 중국공산당정권이 사회주의시장경제 중심의 일당권위주의체제로 전환함에 따라 이와 같은 대중동원운동은 급속히 감소하였고 생산대와 단위는 급속히 해체되었다. 이는 농촌과 도시의 기층대중들이 기층간부들과 정치경제적 상호작용을 유지하는 정치참여기제가 급속도로 약화되었음을 의미한다.

이러한 체제 변환에 따라서 다른 탈사회주의국가들은 대체로 경쟁선거 또는 준경쟁선거의 대중정치참여제도를 도입하였지만 중국은 그렇지 않았다. 물론 1990년대 이후 기층의 촌민위원회선거를 도입하여 적극적으로 활용하고 있지만 그 촌민위원회는 공식적인 정부 단위가 아니며 그 상급 정부인 향급과 현급에서는 극소수의 시험적 선거 실시만이 이루어졌을 뿐 전국적으로 도입하지 않았다. 지급시와 성급, 그리고 국가급의 지도자를 직접 대중이 뽑는 선거는 존재하지 않는다. 물론 향급과 현급의 인민대표대회의 대표들은 대중 유권자가 직접 선거로 선출한다고 하지만 매우 제한된 선거이며 그 위의 시급 이상의 인민대표회의 대표들은 바로 아래 급의 대표들이 간접적으로 선출하고 있으므로 기층의 대중들의 정치참여라고 보기 어렵다. 중국공산당이 높은 수준의 전국적 경쟁 선거를 도입하지 않는 이유는 이의 부정적 결과, 즉 정치자유화가 강화되며 선거를 통하여 다수 대중의 요구에 부응하는 대안 세력이 등장, 정권의 유지를 위협할 수 있는 가능성 때문이다. 더구나 급속한 경제발전의 결과로 교육수준이 급격히 향상되었고, 수많은 정치, 경제, 사회의 정보들을 가지고 있으며, 정치적 법적 권리를 보호하려는 의식이 고양된 대다수의 시민들의 정치참여 요구는 더 이상 억누를 수만은 없는 수준에 다다랐다.

이러한 맥락에서 대중정치참여를 위한 경쟁선거 대체제로 사용된 정치제도 중 하나가 신방이다. 위에서 살펴본 대로 신방제도를 통하여 정치에 참여하는 주요 계층은 대부분 농민, 도시노동자, 이주노동자로서 기층인민대중이다. 소위 당정간부와 사영기업가, 전문가들의 경우 신방을 통한 정치참여를 하는 경우는 드물다. 이것은 기본적으로 탄원의 주요 항목에서 확인할 수 있듯이 신방은 기층사회에서 개인과 집단이 심대한 이익의 침해를 당했으나 법적 수단으로 해결되지 않는 절박한 경우에 사용되는 정치참여 통로이기 때문이다. 하지만 이러한 '대중만을 위한' 정치참여의 제도적 설계는 중국공산당에 의해 강화되었다. 중국공산당 조직부(組織部)는 1998년 5월 〈組工通訊〉 제24호에서 "당원은 집체상방에 참여해서는 안된다"라는 지시를 내렸다. 이를 통해 알 수 있는 것은 중국공산당은 이 신방제도를 활용한 대중의 정치참여가 정치엘리트인 중국공산당 당원들과 결합되는 것을 원하지 않는다는 점이다.

권위주의정권이 가장 우려하는 것은 불만을 가진 대중과 이를 이용하려는 잠재적인 기회주의적 정치엘리트(중국의 경우 공산당원)가 제도적, 비제도적인 정치참여를 통하여 사회안정을 저해하고 정권에 도전하는 것이다. 물론 현대 중국정치에서 경쟁선거와 실질적인 야당이 존재하지 않는다는 점을 감안할 때 제도적인 경로를 통해서 중국공산당의 집권에 도전할 수 있는 세력이 등장할 가능성은 낮다. 하지만 중국공산당은 '신방'이라는 대체재로의 대중정치참여 제도에서조차 그 가능성을 근본적으로 차단하려고 하는 것이다. 일반 대중의 정치참여를 정치엘리트로부터 격리하여 구획화(compartmentalization)한 것이라고도 해석할 수 있다.

이러한 구획화의 전략은 관리된 대중정치참여의 제도적 역할을 넘어서 신방의 비제도적 역할이 급속도로 강화되고 있는 상황과 맞물려 중요한 의미를 지닌다. 이 신방, 특히 신방탄원의 주요 형식으로 부상한 집체상방은 제도적으로 수용 또는 억제하는 정도를 이미 넘어서 비제도적인 정치참여, 즉 사회운동(social movement)의 하나로 진화하였기 때문이다. 신방 연구에 있어서 가장 큰 의문점 중 하나는 신방탄원을 통한 실질적인 문제 해결은 비효율적이고 그 성공률은 매우 낮은 것(약 0.2%)으로 파악되고 있는데 왜 이 제도를 통한 정치참여는 급증하고 있는가이다. 한 가지 답은 신방탄원인은 이 신방, 특히 집체상방을 하급지방정부와 당정간부, 그리고 그들과 후견인—수혜자관계(patron-client relation)를 맺고 있는 지방 세력들에 대항하는 다양한 사회운동을 시작하는 출발점이자 합리화의 기제로 활용한다는 데 있다.

집체신방(집단 탄원서 제출 또는 항의성 방문)은 이러한 정당한 저항의 논리를 이용하여 '중앙(상급지방)정부와 대중' 대 '하급지방정부'의 갈등/대결의 국가—사회관계를 형성한다. 신방탄원인은 중국공산당 지배 체제의 정당성과 권위에 직접 도전하지 않으며 모든 문제는 중앙정부의 최고지도자들이 제정하고 승인하고 발표한 법, 규정, 정책, 지시들을 수행하지 않는 하급지방정부의 문제라고 인식하는 저항의 틀에서 벗어나지 않는다. 당중앙의 권위를 이용하여 절박한 자신들의 이익을 보호하려는 구도인 것이다. 이는 공식적으로 비난받거나 탄압받을 수 없는 정치참여행위이다. 물론 이렇게 발전한 집체상방과 이에 이어지는 비제도적 사회운동이 무조건 허용되는 것은 아니다. 위의 조직부 문건에서 알 수 있듯이 당원 등의 정치엘리트들이 이러한 정당한 저항에 어떠한 경로로도 참여하는 것을 금함으로써 엘리트와 대중이 연합하는 것을 허용하지 않았고 지방과 수도의 사회안정에 심각한 영향을 미치게 되는 군체성사건으로 발전하게 되거나 정해진 지역을 벗어나 다른 지역의 동일한 신방인들 또는 시위대와 연계하는 등의 시도를 할 때에는 물리적 탄압을 받게 된다.

### (3) 지방정부/간부의 감시

이와 같은 '중앙(상급지방)정부와 대중' 대 '하급지방정부' 갈등의 국가-사회관계는 신방의 두 번째 중요한 기능에도 적용된다. 신방은 중앙(상급지방)정부가 하급지방정부를 감시하고 통제하는 데 중요한 역할을 한다. 거의 모든 신방탄원의 문제는 하급 및 기층지방정부의 불법적 부패와 결탁 그리고 공권력 남용 등에 기인한다. 물론 다수의 중앙과 상급지방정부의 당정 간부들도 이러한 부정행위에 연루되어 있기도 하지만 기층대중들의 삶에 직접적으로 피해를 미치는 것은 하급 및 기층지방정부이다.

하지만 이러한 부정행위들을 중앙과 상급정부가 파악하는 것은 매우 어렵다. 왜냐하면 하급지방정부가 관련된 정보를 은폐하거나 왜곡하여 보고하기 때문이다. 이것은 '정보의 비대칭(information asymmetry)' 현상을 야기한 본인-대리인 문제(principal-agent problem)라고 이해할 수 있다. 공산당 중앙 지도자들의 지방정부의 당정간부들에 대한 비판은 수없이 행해졌지만 이같은 비판과 일회성 운동 형식의 반부패 정책은 그 효과가 미미하다. 권위주의체제 하에서도 부패 방지에 성공하고 있는 싱가포르와는 달리 중국은 워낙 방대한 영토와 인구, 그리고 관료제를 지니고 있기 때문에 '위에서 아래로의' 지방정부 통제는 지난하다.

위의 어려움을 타개하려는 정치제도 중 하나가 바로 신방이다. 신방의 탄원 항목들이 대부분 지방정부와 그의 당정간부들의 불법, 부정, 폭력 행위에 기인하므로 이러한 정보들은 상급정부가 '정보의 비대칭'현상을 극복하고 하급정부를 통제할 수 있는 근거이자 수단으로 쓰일 수 있다. 상급정부는 이를 통하여 본인-대리인 문제도 어느 정도 방지할 수 있게 된다. 물론 하급지방정부는 이러한 신방 행위를 통해 드러난 정보들을 최대한 은폐하려고 노력한다. 예를 들어 한 농민이 부패한 촌의 공안(경찰)을 향 또는 현 정부의 공안국 신방 조직에 탄원을 했다고 하더라도 그 보고를 받은 공안국의 간부들은 그 부패한 경찰을 보호하기 위하여 그 신방 행위와 정보 자체를 은폐할 수 있다. 하지만 이를 잘 알고 있는 신방탄원인들은 그 위의 또는 더 상급지방정부의 여러 신방 조직들에 탄원을 하는 '상방(上訪)' 전략을 취한다. 그러므로 이러한 은폐 의도도 상급정부에 신방을 하는 상방탄원인들을 통해서 전해지는 정보는 막기 어렵다.

또한 집체신방을 통하여 본지 정부에 탄원하여 문제를 해결하지 못한 사람들은 이를 정당화 기제로 삼아서 본격적인 사회운동으로 발전시켜 상급정부와 신문, 방송, 인터넷 등의 각종 미디어 매체들의 주목을 끄려는 시도를 하여 관련 정보를 공개적으로 노출시키기까지 한다. 지방의 당정간부들은 이 신방에 주의를 기울이지 않을 수 없고 중앙과 상급지방정부는 이를 적극적으로 활용한다. 이러한 맥락에서 중앙정부는 신방책임제(信訪責任制)도 도입하였다. 이는 지방 간부들의 실적을 그의 관할 지역 또는 업무에 관한 신방탄원인수에 기인하여 평가하는 제도로서 관련된 신방의 수가 증가하면 그 관할 간부 또는 부서 전체의 인사고과와 승진에 불이익을 주는 것이다. 이는 상급정부가 신방을 직접적으로 하급지방정부를 감시, 통제하는데 사용하고 있음을 나타내는 증거라 하겠다.

## (4) 대중사회통제

위의 두 정치적 역할에서 보듯이 신방제도가 일반대중에게 제한적
이지만 상당한 도움이 되는 대중정치참여제도이자 지방정부통제기제
인 것은 분명하다. 하지만 이러한 신방의 또 다른 역할은 이러한 국
가−사회관계와는 다른 양상을 보인다. 잘 알려지지 않은 신방제도의
마지막 기능은 신방탄원인과 그를 지지하는 기층대중들에 대한 감시
와 통제다. 이 통제 거버넌스 기능의 작동원리는 매우 간단하고 직관
적이다. 신방제도를 통해 정치에 참여하는 대중들은 현 정치경제체제
하에서 가장 불만이 많은 절대적, 상대적 피해자라고 할 수 있다. 현
재의 정치적 경제적 체제에 만족하고 있는 소위 당정간부들, 사영기
업가, 전문가 등의 기득권층과는 달리 표면적으로는 중국공산당체제
에 저항을 하지 않지만 잠재적으로 현 체제에 대한 변화를 원하는 계
층이라고 하겠다. 이러한 계층에 속한 사회불만세력을 파악하고 감시
및 통제하는 것은 사회안정 유지에 필수적이다. 신방탄원인이 집체
상방 등을 통하여 더 적극적이고 때로는 폭력적이기까지 한 대규모의
사회운동으로 발전하는 상황임을 고려할 때 그 중요성은 더 커진다.

신방제도는 이러한 계층과 개개인에 대한 매우 자세한 자료를 축
적할 수 있는 효율적인 정보수집 기제이다. 신방인들은 탄원을 각각
의 신방조직들에 접수할 때 자신과 동료탄원인들의 개인신상정보와
구체적인 불만족 사항 등의 정보들을 스스로 하급지방정부에게 넘겨
주게 된다. 이 정보들은 체계적인 통계 및 보고 체계에 의하여 상당
부분 축적되며 불만세력의 정치참여가 정권이 감내할 수 없는 정도
의 사회운동 또는 저항운동으로 발전하는 경우 적발, 통제, 억압하는
기본적인 자료가 된다. 신방의 제도적 규정상 탄원인들은 비록 상방

을 하더라도 촌급, 향급, 현급, 시급, 성급, 중앙의 신방 기관들 중 복수에 자신의 정보를 남기도록 한다. 특히 공산당에서 지정한 '네 가지 요주의 탄원(四方)'－집체신방(集體訪), 중복신방(重複訪), 상방(越級訪), 장기신방(老戶訪)－실행자들에 대한 감시와 관리는 강력히 시행되고 있다.

신방조직은 위의 네 가지 요주의 유형을 비롯하여 다른 신방탄원인들을 직접적으로 감시하고 관련된 정보들도 수집한다. 스스로 자신의 불만들을 등록하고 각종 사회불안을 조장하는 행위들을 한 신방인들에 대해서 또한 잠재적으로 신방탄원 및 사회운동을 할 가능성이 있는 개인 또는 집단에 대하여 기층신방조직망 등을 활용하여 지속적인 정보를 수집한다. 기층당정조직에 배치되어 있는 신방 정보원, 연락원, 감독원들과 연락가구를 통한 정보는 '신방정보망'을 통해서 전파된다. 이들은 당정기관 또는 공산당의 대중조직에 속하면서 기층사회 통제에 기여하며 때로는 신방조직 간부들과 경찰과 검찰과 함께 직접 수사에 참여한다.

신방 조직은 이러한 기층에서의 사회통제를 넘어서 31개 성의 수도인 성도들과 국가 수도인 베이징의 사회안정을 저해할 수 있는 상방인, 특히 집체상방인들을 직접 관리하는 기능도 한다. 논문의 서두에서 언급했던 흑감옥이 바로 이 신방조직의 사회통제 기능을 잘 보여주는 증거이다. 중국의 권위주의정치체제에 가장 큰 위협은 바로 수도인 베이징의 사회안정을 해치는 사건들이다. 이러한 사건들 중에는 개인 또는 집체상방인들이 일으키는 소요사건들은 지방정부의 지도자급 당정 간부들에게 그 책임이 있으며 각 성급과 시급의 정부는 베이징에 신방 간부들과 관련 인력들을 상주시키면서 각각의 지역 출신 상방인들을 감시, 통제하고 심지어 납치, 구금하여 흑감옥에 구치

하고 본 지역으로 강제 소환한다. 이러한 탄원인들이 향후 특별 관리
대상이 됨은 물론이다. 다층적인 신방정보수집 기능은 이러한 신방인
들에 대한 통제를 수월하게 한다. 이에 근거하여 우리는 이 세 번째
신방의 정치적 역할에서 첫 번째와 두 번째 역할과는 다른 '중앙(상급)
정부와 하급지방정부'와 '대중'의 갈등과 대결 구도라는 국가−사회관
계를 발견하게 된다.

## 4. 신방제도의 정치적 의의와 정책 제언, 전망

중국공산당정권에게 무엇보다도 중요한 정치적 목표는 사회안정을
통한 정권의 유지와 생존이다. 신방의 세 가지 정치적 역할−대중정
치참여, 지방정부감시 및 통제, 대중사회통제−은 이 정치적 목표를
각기 다른 방향에서 지원하고 있다. 급속한 경제 성장을 통해서 이미
기득권층이 된 당정 간부들, 사영기업가, 전문가 등의 부당한 행위로
인하여 심대한 피해를 본 다수의 농민, 노동자, 그리고 이주노동자들
은 심각한 사회불만세력으로 부상하고 있다. 이들의 침해된 이익 보
상과 실현을 위한 대중정치참여제도로서 신방은 불만을 호소할 수 있
는 안전핀(safety valve)의 역할뿐 아니라 이들이 집체상방 등을 통하여
정당한 저항, 즉 정치적으로 정당한 논리에 맞춰 기층 및 하급지방정
부에 더 강력한 압력을 행사할 수 있는 연좌농성, 파업, 시위, 심지어
는 폭동과 같은 비제도적 사회운동을 조직, 참여하는 발판으로 사용
되고 있다. 이는 하급지방정부와 그 당정 간부들의 심각한 부패, 결
탁, 그리고 공권력 남용 등의 부정한 행위를 감시하고 통제하는 거버
넌스 기제로의 기능과 더불어 주요한 사회불만세력인 신방탄원인들

을 비롯한 일반 대중들의 이익을 보호함으로써 사회불안의 요소를 줄이는 역할을 한다. 반면 신방탄원인의 주요 저항 대상인 하급지방정부뿐만 아니라 근본적으로 일반시민대중들을 통제해야 하는 중앙정부는 신방제도의 대중사회통제 기능을 활용함으로써 사회불만세력에 대한 정보를 축적하고 감시하며 유사시 신방조직과 경찰과 검찰 등을 동시에 활용, 강제적 물리력을 동원하여 사회안정을 추구하는 전략을 취하고 있다.

이러한 다층적 신방제도를 둘러싼 중앙(상급지방)정부, 하급지방정부, 그리고 일반 인민대중들의 정치적 상호작용은 현대 중국정치에서 정치참여, 쟁의정치, 그리고 거버넌스라는 큰 틀 아래 국가-사회관계가 복합적으로 진화하고 있음을 보여준다. 하지만 역설적으로 신방은 현대 중국공산당정권의 정치체제를 규정하는 것이 얼마나 어려운가를 보여주는 상징적 존재이기도 하다.

신방과 같은 경쟁선거의 대체재를 통해 정치 자유화, 궁극적으로 서구식의 자유민주주의의 도입을 지연 또는 거부하려는 중국공산당의 시도에는 끊임없는 의문부호가 달린다. 예컨대 준경쟁선거의 대체제의 하나로 운용되고 있는 신방제도를 어떻게 개선하여 그 순기능을 강화할 것인가가 중요한 정책적 과제로 떠오른다. 중국의 정권차원에서도 또한 중국의 신방전문가 차원에서도 다양한 정책적 개선책을 제시하고 있지만 그것들이 그다지 효과적으로 보이지는 않는다. 그 이유는 신방제도가 지속적으로 강화될 수는 있으나 이를 통해 지속적 경제발전과 향상된 일반시민대중들의 정치의식과 법의식, 당중앙의 척결의지에도 불구하고 갈수록 악화되어 가고 있는 정치엘리트인 당정간부들 중심의 후견인과 그들의 경제엘리트 사영기업가와 전문가 중심의 수혜자들의 결탁, 부패, 독점 구조를 타파할 수 없기 때

문이다. 위로부터의 통제가 효과가 없다면 아래로부터의 저항과 통제
를 강화할 수 있는 정치제도를 구축해야 한다.

| 참고문헌 |

중국 18개 성연감(省年鑑, 1995~2009), 30개 도시/현연감(城市/縣年鑑, 2002-2008)

김재철, 2004, 「사영기업가의 등장과 정치변화」, 전성흥 편, 『전환기의 중국 사회 II: 발전과 위기의 정치경제』, 서울: 오름.

김종현, 2011, 「사회운동의 관점에서 본 중국 농민 집체상방」, 『중국학연구』 58.

백우열, 2013, 「시진핑의 중국공산당 정권 생존전략은?: 성장, 재분배, 반부패를 통한 정치-사회안정」, 『성균차이나브리프』 1(1).

이정남, 2007, 『중국의 기층선거와 정치개혁, 그리고 정치변화』, 서울: 폴리테이아.

이홍규, 2010, 「중국 특색의 사회주의민주: 기층선거의 도입과 효과」, 전성흥 편, 『체제전환의 중국정치: 중국식 정치발전모델에 대한 시론적 연구』, 서울: 에버리치홀딩스.

장윤미, 2010, 「전환기 정치체제의 비교사회주의적 분석」, 전성흥 편, 『체제전환의 중국정치: 중국식 정치발전모델에 대한 시론적 연구』, 서울: 에버리치홀딩스.

전병곤, 2004, 「권력부패의 구조화와 체제안정성」, 전성흥 편, 『전환기의 중국 사회 II: 발전과 위기의 정치경제』, 서울: 오름.

정재호, 1999, 『중국의 중앙-지방 관계론』, 서울: 나남.

조영남, 2006, 『중국의회정치의 발전: 지방인민대표대회의 등장, 역할, 선거』, 서울: 폴리테이아.

_____, 2009, 『정치개혁과 '중국 특색의 민주주의' 21세기 중국이 가는 길』, 서울: 나남.

조영남, 안치영, 구자선, 2011, 『중국의 민주주의: 공산당의 당내민주 연구』, 서울: 나남.

한상권, 1996, 『조선후기 사회와 소원제도: 상언, 격쟁 연구』, 서울: 일조각.

童之偉, 2011, 「信訪體制在中國憲法框架中的合理定位」, 『現代法學』 33(1).

房寧, 王炳權, 2011, 「中國特色社會主義民主政治具有强大生命力」, 『求是』 20期.

紅旗, 1971, 「必須重視人民來信來訪」 第1期.

金太軍, 2002, 「政治文明: 歷史發展與中國特色」, 『政治學研究』 03期.

李九圑, 王俊山 편, 2000, 『新世紀中國信訪工作實務全書』, 北京: 中國審計出版社.

龍志, 2010, 「安元鼎: 北京截訪"黑監獄"調査」, 『南方都市報』(9월24일), AA18.

潘偉, 2010, 『當代中華體制: 中國模式經濟政治社會解析』, 廣州: 三聯書店.

人民日報, 2010, 「從典型案例看化解"信訪洪峰"的緊迫性」, (2月25일.

孫展, 2005, 「接訪戰役"能否化解信訪洪峰?」, 『中國新聞周刊』, 2005年 19期.

蘇永通, 2004, 「"上訪村"的日子」, 『南方周末』(11월5일).

王幼華, 2005, 「全面保護信訪人權利 新信訪帶來新一輪信訪洪峰?」, 『南方周末』(1월26일).

吳超, 2011, 「中國當代信訪史基本問題探討」, 『當代中國史研究』18(1).

邢世偉, 2013, 「信訪制度正改革將取消排名 影響不亞於勞教廢除」, 『新京報』(11월11일).

于建嶸, 2005, 「中國信訪制度批判」, 『中國改革』02期.

_____, 2009, 「中國信訪制度的困境和出路」, 『戰略與管理』第1/2期合編本.

中共江西省委 辦公廳信訪處, 江西省人民政府辦公廳信訪處 편, 1989, 『信訪工作資料選』第1冊(機密).

中共中央, 2007, 「國務院關於進一步加強新時期信訪工作的意見」, 中發 5號.

中共中央辦公廳 國務院辦公廳 信訪局 편, 『信訪工作實用政策法規手冊 內部文件』, 北京: 法律出版社.

中共中央組織部辦公廳, 2004, 『組織部門信訪工作問答』, 北京: 黨建讀物出版社.

Anderlini, Jamil, 2009, "Punished Supplicants", *Financial Times* (Mar. 5th.)

Cai, Yongshun, 2004, "Managed Political Participation in China", *Political Science Quarterly* 119(3).

Cai, Yongshun, 2008, "Local Governments and the Suppression of Popular Resistance in China", *The China Quarterly* 193.

Chandra, Kanchan, 2004, *Why Ethnic Parties Succeed: Patronage and Ethnic Head Counts in India*, Cambridge: Cambridge University Press.

Chen, Xi, 2009, "The Power of 'Troublemaking': Protest Tactics and Their Efficacy in China", *Comparative Politics*, 41(4).

Chen, Xi, 2012, *Social Protest and Contentious Authoritarianism in China*, Cambridge: Cambridge University Press.

Diamond, Larry, 2002, "Thinking about Hybrid Regimes", *Journal of Democracy* 13(2).

Dickson, Bruce J, 2003, *Red Capitalist in China: The Party, Private Entrepreneurs, and Prospects for Political Change*, Cambridge: Cambridge University Press.

Dickson, Bruce J, 2008, *Wealth into Power: The Communist Party's Embrace of China's Private Sector*, Cambridge: Cambridge University Press.

Fewsmith, Joseph, 2010, "Inner-Party Democracy: Development and Limitations", *China Leadership Monitor* 31.

Geddes, Barbara, 2003, *Paradigms and Sand Castles: Theory Building and Research Design in Comparative Politics*, Ann Arbor: The University of Michigan Press.

Geddes, Barbara, 2007, "What Causes Democratization?", In Carles Boix and Susan C. Stokes, eds, *The Oxford Handbook of Comparative Politics*, Oxford: Oxford University Press.

Levitsky, Steven and Lucan A. Way, 2010, *Competitive Authoritarianism: Hybrid Regimes After the Cold War*, Cambridge: Cambridge University Press.

Lianjiang Li, 2002, "The Politics of Introducing Direct Township Elections in China", *The China Quarterly* 171.

Li, Lianjiang, Mingxing Liu and Kevin J. O'Brien, 2012, "Petitioning Beijing: The High Tide of 2003−2006", *The China Quarterly* 210.

Malesky, Edmund, and Paul Schuler, 2009, "Paint−by−Numbers Democracy: The Stakes, Structure, and Results of the 2007 Vietnamese National Assembly Election", *Journal of Vietnamese Studies* 4(1).

Nathan, Andrew J., 2003, "Authoritarian Resilience", *Journal of Democracy* 14(1).

O'Brien, Kevin J. and Lianjiang Li, "Suing the Local State: Administrative Litigation in Rural China", *China Journal* No.51.

O'Brien, Kevin J. and Rongbin Han, 2009, "Path to Democracy? Assessing Village Elections in China", *Journal of Contemporary China* 18(60).

Paik, Wooyeal, 2012, "Economic Development and Mass Political Participation in Contemporary China: Determinants of Provincial Petition (*Xinfang*) Activism 1994− 2002", *International Political Science Review* 33(1).

Paik, Wooyeal and Richard Baum, Forthcoming, "Clientelism with Chinese Characteristics: The Political Economy of Local Patronage Networks in Post−Reform China", *Political Science Quarterly*.

Pan, Wei, 2003, "Toward a Consultative Rule of Law Regime in China", *Journal of Contemporary China* 12(34).

Pearson, Margaret M, 1997, *China's New Business Elite: The Political Consequences of Economic Reform*, Los Angeles: University of California Press.

Pei, Minxin, 1997, "Citizens v. Mandarins: Administrative Litigation in China", *The China Quarterly* No.152.

Pei, Minxin, 2006, *China's Trapped Transition: The Limits of Developmental Autocracy*, Cambridge: Harvard University Press.

Schedler, Andreas ed, 2006, *Electoral Authoritarianism: The Dynamics of Unfree Competition*, Boulder: Lynne Renner Publishers.

The World Bank, 2013, "Data Bank: GDP per capita (current US$)", http:// data.worldbank.org/indicator/NY.GDP.PCAP.CD (검색일: 2013.8.10).

Shi, Ting, 2006, "Petition System Reform Due after Party Plenum", *South China Morning Post* (10월6일).

Tsai, Kellee S, 2007, *Capitalism without Democracy: The Private Sector in Contemporary China*, Ithaca: Cornell University Press.

Wedeman, Andrew, 2012, *Double Paradox: Rapid Growth and Rising Corruption in China*, Ithaca: Cornell University Press.

Wright, Teresa, 2008, "State−Society Relations in Reform−Era China: A Unique Case of Postsocialist State−Led Late Development?", *Comparative Politics* 40(3).

Ming, Xia, 2008, *The People's Congresses and Governance in China: Toward a Network Mode of Governance*, London: Routledge.

Zhan, J, Vivian, 2009, "Decentralizing China: Analysis of Central Strategies in China's Fiscal Reforms", *Journal of Contemporary China* 19(60).

2부

지식 · 소통

# 1장

# 동아시아 미학과 예술정신을
# 어떻게 이해할 것인가?

조민환

## 1. 들어가는 말

지난 20세기 우리를 포함한 동양의 역사는 '탈 동양의 역사'라고 해도 과언이 아니다. 서양의 힘과 경제력에 밀린 동양은 자신의 것을 자신의 눈으로 보지 못하고 모두 서구의 눈으로 자신들의 것을 보고 판단하곤 하였다. 서구중심주의나 오리엔탈리즘은 타자(서양)에 비해 나(동양)는 비이성적이고 미신적이며 신비적이라고 하는 자기비하, 자기허무주의에 빠지게 하였다. '탈아입구(脫亞入歐)'를 말한 일본은 말할 것도 없고 심한 경우는 동양의 지식인들은 자신의 것을 통째로 부정하고 서구 추수적(追隨的)인 전반서화론(全般西化論)을 주장한 적도 있었다. 그것은 동양적 사유의 정체성 상실로 이어지기도 하였다. 이런 사유는 오늘날에도 여전히 진행 중이기도 하다. 오늘날 서구지향적인 우리의 교육상황은 동양철학과 동양미학, 예술, 한국철학과 한국미학, 예술의 상호 연계성을 단절시켜 버렸다. 서양의 유명한 중국학자인 프레드릭 W. 모트는 『중국문명의 철학적 기초』에서 "중국의 유구한 역사에서 중국의 특유한 성격과 살아 있는 문명으로서 그 비길 바 없는 지속성을 설명해주는 것은 과연 무엇인가? 그 과거가 오늘날 과연 어떤 중요성을 띠는가?"라는 질문을 던진다. 그리고 이 질문에 대한 답은 '중국을 이해하기 위해서는 그 문명이 그토록 굳건히, 그리고 그토록 오랫동안 딛고 서 있었던 지적 기초를 이해하지 않으면 안된다'고 생각하는 쪽으로 옮겨진다. 모트의 이런 언급은 물론 한국철학과 미학 및 예술에도 적용된다. 이제 이런 언급에 대해 이제 심도 있게 답을 해야만 한다.

동양예술에서는 드러난 현상(이런 점을 철학에서는 用이라고 한다.) 너머에 있는 내재된 본질 혹은 원리(이런 점을 철학에서는 體라고 한다. 그 체는 이해하는 관점에 따라 道, 理, 太極 등으로 이해된다.)에 대한 이해가 있어야 함을 요구한다. 동양예술에서 강조하는 미는 인간의 연상, 상상, 정감, 사유 등 제반 요소의 작용을 빌려 대상이 함축하고 있는 미는 물론 더 나아가 형상 너머의 경지를 체험할 것을 요구하였다. 즉 중국예술가들은 예술창작의 경우 발생론적 측면 혹은 형이상학적 측면에서는 천지자연의 조화(造化), 이(理) 혹은 '일음일양(一陰一陽)'하는 도(道)를 거론하며, 심성론적 측면에서는 이같은 형이상학적 측면과 관련된 사유를 심득(心得)하고 심오(心悟)한 이후 기교를 통해 구체적 형상으로 표현하고자 하였다. 사물의 형상을 그대로 재현한 형사(形似)적 차원의 미보다는 작가의 예술정신이 담긴 신사(神似)적 차원의 미를 더 높은 경지로 여긴다. 이같은 사유는 단순히 회화에만 적용되는 것이 아니라 중국예술 모든 분야에 다 적용되는 특징이 있다.

동양은 서양과 다른 아름다움에 대한 견해가 있었다. 아울러 예술을 통해 담아내고자 하는 사유도 달랐다. 서양인의 관점에서 보면 동양의 문인사대부들이 추구한 예술경지, 심미의식에 대해 이해가 안되는 것이 많다. 몇가지 예를 들어보자. 참으로 "위대한 기교는 마치 졸렬할 것 같다(大巧若拙)"라 하는 것, 회화에서의 여백(餘白)과 무미(無味)함, 담백(淡泊)함의 미학에 대한 것, 서양인의 눈에는 동양의 정원을 꾸미는데 반드시 있는 태호석(太湖石)과 같은 추함의 극치를 달리는 돌이 왜 동양인들에게는 그렇게 미적 사물로 여겨졌는지, 왜 동양 회화에서는 수묵(水墨)을 통한 산수화가 시대를 초월해 그려졌는지, 조선조 선비들은 왜 그렇게 백자를 좋아했는지, 왜 동양회화에서는 누드화의 전통이 없는지, 오늘날의 관점에서 보면 표절로 이해될 수 있는 방작(倣作)을 통한 창작을 왜 또 다른 작품세계를 펼친 것으로 여겼는지, 광기(狂氣)를 예술의 천재성으로 파악하고 그것을 긍정적으로 이해하였는지, 문인사대부나 선비들이 관료적 삶에서 벗어나 은일(隱逸)적 삶을 추구하고, 아울러 삶의 공간을 선택해도 왜 요산요수(樂山樂水)할 수 있는 공간을 선택하였는지, 특히 예술가의 예술적 재능보다는 예술가의 인품과 인격을 더 우선시 하고 기운생동(氣韻生動)과 일품(逸品)을 최고의 경지로 여기는지도 잘 이해가 안된다.

이처럼 동양인의 눈과 마음에 아름답게 보이고 여겨진 것이 서양의 눈으로 보면 이해가 잘 안되는 경우가 많다. 이런 점에 대한 이해가 가능하려면 그 바탕에 깔린 철학, 즉 유가철학과 노장철학, 불가의 선종 등에 대한 이해가 먼저 있어야 한다. 즉 동양의 하나의 예술작품에는 그 작품을 이룬 철학적 사유와 미학적 사유가 담겨 있는데, 이런 점을 복합적으로 이해해야 동양미학과 예술정신을 제대로 알 수 있기 때문이다.

## 2. 중국의 미학과 예술정신

동양의 미학과 예술정신을 어떻게 이해할 것인가? 이런 점을 구체적으로 이해하기 전에 동양의 위대한 인물이 죽고 난 뒤에 만드는 문집의 편찬체제를 보자.

중국의 문인사대부들은 『논어(論語)』「위정(爲政)」에서 말하는 '군자불기(君子不器)'가 상징하는 인품과 학식 및 예술적 소양을 갖춘 지식인과 지성인으로서 전인적(全人的)인 인간상을 꾀하였다. 공자는 군자가 되는 조건으로 예(禮)·악(樂)·사(射)·어(御)·서(書)·수(數)의 6예(六藝)를 겸비할 것은 요구했는데, 막스 베버는 '군자불기'의 인간상은 전문성이 결여된 점이 있다고 비판하기도 하였지만 오늘날 전인적인 인간, 융복합적 인간상이 요구되는 시점에서는 다시금 '군자불기'가 갖는 긍정적인 면을 생각해볼 필요가 있다. 특히 동양의 미학과 예술정선을 이해할 때는 이런 점이 더욱 강조된다.

동양에서 문집을 편찬할 때 맨 먼저 시(詩)를 놓는데, 철학적 사유가 담긴 이른바 '철리시(哲理詩)'를 비롯하여 서정을 읊은 서정시가 상당한 분량을 차지한다. 우리가 흔히 철학자로 알고 있는 퇴계 이황(退溪 李滉)이나 회암 주희(晦庵 朱熹) 등은 시인이라고 불러도 전혀 문제가 안 될 정도로 많은 시가 실려 있다. 예를 들면 이황이 매화를 읊은 시 90여 수를 묶어 『매화시첩(梅花詩帖)』을 만든 점을 참조하면 이황은 매화시인이라고 할 수 있다는 것이다. 과거 동양의 문인사대부들은 공자가 자기 아들에게 전한 "시를 배우지 않으면 말을 할 수가 없다(不學詩, 無以言)"란 말이 있듯이 지식인으로 행세하려면 최소한 시 한 구절을 지을 줄 알아야 했다. 중국예술은 논할 때 자주 거론하는 유명한 인물들, 예를 들면 왕희지(王羲之), 채옹(蔡邕), 혜강(嵇康), 고개지(顧愷之), 종병(宗炳), 장조(張璪), 백거이(白居易), 형호(荊浩), 곽희(郭熙), 소식(蘇軾), 조맹부(趙孟頫), 동기창(董其昌), 축윤명(祝允明), 탕현조(湯顯祖), 석도(石濤), 정섭(鄭燮), 휘종(徽宗), 건륭(乾隆) 등을 보자. 그들은 시인이면서 서화에 장기를 보인 예술가인 동시에 예술이론가, 미학자였다. 때론 인물에 따라 정치가, 교육자, 문장가, 음악가, 황제[徽宗,

乾隆]이기도 하였다.

　동양에서 전인적인 삶을 살아간 인물들이 추구한 미적인 것에 관한
사유에는 철학은 물론 문론, 시론, 악론, 화론에 동시에 담겨 있다.
아울러 그들의 예술화된 삶의 공간인 원림에도 이런 점이 동시다발적
으로 존재하였다. 이런 점을 감안할 때 동양 역사에 기록된 위대한 사
상가나 예술가들을 어떤 한 분야만을 통해 이해하는 것은 그 인물의
전모를 이해하는 데 매우 제한적이다. 이런 현상을 철학과 미학의 관
계에 좁혀서 적용해보자. 현대 중국미학계를 대표하는 인물 중의 하
나인 리쩌허우(李澤厚)는 중국미학은 철학과 불가분의 관계가 있고 특
히 장자(莊子)의 미학은 철학과 혼연일체라고 한다. 중국미학과 철학
의 이같은 불가분의 융복합적 특징 때문에 중국미학의 연구는 중국철
학의 연구가 되며, 따라서 중국철학에 대한 심도있는 이해는 중국미
학의 심도 있는 이해를 결정한다고 한다.

　그럼 이런 특징을 갖는 중국미학과 예술정신을 어떻게 이해할 것인
가? 중국미학과 예술정신은 시대에 따라 큰 흐름을 달리 하였다. 리
쩌허우는 유가미학, 도가미학, 굴원(屈原)으로 대표되는 초소(楚騷)미
학, 선종미학 이 네가지를 중국미학의 큰 흐름으로 보고, 이 4대 사조
를 파악하는 것이 중국미학의 발전 단계를 이해하는데 매우 중요하다
는 것을 말한다. 그런데 큰 틀에서는 유가미학과 도가미학을 알면 나
머지 분야는 일정 정도 해결된다. 이런 점에 대해서는 선종이 유가·
도가와 차별화되는 점이 있지만 주희 등 송대 이학자들이 '선종은 장
자에서 나왔다'라는 언급이나 리쩌허우가 미학적 측면에서 볼 때 '선
(禪)은 유가와 도가의 초월적인 면을 한층 높였지만 그 내재적 실천에
서는 여전히 중국의 전통을 따르고 있다', '선은 장자(莊子)와 현학(玄
學)을 이었다는 것', '선에서 출발하여 유가와 도가에 되돌아오는 것

(由禪而返歸儒道)'이 중국문화와 문예의 기본 특징이라고 한 언급 등을 참조할 필요가 있다. 선종미학은 도가미학 특히 장자미학과 유사한 점이 많고, 아울러 남방문화의 상징인 초소미학도 유가미학과 도가미학이란 틀에서 논의될 수 있다. 특히 송대 이후 문인사대부들은 유가, 도가, 선종을 하나로 융합한 경지를 담아내어 이전과 다른 독특한 풍모를 보이는데, 실질적인 그 중심은 유가이거나 도가였다.

그럼 이같은 중국미학과 예술정신의 구체적인 특징은 무엇일까? 우선 리쩌허우의 발언을 보자. 리쩌허우는 중국미학의 특징으로 여섯 가지로 든다. 첫째, 윤리도덕 측면의 감화를 중시한다는 입장에서 '미와 선의 통일'을 말한다. 둘째, 한대(漢代)의 양웅(揚雄)이 말한 "언어는 마음의 소리고, 글씨는 마음의 그림이다(言, 心聲也, 書, 心畵也)"라는 것을 비롯하여 "시는 뜻을 말하는 것이다(詩言志)" 등을 참조하면, 중국예술은 정감을 표현하는 예술이지만 궁극적으로는 '정(情)과 리(理)[윤리]의 통일'을 말한다고 본다. 셋째, 맹자가 말한 "성스러워 알 수 없는 것을 일러 신이라고 한다(聖而不可知之之謂神)"라는 것이 상징하듯 지선(至善)의 인격이상과 인생경지에 도달하기 위해서는 개체 내심의 체험과 직각이 요구된다는 점에서 '인지와 직각의 통일'을 말한다. 넷째, 인간의 윤리·도덕적 정신생활과 자연 규율 간에 내재적으로 긴밀한 관계가 있다는 점에서 천일합일에 근거한 '인간과 자연의 통일'을 말한다. 다섯째, 인간의 감정, 욕구와 사회 윤리도덕, 도덕의 화해(和諧) 통일은 바람직한 인간다움 형성과 관련이 있다는 점에서 '고대 인도주의 정신이 강하다'는 것을 말한다. 여섯째, 천인합일이란 사유에서 출발하면, 도덕에서 심미로 발전된 심미 경지가 인생의 최고 경지라는 점에서 '심미경지가 인생의 최고경지'라는 것을 말한다. 결론적으로 중국철학에서 추구한 인경경지는 심미의 세계이지 종교의 세계는 아

니라고 말한다. '심미경지가 인생의 최고경지'라는 진단은 탁월한 진
단인데, 리쩌허우가 중국미학의 특징으로 말한 이상 여섯 가지는 그
내용을 자세히 보면 주로 중화(中和)미학에 근거한 이성과 윤리성, 인
간관계에서의 바람직한 감정표현과 행동양식[이른 바 하학(下學)의 세계]
을 강조하는 유가미학 쪽에 초점을 맞추어 기술한 것이 많다.

이런 견해는 중국미학과 예술정신의 큰 흐름을 이해할 때는 별 문
제가 없지만 중국미학과 예술정신의 전모를 이해하고자 한다면 조금
문제가 있다. 왜냐하면 중국미학과 예술정신에서 가장 독특한 면을
보이는 광기와 관련된 감성적 측면 및 우주론과 관련된 도(道)에 대
한 미학적 인식인 '뜻을 얻으면 상을 잊어버려라[득의망상(得意忘象)]' 및
'말을 뜻을 다 표현할 수 없다[언부진의(言不盡意)]'라는 것이 상징하는
미학과 예술정신[이른 바 상달(上達)의 세계]에 관한 규명이 불충분하기
때문이다. 팡둥메이(方東美)는 '중국인의 우주는 예술의 의경'이란 점
을 말하고, 광대 화해한 우주의 생명정신을 통한 중국예술론과 미학
을 말하는 데, 팡둥메이의 이런 연구는 상달처로서의 미학과 예술정
신을 이해하는 데 참조할 만 하다. 이런 점과 관련해 천왕헝(陳望衡)이
『중국고전미학사(中國古典美學史)』 서론(緒論) 부분의 「중국고전미학 체
계에 대해 간단히 논한다」라는 글에서 다음과 같이 중국고전미학체계
에 대해 4가지를 말한 것을 참조해보자.

첫 번째, 의(意)와 상(象)으로 기본범주로 삼는 심미본체론 계통이
다. 중국고전 미학에서 심미본체의 지위에 있는 것은 상(象)과 경(境)
및 그것이 구성한 의상(意象), 의경(意境), 경계(境界)라고 한다. 그리
고 중국민족은 이것을 심미대상으로 삼았고, 무엇이 미이고, 미는 어
디에 있는가 라는 질문을 한다면 의상, 의경, 경계 등이 그것에 대한
답을 준다고 말한다. 특히 심미성의 쾌락과 평가와 관련된 묘(妙), 신

(神), 일(逸), 능(能),려(麗) 등은 상과 경으로부터 나온 것이라 한다. 두 번째, 미(味)를 핵심범주로 삼는 심미체험론 계통이다. 심미발생의 심미전제가 되는 것은 허정(虛靜)으로, 허정과 동등한 개념으로는 징회(澄懷), 징사(澄思), 응사(凝思), 응신(凝神) 등이 있다고 한다. 심미발단의 심리활동으로는 감흥(感興)을 꼽고, 물아쌍방의 교감(交感), 응감(應感), 응회(應會)는 중국미학 심미감지론의 중요한 특징이라고 한다. 결론적으로 미감이론의 핵심범주로 미(味)를 꼽는다. 세 번째, 묘(妙)로 주요범주를 심는 심미품평론 계통이다. 중국미학에서 생명의 기운이 충만해있는 무형무상인 도(道)는 묘와 관련이 있고, 심미품평의 핵심인 묘의 지위는 미(美)의 지위보다 높다고 본다. 네 번째, 진·선·미 상호 통일의 예술창작이론 계통이다. 진에 대해 가장 중요한 위치를 차지하는 '우주정신의 진[=도]', 다음으로 중요한 '사상 정감의 진', 가장 낮은 단계에 속하는 '객관 사물의 진'을 말한다. 이에 중국고전미학은 선으로 미의 영혼으로 삼고, 진으로 미의 최고경지를 삼으면서 진선미의 통일을 이룬다고 본다. 결론적으로 중국인의 독특한 심미관념으로 중화를 숭상하는 심미이상, 공령(空靈)을 숭상하는 심미경지, 전신(傳神)을 숭상하는 심미창조, 락(樂)과 선(善)을 숭상하는 심미의미를 든다. 이런 천왕형의 분석은 리쩌허우가 말한 내용을 조금 더 보충해준다.

장파(張法)는 중국미학에서 미학의 각 부분을 꿰뚫고 있는 근본적인 범주로 다섯 가지를 든다. 먼저 기운생동(氣韻生動)으로, 이 범주는 중국미학의 내재적인 생명으로서, 중국미학의 모든 것을 꿰뚫고 있다고 한다. 음양상성(陰陽相成)과 허실상생(虛實相生)으로, 이 범주는 중국미학의 기본법칙으로 모든 범주를 꿰뚫고 있다고 한다. 다음 화(和)로서, 이 범주는 중국미학의 최고이상이라고 한다. 마지막으로 의경(意

境)으로, 이 범주는 중국미학의 심미생성관이라고 한다. 아울러 의경이 있다는 것은 기운생동, 음양상성, 허실상생, 화(和)가 그 속에 고루 들어있다고 한다.

이런 리쩌허우의 분석 및 천왕형의 네 가지 계통을 통한 분석에서 주목할 것은, 서양미학에서 주로 다루는 아름다움을 상징하는 미(美)자를 통한 분석은 아예 있지도 않다는 것이다.

이런 점은 장파의 분석에서도 마찬가지임을 확인할 수 있었다.그렇다면 중국미학과 예술정신을 이해하려면 어떤 점에 유의해야 할 것인지를 알아보자.


## 3. 동양의 미학과 예술정신

중국고대의 많은 미학사상은 제자백가의 저작 및 역대 유명한 시인, 산문가, 화가, 서예가, 음악가, 희곡가(戱曲家)가 남긴 시론, 문론, 화론, 서론, 악론, 곡론(曲論)의 저작 중에서 자주 철학, 윤리학, 문예사상과 혼합되어 일체화로 나타난다. 아울러 시서일률(詩書一律)이란 말과 같이 시문, 서화, 악곡 등 각종 전통예술은 각자의 특징을 지니고 있으면서 또 공통적인 심미를 추구하는 점에 특징이 있다.중국미학을 규명하는데 문제가 되는 것은 바움가르텐[Baumgarten, Alexander Gottlieb. 1714~1762]이 말한 '미학'과 기타 서양미학에서 말하는 범주를 통한 체계를 갖춘 일반 미학이론서가 별로 없다는 것이다. 그렇다고 미학이 없었던 것은 아니다. 장파(張法)는 서양미학을 (1) 헤겔(G.W.F.Hegel)의 『미학』처럼 체계적으로 구성된 일반 미학이론서, (2) 보링거(W.Worringer)의 『추상과 감정이입』처럼 몇 개의 주요 개념을 다룬 저술, (3) 레싱(G.E.Lessing)의 『라오콘』처럼 둘 또는 그 이상의 예술 장르를 비교한 것, (4) 아리스토텔레스의 『시학』처럼 한 가지 예술만 다룬 저작으로 구분한 다음, 이어 중국역사에 나온 미학서를 (1) 유희 재(劉熙載)의 『예개(藝槪)』와 같이 여러 가지 미의 영역을 함께 다룬 저서, (2) 손과정(孫過庭)의 『서보(書譜)』, 석도(石濤)의 『화어록(畫語錄)』 등과 같이 특정 장르에 대한 전문적인 저작, (3) 사혁(謝赫)의 『고화품록(古畫品錄)』처럼 시품, 화품, 서품처럼 특수한 형식으로 표현된 이론, (4) 사공도(司空圖)의 『이십사시품(二十四詩品)』처럼 시의 형식으로 시를 논한 것 등 네가지로 구분하면서 중국미학서의 (1)과 (2)는 서양의 (3)과 (4)와 겹치지만 중국에는 서양의 (1)과 (2)가 없는 대신 중국의 (3)과 (4)는 서양에 없다고 본다.

이제 과거에 비해 중국미학과 예술정신에 관한 연구가 많이 축적되어 중국미학과 예술정신은 물론 한국미학과 예술정신의 핵심을 이해하는 데 많은 도움을 주고 있다. 아울러 미(美)자의 자원(字源)과 그 의미에 대한 분석도 다양한 관점에서 이루지고 있다. 이런 점은 동한 허진(許愼)이 미자를 미는 선과 뜻이 같다('미여선동의(美與善同意)')고 하여 선(善)과 연계한 윤리론, 인성론, 교육적, 정치적, 인문적 측면의 해석에서 이외에 종교적, 생리 감각적, 토템 무술적, 생산적 차원으로 이해하는 것으로도 나타났다. 예를 들면, 샤오빙(蕭兵)의 대인(大人)이 양각 두식(羊角 頭飾)한 토템을 머리에 쓰고 춤춘다는 '양인위미설(羊人爲美說)', 마쉬룬(馬叙倫)의 '호색위미설(好色爲美說)', 왕정(王政)이 양이 순산하는 것을 미로 본 '순산위미설(順産爲美說)', 리쩌허우(李澤厚)·리우강지(劉剛紀)의 미(美)는 동물분연(動物扮演) 혹은 토템 무술(巫術)이 문자에 표현되었다는 '무무설(巫舞說)', 천량원(陳良運)이 미(美)는 성(性)에서 비롯하였다는 '남녀교합설', 장귀화(臧克和)가 미(美)는 풍만

(豊滿)함이 충영(充盈)하고 생기(生機)가 양연(盎然)하고, '낳고 낳는 것 [생생불식(生生不息)]'이 미라는 '풍만고대설(豊滿高大說)', 저우즈룽(朱志榮)의 장식설(裝飾說) 등 다양한 견해가 있다.

그렇다면 동양의 미학과 예술정신을 어떻게 이해할 것인가? 다양한 방법이 있을 수 있다. 가장 초보적인 것은 미(美) 자를 통해 이해하는 것일 것이다. 그런데 단순 미자 만을 통해 동양의 미학과 예술정신을 이해하고자 한다면 매우 제한된 이해에 속하게 된다. 왜냐하면 우리가 중점적으로 말하고자 하는 중당(中唐) 이후 문인사대부들이 지양한 미의식과 예술정신은 미자 만으로는 극히 일부분만 담아낼 수 있기 때문이다. 갈홍(葛洪)이 말한 "조화롭지 않으면 미가 아니다[비화불미(匪和弗美)]"라는 것이 상징하듯 미는 조화로움과 매우 밀접한 관련을 갖는다. 인간의 감정 드러냄과 관련된 절제를 강조하는 유가의 중화미학은 이런 점을 대표한다. 하지만 중국미학사와 예술사를 보면 반드시 이런 미의식만 있었던 것은 아니었다. 문(文)과 질(質)의 관계에서 문으로서 미는 질보다 낮게 처하고, 공자의 '진선진미(盡善盡美)'가 상징하듯 미는 선(善)보다 저열하고, 도(道)와 문(文)의 관계에서 볼 때 문이 담고 있는 미는 도의 아래에 처하였다. 더욱 심한 것은 미를 상서롭지 못한 것으로 인식하는 사유 등을 볼 때 미의 지위는 상대적으로 선, 질, 도보다 낮았다. 특히 노장(老莊)은 미에 대한 근본적인 회의를 보이고 아울러 감각적 차원의 미적인 것을 추구하는 것은 인간에게 즐거움과 유쾌함을 주는 것이 아니라 인간의 심신 및 본성을 손상시킨다고 말하고, 특히 미와 추의 전화(轉化)를 말한다.

이같은 '비미주의적(非美主義的) 전통'과 영정(寧靜)·청정(淸淨)·염담(恬淡)·탈속(脫俗)의 생활을 추구한 문인사대부들이 담아내고자 했던 청(淸), 유(幽), 한(寒), 정(靜)과 같은 심미정취 및 그 속에 담겨 있는 선기(禪氣)·선사(禪思)·선취(禪趣)를 비롯하여, 명대 중기 이후에 무위 자연에 입각한 대교약졸(大巧若拙), 진정성을 드러낸 기교운용을 통해 중화에 입각한 형식미 규율[질서·단순·일치·정제·균제·비례] 파괴를 긍정적으로 것은 미에 대한 다양한 사유를 제공한다. 예랑(葉朗)은 『중국미학사대강(中國美學史大綱)』에서 중국고전미학은 예술작품을 통해 구성된 형상 계열[도기(陶器), 청동기(靑銅器), 시경(詩經), 이소(離騷), 왕희지(王羲之)·왕헌지(王獻之)의 서예, 이백(李白)과 두보(杜甫)의 시, 오도자(吳道子)의 그림, 수호전(水滸傳), 홍루몽(紅樓夢)], 한 계열의 범주[도(道), 기(氣), 상(象), 의(意), 미(美), 묘(妙), 신(神), 부(賦), 비(比), 흥(興), 유(有)와 무(實), 허(허)와 實(실), 形(형)과 神(신), 情(정)과 景(경), 意象(의상), 은수(隱秀), 풍골(風骨), 기운(氣韻), 의경(意境), 흥취(興趣), 묘오(妙悟), 재(才), 담(膽), 식(識), 력(力), 취(趣), 리(理), 사(事), 정(情)], 한 계열의 명제[척제현람(滌除玄覽), 관물취상(觀物取象), 입상이진의(立象以盡意), 득의망상(得意忘象), 성무애락(聲無哀樂), 전신사조(傳神寫照), 징회미상(澄懷味象), 기운생동(氣韻生動)] 등에서 표현된다고 한다. 이런 점에서 볼 때 미(美)자만을 통해 중국미학과 예술정신을 규명한다든지, 미적인 것을 중심으로 한 예술론을 통해 중국예술 전모를 이해하는 것은 매우 협애한 견해에 속한다고 한다.

좀 더 구체적으로 말하면, 특히 송대 이후 문인사대부들이 중국예술을 통해 표현하고자 하는 미의식과 예술정신을 보면 이런 점을 더욱 잘 알 수 있다. 예를 들어, 형상 너머의 형상[상외지상(象外之象)], 경물 너머의 경물[경외지경(景外之景)], 언어 너머의 뜻[언외지지(言外之旨)] 등이 의미하는 '(무엇 무엇)너머의 경지'를 추구하는 사유를 비롯하여, 장자가 말하는 "지극한 아름다움과 즐거움[지미지학(至美至樂)]" 및 "뜻을 얻으면 상을 잊어버려라[득의망상(得意忘象)]"라는 사유, 엄우(嚴羽)가 말하는 "말은 다함이 있지만 뜻은 다함이 없다(言有盡而意無窮)"라는 사유, 장회관(張懷瓘)이 서예에 연관해 말하는 "자연의 조화나 이치에 담겨 있는 오묘한 경지는 마음으로 통하는 것이지 그런 경지는 말로 표현할 수 없다"라는 사유, 곽약허(郭若虛)가 말하는 "인품이 이미 높으면 기운이 높지 않을 수 없다. 기운이 이미 높으면 생동함이 이르지 않을 수 없다[인품기이고의(人品既已高矣), 기운부득불고(氣韻不得不高), 기운기이고의(氣韻既已高矣), 생동부득부지(生動不得不至)]"라는 사유 등이 담고 있는 미의식과 예술정신은 미(美)자만으로 담아낼 수 없는 영역에 속한다는 것이다. 아울러 소식(蘇軾)이 말하는 '현란함의 극치는 평담함'이란 사유, 유희재(劉熙載)와 정섭(鄭燮)이 말하는 태호석(太湖石)과 괴석(怪石)에서 보이는 '추함이 극에 이른 것이 곧 미가 극에 이른 것이다[추도극처(醜到極處), 변시미도극처(便是美到極處)]'라는 사유, 주로 인간의 넉성을 사물에 비유하여 이해하는 비덕(比德) 차원에서 논의되는 사유, 형태적으로는 추하지만 그 형태추를 통해 온갖 풍상을 겪은, 군자의 삶을 상징하는 '고궁절(固窮節)'에 담긴 노경(老境)의 미학 등도 미자가 규명할 수 없는 영역에 속한다. 하지만 문인사대부들은 미자가 표현할 수 없는 이런 미의식과 예술정신을 통해 보다 차원 높은 예술창작에 임하고자 한 점에 주목할 필요가 있다.

동양의 미학과 예술정신을 심도 있게 이해하기 위해서는 미적인 의미를 담고 있는 단어에도 주목해야 한다. 예를 들면 연(妍), 려(麗), 미(媚), 묘(妙), 기(奇), 호(好), 수(秀), 화(華), 문(文) 등이 그것이다. 이 가운데 '미(媚)'는 고우면서 아름답다는 점에서는 양강지미(陽剛之美)와 대비되는 음유지미(陰柔之美)를 담은 것으로 이해되지만, 그것이 인간 됨됨이 및 처세 등과 관련될 때는 때론 나약한 인간 혹은 속기(俗氣)를 띤 것으로 보아 부정적으로 이해하는 경향이 있다. '화(華)'자는 유가에서는 주로 인격미와 연계하여 내면의 인격이나 인품, 학식이 쌓

이면 그 기운이 저절로 드러나는 것을 표현한 것으로 보아 긍정적으로 이해하고, 아울러 문명화된 몸짓도 화(華)자를 써서 긍정적으로 이해한다. 하지만 도가의 경우 화(華)자는 외적인 인위적 꾸밈이란 점에서 부정적으로 이해한다. '뜻은 높지만 행동이 따라가지 못하는[지고이행불엄(志高而行不掩)]' 광(狂)이나 '자유로움'을 뜻하는 일(逸)은 중화를 숭상하는 유가의 입장에서 볼 때는 주로 유가의 예법과 중화를 벗어난 것 및 방종한 것으로 여겨 부정적으로 본다. 하지만 진정성과 무위자연성을 요구하는 도가에서는 광과 일을 매우 긍정적으로 본다. 이처럼 이해하는 입장에 따라 정반대로 이해되는 단어에 주목할 필요가 있다.

아울러 표현하고 있는 경지가 다름에 따라 전혀 반대로 이해되는 졸(拙)과 같은 단어에도 주목할 필요가 있다. 즉 기교가 생경(生梗)한 차원의 치졸(稚拙)함을 의미하는 졸(拙)과 '생(生) − 숙(熟) − 생(生)'의 삼단계론에서 최종 생의 경지와 관련된 졸은 완전히 다른데, 긍정적인 졸은 후자로서 그 후자의 졸을 최고 경지로 보는 사유가 있다. 예를 들면 '대교약졸(大巧若拙)'은 이런 점을 가장 뚜렷하게 보여주는 사유다. 직접적으로 미적인 의미를 말한 것은 아니지만 실질적으로 미적 최고 경지를 의미하는 '대(大)'자, '지(至)'자를 비롯하여 '상선약수(上善若水)의 상(上)자, '묘(妙)'자 등을 통한 미적 인식에도 주목할 필요가 있다. 예랑은 도의 무규정성 및 무한성 체현과 관련이 있는 묘(妙)자는 중국 고전미학 체계 중에서 매우 중요한 미학범주로서, 이 묘자로 파생된 미묘(微妙), 신묘(神妙) 등의 개념으로 예술작품을 평가하였음을 말한다.

품론과 관련된 것에 대한 이해도 중요하다. 당대 사공도(司空圖, 837~908)의 『이십사시품(二十四詩品)』에 보이는 '웅혼(雄渾)', '충담(沖淡)'

등과 같은 다양한 미적범주, 명대 서상영(徐上瀛)(약 1582~1662)의 『계산금황(溪山琴況)』에 보이는 '화(和)'를 비롯한 24개의 '황(況)', 청대 건륭(乾隆)(1711~1799)시기 황월(黃鉞)의 『이십사화품(二十四畵品)』에 보이는 '기운(氣韻)'을 비롯한 24개의 미적범주, 황월보다 조금 뒤로 추정되는 양경증(楊景曾)의 「이십사서품(二十四書品)」에서 보이는 '신운(神韻)'을 비롯한 미적 범주와 관련된 품론을 비롯하여 미적 풍격과 관련된 범주에 대한 이해도 매주 중요하다. 예를 들면 문예미학범주로 '도(道), 화(和), 미(美), 기(氣), 정(情), 상(象), 유(游), 비흥(比興), 감물(感物), 묘오(妙悟), 기운(氣韻), 정경(情景), 신사(神思), 문질(文質), 문기(文氣), 형신(形神), 언의(言意), 의상(意象), 의경(意境), 풍골(風骨), 품(品), 미(味), 취(趣)' 등이 그것인데, 이런 점도 '미'자 이외의 미적범주를 통해 중국미학을 논해야 함을 말해준다.

이런 품론은 문인사대부들의 예술창작과 기교 운용에 직접적으로 영향을 줄 뿐만 아니라 아울러 한 분야의 풍격론은 어느 한 분야에만 국한되지 않는 특징도 있다. 이것과 관련된 구체적인 증거로는, 문인사대부들이 서화동원론(書畵同源論)을 말하고, 아울러 시·서·화는 동일한 원리라고 여겼다. 소식은 '시화(詩畵)는 본래 일률(一律)'을 말하고, 설설(薛雪)은 '시문과 서법은 일리(一理)'라는 것을 말하고, 김정희(金正喜)는 "서법은 시품과 화법을 따르니, 오묘한 경지가 동일하다...(사공도)『二十四詩品』에 대해 오묘한 깨달음이 있으면 글씨의 경지가 시의 경지일 뿐이다"라는 것이 그것이다.

앞서 거론한 품론과 관련된 다양한 품격은 미적특성에 해당한다. 따라서 품격을 통한 비평은 결국 비평 대상의 특성을 변별해내는 비평방식이고, 이런 점에서 풍격비평의 성격을 심미비평에 해당한다. 시대적 차원에서 접근하면 풍격을 통한 비평이나 품론을 통해 우열을 따지는 것은 송대 이후 문인사대부들이 미학과 예술에서 미적인 것이 무엇인가에 대한 질문 및 창작행위와 관련이 있다. 여기서 이상 본 바와 같은 문인사대부들이 제기한 다양한 품론 가운데 직접적으로 '미(美)'자와 관련된 품격론 혹은 품론이 없다는 점에도 주목할 필요가 있다. 이런 점은 중국미학과 예술정신에서 '미'자가 갖는 낮은 위상을 보여주며, 아울러 문인사대부들이 지향한 미학과 예술정신의 총체적인 사유를 보여준다고 할 수 있다.

이밖에 중국미학과 예술정신을 보다 다양하게 이해하기 위해서는 유약(柔弱)한 성질의 음(陰)과 강강(剛強)한 성질의 양(陽)의 특성을 미의식과 결합한 일종의 장엄미(莊嚴美)에 속하는 양강지미(陽剛之美)[웅혼(雄渾), 경건(勁健), 호방(豪放), 장려(壯麗), 강렬(剛烈), 기발(奇拔), 호매(豪邁), 내렬외강(內烈外剛), 분방경건(奔放勁健) 등의 풍격]와 일종의 우아미(優雅美)에 속하는 음유지미(陰柔之美)[수결(修潔), 담아(淡雅), 청원(清遠), 표일(飄逸), 침착(沉著), 굴울(屈鬱,), 내유외수(內柔外秀), 완곡청려(婉曲清麗) 등의 풍격(風格)]로 구분하는 것이나, 왕궈웨이(王國維)가 말한 '유아지경(有我之境)'과 '무아지경(無我之境)' 등을 통한 구분방식도 참조가 된다. 즉 이런 구분방식은 주로 시, 문학 쪽에서 말해진 것이지만 서화에도 거의 그대로 적용되기 때문이다.


## 4. 나가는 말

이처럼 동양 역사에 기록된 위대한 사상가나 예술가들을 어떤 한 분야만을 통해 이해하는 것은 그 인물의 전모를 이해하는데 제한적이다. 미학과 예술정신에 대한 것도 마찬가지다. 이런 점과 더불어 주목할 것은 문인사대부는 송대 이후의 중국문화와 예술을 주도하는 계층이 되었다는 점이다. 따라서 중국문화와 예술에서 문인사대부들이 어떤 삶을 아름답게 여기고 긍정적으로 여겼는가를 살펴보는 것은 중국미학과 예술정신을 이해하는 첩경 중 하나가 된다. 즉 이런 점에 대한 인식도 미(美)자로는 담아낼 수 없는 미의식 및 예술정신 탐구와도 매우 밀접한 관련이 있음도 알 필요가 있다.

| 참고문헌 |

안대회, 2013, 『궁극의 시학』, 문학동네.

팽철호, 2001, 『중국고전문학풍격론』, 사람과 책.

후레드릭 W. 모오트, 1991, 『중국문명의 철학적 기초』, 권미숙 옮김, 인간사랑.

葛兆光, 1986, 『禪宗與中國文化』, 上海人民出版社.

金學智, 1994, 『書法美學 (上·下)』, 江蘇美術出版社.

金學智·沈海牧, 2009, 『書法美學引論: 新二十四書品探析』, 湖南美術出版社.

敏澤, 1989, 『中國美學思想史』, 齊魯書社.

攀美筠, 2006, 『中國傳統美學的當代闡釋』, 北京大學出版社.

方東美, 1985, 『中國人生哲學』(英文原著: The Chinese View of Life), 黎明文化事業公司.

北京大學校哲學系美學敎硏室 編, 1980, 『中國美學史資料選編 (上·下)』, 中華書局.

徐林祥, 2001, 『中國美學初步』, 廣東人民出版社.

徐復觀, 1967, 『中國藝術精神』, 台北: 學生書局.

葉朗, 1985, 『中國美學史大講』, 上海人民出版社.

李澤厚, 1989, 『華夏美學』, 時報文化出版公司.

_____, 1991, 『美的歷程』, 文物出版社.

_____, 2002, 『華夏美學』, 天津社會科學院出版社.

李澤厚·劉剛紀 主編, 1984, 『中國美學史 1』中國社會科學出版社.

_____, 1987, 『中國美學史 2』中國社會科學出版社.

笠原仲二, 1979, 『古代中國人の美意識』, 有朋書籍.

_____, 1982, 『中國人の自然觀と美意識』, 創文社.

張法, 2000, 『中國美學史』, 上海人民出版社.

丁薇薇, 2013, 『中國畵論中的美與醜』, 上海古籍出版社.

第環寧·鮑鑫·李楠·于曉川 外, 2009, 『中國古典文藝美學範疇輯論』, 民族出版社.

朱良志, 2006, 『中國美學十五講』, 北京大學出版社.

_____, 2006, 『中國藝術的生命精神』, 安徽敎育出版社.

陳望衡, 1998, 『中國古典美學史』, 湖南敎育出版社.

_____, 2005, 『中國美學史』, 人民出版社.

蔡鍾翔·鄧光東 主編, 2005, 『美的考察』, 百花注文藝出版社.

胡經之 主編, 1988, 『中國古典美學叢編 (上·中·下)』, 中華書局.

# 2장

# 유학의 전개와
# 조선의 주자학

이영호

## 1. 서론

공자가 유학을 창시한 이래, 유학은 다양한 형태로 변신을 거듭하며 동아시아에서 발전해나갔다. 공자 이후의 유학은, 중국에서는 한대의 훈고학(訓詁學), 송대의 주자학(朱子學), 명대의 양명학(陽明學), 청대의 고증학(考證學)으로 변화 발전하였다. 그리고 조선과 일본에서는 주자학과 양명학 외에 각각 실학(實學)과 고학(古學)이 형성되었다.

한편 조선의 유학은 동아시아의 어느 나라보다도 송대 주자학의 영향을 크게 받았다. 조선의 사상뿐 아니라, 정치, 경제, 문화 전반에 주자학이 끼친 영향은 막대했고, 17세기 이후 지방 향촌을 포함해서 사회저변으로까지 확대되었다. 그런데 조선으로 유입된 중국의 주자학은 퇴계(退溪) 이황(李滉, 1501~1570)에 의해 새로운 형태로 거듭났다. 여기서 새로운 형태로 거듭났다는 말은, 이황의 학문이 중국 주자학에 근원을 두고 있으면서도 독자적 이념과 사유를 전개했다는 의미다. 또한 이러한 독자적 이념과 사유는 결속력이 강한 학파를 구성해서 후대에까지 사회적으로 막강한 영향력을 미쳤다. 따라서 우리는 이황에 의해 형성된 새로운 주자학을 '조선주자학(朝鮮朱子學)'이라고 명명할 수 있을 것이다.

그렇다면 이황에 의해 체계화된 조선주자학은 중국의 유학 혹은 주자학에 비해 어떤 특징을 지니고 있을까? 이 점을 잘 해명하면 결과적으로 조선주자학의 고유한 특징을 밝힐 수 있을 것이다. 이 글에서는 먼저 유학의 창시자인 공자의 유학과 송대 신유학인 주자학의 사상적 특징을 분석하고, 이를 바탕으로 이황에 의해 정립된 조선주자학의 특징을 대비적으로 서술하고자 한다. 이러한 논의 전개를 통해 유학의 정신이 시공을 달리하면서 새롭게 변화된 현상을 목도할 수 있을 것이며, 나아가 조선주자학의 특징을 보다 선명하게 이해할 수 있을 것이다.

## 2. 유학의 창시: 공자의 실천유학

동아시아에서 공자가 구축한 유학은 중국문명의 변환 과정에서 탄생한 학문으로 동아시아의 문명사적 전환을 가능케 한 사상 체계이다. 공자가 살았던 시기는 중국의 역사에서 주(周)왕조의 후반기인 동주(東周)의 춘추(春秋)시대에 해당된다. 주나라 이전의 왕조는 은(殷)나라였는데, 은나라와 주나라의 교체는 단순히 왕조의 교체라는 현상에만 그치지 않았다. 상고(上古)의 역사적 사실을 자세히 고찰할 수 없지만, 상고시대부터 은대까지는 신권(神權) 숭배가 매우 융성했음을 알 수 있다. 예를 들어『상서(尙書)』「요전(堯典)」을 보면, 순(舜)임금이 상제(上帝)에게 류(類)제사를 드리고, 육종(六宗)에 인(禋)제사를 지내며, 순수(巡狩)를 다니면서 산천(山川)에 망(望)제사를 지냈다는 기록이 있다. 여기서 류(類)제사는 하늘에 드리는 큰 제사를 말하며, 인(禋)제사의 대상이 되는 육종(六宗)은 주로 천지(天地), 성신(星辰), 일월(日月) 등 자연현상을 가리킨다. 그리고 망(望)제사는 산천의 신들에게 지

내는 제사이다. 이렇게 보면 상고시대에는 위로는 하늘에서 아래로
는 땅의 자연물에 이르기까지 모든 대상에게 제사를 올린 것이다. 이
런 풍속은 은나라까지 이어졌다. 『예기(禮記)』「표기(表記)」를 보면, "은
인(殷人)은 신(神)을 존숭하여 백성을 거느려 신을 섬겼고 귀신(鬼神)을
먼저 대우하고 예(禮)를 그 다음으로 여겼다."라는 기록이 있다. 은나
라 사람들은 천제(天帝)와 자연신(自然神)에게 제사를 지냈지만, 특히
조상신에게 올리는 제사를 중시했다. 이처럼 천지의 신에서 조상신에
이르기까지 신권(神權)에 의지해서 인간의 삶이 제약되는 상황은 주
나라에 이르면서 반전되기 시작한다. 주나라는 건국 후에 주공(周公)
의 주도하에 인위적 제도로서 예를 대거 구축하였다. 예는 크게는 주
나라 봉건제도의 근간이었으며, 작게는 개인 간의 사회적 관세의 기
준이었다. 주나라에서 예의 성립과 전개는, 신권을 숭상하던 관념 및
습속과 대비해 볼 때 하나의 강력한 문화적, 사상적 혁신이라고 할 수
있었는데, 그것은 바로 신에서 인간으로 중심축이 이동했기 때문이
다. 이것은 명확히 인문정신 내지 인문사상의 출현과 맥을 같이 하는
현상이다.

　주나라에 이르러 발생한 이러한 인문 중시의 경향이 새로운 문화의
주류가 되는 데 결정적 역할을 한 인물이 바로 공자(孔子, BC 551~BC
479)이다. 공자는 "나는 주나라를 따르겠다."(『논어』「팔일」)라고 천명하
면서, 주대에 형성된 예제(禮制)를 중심으로 하는 인문사상을 적극 추
종했다. 나아가 공자는 이러한 인문사상을 육경(六經)이라는 고대유학
텍스트로 정리함으로써 이론적으로 유학의 기초를 마련했다. 그리고
제자들에게 학습을 통해 위와 같은 예제의 정신과 규범을 습득할 것
을 시종일관 강조했다. 『논어』에 여러 번 등장하는 '학문[學]'의 몇 가
지 용례를 통해 이 점을 살펴보자.

공자는 "먹을 때 배부름을 구하지 않고 거처할 때 편안함을 구하지 않으며, 일은 민첩하게 처리하고 말은 신중하게 하며, 진리를 간직한 사람에게 나아가 자신을 바로 잡으면 '학문'을 좋아한다고 말할 수 있다."(『논어』「학이」)고 했다. 공자가 말한 '학(學)'이란 바로 인간사회를 구축하기 위하여 개인이 지녀야 할 규범의 실천이라고 할 수 있다. 한편 공자의 제자인 자하(子夏)는 '현자를 존중함', '힘을 다해 부모를 섬김', '몸을 바쳐 임금을 섬김', '진실하게 친구를 사귐' 등을 '학'의 내용으로 정의했는데(『논어』「학이」), 이것은 개인이 타인과의 관계에서 지켜야 할 규범을 '학'의 구체적 내용으로 규정한 것이라고 할 수 있다. 그렇다면 공자와 그의 제자들이 생각한 '학문'이란 지식의 축적을 넘어서, 한 개인이 사회의 구성원이 되기에 필요한 예제를 학습하고 이를 지속적으로 실천하는 것을 의미한다고 볼 수 있다.

공자는 학습을 통해 주대에 확립된 인문정신의 표출로서의 예제를 습득하고 실천할 것을 요구했으며, 이 과정에서 인간의 가치와 삶의 기쁨을 추구하고자 했다. 여기서는 신에 의해 인간 삶이 규정되는 것이 아니라, 사회적 구성원으로서 인간 자신의 실천적 행위에 의해 각자의 삶이 규정되었다. 공자는 이 점을 철저하게 자각했기에 천하를 주유하며 '상가집 개[喪家之狗]'라는 모욕적인 비난을 받으면서도 보다 나은 인간 세상을 만들기 위해 노력했고, 한순간도 사회와 인간을 떠난 고립된 삶을 설정하지 않았다. 뿐만 아니라 공자는 이러한 인간의 삶을 의무가 아닌 인간이 향유할 수 있는 '즐거움'으로까지 승화시켰다. 이 점에서 보면 『논어』의 첫대목이 '학문[學]'과 이를 통한 '즐거움[樂]'으로 시작한 것은 공자 사상에 비추어 볼 때 당연하다고 할 수 있다(『논어』「학이」). 공자에 의해 구축된 이와 같은 사유경향을 가리켜 우리는 고대유학이라고 부른다. 이것은 앞으로 유학이 시공을 달리하면서 새로운 면모를 확장시켜 나갈 때 줄곧 그 이면에 자리 잡은 근본정신이었다.

이상의 내용을 정리해 보자. 은나라에서 주나라로, 신에서 인간으로 역사와 문명의 중심축이 바뀔 때, 공자의 사상은 주나라 때 발생한 인문정신의 정초자로서의 위상을 지닌다. 왜냐하면 공자에 의해 주나라 초기에 형성된 인문사상이 비로소 확정된 이론으로 완성되었으며 후대에 강력한 영향을 미쳤기 때문이다. 그런데 공자에 의해 확립된 인문사상은 주대 초기에 정해진 예제에 정신을 불어넣으면서, 이를 학습을 통해 습득하고 실천하는 것을 핵심으로 삼았다. 때문에 공자의 유학은 바람직한 인간사회를 구축하는 데 필요한 실천윤리적 성격이 강했다고 할 수 있다. 동아시아 사상의 삼대축인 유불도(儒佛道)에서 불교와 도교는 현실 너머의 궁극적인 무엇인가를 탐구하려는 경향이 강했다. 이에 비해 유학은 항상 현실에 발을 딛고서 인간 세상을 보다 바람직하게 개조하는 것에 관심을 가졌는데, 이는 전적으로 공자의 유학에 내재된 실천윤리적 성격에 기인한 것이라고 할 수 있다. 때문에 공자 이후, 한중일 삼국의 유학자들은 공자에 대해 깊이 존숭하고 그가 생명을 불어넣은 예제를 열정적으로 학습하고 실천하려고 했다. 한편 송대의 주희(朱熹, 1130~1200)는 공자의 사상을 새롭게 전개하면서 동아시아 사상사에서 또 다른 유학의 전형을 창출했다.


## 3. 유학의 혁신: 주희의 심성유학

인간이 사회의 구성원으로서 필요한 예제의 학습과 실천을 중심 내용으로 삼고 있는 공자의 유학은 송대 이전까지 보다 정교한 형태로 발전하면서 계승되었다. 송대 이전의 대표적『논어』주석서인 황간(皇侃, 488~545)의『논어집해의소(論語集解義疏)』를 보면 이 점을 분명히 알 수 있다.『논어집해의소』「학이」제1장에서 황간은 사회 구성원으로서 인간이 습득해야 할 배움의 항목을, 일생의 배움, 일 년의 배움, 매일의 배움으로 세분화하였다. 일생을 두고 배워야 할 내용 중, 청소년기에 배워야 할 것을 보면 다음과 같다. 6살에는 숫자와 방위의 명칭, 7살에는 남자와 여자가 자리를 함께 하지 않는다는 예절, 8살에는 겸손함, 9살에는 날짜 세는 법, 10살에는 글쓰기와 계산법, 13살에는 음악과 시, 15살에는 춤을 배우게 하였다. 또한 일 년 중, 봄과 여름에는 시와 음악을, 가을과 겨울에는 서(書)와 예(禮)를 배우게 하였다. 그리고 이렇게 배우는 내용을 매일마다 쉼 없이 학습하도록 요구했다. 이처럼 황간은 인간의 일생, 사계절, 매일의 시기에 맞추어 끊임없이 예제를 학습하고 실천하는 것으로써 학문의 내용을 설명했다. 이는 공자의 학문을 보다 정밀하고 광범위하게 확장시켜 정리한 것이라고 할 수 있다. 그러나 학문의 본질이라는 점에서 볼 때 황간의 입장도 공자와 동일했으니, 그것은 바로 사회적 인간으로서 요구되는 예제의 학습과 실천을 강조했다는 점이다.

그런데 학문에 대한 이러한 관념은 송대 주희에 이르러 일대 전환을 맞으면서 새로운 유학의 성립을 가능케 하였다. 주희는『논어집주(論語集注)』「학이」제1장에서 '학(學)'에 대해 다음과 같이 주석을 달았다. "'학(學)'이란 '본받는다[效]'는 말이다. 인간의 본성은 모두 선(善)하니, 후학들은 선학들이 하는 것을 본받아야만 선(善)을 밝히고 그 최초의 모습을 회복할 수 있다." 주희의 이 주석은 공자에서부터 시작되어 송대 이전까지 보편적으로 인정되던 학문의 정의를 일거에 바꾸었다. 그 전환의 핵심은 바로 외적인 예제의 학습과 실천에서 내적인 인간 본성의 회복으로, 다시 말해 학문의 초점이 외(外)에서 내(內)로 바뀐 것이다. 그런데 이처럼 외적인 예제를 익히는 것으로부터 선천적으로 타고난 자신의 내적 본성을 회복하는 것으로 공부의 방향을 전환시켰을 때 주희는 또 다른 문제점에 직면했다. 그것은 과거 공자의 '학'이 예제의 실천적 조목들로 이루어졌기에 그 내용의 파악과 실천이 단순했던 데 비해, 주희의 새로운 '학'은 내용의 파악부터 불분명하고 어려웠기 때문이다. 공자는 가까이로 자신의 몸을 수양하는 데서부터 부모, 형제, 연장자, 군왕 등에 대해 지켜야 할 구체적 예의 세목들을 열거했다. 그러나 주희는 학문이란 '선(善)을 밝히고 그 최초의 모습을 회복하는 것[明善復初]'이라고 규정했다. 사실 인간의 본성, 선, 최초의 모습 등은 모두 추상적인 용어들이기 때문에, 우리가 그것을 어떻게 이해하고 배울 수 있을지 당혹감을 불러일으킨다.

주희가 『논어』와 『맹자』 이외에 『예기』의 편목이었던 「대학」과 「중용」을 따로 선별해서 '사서(四書)'라는 권위적인 유학경전 체제를 구성한 것은 잘 알려진 사실이다. 그는 특히 사서 가운데 『대학장구(大學章句)』와 『중용장구(中庸章句)』를 통해 우리가 타고난 '최초의 본래 모습을 회복하는 것'으로서의 학문의 방법을 구체적으로 제시했다. 『대학』에 대해 주석을 달면서 주희는 인간이 타고난 본래적인 심성을 '명덕(明德)'이라고 부른다고 했다. 그런데 이 '명덕'은 우리가 선천적으로 타고나는 기질 그리고 삶의 과정에서 후천적으로 형성되는 욕망에 의해서 그 본래의 모습을 잃게 된다. 이에 주희는 선천적 기질과 후천적 욕망의 질곡을 벗어나서 최초에 우리 마음이 가졌던 모습, 즉 명덕을 회복하는 것이 바로 '학'의 목적이라 규정했다(『대학장구』 「경일장」). 그러면 우리는 어떻게 해야 마음의 최초의 모습인 명덕을 회복할 수 있을까? 주희는 『대학장구』에서 '성의(誠意)'와 '정심(正心)'을 구체적인 방법으로 제시했다. 주희에 따르면, '성의'는 마음이 활동하는 최초의 시점에 의식을 집중시켜 그 기미를 살피는 것이다. '정심'은 마음이 활동을 본격적으로 개시한 이후, 전 시기에 걸쳐 그 마음의 상태를 인식함을 의미한다(『대학장구』「전육장」). 주희는 이런 학문을 하느냐 하지 않느냐에 따라, 인간인가 귀신인가의 구분이 나누어진다고까지 말했다. 또한 『중용장구』에서 주희는 희노애락의 감정이 아직 드러나지 않은 '미발(未發)'의 때와 이 감정들이 구체적으로 드러난 '이발(已發)'의 때를 구분하였다.(『중용장구』「제일장」) 이 가운데 특히 미발의 때에 자신이 타고난 본성을 '엄숙하고 공경스럽게 함양하는'[莊敬涵養] 공부를 매우 강조하였다. 주희의 이러한 공부법들은 이후 주자학파의 공인된 학문 방법론으로 자리 잡으면서, 새로운 유학으로서 주자학의 핵심 요소가 되었다.

이상에서 살펴본 것처럼, 주자학의 본질은 바로 타고난 최초의 모습을 '회복'하는 것을 학문의 목표로 삼았다. 그리고 그 학문의 방법론으로 성의·정심 및 함양법 등을 제시했다. 주자학의 이런 특징은 공자에게서 전승되어 온 유학을 새롭게 변모시킨 결과라고 할 수 있다. 외적이고 구체적인 의례와 제도의 학습 및 실천으로부터, 내적이고 추상적인 본성의 회복으로 학문의 핵심 내용이 바뀐 것이다. 신에게서 인간으로 문명의 축이 바뀔 때 공자의 유학이 결정적 역할을 했다면, 주희의 유학은 인간 중심이라는 점에서는 공자와 다를 바 없지만 인간의 외적 조건보다 인간의 내적 본성에 관심의 초점을 두었다.

한편 주희 사후 주자학은 동아시아에서 매우 강력한 학술집단과 정치집단으로 거듭났다. 이것은 중국 원명(元明)시대와 조선(朝鮮)에서 주자학이 관학(官學)으로 자리잡은 점에서 그 원인을 찾을 수 있다. 하지만 더 중요한 요인은 주자학의 근원에 존재하는 강력한 정통의식과 이를 바탕으로 한 자신들만의 배타적 집단의식이었다. 일찍이 미우라 구니오(三浦國雄)은 주자학파를 가리켜, "주자학은 주자라는 용맹한 장수가 이끈 주자학단의 사상, 아니 사상이라기보다는 사상운동으로, 즉 동적으로 파악하는 것이 옳을 것이다."[1]라고 평가했다. 주자학파의 이런 결속력은 고난의 역정을 이겨내는 데서 출발했다. 주희는 자기 학문에 대한 신념이 지나치게 강한 사람이었다. 심지어 황제가 싫어하는데도 불구하고 자기 학문의 정수인 '성의'와 '정심'을 강조하는 데 조금도 주저하지 않았다(『송사』「도학열전-주희」). 주희의 이런 강직한 태도는 당대 정치권의 핵심에 있던 많은 권력자들의 반발을 샀고, 결국 주희 본인과 그의 제자들에게 심한 박해를 가하게 만들었다. 급기야 주희 말년에 그의 책과 글은 모두 위학(僞學)으로 규정되고 만다. 하지만 이러한 사상탄압에서도 남아 있던 제자들의 결속력은 더욱 강고해졌다. 그것은 주희가 생전에 서원을 중심으로 강력한 학술공동체를 구축했고 이를 통해 사상적 추종자들을 양성했기 때문이다. 주희는 한천정사(寒泉精舍), 운곡회암초당(雲谷晦庵草堂), 무이정사(武夷精舍), 고정서원(考亭書院) 등을 차례로 창건했다. 그는 특히 이 네 서원을 중심으로 활발한 저술활동을 벌였을 뿐만 아니라, 후일 주자학파의 근간이 된 황간(黃榦), 진순(陳淳), 채침(蔡沈), 이방자(李方子) 등 뛰어난 후학들을 길러냈다.

평생 수많은 서원을 순회하며 독서와 강학을 병행했던 주희의 노력은 헛되지 않았다. 그의 사후, 스승이 독서와 강학을 하던 곳에 후학들이 모여 자양서원(紫陽書院)을 비롯한 후속 서원을 건립했고 이곳에

---

1   미우라 구니오(三浦國雄) 著, 김영식, 이승연 譯, 『인간주자』, 창작과 비평사, 1996, 200쪽.

서 자신들의 학문적 집단의식을 공고하게 다졌다. 스승의 학문에 대한 제자들의 존경은 주희 사후에도 그치지 않고 더욱 열정적으로 불타올랐다. 주희가 세상을 뜬 1200년 3월 9일, 그때까지도 조정의 '위학(僞學)의 금지'는 풀리지 않았지만, 당시 주희의 문도들은 장지(葬地)로 오거나 또는 각지에서 별도로 단(壇)을 세우고 곡례(哭禮)를 행하면서 스승의 죽음을 깊이 애도했다. 주자학의 이러한 결속력은 오랫동안 지속되다가 마침내 원대(元代)에 이르러 주자학을 관학으로 부상시키는 원동력이 된다. 주자학의 영향력은 점차 넓어져 드디어 동아시아 지식인이라면 누구나 주희의 책과 문헌을 살펴보지 않으면 안 되는 시대가 도래했다. 특히 조선에서 주자학은 중앙과 재야의 학자 모두에게 절대적인 영향력을 미쳤으며, 그 영향력은 조선주자학의 학문공동체 설립으로 이어졌다.

## 4. 유학의 전파: 이황의 조선주자학

공자의 유학과 주희의 유학은 각기 동아시아 문명의 전환기에 중대한 역할을 담당했다. 전자가 신에서 인간으로 중심축의 이동을 견인하였다면, 후자는 사회적 인간에서 내면적 인간으로 그 관심의 축을 바꾸어 놓았다. 이 양자의 유학은 새로운 이념만큼이나 많은 동조자를 얻음으로써 새로운 학문공동체의 형성을 가능케 하였으며, 나아가 당대와 후대의 사회에 정치적으로 강한 영향을 미쳤다. 특히 조선왕조는 주자학을 국시로 삼아 건설된 국가, 다시 말해 철인(哲人) 왕국에 버금가는 이념형 국가였기 때문에, 유학사상이 정치운영에 강력한 권한을 행사했다. 고려 말 조선 초 주자학이라는 새로운 유학[新儒學]이 수용될 때의 상황을 잠시 살펴보자.

한국사에서는 고려말에 등장하여 주자학을 받아들인 일군의 지식인 집단을 가리켜 '신흥사대부(新興士大夫)'라고 부른다. 고려말은 국외적으로 원(元)나라의 지배하에 있었고, 국내에서는 사장학(詞章學) 중심의 유교가 성행하는 한편, 불교를 신앙으로 삼은 권문세족들이 자의로 권력을 휘두르면서 왕조 말기적인 현상이 나타나고 있었다. 국내외의 이러한 위기상황에서 당시 원나라를 드나들던 신흥 지식인들은 현실의 윤리와 정치를 도외시하는 불교를 배척하면서 이것을 대체할 수 있는 이념을 탐색하던 중 주자학이라는 새로운 유학을 접하게 되었다. 이에 안향(安珦, 1243~1306), 백이정(白頤正, 1260~1340) 등이 처음 신유학을 소개했고, 이색(李穡, 1328~1396), 이숭인(李崇仁, 1347~1392), 정몽주(鄭夢周, 1337~1392), 길재(吉再, 1353~1419), 정도전(鄭道傳, 1342~1398), 권근(權近, 1352~1409) 등이 보다 체계적이고 폭넓게 주자학을 수용하면서 불교를 대체하는 이념으로 재구성했다. 이들 신지식인들은 새로운 유학을 통한 고려의 개혁을 갈망했기에 강력한 연대의식을 공유하면서 정치적으로 세력을 확장해 갔다.

그런데 이들 사대부들은 개혁의 방향을 두고서 보수와 진보 진영으로 갈렸다. 보수적 개혁파인 이숭인, 이색, 정몽주, 길재 등은 고려왕조의 존속을 주장했고, 진보적 개혁파인 정도전, 조준(趙浚) 등은 무장 이성계(李成桂, 1335~1408)의 군사력을 빌어 새 왕조를 창건하려고 시도했다. 건국초기 승리의 여신은 진보적 개혁파의 손을 먼저 들어주었다. 조선건국 후 이들은 새로운 왕조의 개혁 관료로서 중요한 역할을 담당했다. 비록 군주정에서 여전히 왕은 세습되었지만 군주 역시 학문과 수양을 통해 성인(聖人)이 되지 않으면 안 되게끔 강요받았다. 이 과정에서 지식인관료인 사대부(士大夫)들이 정치적으로 중요한 권력을 행사했다. 특히 정도전은 정치개혁과 국가건설에 주도적으로 참여함으로써 유학을 보다 합리화하고 세속화하는 데 결정적인 기여를 했다. 사실 조선에서 주자학은 순수한 이념이나 학문이 아니라 왕조를 바꾸는 급진적인 정치개혁의 논리로 거듭났다. 중국에서도 주자학의 세례를 받은 사대부들이 황제권을 견제하고 절대권력에 대해 매우 비판적이었지만, 주자학을 공유한 사대부들이 집단적으로 혁명을 일으켜 왕조를 뒤바꾼 사례는 없었다. 주자학이 현실을 변혁하고 정권을 교체한 역성혁명의 이념으로 기능한 것은 조선의 경우가 유일하다고 할 수 있다. 이처럼 주자학은 수용 초기 단계부터 정권교체의 논리로 활용되면서 극적으로 정치화 혹은 세속화된 경향을 보였는데, 이러한 점을 조선주자학의 첫 번째 특징으로 꼽을 수 있다.

한편 여말선초에 보수적 개혁파였던 정몽주, 길재로부터 김숙자(金叔滋, 1389~1456), 김종직(金宗直, 1431~1492) 등으로 이어지는 사림파(士林派)의 계보가 형성되었는데, 김종직의 세대에 이르러 비로소 사림파들은 중앙정계에 진출함으로써 훈구파에 대적하는 정치세력을 이룰 수 있었다. 그리고 놀랍게도 조선 역사의 궁극적인 승리는 사림파에게 돌아갔다. 왕조를 바꾸고 정치를 개혁한 것은 강력한 현실주의를 고수한 세속적인 유교 관료들이었지만, 결국 역사에서 살아남은 것은 학문과 윤리의 순수성을 고수한 보수적인 유학자 집단이었다. 이 후자의 승리에는 유학을 이념화하고 종교화한 조선주자학의 보다 중요한 두 번째 특징이 자리잡고 있다. 이 승리에 결정적인 역할을 한 인물이 바로 사림파의 종장인 퇴계(退溪) 이황(李滉)이다. 이황에 의해 비로소 조선주자학은 중국주자학과는 이질적인 독자적 면모를 확립할 수 있었다.[2] 이황은 주자의 진전을 이은 동아시아 최대의 유학자로 평가받았다. 이러한 평가는 한중일 삼국에서 동일하게 이루어졌다. 때문에 이황의 학문을 두고 기본적으로 중국주자학의 범주를 탈피했다고 평가하기 어렵다. 이황은 주자학의 체계에서 유달리 '리(理)'를 특화하였는데, 특히 '리' 개념을 재해석하면서 조선주자학의 독자적인 지평을 열었다.

공자의 유학이 신에서 인간으로 그 문명의 축을 바꾸면서 사회성을 강조했다면, 주희는 인간의 내면성에 초점을 맞추었다. 이 과정에서 인간의 본성이 우주적 원리와 맞닿아 있다는 이른바 '성즉리(性卽理)'의 이론을 수립했다. 이 논리는 주자학 이념에 비추어 보면 당연하다고 할 수 있다. 주희가 『논어』에서 학문의 목적을 설명하면서, '학문이란 인간이 부여받은 최초의 모습을 회복하는데 있다'고 한 대목을 상기해 보자. 여기서 주희는 인간이 부여받은 최초의 모습, 즉 본성의 모습을 순선(純善)한 것으로 파악하고, 이를 천(天, 우주)과 연계시키면서 존재론적으로 본성의 위상을 정립했다. 이는 곧 '인간의 본성은 그 자체로 절대적인 우주의 원리의 반영이다'라는 말로서, 신성성의 투영체로서 인간의 본성을 규정한 것이라고 할 수 있다. 그런데 이 지점에 이르면 천(天)에 부여된 인격적인 면모가 상당 부분 탈색된 것을 알 수 있다. 인간 자신이 바로 신성의 표상이기 때문에, 별도로 섬겨야 할 인격적인 신의 존재가 불필요해진 것이다. 이에 주자학에서는

---

**2** 물론 여기서 사림파의 또 다른 영수인 율곡(栗谷) 이이(李珥, 1536~1584)와 그 후예들에 의한 주자학 이해를 빼놓을 수 없을 것이다. 율곡학파에 의해 치밀하고 방대하게 전개된 이기심성론에 대한 정밀한 분석과 주자학 문헌에 관한 고증 및 분석 작업들은 학문적으로 매우 중요한 의미를 갖고 있다. 특히 여러 종의 주자서(朱子書)를 대교하여 주희의 본의를 확정해 나가는 과정에서 보여준 연구의 정밀함과 깊이, 또 주자문집에 관한 주석서를 몇 백 년에 걸쳐 방대한 전질로 완성해냈던 점은 율곡학통이 조선주자학사에서 기여한 가장 인상적인 면모이다. 그러나 율곡학통의 이러한 특징은 주자학을 보다 깊이 있게 심화시켰다는 점에서는 큰 의의를 가지지만, 질적으로 주자학을 일변시킨 점은 아무래도 퇴계 이황에게서 찾을 수 있을 것이다.

인격천(人格天)의 의미가 퇴색하고 거의 원리로만 존재하는 이법천(理法天)이 그 자리를 대신하게 되었다. 논리적 관점이 이렇다 보니, 인간 본성의 존립 근거로 강조된 '리(理)'는 능동적 운동성—주자학에서는 이를 '정의(情意, 감정/의지)'와 '조작(造作, 작용)'이라고 한다—을 상실하고 말았다. 이것은 주자학이 전개되면서 유학의 초월적 지평이 점차 소멸된 사실을 보여준다.

그런데 이황은 주자학에 의해 그 빛이 바랜 '리'에 능동적 운동성을 부여하면서 유학이 가진 초월적 가치를 다시 복권시켰다. 이황의 '주리론(主理論)'의 핵심은 바로 여기에 있다. 다음의 글에서 이 지점을 살펴보기로 하자.

> 정의(情意)와 조작(造作)이 없는 것은 리(理)의 본연 그 자체요, 어디에서든 발현되어 이르지 않음이 없는 것은 리의 신비한 작용임을 알 수 있다. 지난 시절에는 다만 이의 본체의 무작위적(無作爲的)인 측면만 보았을 뿐 신비한 작용이 드러나 행해지는 것은 알지 못해서 리를 마치 사물(死物)처럼 간주했다. 이는 도(道)와의 거리가 너무 먼 것이 아니겠는가.[3]

이황은 주자학을 처음 공부하던 시절에 '리(理)'에서 능동성을 보지 못했다가, 이후 공부가 깊어졌을 때 비로소 '리'의 신비한 작용과 그 운행을 보았다고 고백했다. 이황이 발견한 리의 신비한 작용과 운행이란, 바로 '리'가 세계와 인간의 마음을 움직이는 능동적인 작용성

---

**3** 『退溪先生文集』卷之十八,「答奇明彦 別紙」. "是知無情意造作者, 此理本然之體也, 其隨寓發見而無不到者, 此理至神之用也. 向也但有見於本體之無爲, 而不知妙用之能顯行, 殆若認理爲死物, 其去道不亦遠甚矣乎?"

을 가진 것을 말한다. 이황은 주희에 의해 그 의미가 퇴색된 인격천의 모습을 '리'를 통해 새롭게 복원하려고 시도했던 것이다. 이는 곧 초월적인 '리'가 자체적으로 활동 가능하다고 본 것을 의미한다. 그러면 '리'가 자체적으로 활동 가능하다는 것은 무엇을 의미하는가? 이황은 제자에게 '리'를 설명하면서 다음과 같이 말했다.

> 하늘[天]은 바로 리(理)이다. 만약 리가 모든 사물에 들어 있고 모든 때에 들어 있음을 안다면, 상제(上帝)가 잠시라도 우리 곁을 떠날 수 없음을 알게 될 것이다. 그러므로 잠시라도 소홀히 해서는 안 된다.[4]

'하늘이 바로 리이다'[天卽理]라는 이황의 말은 주자학적 이론의 연장선상에 있는 것이다. 그러나 이황은 여기에서 한 걸음 더 나아가 '리'를 '상제'와 일치시키면서 '천(天)=리(理)=상제(上帝)'의 삼자를 본질적으로 동일한 것으로 간주했다. 이황의 이와 같은 생각은 주자학의 이기론(理氣論)을 수용한 바탕 위에서 다시 '상제'에 대한 인격적 사유로 한 걸음 나아간 것이라고 할 수 있다.[5] 즉 이황의 '리'는 상제의 권능을 지닌 '리'이기에 그 자체로 활동 가능함을 함유하고 있고, 결국 이것이 인격천의 상정을 가능케 하는 지점이었다. 이황은 세상을 다스리는 기본 원리와 인간이 지켜야 할 도덕규범이 모두 하늘[天]로부터 나온 것임을 확신하면서, 주자학에서는 단지 원리로만 제시된 천

---

**4** 「艮齋先生文集」卷之三,「上退溪先生」. "蓋天卽理也. 苟知理之無物不有, 無時不然, 則知上帝之不可須臾離也, 亦不可須臾忽也."

**5** 조성환,「天學에서 天敎로」, 서강대학교 철학과 박사논문, 2012, 76~77쪽.

의 존재를 우리 삶의 실존적 지평으로 끌어들였다. 여기에 이르러 이황 수양론의 핵심인 '경(敬)'이 비로소 '경천(敬天)'의 학문으로 그 의미가 확장된다.[6] '리'에 부여한 신성성, 이에 대한 공경의 자세인 '경천(敬天)'의 태도는 천에 대한 인간의 공경, 종교적 섬김의 자세와 매우 유사한 것이다.

이로써 이황은 유학의 이념과 논리에 새로운 종교적 초월성 혹은 신성성을 부여했다. 실로 이황에 이르러 조선주자학은 유학의 내재적 지평과 초월적 지평을 함께 아우르면서 학문과 종교의 경계지점에 다시 서게 된 것이다.[7] 조선 건국과 더불어 주자학의 수용이 촉진되었다면, 조선 중기까지의 철학논쟁을 통해 주자학의 초월적 지평이 점차 고양된 것을 알 수 있다. 이는 결국 권력에서 물러난 재야 사림파들의 사상적 공로였다. 조선 후기에 등장한 천주학의 수용과 전개도 이와 같은 이황의 사상에서 연원한 것이 많았다. 당시 천주학을 처음 수용한 남인학자들은 대개 이황의 학문적인 후배들이었는데, 이들은 퇴계학에 잠재된 유학의 신성성과 초월성에서 깊은 감화를 받았다. 그래서 처음 천주학을 접한 남인계 학자들은 천주교에서 말하는 '천주(天主, 하느님)'와 유학의 '상제' 개념을 접목시켜 이해하는 데 별다른 거부감을 느끼지 않았다.[8] 이렇게 보면 퇴계학은 주자학의 경계를 넘

---

**6** 금장태, 「퇴계의 物我觀과 생명의 세계」, 『도산서원』, 한길사, 2001.

**7** 막스 베버는 유교가 종교가 되기에는 너무 현세적이고 합리적이라고 생각했다. 유교에는 종교의 초월적 가치가 없기 때문에 현실과 이상, 현실과 진리의 긴장이 없다고 본 것이다. 그러나 이황의 경우를 통해 볼 수 있듯이, 조선주자학은 유교 내부에 초월성과 신성성을 다시 복귀시켰고, 이로써 유교 혹은 유학의 가능성을 내재와 초월의 두 측면에서 모두 극대화하려고 했다. 이 비판적 쟁점에 대해서는 막스 베버 著, 이상률 譯, 『유교와 도교: 중국종교의 정통과 이단』, 문예출판사, 1990 참조.

**8** 이동환, 「다산사상에서의 '상제' 도입경로에 대한 서설적 고찰」, 『다산의 정치경제 사상』, 창비, 1990.

어 외래의 이질적 사유체계도 수용할 만한 보다 폭넓은 사상적 원천으로 기능했다고 볼 수 있다.

이황 이후 조선의 유학은 퇴계 이황을 정점으로 하는 퇴계학파와 율곡 이이를 원천으로 하는 율곡학파로 양분되었다. 이 두 학파는 단순히 학파적인 구분을 넘어서 나중에는 중요한 정치세력으로도 양분되었다. 그런데 처음 이황에게서 발원한 학문공동체들은 이후 퇴계학파와 율곡학파를 막론하고 광범위하게 전국으로 퍼져 나갔다. 여러 학파들이 학문의 내적 특징을 바탕으로 다양한 성격의 학술집단을 형성한 것이다. 이들은 때로는 서원이라는 유형의 공간에서, 때로는 무형의 연대의식을 통해 자신들만의 사상의 성곽을 축조했다. 당시 학문공동체들은 자체적으로 수뇌부, 규율, 신념 등을 공유했으며 주로 지방과 향촌의 서원(書院)을 중심으로 강력한 사회적 영향력을 행사했다. 조선 최초의 서원은 중종(中宗) 36년(1541), 풍기 군수 주세붕(周世鵬)에 의해 처음으로 건립된 백운동서원(白雲洞書院)이다. 그런데 백운동서원은 명종 5년(1550)에 후임 군수로 부임한 이황의 건의에 의해 국가로부터 소수서원(紹修書院)이라는 이름을 받고 최초의 국가공인 서원으로 승격되었다. 이로부터 전국에 지방 유지들의 출자나 정부의 보조금으로 수많은 서원이 건립되었고, 숙종대에 이르면 각 도에 80~90개의 서원이 세워졌다. 조선 중후기 서원의 성행은 전적으로 이황에 의해 발단된 것이라고 볼 수 있다.

이황에 의해 주도적으로 형성된 퇴계학파의 학문공동체들은 초기에는 스승을 모시고 학문을 연마하는 조촐한 학술단체의 성격을 띠었지만, 점차 규모와 체제를 갖추면서 하나의 정치세력으로 변모했다. 이들은 강렬한 종교성에 바탕을 둔 정신적 경건함을 공유했을 뿐만 아니라 집단규율에 근거한 엄격한 삶의 양식을 준수했다. 나아가 이들 학술집단의 구성원들은 오히려 중앙정계가 아니라 산야에 묻혀 있으면서 보다 결정적인 정치적 영향력을 행사했는데, 이러한 부류의 유학자들을 가리켜 이른바 '산림(山林)'이라고 불렀다. 산야에 은거하던 산림의 영향력을 두고 "열 정승이 한 명의 왕비만 못하고, 열 명의 왕비가 한 명의 산림만 못하다."[十政丞, 不如一王妃, 十王妃, 不如一山林.][9]라고 한 말은 당시 재야 산림의 정치적 위상을 잘 보여준다. 이황에 의해 비로소 불이 붙은 조선의 서원운동은 이처럼 종교적 경향의 학문공동체 형성을 촉진했는데, 이것은 한편으로는 중앙권력으로부터 거리를 두게 하면서, 다른 한편으로 권력의 집중화를 막는 이중적 역할을 수행하도록 했다. 조선 중기부터 중앙정부에 본격적으로 진출한 노론계 학자들보다 오히려 퇴거해서 물러난 이황의 남인계 후학들이 종교와 학문, 정치의 모든 경계를 아우르면서 조선주자학의 고유한 접점을 확보할 수 있었던 것도 이와 같은 사상적 배경 때문이라고 할 수 있다.


## 5. 결론

공자, 주희, 이황은 각기 동아시아 유학사에서 특기할 만한 존재이다. 공자가 인간과 인간의 사회적 관계의 틀을 제시한 유학의 정초자라면, 주희는 여기에 덧붙여 인간의 본성을 철저히 규명하고 그 회복을 역설함으로써 유학의 정신을 새롭게 부흥시킨 개창자이다. 한편

---

9 이우성, 「이조 유교정치와 산림의 존재」, 『한국의 역사상』, 창작과 비평사, 1983, 254쪽.

이황은 공자와 주희의 뒤를 이어 유학에 신성성을 가미함으로써 유학의 종교성 혹은 초월성을 제고시켰다. 이황에 이르러 유학은 사회성과 인간 본성 외에, 절대를 향한 종교성이 가미됨으로써 명실상부 내재와 초월을 관통하는 풍부한 이론체계를 구축하게 되었다.

공자에게서 발원한 유학은 신(神) 중심의 사회에서 인간 중심의 사회로 문명의 축이 이동할 때, 동아시아에서 인간 문명의 기반을 마련한 사상이었다. 여기에서 가장 중요하게 작용한 것은 인간 사회를 구축하는 데 필요한 실천윤리학이다. 그런데 공자의 실천윤리학은 한대(漢代)부터 관학화(官學化)되면서 점차 학문과 사상이 가지는 본래적인 생동성을 상실하게 되었고, 이에 유학에 새로운 기운을 불어넣는 유학혁신 운동이 일어났는데 그 정점에 바로 송대의 주자학이 있었다. 송대 주자학은 공자의 실천윤리학적 이념을 계승하면서도, 공자의 유학에서 불충분했던 인간 정신의 본원에 대한 깊이 있는 탐색을 시도했다. 그 결과 외적이고 구체적인 실천윤리적 성격의 유학이 내적이고 추상적인 심성의 탐색으로 그 외연을 확장하게 되었다. 주자학은 주희 생전에도 이미 큰 세력을 형성했지만, 원명대(元明代)에 이르러 관학(官學)으로 급부상하면서 곧이어 조선과 일본에 전파되었고 수많은 지지층을 확보하게 되었다.

조선주자학은 기본적으로 중국주자학의 계승이라고 할 수 있다. 이는 우선 조선주자학이 공자의 실천윤리학과 주희의 인간 본성 및 마음에 대한 이론을 풍부하게 함유하고 있음을 의미한다. 그러나 한편으로 조선주자학은 건국 초기부터 중국주자학과는 다른 면모를 보였다. 정도전 등 건국 초기의 관료 지식인들은 주자학의 계승을 표방하면서도 사실 주자학과는 상이한 이념적 노선을 지향했다. 그들은 주자학의 기본적인 정치적 의리론을 이탈하면서까지 유학의 정치화를 강력하게 밀어붙였고 급기야 사대부 스스로 정권을 교체하는 권력의 주체로 등장했다. 하지만 무력을 동원한 이들의 역성혁명은 후대에 강력한 사상적 역풍을 맞으면서, 정치권력을 오히려 재야 사림파에게 이양하도록 만드는 빌미를 제공했다. 그런데 이처럼 중앙정계의 권력을 견제하고 정치를 윤리화하는 과정에서 조선주자학은 또 다른 고유한 특징을 갖게 되는데, 그것은 바로 유학의 초월적 성격, 즉 경건한 종교성을 고양시켰던 점이다. 바로 이황을 종주로 하는 조선주자학이 학문과 종교의 접점에서 자신만의 독자적 영역을 구축하면서 이와 같은 유학의 종교적 초월성과 신성성을 복원시켰고, 나아가 이러한 초월적 사유를 통해 현실정치를 교정하고 정치를 윤리화했던 것이다.

이렇게 보면 조선의 유교지식인들은 표면적으로 주자학을 표방했지만, 자신들의 필요에 따라 주자학을 새로운 방식으로 재가공했고 결과적으로 중국주자학과는 상이한 논리와 사유체계를 구축했다고 볼 수 있다. 말하자면 조선주자학은 주자학의 이름을 빌어, 유학이 가진 모든 가능성을 극대화했다고 할 수 있다. 한편으로 유학의 세속화의 한 극단을 지향하고, 다른 한편으로 유학의 초월성을 극적으로 고양시킨 것이다. 조선의 유학자들은 바로 여기의 '현재'에서 종교적으로 구원을 얻고자 노력한 현실적인 관료이자 동시에 엄격한 종교적 수행자들이었다. 이들에 의해 비로소 정치현실에서 학문과 종교가 미래를 견인하는 실제적인 원동력이 되었다. 이렇게 공자의 실천유학은 주희의 심성유학으로, 그리고 조선에 이르러 종교의 초월성을 모두 포괄하는 유학사상의 최대 임계점으로 변신을 거듭하면서 발전했다. 고대중국에서 발원한 유학이 동아시아 지평으로 확산되고 보편화된 것에는, 이와 같은 조선주자학의 중요한 사상적 역할이 놓여 있었다고 생각한다.

## | 참고문헌 |

주희(朱熹), 『사서장구집주(四書章句集注)』
이황(李滉), 『퇴계선생문집(退溪先生文集)』

금장태, 2001, 「퇴계의 物我觀과 생명의 세계」, 『도산서원』, 한길사.
노사광(勞思光), 1987, 『중국철학사(中國哲學史)』, 정인재 옮김, 탐구당.
마루야마 마사오(丸山眞男), 1998, 『일본정치사상사연구』, 김석근 옮김, 통나무.
막스 베버(Max Weber), 1990, 『유교와 도교: 중국종교의 정통과 이단』, 이상률 옮김, 문예 출판사.
미우라 구니오(三浦國雄), 1996, 『인간주자』, 김영식·이승연 옮김, 창작과비평사.
이동환, 1990, 「다산사상에서의 '상제' 도입경로에 대한 서설적 고찰」, 『다산의 정치경제 사상』, 창비.
이우성, 1983, 「이조 유교정치와 산림의 존재」, 『한국의 역사상』, 창작과비평사.
조성환, 2012, 「천학(天學)에서 천교(天敎)로」, 서강대학교 철학과 박사학위논문.

# 3장

# 17~19세기 조선과 청나라의
# 비학(碑學) 유행과 그 의미

조성산

## 1. 병세(並世)·동문(同文) 의식과 비학

18세기 중반에서 19세기 전반에 이르는 시기에는 동아시아 사상계에 많은 중요한 변화들이 일어났다. 18세기 중반 이후 청(淸) 제국은 외몽골에서 신강, 티베트에 이르는 지역을 정복하면서 역사상 유례가 없는 넓은 영토를 갖추었고, 명실상부한 통일제국을 이루는 데 성공하였다. 이러한 것에 힘입어 1782년 사고전서(四庫全書)의 편찬 등 학문에서도 대일통제국(大一統帝國)의 면모를 보이기 시작했다. 조선에서 북학파(北學派)가 이 시기 등장했던 것은 결코 우연이 아니었다. 청 제국의 면모는 조선의 지식인들로 하여금 청나라에 대한 새로운 시야를 갖게 하였고, 청 중심 질서를 재인식하는 계기를 마련하였다. 이후 홍대용(洪大容, 1731~1783)을 기점으로 청나라 지식인들과의 교유는 급속히 확대되는 모습을 보였다.

이러한 흐름은 18세기 후반을 거쳐 19세기에 들어서면서 더욱 확대되는 면모를 보여서 이 시기 연경(燕京: 지금의 북경(北京))으로 가는 조선의 지식인들은 으레 중국의 유명 지식인들과 교유하고자 하

---

* 이 글은 조성산, 「18세기 후반–19세기 전반 조선의 碑學 유행과 그 의미」(『정신문화연구』 33-2, 2010)에서 각주 부분을 삭제하고 다소간의 내용 수정을 통하여 교재에 맞도록 구성한 것임.

는 것이 하나의 경향으로 자리 잡기 시작하였다. 특히 이 시기의 교유는 조선뿐 아니라 중국에서도 기윤(紀昀, 1724~1805), 옹방강(翁方綱, 1733~1818), 완원(阮元, 1764~1849) 등의 일류급 지식인들이라는 점에서 더욱 주목할 필요가 있다. 그 과정에서 청나라로부터 새로운 학문 조류들이 조선에 빠르게 전래되었고, 역으로 조선의 문장도 중국 학계에 소개될 수 있었다. 이를 통하여 그들은 같은 시대에 살고 같은 문자를 사용한다는 병세(並世)·동문(同文) 의식을 가지면서 강한 문화적 연대감을 갖기에 이르렀다.

이러한 그들의 교류 과정에서 중요하게 살펴보아야 할 것이 비학 (碑學) 연구이다. 이 시기 비학은 청나라 지식인들과 조선의 지식인들을 연결시켜 주는 중요한 학술적 매개로서 작용하였다. 청나라 지식인들 사이에서는 고증학(考證學)의 영향으로 금석학(金石學)의 중요성이 부각되었고, 이러한 관심은 중국을 넘어 조선·일본과 같은 주변 국가들에 산재되어 있는 고비(古碑)에까지 미쳤다. 조선의 지식인들도 이에 주목하면서 조선의 금석을 발견하였고, 이를 서로 공유하면서 청나라 지식인들과의 지적 공감대를 심화시켜 갔다. 그러한 점에서 비학 연구와 그 유행은 이 시기 동아시아 학술계의 특징적인 경향이었다. 이 시기 고비 연구가 가졌던 의미들과 그 결과물들을 살펴봄으로써, 비학이 동아시아의 과거문화를 어떠한 방식으로 재구성하고 어떠한 문화적 연대의식을 만들어냈는지를 살펴볼 수 있다.

이 글은 우선 청나라 말기 비학의 발흥과 의의를 살펴본 후에 17~18세기 조선에서 일어난 비학에 대한 관심과 그 의의, 배경에 대해서 알아보고자 한다. 그 다음에는 청나라 말기 비학과 호응하여 19세기 조선에서 비학에 대한 어떠한 논의들이 등장하였는지를 김정희(金正喜, 1786~1856)를 통하여 살펴본다. 이어서 이러한 동아시아 비학의 유행이 그 시기 동아시아 지식인들에게 어떠한 의미를 가졌는지를 조명해본다. 비학은 이 시기 동아시아 지식인들 사이에서 활발히 논의되었던 병세·동문의식의 중요한 매개였으며, 중화의 원형을 찾아가는 작업의 일환이었다.

## 2. 청나라 말기 비학의 발흥

청나라 학술계에서 18세기 후반에서 19세기 들어서는 시기에 특징적으로 일어난 학문 경향 가운데 하나는 금석학 연구의 비약적인 발전이다. 청대 금석학에 대한 연구와 관심은 이 시기에 들어 절정에 달하였다. 여기에는 일차적으로 가경(嘉慶, 1796~1820)·도광(道光, 1821~1850) 연간에 활발하게 일어난 청대 금석고증학이 중요한 영향을 끼쳤다. 오래전부터 금석문에 대한 관심이 있어왔고 고비의 탁본을 모은 서적들은 구양수(歐陽脩, 1007~1072)의 『집고록(集古錄)』 등에서 보이는 것처럼 송대(宋代)에서부터 있어왔지만, 그것이 이전과 비교할 수 없을 정도로 획기적인 변화를 보이는 것은 고증학적 금석학 연구들을 거치면서부터였다. 가감 없이 당대의 실정을 정확히 말하는 고비는 고증학 연구의 가장 중요한 자료가 될 수 있었다. 그러한 점에서 이 시기 금석학 발달의 중요한 배경으로서 고증학을 들 수 있는 것이다.

하지만 고증학이라는 학술적 요인에 더하여 깊이 고려해야 할 것은 서체(書體)의 변화 문제였다. 이 시기 북비(北碑)의 서체인 전서(篆書)·예서(隷書)를 추종하고자 하는 움직임이 본격적으로 전개되면서 고비에 대한 관심은 지식인과 대중에게 폭넓게 확산될 수 있었다. 특히 지식인의 범위를 넘어서 일반 대중들에게까지 파급되었다는 점은 주목된다. 이렇게 대중에게까지 고비에 대한 관심이 파급될 수 있었던 것은 19세기 전반 완원의 「남북서파론(南北書派論)」·「북비남첩론(北碑南帖論)」(『연경실집(研經室集)』 3집 권1)이 발표되면서부터였다. 완원의 글은 고증학의 연구 성과를 토대로 서체의 문제를 정면으로 다루었다. 그 동안 절대적인 권위를 가졌던 왕희지(王羲之, 307~365) 서체를 해부한다는 측면에서, 또한 천년 이상 이어져 온 남첩(南帖) 중심의 서가(書家) 전통을 일거에 전환시키는 것이라는 점에서 당시로서는 무척 파격적인 주장이었고, 자연히 많은 논란을 야기했다. 이후 이 논의는 포세신(包世臣, 1775~1855)의 『예주쌍즙(藝舟雙楫)』, 강유위(康有爲, 1858~1927)의 『광예주쌍즙(廣藝舟雙楫)』에 의해서 더욱 확산되었고, 김정희의 추사체(秋史體) 형성에도 중요한 영향을 끼쳤다.

고증학은 자명하다고 생각되었던 자신들의 중화문화 전통을 층층이 해부하면서 중화의 의미를 재구성하는 결과를 가져왔다. 그러한 점에서 새롭게 중화에 대하여 탐구하는 학문이었다고도 할 수 있다. 고증학의 이러한 점을 충분히 염두에 두면, 완원이 서체를 역사화하여 그것을 재구성하였던 것은 중요한 의미들을 담고 있었음을 알 수 있다. 완원 등에 의해서 본격적으로 제기된 북비와 남첩의 문제는 그 동안 논의되었던 기존의 모든 서체를 북비와 남첩으로 범주화하고 북비를 남첩보다 더욱 우선해 두는 것이었다. 그것에는 그 동안 절대적인 것, 즉 서체의 중화로 인식되어온 왕희지 서체에 대한 본질적인 회의가 담겨있었고, 그러한 점에서 그것은 새로운 복고(復古) 논의를 제시하는 것이었다. 이 시기 금석학과 서체를 둘러싼 복고 논의는 다음 두 가지 점에서 중요했다.

첫째, 완원에 의해서 촉발된 북비 서체의 문제는 오랑캐 왕조라는 이유로 그 동안 주목받지 못했던 북위(北魏) 문화에 대한 관심을 새롭게 불러일으켰다. 북위의 고비에 실린 서체가 중원의 순정한 서체이며, 이를 구현하는 것이 중화 문화를 구현하는 것이라는 사유가 싹트면서 그 동안 주목받지 못했던 북위 시대의 전·예서에 대한 새로운 시야가 열렸던 것이다. 완원은 현재 보이는 왕희지의 서첩에는 예서체가 보이지 않는데 이것은 당시 시대상에 비쳐볼 때, 맞지 않는다고 주장하여 왕희지 서첩 대부분이 위작일 가능성을 내 비추기도 하였다. 이는 그 동안 서체의 표준으로 알고 있었던 왕희지 서체의 의미를 바꾸어놓는 주장인 동시에 남첩의 위조 가능성을 제시하는 것이었다. 완원은 「남북서파론」 말미에 자신의 주장이 갖는 의미를 다음과 같이 암시하였다.

> 남조(南朝)와 북조(北朝)의 경학은 본래 진실(質實)·경부(輕浮)의 구별이 있습니다만, 남조와 북조의 역사가 또한 매번 상대측을 오랑캐라고 서로 비난하고 있습니다. 서파가 나뉘는 바도 어찌 유독 그렇지 않겠습니까? (阮元, 『揅經室集』 3集 卷1 「南北書派論」)

남조와 북조의 경쟁 관계를 설파하면서 결국 서파의 문제도 이것과 깊은 관련성을 가짐을 시사한 것이다. 이는 북조의 서체를 중화의 새로운 전통으로 만들고자 하는 의도가 깊이 게재된 것으로서 기존의 남조 중심의 문화 인식에 수정을 요하는 것이었다. 다시 말해서 완원의 주장은 서체에 관한 중화의 전통을 교체하는 것이었다.

더욱이 이는 단순하게 북위 문화의 재조명에만 국한되는 것이 아니었다. 왕희지, 조맹부(趙孟頫, 1254~1322), 동기창(董其昌, 1555~1636) 등 몇몇 사람들의 서체를 배우는 것이 아닌, 금석학을 통하여 마련된 새로운 서체의 가능성은 당비(唐碑)의 해서(楷書), 진한(秦漢) 각석(刻石)의 전예(篆隸)에서 선진(先秦) 시대의 금문(金文)과 남조(南朝) 시대의 각석(刻石), 나아가 은상(殷商) 시대의 갑골문(甲骨文)과 전국(戰國) 시대의 간독(簡牘) 문자에까지 확대될 수 있었다. 가경, 도광 시기에 비해서 동치(同治, 1862~1874), 광서(光緒, 1875~1908) 시기에 오면 비파서가(碑派書家)들은 북비와 진한시대의 석각(石刻)에 만족하지 않고, 동기명문(銅器銘文), 고대비판(古代碑版)을 학습하는 것으로 나아갔던 것이다. 기존에는 몇몇 유명한 비판을 제외하고는 이러한 과거의 유물들은 거의 지식인들의 주목을 받지 못했는데, 이제 그것들에 대해서 새로운 관심의 장이 열리게 되었다.

이처럼 이 시기 복고 논의는 특정한 과거 어느 때에 머무는 것이 아니라, 과거로 무한히 소급해 올라간다는 점에서 새로웠다. 이것은 중국 문화 이해의 폭이 상고(上古)로 계속해서 소급·확장되는 것이었다. 결국 이는 중국 문화의 외연을 확대시키고, 그것의 통일적 이해에도 많은 부분 공헌할 것임이 자명하였다. 실제 많은 금석 관련 문화유적들이 이 시기 집중적으로 발굴되었고, 북경(北京) 유리창(琉璃廠) 서사(書肆)에는 학자들과 수장가들의 수요로 인해 각지에서 출토된 유물들이 폭주하였다. 이것이 바로 이 시기 동아시아의 특징적인 문화 현상 가운데 하나인 '고동(古董)'의 유행이었다. 고동에 담겨진 '과거'가 새롭게 조사되고 인식되면서 한편으로 중국의 역사는 더욱 구체적이고 통합적으로 되어갈 수 있었다.

이점에서 빠뜨리지 말아야 할 것은 그러한 관심의 연장선상에서, 그들이 중국의 그것에만 머물지 않고 고비와 고문헌을 통하여 조선과 일본의 '과거'에도 관심을 가지게 되었다는 사실이다. 이는 중국의 영토를 넘어선 중화문화 외연의 확장이라는 측면에서 중요하다. 당대 청나라 지식인들은 중화사상의 외연 확대와 편찬의 광범위성을 위하여 외국 작품들을 수집하려고 노력하였다. 이는 넓게 보면 한자 자체가 본래 가졌던 대일통의 성격에서 유래한 것이었지만, 직접적으로는 사고전서의 편찬과 깊은 관련성을 갖는다. 사고전서 편찬의 담당자들은 조선과 일본의 문헌들을 사고전서 속에 포함시켰는데, 이를 계기로 그들은 중국에서는 유실된 좋은 고문헌들이 조선과 일본에 남아 있다는 것을 깨닫고, 조선과 일본의 문화적 역량도 재고하게 되었다. 이러한 과정을 통하여 청나라 지식인들은 조선과 일본의 고비와 고문헌에 관심 갖게 되었던 것이다.

둘째, 남첩 중심의 문화권력을 배제하고 북비라는 어떤 의미에서는 새롭게 상상된 문화권력을 설정할 수 있게 되었다. 즉, 그들은 북비의 강조를 통해서 새로운 문화적 보편성을 제시하였다. 이를 이해하기 위해서는 중국에서 글과 그것을 구현하는 서체가 단순한 소통과 매체의 문제가 아닌 통치의 중요한 도구로서 활용되었다는 점에 주목해야 한다. 한자 자체가 음성으로 구현되는 측면보다는 표의문자라는 시각적인 특성을 강하게 가졌기에, 글자와 이를 구현하는 서체는 정치적·사회적 권위를 만들어낼 수 있었다. 한자는 그것이 담고 있는 내용을 좀 더 효과적이고 힘 있게 전달하기 위해서 서체라는 시각적 권위를 가져야 했던 것이다. 해정(楷正)한 서체로서 구성된 한자의 조합은 문자의 권위를 한층 배가시키면서 지식인들과 일반 민인에게 상당한 힘을 가졌다. 그러한 이유로 일정한 서체를 배우고 공유한다는 것은, 그리고 어떠한 특정한 서체가 그 시대에 유행한다는 것은 중요한 정치적 의미들을 가졌다.

예컨대, 진시황(秦始皇, 재위 B.C. 246~B.C. 210)이 제국의 효율적 통치를 위하여 전국의 상이한 서체를 소전체(小篆體)로 통일하는 것, 당

(唐)나라 태종(太宗, 재위 626~649)이 왕희지 서체를 좋아했던 것이 남북조의 문화통일이라는 정치적 목적과 긴밀하게 연결되어 있었던 것, 송(宋)나라 건국 이후 순화각첩(淳化閣帖)을 만들어 서체를 정리하는 모습, 원(元)나라 때 송나라 황족의 후예로서 원나라에서 벼슬했던 조맹부의 서체가 득세하는 것, 명(明)나라 때 원나라의 문화적 흔적에 대한 반감으로 한족(漢族) 왕조였던 북송(北宋)의 황정견(黃庭堅, 1045~1105), 소식(蘇軾, 1037~1101), 미불(米芾, 1051~1107)의 서체가 재조명되고 동기창에 의해서 조맹부의 서체가 폄하되는 것, 청나라 건륭제(乾隆帝, 재위 1735~1796)가 같은 이적 왕조였던 원나라의 조맹부 서체를 좋아해서 사고전서가 조맹부 서체를 표준으로 통일되는 것은 서체가 정치권력과 얼마나 긴밀하게 결합하였는가를 보여준다. 그러할 때 기존 서체에 대한 반격에는 자연스럽게 그 서체가 함의하고 있었던 정치적·문화적 기반에 대한 비판 혹은 재조정의 의미도 함께 있는 것이었다.

그러한 점에서 천여 년 동안 따라오던 남첩 대신에 북비를 따르고자 하는 것은 단순한 서체의 영역을 떠나 남첩이 구축하였던 정치·문화 권력의 위상도 변화시킬 수 있는 문제였다. 이와 관련하여 남첩에서 북비로의 전환은 남첩의 귀족적이고 세련된 미학에서 북비전예(北碑篆隸)의 서민적이고 원시적인 미학으로의 전환이었다는 지적은 중요하다. 실제 첩학파의 많은 사람들이 귀족이며 고관대작이 많았던 반면에 비학파 가운데에는 서민들도 상당수 있었다. 북비서체(北碑書體)의 대표적 인물이었던 등석여(鄧石如, 1743~1805)는 평생 포의지사였고, 그의 제자 포세신 또한 끝내 과거에 급제하지 못하였다. 나아가 그들에게는 기존 질서에 반대하는 개혁적인 측면도 함께 자리하고 있었다. 남첩이 과거시험과 현실 관료문화에 깊숙이 관련되어 있었던 점과 비교해보면 그 대조적인 부분을 쉽게 파악할 수 있다. 포세신이 급진개혁론자로서 경세가요 병략가였고, 강유위가 기성 정치권력에 막혀 정치적으로 실의한 상태에서 『광예주쌍즙』을 짓고 동시기에 『신학위경고(新學僞經考)』와 『공자개제고(孔子改制考)』를 저술했던 것도 이러한 점을 잘 보여준다.

## 3. 17세기~18세기 후반 조선 비학의 전개

조선후기 고비 연구의 중요한 출발점을 연 저작은 왕손인 낭선군(朗善君)과 낭원군(朗原君)이 편집한 『대동금석서(大東金石書)』(1668)였다. 이들은 선조(宣祖, 재위 1567~1608)의 증손으로서 각각 이름은 이우(李俣, 1637~1693)와 이간(李侃, 1580~1640)이였다. 이들이 수집한 자료들은 이후 조선후기 지식인들의 고비 연구에 기초자료가 되었다. 허목(許穆, 1595~1682)은 고비와 서체를 결합하여 일가를 이루었으며, 낭선군 이우와도 교류가 있어 그의 도움으로 「형산신우비(衡山神禹碑)」를 열람하기도 하였다. 비슷한 시기에 낭선군과 교류했던 조속(趙涑, 1595~1668)은 『금석청완(金石淸玩)』을, 김수증(金壽增, 1624~1701)은 『금석총(金石叢)』을 만들었다. 이처럼 이 시기에 고비에 대한 관심이 새롭게 일어난 것에는 다음 몇 가지 요인들을 들 수 있다.

우선, 서체의 문제에 있어서 기존 조맹부의 송설체(松雪體)와 한석봉체(韓石峰體)의 대안을 상고시대에서 찾고자 고비에 새롭게 관심을 갖게 되었다고 할 수 있다. 이러한 서체의 복고적인 흐름과 관련하여 당시 조선에 유행하였던 명대 진한고문풍을 주목할 수 있다. 명대 진한고문파의 글들이 조선의 문단에 유행하면서 조선에서는 고학(古學)

에 대한 관심이 그 어느 때보다 고조되고 있었다. 이와 함께 명말청초 고증학 또한 고대 금석문의 중요성을 증가시키면서 비학에 대한 연구를 촉진시켰다. 이우가 활동했던 시기는 고염무(顧炎武, 1613~1682)가 『금석문자기(金石文字記)』를 짓는 등 금석학에 대한 관심이 점차 증가되던 때였다. 명말청초 시기 중국에서도 금석학에 대한 관심과 함께 예서에 대한 관심이 확대되면서 유행하였고, 일본의 경우에도 이와 비슷한 풍조가 있었던 것은 조선의 경우를 이해하는 데에도 많은 시사점을 준다. 이우는 연행사로서 청나라에 수차례 다녀오면서 이러한 상황을 목도했을 것으로 생각된다.

18세기 전반기 고비에 대한 조선 지식인들의 관심들을 대략 열거해 보면, 우선 이익(李瀷, 1681~1763)은 「동방석각(東方石刻)」이라는 글에서 고비들을 정리하였다. 김광수(金光遂, 1699~1777)는 수장가로서 많은 고비첩을 모았고, 이는 이광사(李匡師, 1705~1777)의 서예 형성에도 적지 않은 영향을 끼쳤다. 김재로(金在魯, 1682~1759)는 『금석록(金石錄)』을 만들었고, 유척기(兪拓基, 1691~1767)도 금석문에 많은 관심을 가졌다. 18세기 후반에서 19세기에 이르는 시기는 조선의 고비 연구가 한 단계 진전되는 시기였다. 이처럼 고비에 대한 관심의 폭이 한층 확대된 것은 청나라 학술계의 변화와 궤를 같이한다는 점에서 중요하다.

18세기 후반 홍대용(洪大容, 1731~1783)을 기점으로 해서 시작된 청나라 지식인들과의 교류는 조선의 학술계에도 적지 않은 영향을 끼쳤다. 특히 유금(柳琴, 1741~1783), 박제가(朴齊家, 1750~1805) 등이 이조원(李調元, 1734~1803), 기윤, 반정균 등 중국의 당대 일류 지식인들과 교류를 시작하면서 청나라 학술계의 최근 학문동향들이 조선에 전래되었다. 청나라 지식인들의 입장에서도 당시 이루어지던 사고전서와 같은 문헌대일통의 서적정리 작업을 하면서 조선과 일본에 있는 서책들과 중화문화에 새로운 관심을 갖게 되었다. 그러한 과정에서 조선과 청나라의 학술교류는 새로운 장을 맞이할 수 있었다. 여기에는 물론 18세기 중·후반 청 제국이 확립되면서 변화하기 시작한 조선 지식인들의 대청 관념도 중요하게 작용하였음은 물론이다.

홍양호(洪良浩, 1724~1802)는 이 시기 고비 연구에 있어서 가장 선도적인 위치에 있었던 인물이다. 그의 글들을 통하여 당대 고비학(古碑學)에 대한 관심과 학문수준을 가름해 볼 수 있다. 그는 경주에서 지방관을 한 것을 계기로 특히 신라 관계 비문의 글들을 많이 남겼다. 그가 이처럼 고비에 관심을 가졌던 것은 서법에 대한 관심과 기운 등을 통하여 중국의 학술동향에 많은 관심을 가졌기 때문으로 생각된다. 그가 가졌던 조선 고비에 대한 관심은 다음 두 가지 범주로 분류할 수 있다.

첫째, 그는 조선 고비에 남아있는 중국의 서체에 관심을 기울였다. 그는 원주 영봉산(靈鳳山)에는 「반절비(半折碑)」가 있는데 이 비문은 당나라 태종의 글자를 집자한 것이라고 하였다. 그는 지금 반절비의 글씨는 매우 훌륭해서 중국에서 구하고자 해도 구하기 어려운 것이라고 하였다. 「인각사비(麟角寺碑)」의 제문에서는 고려가 당나라와 시기가 멀지 않아서 진적(眞蹟)을 얻어 새겼으니, 근세 당본(唐本) 제첩(諸帖)과 비교해 보아도 훌륭하다고 하면서 칭탄하였다. 그는 또한 「무장비」에는 왕희지의 유풍이, 「각간비」에는 구양순(歐陽詢, 557~641)의 유법이 있다고 하면서 모두 서가(書家)의 진품이라고 하였다. 「평제탑비(平濟塔碑)」에 대해서도 그 글씨가 동방고적의 으뜸이라고 칭할 만하다고 하였다. 고비 수집을 통하여 홍양호는 조선의 고비에서 현재 중국에서도 얻기 어려운 중국 서예의 진수를 확인하고자 하였다.

둘째로, 그는 고비를 토대로 조선의 역사에 대해서 깊은 관심을 표명하였다. 이것은 고비에 대한 관심이 역사학과 깊은 관련성 속에서 이루어진 것임을 보여주는 실례이다. 「평제탑비」를 통하여 홍양호는 신라가 삼한을 비로소 하나로 합치하였음을 언급하였다. 「신라태종왕릉비」의 제문에서도 태종이 고구려와 백제를 평정하여 삼한을 하나로 하였으니 만세의 공이 있다고 하였다. 특히 신라 「진흥왕북순비(眞興王北巡碑)」는 당대 북방 영토 의식과 관련하여 주목된다. 홍양호는 야사에서 신라 진흥왕이 북쪽으로 순수(巡狩)하면서 비를 세웠다는 것을 보고 이를 찾고자 하였으나 찾지 못하다가, 함흥판관 유한돈(兪漢敦, ?~?)으로부터 「진흥왕북순비」가 발견되었다는 소식을 접하고서 다음과 같이 말했다.

> 동방의 고적(古蹟)으로 이 보다 앞서는 것은 없다. 지금 장진부 (長津府)를 개척하는 때 비로소 세상에 나오니 국가 문명의 운이 드러나지 않음이 없음을 징험할 수 있겠다. 신라가 융성할 때에 폭원 (幅員)의 광원(廣遠)과 말갈(靺鞨)과의 경계를 여기에서 볼 수 있으니 고사(古史)의 부족함을 보완할 수 있다. 유군(兪君)의 옛것을 좋아하는 정성이 이에 천세(千歲) 전의 고적을 드러내었으니 '박아(博雅)의 양사(良士)'라고 이를 수 있겠다. (洪良浩, 『耳溪集』 卷16 「題新羅眞興王北巡碑」)

홍양호는 북방 영토를 개척하려는 때에 고대의 북방 경영의 흔적이 었던 「진흥왕북순비」가 발굴되는 것은 국가 문명의 운이 드러나는 증거라고 하였다. 그가 신라 고비의 발견과 북방 지역의 개발을 연계시켜 이해한 것은 고비 연구가 과거의 발견을 넘어 현재에 어떠한 방식으로 연결될 수 있는가를 보여주었다.

위에서 볼 수 있듯이 홍양호는 조선후기 비학 연구에 중요한 계기를 마련하였으며, 그의 영향으로 인해서 유득공(柳得恭, 1748~1805)은 조선의 고비를 깊이 연구하였다. 유득공은 홍양호에게 고비의 탁본을 빌려서 연구하였고, 고비에 대한 글을 많이 남겼다. 박지원(朴趾源, 1737~1805)의 『삼한총서(三韓叢書)』 목록에는 저자 미상의 『금석록(金石錄)』이 있으며 이 저작에는 「동명왕경(東明王鏡)」, 「모구검기공비(母丘儉紀功碑)」, 「신라태종릉비액(新羅太宗陵碑額)」, 「낭공대사비음(郎空大師碑陰)」, 「김생서창림사비(金生書昌林寺碑)」, 「유인원기공잔비(劉仁願紀功殘碑)」, 「평제탑」이 실려 있다. 이 밖에 이덕무(李德懋, 1741~1793)는 흥법사비(興法寺碑)와 신라·고려의 석각 등에 대하여 정리한 글들을 남겼다. 이러한 북학파의 작업들은 박제가를 통하여 김정희에게 많은 영향을 끼쳤을 것으로 보인다.

## 4. 19세기 전반 비학의 발전: 김정희의 비학 연구

19세기 초반은 청 제국 질서의 확립과 그 지속성이 조선 지식인 사회 전반에 충분히 인식되고 확산되었다는 측면에서 중요하다. 청나라는 18세기 중·후반기 건륭제 연간 전성기를 구가하다가, 점차 내부적으로 쇠퇴의 조짐을 보이기 시작하였다. 하지만 조선의 지식인들에게 청 제국 전성기에 대한 인식이 확산되는 것에는 다소간의 시간이 필요했고 18세기말에서 19세기 전반기경이 되어서야 청 제국의 면모를 확인하고 인지하는 경향이 마련될 수 있었다. 청나라 중심의 새로운 중화질서에 대해서 자각하기 시작한 것이다. 특히 1801년 신유옥사(辛酉獄事) 이후 심화된 서양 세력에 대한 반감은 청나라와 조선의 안위가 긴밀하게 연결되어 있다는 관념도 서서히 형성시켰다. 이러한 상황은 18세기 후반 조심스럽고 예외적으로 이루어지던 청나라 지식인들과의 교류를 점차 일반적인 것으로 변화시켜 나가는 데 중요한 계기를 마련하였다.

청나라 지식인들의 입장에서도, 앞서 언급했듯이 사고전서 편찬 시기와 그 이후 한자로 구성된 조선과 일본의 중화문화에 대한 관심이 확산되면서 조선 및 해외에 대한 지적 욕구가 확산되는 추세였다. 천하에 산재되어 있는 모든 서책들을 집대성하고자 하는 노력은 지역과 시대를 떠나 모든 서책의 존재가치를 재고하게 하였고, 이것은 조선과 일본의 학술계를 다시 바라보는 단서를 제공하였다. 그 과정에서 김정희 등 조선의 지식인들은 옹방강, 완원과 같은 청나라의 지식인들과 교유할 수 있었으며, 그 교유의 매개는 한자로 구성된 비석의 판본과 문헌들이었다. 조선과 청나라 지식인들은 비석의 판본과 문헌들을 교환하면서 학문적 교류를 심화시켜나갔다. 19세기 들어 비학이 비약적으로 발전하고, 나아가 조선과 청나라 지식인들의 협동저작 형태까지 등장하는 것에는 이러한 시대적 배경이 전제되어 있었다.

이에 덧붙여서 비학 자체 내의 발전에서도 19세기 전반은 중요하였다. 19세기 전반은 비학의 형성 발전에 있어서 중요한 획기를 맞는 시기였던 것이다. 이 시기는 우선 중국에서 완원이 「북비남첩론」과 「남북서파론」을 발표함으로써 비학이 이론적으로 확고한 위상을 갖게 되었고, 또한 등석여, 이병수(伊秉綬, 1754~1815)에 의해서 비학에 입각한 서체가 완성되면서 비학파가 비로소 갖추어지게 되었다. 김정희에 의해서 중국에서의 이러한 최신 경향이 조선에 전래되면서 조선의 학계에서도 그 이전과는 구별되는 비학의 발전과 관심이 형성될 수 있었다. 그러한 점에서 19세기를 기점으로 동아시아의 비학은 이전 시기와 확연히 결을 달리하였다고 평가할 수 있다.

김정희의 『예당금석과안록(禮堂金石過眼錄)』, 이조묵(李祖黙, 1792~1840)의 『나려낭림고(羅麗琅琳考)』, 유본예(柳本藝, 1777~1842)의 『수헌방비록(樹軒訪碑錄)』, 조인영(趙寅永, 1782~1850)의 『해동금석존고(海東金石存攷)』, 오석경(吳慶錫, 1831~1879)의 『삼한금석록(三韓金石錄)』 등이 나왔으며, 청나라의 지식인 옹방강의 『해동금석문자기(海東金石文字記)』, 조인영의 도움으로 유희해(劉喜海, 1793~1853)의 『해동금석원(海東金石苑)』 등도 출현하였다. 본격적인 비학을 전개하지는 않았지만 남공철(南公轍, 1760~1840)은 골동서화의 관심에서 많은 발미문을 남겼고, 이서구(李書九, 1754~1825) 또한 중국의 고비에 발문을 썼다. 이처럼 이 시기 많은 지식인들이 비학 연구에 매진하였던 사실을 볼 수 있다. 그러한 점에서 이 시기 비학은 당대 학술계의 중요한 문화적·학문적 특징을 말해주었다.

김정희는 완원과 교우관계를 맺으면서 그의 「남북서파론」, 「북비남첩론」에 대해서 인지하였고 이 논의가 갖는 파급성에 대해서 그 누구보다도 정확히 알고 있었던 것으로 보인다. 완원 이전에는 엄격하게 말해서 비학 연구가 서예이론으로서 명확히 자리 잡지 못하고 있었다. 대부분은 남첩과 북비를 조화하려고 하였고 이점은 옹방강에게서 잘 보였다. 하지만 앞서 언급했듯이 완원을 비롯하여 등석여, 이병수가 등장하면서 서법 상에서 비학파가 갖추어졌다. 비학파는 남첩의 우위에 서고자 하였고, 그러한 점에서 매우 혁신적이었다. 김정희는 비학파의 주장을 충분히 인지하면서 서체를 고증학적인 방법을 통하여 역사적으로 조망하고자 했다. 김정희가 조선 서예가들을 비판한 점들은 이 문제와 깊은 관련성을 갖는다. 그는 근래 조선의 서예가들이 이 문제에 무지하다고 지적하였고, 이것은 이광사에 대한 비판에서 절정에 달했다.

하지만 중국에서 있었던 비학파의 주장은 조선의 경우와 정확히 일치하지는 않았다. 조선에서는 한송절충(漢宋折衷)과 한송불분론(漢宋不分論)이 우세하였기에 기존의 전통을 전면적으로 부정하는 논의로까지 발전하기는 어려웠을 것으로 생각된다. 김정희는 궁극적으로 북비와 남첩을 통합·절충하려는 태도를 보였던 것이다. 하지만 그러한 가운데에서도 그는 "북비를 많이 보아야만 비로소 그 처음부터 변천되어 내려온 연원을 알게 된다(金正喜, 『阮堂全集』 卷3 「與權彝齋敦仁」)"는 것이나, "북비를 버리고서는 서법을 말할 수 없다(金正喜, 『阮堂全集』 卷7 「書贈洪祐衍」)"는 것에서 알 수 있듯이 북비는 김정희의 비학과 서체에 대한 문제의식을 이해하는 데 있어서 분명한 전제로서 삼아야 한다. 김정희가 주목한 조선의 고비 연구의 의미들은 다음과 같은 점으로 범주화할 수 있다.

첫째, 그는 신라비와 고려비 서체의 우수성을 언급하고 이것이 갖는 중화 문화와의 연계점에 주목하였다. 김정희가 언급한 신라비와 고려비에 대한 언설들을 요약해보면, 신라비와 고려비는 대부분 구양순의 서체를 따랐으며 「평백제탑비(平百濟塔碑)」만이 저수량(褚遂良, 596~658)의 서체를 따랐다는 것이다. 완원은 구양순과 저수량을 북파(北派)로서 분류하였다. 완원의 「남북서파론」에 따르면, 구양순은 왕희지 서법을 배우면서도 위진(魏晉)의 삭정(索靖, 239~303) 서법에 심취하여 북조(北朝) 서법의 영향을 많이 받았으며, 저수량은 고향이 비록 오월(吳越)이었지만 그 또한 구양순과 함께 북파의 일원이었다. 그러면서 완원은 지금 사람들이 구양순·저수량의 서법을 따라야 한다고 주장하였다. 이렇게 볼 때 신라비와 고려비 대부분이 구양순·저수량의 서체를 따르고 있다는 김정희의 주장은 완원의 주장에 비춰볼 때, 이 비들이 북비와 관련하여 중화 본래의 순수한 속성을 온전히 가지고 있다는 주장에 다름 아니었다.

그러하기에 김정희는 "대개 구양순의 흑수비(黑水碑)가 동방으로 온 이후로 우리나라의 비판은 다 구양순의 서체를 모방했으니 그 중화를 사모한 것은 진작 진흥왕(眞興王, 재위 540~576) 시대부터 이미 그러했던 모양이다(金正喜,『阮堂全集』卷6「題北狩碑文後」)"고 하였다. 나아가 그는 진흥왕 비가 중국과의 관계성을 긴밀하게 할 수 있는 것임을 다음과 같이 말하였다.

> 이 비가 중국으로 말하면 진(陳)나라 광대(光大) 연간에 세워진 것인데, 육조(六朝) 시대의 금석들이 지금 약간 남아 있는데, 이 비의 서체와 서로 흡사하니 그 때에 중국과 외국의 풍기가 멀지 않았음을 볼 수 있고, 그 때에 신라가 중국의 서체를 마음으로 본뜨고 손으로 따르고 했던 것을 볼 수가 있습니다. (金正喜,『阮堂全集』卷3 「與權彝齋敦仁」)

김정희는 고대 조선에 있었던 중국과의 동질감과 일체감을 이와 같이 표현하였다. 이는 순수한 중화문화의 유제가 아주 오래전부터 이미 조선에 내재해 있었음을 말하는 것이다. 그러면서 그는 신라 글씨는 구양순의 법을 따라서 중국과 병칭할 만하였는데, 고려 말 조선 초의 송설체와 이후 진체(晉體)로 인해서 서체가 흔들려 버렸다고 주장하였다.

김정희가 보기에, 최소한 서체에 있어서만은 중화문화의 유제는 조선보다 신라와 고려시대에 더욱 많이 남아 있었던 것이다. 김정희의 주장은 고대사 속에서 중화의 흔적들을 발견하고자 한 일부 조선후기 역사학자들의 주장과 구조상 가까웠다. 이를 통하여, 조선의 고대를 재발견하고자 하는 노력들이 여러 방면에서 이루어졌다는 사실을 추론해 볼 수 있다. 김정희의 경우는 비록 서체라는 매우 제한된 영역이기는 하였지만, 신라와 고려 문화의 재평가라는 측면에서 중요하다. 이렇게 고대를 재평가하는 것은 중화의 연원을 과거로 소급해서 조선 문화의 중화적 유구성을 강조하고 선양하고자 하는 데 그 목적이 있었다. 곧 이것은 중화주의의 내면화인 동시에 조선 문화의 선양이라는 이중의 행위였던 셈이다. 여기에 조선시대의 조선학이 갖는 중요한 특징이 있었다.

한편, 위와 같은 중화문화의 연계성 때문에 신라와 고려의 고비 연구는 중국의 비학 연구에도 많은 도움이 될 수 있었다. 예컨대, 옹방강은 경주 무장사비(鍪藏寺碑)를 통해서 왕희지 서체인 「정무본난정기(定武本蘭亭記)」가 당나라 때의 각(刻)임을 증명하였고, 김정희도 이 사실을 언급하면서 동방의 문헌 가운데에서 이 비석만큼 칭해진 것은 없다고 하였다. 이러한 인식은 그들 고증의 사실 여부를 떠나서 신라비와 왕희지로 상징되는 중화문화를 긴밀하게 연계하여 파악하는 것이었다는 점에서 주목할 수 있다.

둘째, 그는 역사학과의 관련성에 주목하였다. 김정희는 금석학이 갖는 역사학에 도움이 되는 측면들을 충분히 인지하고 있었다. 그는 금석학을 통하여 현재 북한산의 진흥왕순수비가 무학비(無學碑)가 아닌 진흥왕의 순수비임을 밝히면서 금석학이 세상에 도움이 되는 것이 바로 이와 같음을 설파하였다. 김정희는 고비와 강역, 나아가 역사의 문제를 긴밀하게 연결시키고 있었다.

대개 이 비는 단지 우리 동방 금석(金石)의 비조(鼻祖)가 될 뿐만이 아니다. 신라의 봉강(封疆)에 대하여 국사를 가지고 상고해 보면 겨우 비열홀(比列忽)까지에만 미쳤으니, 이 비를 통해서 보지 않으면 어떻게 신라의 봉강이 멀리 황초령(黃艸嶺)까지 미쳤던 것을 다시 알 수 있겠습니까! 금석이 역사서보다 나은 점이 이와 같으니 옛 사람들이 금석을 귀중하게 여긴 까닭이 어찌 하나의 고물(古物)에 그쳤을 따름이었겠습니까! (金正喜, 『阮堂全集』 卷3 「與權彝齋敦仁」)

그는 금석이 국사보다 나은 점을 설명하면서 금석이 갖는 중요성을 언급하였다. 이렇게 볼 때 이러한 비학 연구는 옛 유적들을 새롭게 발견해내는 데 중요한 기여를 할 수 있었다.

셋째, 김정희는 비학 이론을 통해서 조선의 현 서법을 비판하였다. 그는 조선의 서법을 고증학적 관점에서 비판적으로 바라보았다. 다음은 그가 파악한 조선시대 서예사의 대략이다.

우리나라에 이르러서는 신라와 고려 이래로 오로지 구비(歐碑)를 익혔으며 본조(本朝) 이후에 안평대군(麟坪大君)이 비로소 송설체(松雪體)로써 따로 문경(門徑)을 열어 한 시대가 풍미하였지만 성임(成任)과 신장(申檣) 등의 여러 사람들은 역시 신라와 고려의 구법을 고치지 않았다. 지금 숭례문(崇禮門) 편액은 곧 신장의 글씨인데 깊이 구양순의 골수에 들어갔고 또 성임이 쓴 홍화문(弘化門)의 편액과 대성전(大成殿) 편액은 다 북조(北朝)의 비의(碑意)가 들어있으며 또 성달생(成達生) 같은 이는 서법이 특출하였으나 세상이 그를 알아주는 이가 없었는데 그 역시 송설의 문호에서 나온 것이 아니었다. 이 여러 분들은 모두 용이 날고 범이 뛰는 기세를 가져 한 석봉(韓石峯)이 미칠 수 있는 바가 아니었다. 한석봉은 오히려 송설체의 범주에 갇혀있었으니 이 아래로는 말할 것도 없다. 심지어 악의론(樂毅論), 동방상찬(東方像贊), 유교경(遺敎經)을 들어 진체(晉體)를 삼고 있는 것은 실지로 가소로운 일이다. 악의론은 해자본(海字本)으로 서씨(徐氏)의 소장이요 왕순백(王順百)이 보았던 석적(石蹟)은 세상에 마침내 유전되지 못했고, 통행하는 속본(俗本)은 곧 왕저(王著)가 쓴 것으로 이광사(李匡師)가 평생을 통해 익힌 것인데, 이는 바로 왕저의 위본이며 유교경은 본시 당나라 경생(經生)이 쓴 것이다. 어찌 진체(晉體)가 이와 같을 수 있겠는가! 붓을 놓고 한 번 웃는다. (金正喜, 『阮堂全集』 卷7 「書贈洪祐衍」)

이를 요약해보면 조선전기에는 북비풍(北碑風)이 남아있었는데 최근 들어서는 그러한 것이 사라져 송설체를 벗어나지 못했으며, 이른바 진체를 직접 배우고자 내세운 교본들도 진적이 아닌 후세에 만들어진 작품들이라는 것이다. 그러면서 그는 이광사를 혹독히 비판하고 당나라를 경유하여 진나라로 들어가야 한다는, 이른바 '유당입진론(由唐入晉論)'을 주장하였다.

김정희의 이광사 비판의 핵심은 이광사가 구양순과 저수량과 같은 북파를 무시하고 송나라 때 왕저(王著, 928~969)가 작성한 「악의론(樂毅論)」을 학습하면서 왕희지에 도달하려고 했다는 것이다. 이는 곧 이광사가 고증학적 학문방법으로 서체를 역사적으로 조망하지 못하고 검증되지 않은 서첩을 통하여 학습하였던 까닭에 그의 서체도 사실 근거 없는 것이 되어버리고 말았다는 주장이었다. 김정희의 이러한 논리 전개는 완원의 이론에 기초한 것이다. 이처럼 그는 조선조 서체의 문제점을 잘못된 계첩(禊帖)을 임모했던 것에서 찾았고, 조선 사람들이 금석고증학에 무관심함을 비판하였다. 김정희는 이광사뿐만 아니라 윤순(尹淳, 1680~1741), 강세황(姜世晃, 1713~1791)과 같은 근래 조선의 서예가들을 비판하였는데, 그의 비판이 주로 소론, 소북계 서예가들에게 맞추어져 있었다는 사실로 보아서 어느 정도 당쟁적인 측면도 많이 작용하고 있었다고 생각된다.

당시 서체를 주도하였던 것은 이서(李漵, 1662~1723), 윤순, 강세황, 이광사 등 주로 남인과 소론 계열의 인물들이었다. 서체는 그것이 구축하는 내용과 함께 문풍의 기본적인 양태를 구성하므로 사실 노론 측에서도 양보하기 어려운 것이었다. 앞서 살펴보았듯이 김정희는 그들의 서체가 갖는 문제점을 그들이 모범으로 삼은 왕희지 서첩의 본질적인 문제에서 찾았다. 그러할 때 그들의 서체는 계보를 추정하기 어려운 모사품에 불과하게 될 수 있었다. 완원의 이론들은 윤순, 이광사를 중심으로 형성된 당대 서체 권력의 주류를 노론으로 옮기는 데 중요한 도구가 될 수도 있었던 것이다. 19세기 이후 김정희의 추사체는 조선의 서체문화를 주도하게 되었다.

한편, 이 시기에는 일본 나라(奈良) 시대의 다호비(多胡碑)에 대한 논의도 있었다. 다호비는 19세기 전반 조선, 청나라, 일본의 비학 연구가 어떠한 연계성을 갖고 진행되었는지를 잘 보여주는 사례이다. 다호비는 화동(和銅) 4년(711)에 조성된 것으로서 나수국조비(那須國造碑), 다하성비(多賀城碑)와 함께 일본 삼대 고비 중의 하나이다. 이 비석은 오랫동안 땅에 묻혀 있다가 천여 년이 지난 18세기 중반 보력(宝曆, 1751~1764) 연간에 발굴되어 세상에 알려졌고, 이것은 당시 고비에 대한 관심으로 인해서 조선과 중국의 지식인들에게 널리 알려져 많은 주목을 받았다. 1763년(영조 39) 통신사 일행으로 파견된 성대중

(成大中, 1732~1809)은 일본에서 이 비문을 얻었다고 한다.

다호비문은 이후 김정희, 조병구(趙秉龜, 1801~1845)를 통하여 섭지선(葉志詵, 1779~1862), 옹방강, 유희해에게 전해졌다. 이렇게 당대 지식인들의 관심을 끌 수 있었던 것은 이 비문이 북위의 웅혼한 육조해서(六朝楷書)에 가까웠기 때문이었다. 즉 북비적인 서체양식이 비학에 관심 많던 지식인들의 관심을 새롭게 불러일으켰던 것이다. 송덕문(宋德文, ?~?)이 성대중이 소장한 다호비를 보고서, 이는 한예(漢隷)의 고법이며 중국에서도 전수됨을 잃은 지 오래인데 오랑캐에게서 얻었다는 것을 기이하게 여겼다는 일화는 다호비의 당대적 의미를 잘 말해준다. 다호비는 중국에서조차 찾아보기 힘든 중화의 흔적들을 온전히 간직하고 있었다는 점에서 동아시아 지식인들에게 중요하였던 것이다.

## 5. 공유된 '중화'와 '과거'

근세 동아시아의 비학 연구는 17·18세기를 거쳐 19세기에 와서 비약적인 발전을 이룩하였다. 이러한 발전 과정에는 금석학 연구에서부터 고증학, 서체의 문제 등을 중요한 원인으로 들 수 있다. 특히 19세기 전반 완원의 「남북서파론」, 「북비남첩론」은 비학 연구에 중요한 전환을 가져왔다. 북비야말로 진정한 중화문화의 구현에 가깝다는 주장은 비학 연구의 외연을 획기적으로 확대시켰다. 이 시기 이후 고비와 고동에 대한 관심이 기존보다 더욱 증대되었고 전국 각지에서 많은 유물들이 발굴·발견되었다. 이는 결과적으로 중국 역사의 외연이 더욱 구체화되고 확대되는 과정이었다. 또한 이는 단순히 중국 역사를 소급해 올라가는 것에 머물지 않고, 중국 고대의 원 모습을 찾기 위한 노력의 일환으로 조선과 일본의 고비에 관심을 기울이는 것으로 나아갔다. 여기에는 학문의 대일통을 기획했던 사고전서 편찬과정에서 촉발된 모든 서책들을 모은다는 문제의식도 깊이 관여되어 있었음은 물론이다.

하지만 이러한 학문 경향이 중국 중심의 배타적인 방식으로만 진행된 것은 아니었다. 명청교체 이후 동아시아에서는 '중화' 개념에 대해서 새로운 이해가 싹트면서 중화를 '보편문화'로서 인식하려는 경향이 강하게 형성되었다. 그러할 때 중화는 중국 지식인들이 일방적으로 독점할 수 있는 것이 이미 아니었다. 그러한 가운데 동아시아 지식인들이 중화를 함께 공유한다는 측면에서 병세, 동문 의식도 한층 발전된 모습으로 출현할 수 있었다. 조선과 중국의 지식인들은 같은 시대와 글자를 공유하며 살아간다는 병세, 동문 의식을 강화하면서 글들을 서로 활발히 교환하였다. 병세, 동문 의식은 자신들을 하나의 문명권으로 사유한다는 측면에서 중요하였다. 특히 이 시기 중국 지식인과의 활발한 교유는 동아시아 역사상 처음 있는 예외적인 현상이었다는 점은 이 시기 그들의 교유가 갖는 성격을 한층 분명하게 해준다.

그들은 비석의 판본을 서로 교환하면서 과거 조선과 중국 사이에 있었던 문화적 공유점들을 파악하였다. 비학을 통하여 중국의 과거와 조선의 과거가 확장되고 발견되면서, 그것이 갖는 유사성에 주목하려는 경향이 발생하였던 것이다. 김정희는 조선의 고비가 구양순 서체로서 중국의 북비와 유사한 서체로 구성되었음을 주목하면서 조선 고비가 갖는 중화적인 측면에서의 우수성을 강조하였다. 이러한 사실의 발견은 조선의 과거와 중국의 과거가 긴밀한 관련성 속에서 전개되어 갔음을 말해주는 것인 동시에 고비를 통하여 고대 동아시아에서 있었던 한자문화권의 교류를 확인하는 계기를 마련하였다.

옹방강이 「무장사비」를 통하여 「정무본난정서」가 당나라 때 새겨진 것임을 증명해내는 것 또한 조선과 중국이 하나의 문화권이었음을 전제로 하는 것이었다. 나아가 그들은 일본의 다호비에도 관심을 기울였다. 기존에는 관심밖에 있었던 조선과 일본의 고비가 그들의 중요한 관심의 영역 안에 들어오고 인식되는 것은 당대 학술계의 특징적인 변화를 보여주는 것이며, 비학이 가졌던 당대적 의미를 잘 말해준다. 「무장사비」의 탁본을 얻기 위해서 김정희가 경주 무장사터를 직접 찾아가서 비를 발굴해내는 일화는 비학이 중화로서의 '과거'를 발견하는데 어떠한 기여를 하였는지를 잘 보여준다. 그의 이러한 노력의 배후에는 조선의 문화유적이 '중화'라는 보편문화의 원형을 밝히는 데 도움이 된다는 믿음이 전제되어 있었다.

중화문화의 원형을 찾아보고자 하는 과정에서 조선의 고비 연구에 전념하였지만, 이는 결과적으로 보면 조선의 역사와 유물을 지극한 보배로 만드는 과정이기도 하였다. 김정희의 제자 이조묵은 이를 다음과 같이 표현하였다.

> 신라(新羅)와 고려(高麗)의 석묵(石墨)은 가장 청준절속(淸雋絕俗)하여 완연히 육조의 풍미가 있다. 하지만 사람들의 발길이 미치지 못하여 발휘되지 못해서 마침내 명월야광(明月夜光)으로 하여금 수천 년 동안 매몰되게 하였으니 심히 한탄스럽다. 이에 천개의 비(碑)를 두루 방문하여 칠홀(七笏)을 상세히 분간하고 척촌(尺寸)을 신중히 측량하여 눈썹과 눈을 세밀하게 구분해내니 모두 지극한 보배가 되었다. (李祖黙, 『六橋藁畧』卷2 「羅麗琅琳考序」)

신라와 고려의 석묵은 가장 청준절속(淸雋絶俗)하여 중국 육조 시대의 풍미가 있지만 수천 년 동안 땅에 매몰되어 있었다고 하면서 이는 모두 지극한 보배[至寶]라고 하였다. 그들은 이와 같이 지극한 보배로 여겨지던 고비를 발견하기 위하여 적극적인 노력을 기울였다. 이러한 모습은 앞서 언급했듯이 이 시기 조선의 역사서에서 고대사가 새롭게 발견되고 해석되면서 조선의 과거가 확장되는 것과도 닮아있다. 당시 이루어진 고대사 연구와 궤를 같이 하여 고대의 문화를 재조명할 수 있는 길이 열리게 된 것은 흥미로운 역사현상이다.

하지만 주의할 것은 신라와 고려의 석묵이 지극한 보배가 되는 방식은 근대 민족주의적 맥락이 아니라 전근대 중화주의에 근원하고 있었다는 점이다. 전근대 중화주의적 맥락에서 중화문화는 유일한 보편문화로서의 의미를 갖는다. 근대 민족주의적 맥락에서 볼 때 중화문화는 국적을 갖는 '중국의 것'이었지만 전근대인들이 보기에는 이는 중국적인 것을 넘어서 모든 인류가 공유해야만 하는 보편문화였다. 그들은 이러한 인식 하에서 조선의 금석문이 중국의 그것을 보완할 수 있다고 생각했다. 이것이 전근대시대에 중국적인 것인 동시에 조선적인 것의 성립이 가능할 수 있었던 이유이다. 여기에 당대 조선학 형성의 중요한 배경과 특징이 있다고 할 것이다.

요컨대, 조선의 지식인들은 중국의 지식인이라는 '외부'와 만나면서 자신의 '내부'를 새롭게 구성하였지만 중국의 지식인들은 근대 민족주의 성립에서 보이는 것과 같은 배타적인 외부는 아니었다. 그것은 같은 목적의 중화문화, 즉 보편문화를 구성하는 외부였다는 점에서 근대의 경우와 차이를 갖는다. 중국의 지식인들은 조선의 역사서와 비판, 고문헌 등을 끊임없이 요구하였다. 그에 대한 대응은 조선의 지식인들이 자신들의 내부를 구성하는 데 중요한 계기가 되었다.

18세기 후반에서 19세기에 걸쳐서 조선학을 발전시킨 이들의 상당 수는 중국 지식인들과 깊이 교유한 경험을 갖는 이들이었다. 예를 들어, 유득공, 홍양호, 김정희, 이덕무, 박지원 등 북학파가 조선학 연구자 중 다수를 차지했다. 당대 조선학의 발전을 하나의 경로로만 파악하는 것은 무리가 없지 않지만, 중국이라는 외부가 조선이라는 내부를 성찰하는 데 많은 자극을 주었음은 분명한 사실이라고 할 것이다. 그리고 그 외부는 내부와 완전히 이질적인 것만은 아니었다는 데 주목할 필요가 있다.

한편, 비학이 만들어낸 전·예서의 서체 유행은 오래된 과거의 것이 시간의 한계를 뛰어넘어 현재에도 미학적으로 활용될 수 있다는 가능성을 보여주었다. 그러한 점에서 19세기 비학의 유행은 전서와 예서를 오래된 과거의 것이 아닌 현재의 것으로 만드는 과정이었다. 이는 과거의 역사를 친근하게 만들어낸다는 점에서 중요한 의미를 갖는다. 왜냐하면 이것은 현재로부터 멀리 떨어진 북위, 한나라의 역사, 나아가 상고 시대의 문화를 현재의 그것과 정서적으로 가깝게 함으로써 하나의 미학적 정체성을 형성하는 데 중요하게 기능할 수 있을 것이기 때문이다. 다시 말해 '과거'와 '역사'를 재발견하고, 그들의 서체를 현재에 공유하면서 과거와 현재의 미학적 거리를 좁히는 연대감이 마련될 가능성이 있는 것이다. 하나의 정체성을 위하여 병세 의식이 동시대적 입장에서 거리를 좁히는 기능을 하였다면, 이는 과거와 현재의 미학적 거리를 좁혔다. 이것을 전제로 비학을 공유하는 지식인들 사이에서 이루어진 비석의 판본을 통한 활발한 교유는 그들 고유의 지적 네트워크를 만들어내고 있었다. 이것은 북비라고 하는 서체 미학을 공유하는 19세기 발생한 새로운 지적 네트워크였고, 이를 이해하지 못하는 사람들에게는 무척 생소한 것이 아닐 수 없었다.

## | 참고문헌 |

康有爲, 『廣藝舟雙楫』(臺灣商務印書館印行, 民國六十八年(1979))

金正喜, 『阮堂全集』

南公轍, 『金陵集』

成大中, 『淸城集』

宋時烈, 『宋子大全』

吳世昌, 『槿域書畵徵』

吳熙常, 『老洲集』

阮元, 『揅經室集』

柳得恭, 『古芸堂筆記』(아세아문화사, 1986)

柳得恭, 『泠齋集』

兪莘煥, 『鳳棲集』

劉喜海, 『海東金石苑 下』(아세아문화사, 1976)

李德懋, 『靑莊館全書』

李書九, 『惕齋集』

李瀷, 『星湖僿說』

李祖默, 『六橋藁畧』

錢大昕, 『潛研堂金石文跋尾』

錢大昕, 『潛研堂文集』

許穆, 『記言』

洪敬模, 『冠巖全書』

洪錫謨, 『陶厓集』

洪奭周, 『洪氏讀書錄』

洪良浩, 『耳溪集』

洪義俊, 『傳舊』

黃胤錫, 『頤齋亂藁』2(한국정신문화연구원, 1995)

김근, 2009, 『한자의 역설』, 삼인.

김동건, 1992, 「眉叟許穆의 書藝硏究」, 홍익대학교 석사학위논문.

김영진, 2003, 「조선후기 명청소품 수용과 소품문의 전개양상」, 고려대 박사학위논문.

_____, 2006, 「조선후기 중국 사행과 서책 문화」, 『19세기 조선 지식인의 문화지형도』, 한양대학교 출판부.

류재학, 1984, 「阮元의 南北書派論에 關한 硏究」, 영남대학교 석사학위논문.

마크 에드워드 루이스, 2006, 『고대 중국의 글과 권위』, 최정섭 옮김, 미토.

박광용, 1980, 「箕子朝鮮에 대한 認識의 변천」, 『韓國史論』 6.

박철상, 2007, 「조선 金石學史에서 柳得恭의 위상」, 『大東漢文學』 27.

박현규, 1999, 「中國에서 刊行된 朝鮮後四家 著作物 總覽」, 『韓國漢文學硏究』 24.

_____, 2001, 「上海圖書館藏 淸 劉喜海의 定藁本 海東金石苑」, 『書誌學硏究』 21.

_____, 2003, 「조선 金正喜의 『東古文存』에 대한 再論」, 『東亞人文學』 3.

_____, 2005, 「朴趾源 초록본 『金石錄』 분석」, 『大東漢文學』 23.

_____, 2005, 「청 符葆森의 『國朝正雅集』에 수록된 朝鮮詩」, 『中國學報』 51.

_____, 2006, 「淸朝 학자의 日本 多胡碑 입수과정과 분석」, 『日本語文學』 33.

배규하, 2000, 『中國書法藝術史(下)』, 이화문화출판사.

벤저민 엘먼, 2004, 『성리학에서 고증학으로』, 양휘웅 옮김, 예문서원.

사이먼 록슬리, 2005, 『타이포그래피의 역사』, 송성재 옮김, 생각의 나무.

신영주, 2001, 「18, 19세기 홍양호가(家)의 예술향유와 서예비평」, 『민족문학사연구』 18.

_____, 2006, 「17세기 문예의 새로운 경향과 낭선군 이우」, 『한문교육연구』 27.

원종필, 2008, 「宋代 文人들의 金石器物에 대한 인식 考察」, 『中國人文科學』 40.

윤영은, 1997, 「淸中期 碑學勃興에 關한 硏究」, 원광대학교 석사학위논문.

이가원, 1980, 「朝·淸의 文學的 交驩」, 『韓國漢文學硏究』 5.

이규상, 1997, 『18세기 조선 인물지: 幷世才彦錄』, 민족문학사연구소 한문분과 옮김, 창작과비평사.

이만열, 1981, 「朝鮮後期의 渤海史 認識」, 『한우근박사정년기념사학논총』.

이보경, 2003, 『근대어의 탄생: 중국의 백화운동』, 연세대학교 출판부.

이완우, 1991, 「圓嶠 李匡師의 書藝」, 『美術史學硏究』 190·191.

_____, 2002, 「碑帖으로 본 한국서예사—朗善君 李俁의 『大東金石書』」, 『국학연구』 1.

임세권, 2002, 「조선시대 금석학 연구의 실태」, 『국학연구』 1.

정민, 2007, 『18세기 조선지식인의 발견』, 휴머니스트.

정혜린, 2008, 『추사 김정희의 예술론』, 신구문화사.

조성산, 2003, 「17세기 말~18세기 초 洛論系 文風의 형성과 朱子學的 義理論」, 『韓國思想史學』 21.

_____, 2009a, 「18세기 후반~19세기 전반 對淸認識의 변화와 새로운 中華 관념의 형성」, 『韓國史硏究』 145.

_____, 2009b, 「조선후기 소론계의 古代史 연구와 中華主義의 변용」, 『歷史學報』 202.

_____, 2009c, 「18세기 후반~19세기 전반 '朝鮮學' 형성의 전제와 가능성」, 『東方學志』 148.

陳振濂, 2000, 『中國書法發展史』, 김홍철 편역, 청주대학교 출판부.

최경춘, 2009, 『18세기 문인들의 서예론 탐구』, 한국학술정보.

최완수, 1972, 「金秋史의 金石學」, 『澗松文華』 3.

_____, 1984, 「碑派書考」, 『澗松文華』 27.

_____, 1987, 「韓國書藝史綱」, 『澗松文華』 33.

켄트 가이, 2009, 『사고전서』, 양휘웅 옮김, 생각의 나무.

황정연, 2003, 「朗善君 李俁의 書畵 收藏과 編纂」, 『藏書閣』 9.

藤塚鄰, 1947, 『日鮮淸の文化交涉』, 中文館書店.

石川九楊, 2007, 『漢字がつくった東アジア』, 筑摩書房.

神田喜一郎, 1987, 「中國書道史 7 隋·唐 一」, 『書道全集』 第7卷 中國·隋唐 Ⅰ, 平凡社.

劉恒, 2009, 『中國書法史-淸代-』, 江蘇敎育出版社.

Chow, Kai-wing, 1994, *The Rise of Confucian Ritualism in Late Imperial China*, California: Stanford University Press.

# 4장

# 근대 동아시아의 '천(天)'과 '진화(進化)'

—

옌푸(嚴復)과 가토 히로유키(加藤弘之)의
진화론 수용

김도형

## 1. 들어가며

동아시아의 진화론수용문제는 정치사나 사상사의 영역에서 오랜 기간 다루어져 온 주제이다. 특히 중국과 한국의 자강운동이나 이후 일본의 국가주의, 파시즘으로 이어지는 정치사상의 근간을 이룬 것으로도 많이 주목되어 왔다. 근대 동아시아의 사상적 경향을 주도했던 대부분의 지식인들은 자기 학문의 선구성을 증명하는 수단으로 진화론을 입에 올리거나 거기에 입각한 사상의 전개를 시도하곤 했다는 것은 이미 잘 알려진 사실이다. 그런 만큼 진화론에 대한 연구는 수없이 많고, 본 논문에서 다루는 옌푸(嚴復, 1853~1921)와 가토 히로유키(加藤弘之, 1836~1916) 역시 각각 이미 기존의 많은 연구들에서 다루어져 왔다.

그런데 기존의 진화론수용 연구는 기본적으로 서구의 진화론을 기준으로 두고 동아시아의 진화론수용양상을 비교하는 방식을 취하는 경우가 많았다. 가령 옌푸의 진화론수용문제에서 가장 많이 언급되는 것은 역시 스펜서(Herbert Spencer, 1820~1903)와 헉슬리(Thomas Huxley, 1825~1895)로, 옌푸의 진화론이 이들의 이론에 입각해 있는 이상 당

---

＊ 이 글은 『동방학』 제36집(2017. 2)에 실린 논문을 수정 보완한 것임.

연한 것이다. 가토 히로유키의 경우 역시 다윈(Charles Robert Darwin, 1809~1882)과 헤켈(Ernst Haeckel, 1834~1919)의 학설을 기준으로 삼아 그 진화론수용양상을 이해하고자 하는 경우(武田時昌, 2003)가 일반적이었다. 다만 이러한 연구들은 기본적으로 '서구의 이론을 얼마나 잘 이해'하였는가, 혹은 '무엇을 오인하였는가'라는 관점으로부터 이들을 바라봄으로써 그들의 고유한 '해석방식'이 지닌 의미에 대한 분석은 소홀한 경우가 많았다.

그러나 그들은 진화론을 나름의 상황 안에서 자신들의 기준으로 '해석'하였던 것이며, 그 '해석'의 결과물은 스펜서나 헤켈의 이야기와는 또 다른 사회적, 정치적 효과를 낳았다는 점을 간과해서는 안 된다. 그런 의미에서 본 연구는 진화론수용과 그 해석과정에서 중요한 기준이 되었다고 여겨지는 전통적인 '천(天)'이라는 형이상학적 관념에 입각하면서 옌푸와 가토의 진화론수용양상의 비교분석을 시도해 보고자 한다. 동시에 위에 언급한 것처럼 '해석'이라는 관점으로부터 파악하기 위해서, 이들의 '천'관념 자체가 진화론(혹은 서구사상)과의 길항 속에서 '어떻게 변용(變容)하는지'까지를 염두에 두고 살펴볼 것이다.

## 2. '천(天)'의 불가지성(不可知性)

### (1) 옌푸 – '불가지(不可知)'한 '천(天)'의 과제

옌푸가 진화론을 본격적으로 받아들일 수 있었던 지적 배경에는 소위 '천'의 '불가지성'에 대한 인식이 존재했다고 생각된다. 먼저 이 문제를 살펴보기 위해 옌푸의 진화론수용에 가장 영향력이 컸던 허버트 스펜서에 대해 잠시 언급해 둘 필요가 있다. 스펜서는 19세기 영국의 자유방임주의 경향을 강하게 띤 사회과학자였다. 스펜서가 활약한 시기는, 생물진화론을 확립했던 찰스 다윈이 활약한 시기와 거의 겹친다. 그러나 다윈이 적어도 학문적으로는 반종교적인 입장을 관철하였던 데 비해, 스펜서는 다분히 신학적 발상을 가지고 있었다. 이것이 스펜서가 라마르크(Jean Baptiste Lamarck, 1744~1829)의 신비주의적 진화론에 강하게 영향을 받은 이유이기도 할 것이다(手代木有児, 1987: 62).

스펜서는 라마르크의 생물진화론을 인간사회에까지 적용하였는데, 그에 따르면 개인은 '적응'에 의해서 사회 환경의 변화에 자기를 맞추어 가는 과정을 반복하면서 무한하게 전진적으로 신체를 발달시킨다고 주장했다. 그리고 마찬가지로, 개인의 집합인 사회도 군사투쟁의 단계로부터 산업투쟁의 단계, 그리고 환경에 조화하여 투쟁에 영향을 받지 않는 이상적 인간이 완성하는 사회로까지 전진적으로 발전한다고 주장하였다(手代木有児, 1987: 63). 그리고 이와 같은 미래에 대한 낙관론, 진보관념이야말로 옌푸가 스펜서에게 경도된 결정적인 요소였을 것이다. 가령 옌푸는『천연론』에서 헉슬리의 논의를 비판하는데 스펜서를 끌어들여 다음과 같이 말한다.

전후의 본론 17편을 전체적으로 살펴보면 이편이 가장 저급하다. 아마 스펜서를 이기려는 의도 때문에 스펜서 학설의 근거를 깊이 고찰하지 못했던 듯하다. 스펜서가 말한 바는, 인간 사회가 자연의 진화에 따르면 반드시 날로 선으로 나아가고 악으로 나아가지 않아서 언젠가 가장 평화로운 세계에 이르게 된다는 것인데, 이는 지극히 견고한 이치로서 반박하기 어려워 보인다. (옌푸,『천연론』, 2008: 222)

여기에서 옌푸는 스펜서의 전진적 발달에 대한 주장을 '지극히 견고한 이치'라 하여 전면적인 공감을 표현하고 있다. 또한

> 만물의 변화 형태는 모두 외부 환경에 적응하면서 일어난다. 만약 외부 환경이 변화한 적이 없다면, 자연의 모든 형태가 오늘날에 이르기까지 태초의 모습 그대로였을 것이다. 그러나 외부환경이 변화하고 만물이 그 속에서 압박을 받기 때문에, 옛 모습을 버리고 새로운 모습으로 나아가지 않을 수 없었다. (옌푸, 『천연론』, 2008: 126)

이로부터 옌푸가 중요시하는 또 하나의 스펜서설이 나오는데, 그것은 바로 '적응'이다. 이 '적응'은 '옛 모습을 버리고 새로운 모습으로 나아가'는, 만물 공통의 변화 형태이다. 이 사회환경 적응설은 향후 중국이 나아갈 미래의 전망을 생각한다면, 반드시 옌푸가 고려해야 하는 요소였다. 이러한 라마르크설의 스펜서를 통한 간접수용의 문제는 사상사적으로 매우 중요한데, 왜냐하면 당시를 풍미하던 다윈 진화론의 '물경'과 '천택'의 개념을 옌푸가 모르지 않았으며, 진화과정에 있어서 '적응'과 '자연선택'은 결정적인 차이가 있기 때문이다. 둘 중 어느 이론을 따르는가에 따라서 '열자(劣者)'의 생존가능성이 완전히 달라지는데, 다윈의 진화론이 지닌 가혹한 투쟁의 이미지에 비한다면 스펜서의 사회환경에 대한 '적응'의 중시와 이로 인한 전진발달이라는 말은 다분히 낙관적인 측면이 있다. 이러한 낙관적 전망에 옌푸가 이끌린 것은 중국의 위기를 극복하는 원리로서의 사회진화론 수용이라는 현실적 상황을 고려한다면 지극히 당연한 귀결이었다.

동시에 이 스펜서의 진화론은, 중국의 '구법(舊法)'을 타파하고 변혁을 이끌어내는 데에도 유의미한 것이었다. 가령 옌푸는 중국의 고대

로부터의 역사관, 즉 '순환적 역사관'에 대해서 다음과 같이 비판하고 있었다.

> 중국과 서양의 事理 가운데 가장 달라서 절대로 합치할 수 없는 것은, 중국의 사람은 古를 좋아하여 지금을 소홀히 하는데, 서양의 사람은 今에 힘을 쏟아서 옛날을 이기려고 하는 것이 가장 크다. 중국의 사람들은 一治一亂, 一盛一衰를 天行人事의 자연이라 하는데, 서양의 사람은 日進無疆하니 한번 왕성해진 것이 다시 쇠퇴하는 일이 없고, 이미 안정된 것이 어지러워지지 않는 것을 學術政化의 지극한 원칙으로 삼는다. (嚴復, 「論世變之亟」, 1895)

즉 서양열강의 침략으로 망국의 위기에 빠진 중국이라는 상황을 만든 최대원인은 '옛날(古)'을 중시하고 '천행인사의 자연'을 일치일란으로 파악하는 중국인과, '지금(今)'에 힘을 쏟아 무한한 진보를 도모하는 서양인의 역사관의 차이라고 옌푸는 보았다. 사람의 능력발휘를 억제하는 중국의 상고순환론적 역사관과, 그와 반대로 장래를 향한 능력의 무한한 개발을 정당화하는 서양 진화론의 차이는, 직접적으로 중국의 적약과 서양의 부강이라는 차이를 설명해줄 수 있는 요소라고 여긴 것이다. 이로부터 옌푸는 진화론을 중국의 부강을 위해서, 상고적이고 순환론적인 역사관을 대신할 수 있는 새로운 역사관, 즉 '구법'을 타파할 수 있는 최고의 무기로 여겼을 것이다.

그러나 이와 같은 실천적이고 정치적인 고려만으로 의도적으로 스펜서를 수용한다는 것은 있을 수 없는 일이다. 사상의 수용, 그것도 전혀 이질적인 세계관을 바탕으로 하는 사상을 받아들인다는 것은 그리 간단한 일이 아니다. 그것은 옌푸가 스펜서의 진화론으로부터 중국에 적용 가능한, 친화적인 측면을 발견하였기 때문에 가능한 일이었을 것이다. 가령 스펜서는 '불가지론'자였다는 점은 이전부터 종종 지적된 바인데, 이때의 불가지론은 종교나 초월계에 대한 부정이 아닌, 묵시적 인정과 이를 명시적으로 논의하지 않는 태도로부터의 현상계를 중시하는 서양 근세철학의 전통을 계승한 것이었다. 이와 관련해 『천연론』 본론 5의 원문에서 헉슬리는 생존경쟁이라는 이름 아래 마구잡이로 행해지는 우주과정의 불의(不義)함에 대해 토로하는데, 옌푸는 이 부분에 대해 헉슬리와는 조금 다른 논의를 전개한다.

> 이편의 논리는 『易傳』에서 말한, '자연계의 이치는 만물의 성장을 장려하지만 성인처럼 근심하지 않는다', 『노자』에서 말한 '천지는 인자하지 않다'와 같은 의미를 지닌다. 노자가 말하는 인자하지 않다는 것은 일반적으로 말하는 인자하지 않다는 뜻이 아니다. 이는 인자함과 인자하지 않음의 차원을 넘어선 것으로, 인자함으로는 설명할 수 없다는 것이다. 스펜서의 『제일원리』에서는 종교와 학술은 모두 불가지론을 출발점으로 삼는다고 하는데, 즉 불교에서 말하는 불이법문(不二法門)이 그것이다. (옌푸, 『천연론』, 2008: 168)

옌푸는 먼저 헉슬리가 '법정에 앉혀 재판을 받게 할'(옌푸, 『천연론』, 2008: 167)것이라고 한 우주과정(생존경쟁)을, 『易』 繫辭傳 上과 『老子』 제5장에 나타난 사상과 일치한다고 말한다. 여기에서 옌푸는 헉슬리가 불의하다고 보는 우주의 영위를, 도리어 정의와 불의의 차원을 넘어서는 『易』이나 『老子』의 '道'와 같은 초월적 일원(一元)으로부터 생겨난 것이라고 파악하고 있다. 그리고 옌푸는 스펜서의 불가지론이 이와 상통하는 개념이라고 보는 것이다. 이러한 관점에 따르면, 세상만물의 근원인 제일원인은 선한 것도 악한 것도 아닌, 선악관념을 넘어서는 어떤 하나의 원리(不二法門)이다. 이런 사상은 중국에서의 전통적 일원론 개념인 '도'와 '태극'등과도 대응시킬 수 있다. 스펜서는 인간 지력의 진보가 도달하는 곳은 '모든 행위와 현상의 배후에 놓여 있는 불가지한 것'이라고 말한다(Herbert Spencer, 1873: 311). 즉 스펜서에게 있어서는 진화의 원인도 역시 '불가지'한 것이다. 한편, 중국에서의 '도'나 '태극'도 『노자』 제1장의 '아무리 알려 해도 알 수 없는 그것은 모든 사물의 현묘함이 들고 나는 문이다(玄之又玄, 衆妙之門)'라는 설명이나, '태극'에 대한 진(晉)나라 한강백(韓康伯)의 '태극이란 칭하지 못하는 바로써 칭하는 것이니, 그러므로 이름을 붙일 수 없다(太極者 無稱之稱, 不可得而名)'는 말처럼, 만물을 낳는 불가지한 근원이다. 스펜서의 '불가지한 것'이 내포하는 강한 종교성은 일견 중국의 개념과는 이질적인 것이었지만, 그러나 그 이질성 이상으로 우주만물의 근원으로서의 일종의 불가지성, 신비성을 공유하고 있었다는 점에서 옌푸에게 스펜서진화론에 대한 친근감을 품게 하였으리라 생각된다(벤저민 슈워츠, 2006: 152~154). 다만 스펜서의 '불가지한 것'이 품고 있는 종교성은 강한 낙관주의를 내포하고 있는 것이기도 하다. 진화의 과정이 낙관적일 수 있는 것은, 이 '불가지한 것'이 궁극적으로 나아가는 곳이 결코 '악'하지는 않을 것이라는 어떤 믿음이 있기 때문이다. 그리고 이 점에서, 옌푸가 스펜서를 받아들이면서 무조건적으로만 긍정할 수는 없는 차이가 생겨난다. 때문에 옌푸는 사상적으로도 친근하고 스스로의 목적에도 부합하는 스펜서의 책이 아닌, 도리어 스펜서의 입장에 대해 정면에서 반박하는 태도를 취했던 헉슬리의 『진화와 윤리(Evolution and Ethics)』(1894)를 번역했던 것으로 보이는데, 이에 대해서는 후술한다.

## (2) 가토 – '불가지(不可知)'로부터 가지'(可知)'한 '천(天)'으로

다음으로 가토 히로유키가 진화론에 이르는 사상적 영위 안에서 '천(天)'을 어떻게 인식했는지 살펴보자. 가토는 막부가 설치한 양학연구기관 반쇼시라베쇼(蕃書調所)에서 자신의 경력을 시작했고, 그의 나이 25세에 최초의 저작『도나리구사』(1860)를 저술하여 당시 해외로부터 오는 위기를 돌파하기 위해서는 백성들의 '인화(人和)'를 회복시키는 정치를 펼쳐야 하며, 이를 위해서는 서구의 입헌정체와 상하분권과 같은 서구의 제도를 도입해야 한다는 주장을 펼쳤다. 그가 이 저작에서 자기주장의 근거로 드는 덕목들은 대부분 전통적인 유학적 이상에서 가져온 것들(仁政, 安民과 같은)로, 이로부터 서구적 정체(政體)에 대한 적극적인 평가와 도입을 주장하였던 것이다.

이 시기 가토의 인식에서 흥미로운 점은 서양과 동양의 어느 세계이건 모두 동일한 '天'의 원리가 작동하고 있다고 생각하는 것인데, 가령 다음과 같은 기술은 주목할 만하다.

> ……남부인의 주장은 대단히 천심(天心)에 어긋나는 것으로 다만 자기 이익만을 도모하여 진정으로 국가만민의 이익을 고려하지 않은 설이라 말할 수 있고, 이에 반해 링컨의 주장은 실로 공명관인한 것이라 말할 수 있을 것입니다. 그렇지만 지금은 소위 '사람의 힘이 왕성하여 하늘을 이기는(人盛勝天)' 시기이므로, 욕심 많고 무도한 남부인이 일단은 승리를 얻을 수도 있겠지만, 또한 '하늘은 반드시 사람을 이기는(天定勝人)' 시기가 반드시 도래할 것이므로, 결코 남부인이 자기 욕심을 이룰 수 있을 리가 없습니다.…(중략)…그러므로 내가 보기에 남부인은 수년 안에 북부인에게 항복하여 처음처럼

합중국으로 들어가기를 바라게 될 것임에 틀림없습니다. (가토 히로

유키, 『도나리구사』, 2014: 64~65)


여기에서 가치판단의 기준은 '천심'으로, '링컨의 주장이 공명관인
하여 천심에 부합한다'거나, 남군이 유리하던 당시의 전쟁상황에 대
해 '사람의 힘이 왕성하여 하늘을 이기는 시기(人盛勝天)'는 일시적이
며 결국 하늘의 뜻에 따라 '하늘이 반드시 사람을 이기(天定勝人)'는 시
기가 도래하여 북군이 승리할 것이라고 예측하고 인간에 대한 '천'의
우위를 주장한다. 그리고 종국에는 하늘의 뜻대로 돌아갈 것이라고
하여 '천'을 도의적이고 인격적으로 묘사함과 동시에, '결국 그렇게 되
게 된다'는 숙명적이자 초월적인 어떤 것으로 여기는 인식까지 여러
가지 '천'에 대한 복합적인 관념이 섞여서 드러나고 있다. 즉 이 시점
에서 가토에게 '천'은 어떤 경외 내지 초월의 대상으로, '분석'의 대상
에까지 이르지는 못하고 있다.

그리고 이렇게 경외 내지 초월적인 '천'이 만물의 영장인 인간을 어
여삐 여겨 권리를 내려주었다는 발상(=天賦人權論)은, 아마 그다지 위화
감이 없는 주장으로 받아들여질 수 있었을 것이다. 1870년에 저술한
가토의 『진정대의』에서는 이러한 '천부'를 증명하고자 '사람의 천성(天
性)과 국가 및 정부가 일어난 이치(天理)'를 본격적으로 탐구하고 있다.


사람이란 새삼 덧붙일 것도 없이 하늘이 가장 사랑하신 것으로,
사람에 대해서만 만복을 내려주신 하늘의 뜻(天意)을 보자면, 모든
신체의 구성법으로부터 그 정신·재지의 영묘함이라는 것이 결코
금수와 비슷하지 않고, 또 천성에는 다양한 여러 가지 정(情)이 있
는데, 그 중에서도 불기자립(不羈自立)을 바라는 정이 가장 왕성하

여 특히 이것이 일신의 행복을 가져올 수 있는 매개가 되는 것으로 보인다. (加藤弘之, 『眞政大意』, 植手道通 編, 1972: 350)

가토가 보기에 사람의 성질은 '하늘이 가장 사랑'하여 '만복을 내려 주신' 까닭에 애초에 '금수와는 다른' 것으로, 그 차이점에는 정신과 재지뿐만 아니라 여러 가지 정을 가졌다는 점도 포함된다. 그 중에서도 가장 중요한 것은 바로 '불기자립의 정'인데, 가토에 따르면 인간은 이 정으로 인하여 행/불행을 구분하게 되고, 이 정의 온전한 확보가 행복의 조건이 된다고 전제한다. 한발 더 나아가 가토는 다음과 같은 설명을 덧붙인다.

그렇게만 말하면, 사람은 선악에 관계없이 불기자립의 정을 멋대로 해도 좋다고 생각하게 되는데, 결코 그런 것은 아니다. 조화(造化)라는 것은 실로 기기묘묘한 것으로, 또 다른 하나의 적절한 성(性)을 부여하였는데, 그것은 무엇인가 하면 소위 인의, 예양, 효제, 충신 등과 같은 종류의 것으로, 사람에게는 반드시 이러한 마음이 있어서 사람들이 오늘날 교제상 각각 다할 바 본분이라는 것이 있으니…(중략)…결코 자기의 권리만 함부로 해서는 안 되고, 반드시 자기 본분을 다하여 타인의 권리까지 경중(敬重)하여 감히 굴복시키거나 해치지 않도록 하지 않으면 사람으로서의 도리(道)가 서지 않는다는 이치는 분명하다. (加藤弘之, 『眞政大意』, 植手道通 編, 1972: 350)

인간의 본성이 지닌 한 측면, 즉 '불기자립의 정'만으로는 질서를 유지할 수 없고, 따라서 그것이 사회에서 권리로 용인되기 위해서는 어떤 도덕적 규범에 기초한 억제가 조건이 되어야 한다는 사고방식이다. 여기에서 가토는 인의, 예양, 효제와 같은 개념들이 또 하나의 천성이라 하여 인간 내부로 끌어들이면서 '불기자립의 정'으로부터 도출되는 것이 아니라 따로 인간 본래의 천성으로 주어져 있는 것이라고 설명한다. 즉 천은 정(情)과 성(性)의 두 가지를 인간에게 부여하였고, 이 두 가지가 함께 작동하면서 '사람의 도리'라는 것이 서면 사회(질서)가 이루어진다. 이것이 바로 '천'의 기기묘묘한 '조화'이며, 이로부터 '천부인권'은 바로 사회(국가)를 구성하는 기초 원리일 수 있다.

그러나 이와 같은 '천부의 권리'로부터 구성되어야 했을 사회는, 곧 신민들을 '군주의 사유복첩'으로 보며 국가의 성립을 '천신(天神)이 만들고 그 명령을 받은 천손(天孫)이 지배하는 나라'로 설명하는 국체관(國體觀)의 도전에 직면하게 되었다. 메이지 유신 직후 새롭게 등장한 군주를 어떠한 모습으로 그려내고 규정할 것인가를 두고 천황 주변의 국학자 및 한학자들은 천황이 지배하는 나라의 정체성을 "이자나기가 명하고, 미토스사노오미코토의 부름을 받아…(중략)…천지가 있는 한 황국을 천손의 나라로 정하셨으므로, 외국과 같이 억조(億兆)를 위해서 일군(一君)이 있는 것이 아니라, 도리어 일군을 위해서 억조가 있는(加藤弘之,『眞政大意』, 植手道通 編, 1972: 354)"나라로 만들고자 했다.

가토는 여기에 강력히 반발한다. 그가 보기에 국학자들이 말하는 국체는 그가 생각했던 이상적 정치, 즉 '군주의 인정'에 의한 '안민'을 가능케 하는 '진정(眞政)'을 시행할 수 없으리라고 생각했기 때문이다. 그렇다면 가토는 이 '일군이 억조를 다스리라'고 했다는 '천신의 명령'에 대해 어떻게 논박할 수 있을까.

한토 삼대성왕의 정치와 같은 것은 결코 폭학하지는 않지만, 그

설은 역시 제왕이 하늘을 대신하여 인민을 다스린다고 하는 설로, 그 증거로는 尙書에 하늘이 사람으로 하여금 대신하게 한다(天工人其代之)고 하였고, 혹은 요가 순을 하늘에 천거하고 순은 다시 우를 하늘에 천거하였다(堯薦舜於天舜薦禹於天)고 하였다.…(중략)… 모두 하늘을 대신한다는 설로부터 일어난 것이다. 그런데 이와 같은 설도 결코 국가를 사사로이 한다고 하는 나쁜 마음에서 나온 것이 아니라 도리어 인군이 국가를 사사로이 하는 것을 경계하는 마음에서 나온 것이지만, 모두 견강부회의 설로 조금도 근거가 없는 것이다. (加藤弘之, 「眞政大意 草稿(一)」, 上田勝美ほか 編, 1990: 82~83)

여기에서 가토는 천과 인간은 완전히 분리된 존재이며, 설사 삼대의 성인이라도 하늘의 뜻을 헤아릴 수 있는 것이 아님을 말하고 싶어 하는 듯하다. 즉 '천'은 철저하게 '불가지(不可知)'한 것에 가깝다. 다만 가토가 '천'의 형이상학적 성격을 부정한다기보다는 천의 이름을 빌어서 정치하는 행위를 비판하고자 하는 것으로 보인다. 가토가 보기에 '천'은 어떤 한 개인에게 특별히 천리를 부여하거나 대신하게 하는 것(天工人其代之)이 아니라, 누구에게나 공평하게 권리를 부여하는 존재이다. 그리고 이렇게 공평한 '천'이 부여한 권리로부터 이루어지는 국체야말로 "군신은 천리자연에서 나온 것이 아니라 다만 현명한 자가 위에 서서 아래의 암매함을 다스리면서 비로소 천리당연의 도가 되는 것(加藤弘之, 「君臣尊卑」, 上田勝美ほか 編, 1990: 39)"에 부합하는 모습을 이룰 수 있다. 군주로 추대된 자는 다만 '천의'(하늘이 부여한 사람들의 자유, 권리를 보호하며 사유하거나 지나치게 간섭하지 않는, 즉 안민을 실현하는)에 부합하도록 힘써야 하는 것이다.

(전략)……천조대어신이 천손에게 내린 조칙에, '그대 스메미마 노미코토에게 명하노니, 평안하게 나라를 다스려 운운'이라고 말씀하신 것으로, 간략히 말하자면 천손황국의 군주가 되신 이상은, 영원히 황국을 安泰하게 다스리라고 말씀하신 조칙으로, 즉 억조창생을 위해서 일군을 하늘로부터 내려 보내신 것이라는 점에는 조금의 의문을 제기할 여지가 없으며……(후략) (加藤弘之, 『眞政大意』, 植手道通 編, 1972: 354~355)

가토는 여기에서 군주에 대한 종교성 내지 정체성을 굳이 부인하기보다는 다만 이상적인 군주가 준거로 삼아야 할 모습이 '천손' 내지 '천명'이라는 종교성이 아니라 '안민'이라는 인위적 정치행위이며, 이것이 '천의'를 올바르게 헤아리고자 하는 군주의 모습이라는 점에 초점을 맞추고 있다. 즉 가토는 군주의 모습 자체보다는 그 당위성이 어떠해야 함을 문제 삼고 있는 것인데, 이것은 사실 '천'에 대한 태도도 마찬가지이다. '천' 그 자체는 불가지하여 알 수 없지만, 적어도 그 현실적인 당위로서의 '천의'는 '안민'이어야 한다는 전제 위에서 논의를 펼치고 있는 것이다. 그런데 여기에서 '천'이 불가지한 것에 머물러 버릴 경우 문제가 발생한다. '천손'을 부정하려는 의도로부터 가토는 '천'의 불가지성을 강조하였는데, 만일 그렇다면 가토가 이상으로 삼는 '안민'은 천의에 부합하는 것인가? 가토는 이것을 어떻게 증명할 것인가?

사실 일본 유학사 내부에서 이와 비슷한 경우를 발견할 수 있다. 오규 소라이(荻生徂徠, 1666~1728)는 '천'에 대한 불가지론에 입각한 철저한 천인(天人)간의 분리를 전제로, 도(道)는 천지자연에 있는 것이 아니라 선왕께서 제작하신 예악형정이라고 주장한 것으로 잘 알려져 있는데, 그럼에도 불구하고 소라이는 "선왕의 총명예지의 덕은 천성

으로 내려준 것"이라던가, "선왕의 도는 안천하(安天下)의 도이다. 그
도가 비록 다단(多端)하나, 모두 안천하로 돌아간다", "선왕의 도는 천
을 공경하고 귀신(鬼神)을 공경하는 데에 근본을 두지 않는 것이 없다
(荻生徂徠, 『弁道』, 吉川幸次郎ほか 編,, 1973: 13~29)"는 식으로 말하고 있
어 일찍부터 그 모순이 지적되어 왔다. 불가지론과 배치되는 듯이 보
이기 때문이다. 애초에 '불가지한' '천'을 어째서 공경해야 하고, 또 공
경할 수 있는가.

이에 대해서는 소라이가 '천'의 불가지성을 주장하기는 했지만, 그
렇다고 해서 소라이가 '천'의 초월성을 무시하였던 것은 아니고 도리
어 소라이에게 불가지한 '천'은 여전히 인간이 준거(法)해야 할 형이상
적 원칙이자 초월자로 간주되며 인간은 그 의미(天意)를 헤아리려는
노력을 포기해서는 안 되고, 성인은 그것을 헤아려서 인간 세상에 예
악형정을 만든 존재라고 보는 것이 소라이의 관점이라고 이해 가능하
다(陳曉傑, 2014: 327~328).[1]

하지만 문제는 가토가 소라이의 영향을 받아 비슷한 관점에서 '안
민'이 '천의'임에 입각하여 주장을 펼치고 있다 하더라도(加藤弘之, 「孔
子之道と徂来学」, 上田勝美ほか 編, 1990: 162~163)[2], 과연 현실적으로 이

---

1   소라이는 일견 모순적으로 느껴지기도 하지만, '천'의 초월성과 '성인의 도'의 작위성
    을 모두 인정했다. 인간에게 '천'은 不可知한 것이지만, '天意'는 아주 한정적이나마
    그 있는 곳(天意在所)을 헤아릴 수는 있다고 본다. 그로부터 군자의 '安天下'라는 사명
    이 가능해지는 것이다.

2   실제로 가토는 소라이에 대한 다수의 글을 남기고 있는데, 특히 진화론을 본격적으로
    수용한 이후 소라이를 평한 글에서 "나는 소라이가 孔子之道라는 것에 대해서 선왕이
    安天下를 위해서 제작한 예악형정 및 효제인의에 있다고 하여, 결코 唐宋儒家者類가
    주장하는 천지자연의 것이 아니라고 인정하였던 것은 크게 도리를 얻었다고 생각"한
    다고 하여 그의 유학론이 맹자 이후의 유학을 비판한 소라이의 관점으로부터 크게 영
    향을 받고 있었음을 알 수 있다.

'천'의 모순을 그렇게 해결하고 넘어갈 수 있었는가 하는 점이다. 가토가 '천'의 불가지성을 인정한다면, '천의'가 정말로 성인들이 헤아리신 대로 '안민'일지, 아니면 아마테라스가 '안태'하게 다스리라고 한 것일지 누가 알 수 있다는 말인가. 가토는 자신이 기대고 있는 '천'의 불가지성으로부터 스스로 부정당할 수 있는 자가당착에 봉착하고 만 것이다.

동시에 1875년에 이르면, 이타가키 다이스케(板垣退助, 1837~1919) 등 정한논쟁으로 물러난 유력자들이 주도하는 '민선의원설립운동'이 본격화되고 많은 민권론에 대한 논의가 일어나게 되었다. 특히 1881년에 마쓰지마 쓰요시(松島剛)가 허버트 스펜서의 『Social Statics』를 『사회평권론(社會平權論)』이라는 제목으로 번역 출판했는데, 이 책은 '민권의 교과서'라는 별명까지 얻으며 당시 큰 반향을 일으킨 베스트셀러가 되었다. 이 책에서 스펜서는 '동등자유의 법칙(the law of equal freedom)'에 입각하여 동일한 자유가 실현되는 사회를 이상적인 사회로 설정하고, 이 법칙으로부터 논리적으로 '이상형 인간(ideal man)'이 필연적으로 출현하며 이들로 구성된 완전한 사회가 실현 가능하므로 인간은 '완전한 자유와 그것을 누릴 권리'가 필연적으로 보장되어야 하고, 거기에 따라 개인의 행복을 요구하는 것이 사회의 필연적 법칙(진화)이라는 주장을 펼쳤다.

이런 내용은 당시 민선의원의 설립과 자유민권론을 주장하는 이들에게 강력한 무기가 되었는데, 가토는 이런 주장에 도저히 동조할 수 없었던 듯하다. 왜냐하면 앞에서 살펴보았듯이, 그는 인간의 자유(불기자립의 정)만으로는 온전한 사회가 구성될 수 없다고 여겨 '효제', '충신' 등의 덕목을 추가하고 있었던 만큼 그의 입장에서 보자면 아마도 스펜서의 낙관적인, 자유(=情)만으로 사회가 진화한다는 주장은 받아들이기 힘들었을 것이다. 그러나 동시에 인간에게 고유한 자유권이라는 논리는 자신이 입각점으로 삼고 있는 천부인권론과 별로 다를 바 없는, 아니 도리어 그 천부인권론을 근거로 삼고 있는 주장이기도 했던 것이다.

이 시점에 이르면 결국 가토는 자신이 입각한 형이상학적인 '천'으로는 자기가 의도했던 '안민'의 정치를 구현할 수 없었음을 스스로 깨닫게 되었을 것이다. 그로부터 가토가 선택할 수 있는 방법은 형이상적인 '천'을 모두 부정하고, 그것을 대체할 수 있는 강력하고도 새로운 무기를 찾아내는 수밖에 없었다.

이 상황을 가토가 돌파하기 위해서는, 더 이상 불가지한 '천'이 군주가 '인정'을 베풀어 '안민'을 이루는 사회라는 자신의 이상을 지지하는 근거가 되지 못하는 이상 '천'의 원리를 알아내고 거기에 따라 자신의 주장을 재구성해내야 했다. '천'과 '인'이 분리되어 헤아릴 수 없었던 세계는 막을 내리고, '천'과 '인'은 하나의 동일한 원리로부터 설명될 수 있어야 한다. 그러기 위해서는 '천손'이 가진 종교성도 '천부'가 세우는 도리성도 모두 알 수 있는(可知的) 천에 의해 반박되어야만 했던 것이다.


## 3. 천연(天演)과 천칙(天則)


### (1) 옌푸 – 임천(任天)과 승천(勝天)에서 천연(天演)으로

옌푸는 스펜서의 지지자였음에도 그 스펜서의 방임주의에 반기를 들었던 헉슬리의 책 『진화와 윤리(Evolution and Ethics)』(1894)를 번역했다. 그 이유가 무엇일지를 생각해본다면, 아마도 스펜서와 옌푸가 처한 다른 사회적 상황, 즉 산업혁명을 경과하면서 전성기를 구가하고 있던 영국과, 서구열강의 침략 하에서 과분(瓜分)의 위기에 처해 있던 중국이라는 대조적인 상황의 차이로부터 옌푸가 스펜서를 그대로 추종할 수는 없었을 것이라는 추정이 가능하다.

스펜서에 따르면, 사회진화의 정도는 그 사회의 단위인 개개인의 진화정도에 따라 규정된다(Herbert Spencer, 1873: 400). 그리고 그렇게 형성된 사회의 구조는 거꾸로 개개인의 의식형태를 규정한다(Herbert Spencer, 1873: 390). 따라서 스펜서에게 있어서 진화는 불가지적인 원리 하에서 무한하게 전진적이며, 진화의 정도를 뛰어넘어 사람의 지적 수준을 인위적으로 끌어올리는 일, 그리고 사회의 문화적 수준을 뛰어넘어 진보적인 법률, 제도를 강제하는 일은 도리어 사회를 혼란에 빠뜨리는 것으로 간주된다. 이런 이유로 스펜서는 혁명은 물론, 인위적인 개혁에 대해서조차 부정적이었다(Herbert Spencer, 1873: 275).

그렇지만 옌푸는 위와 같은 스펜서의 주장을 액면 그대로 받아들일 수 없었다. 많은 연구들에서 지적되어 왔듯이, 옌푸의 『천연론』은 당시 젊은이들에게 큰 영향력을 미쳤으며, 특히 '자강(自强)'론의 촉발에 중대한 영향을 끼쳤는데, 문제는 '자강'이 명백한 '인위'적 행위로 보인다는 점이다. 가령 「原强」에서 부강의 달성을 위해서 오늘날 먼저 착수해야 하는 일은 '민력' '민지' '민덕'의 증강(增强)이라고 강조(우남숙, 2012)했던 옌푸의 입장에서는, 아무리 스펜서의 전진적 발달을 신뢰한다고는 해도, 당시 중국 상황에서 모든 것을 진화의 법칙에 방임해둘 수는 없었을 것이다.

『천연론』의 「自序」에서 옌푸는 다음과 같이 말한다.

혁슬리가 이 책에서 말하고자 한 요지는, 스펜서의 방임주의에 따르는 폐단을 해결하고자 한 것이다. 그의 논의 중에는 중국의 옛 사람의 논의와 매우 일치하는 부분이 있으며, 자강을 통해 종족을 보족하는 일에 대해 반복해서 자세히 설명하고 있다. (옌푸, 『천연론』, 2008: 36)

즉 혁슬리의 『진화와 윤리』의 사상은, 스펜서 진화론의 부족함을 메꾸고 중국이 직면한 '자강을 통해 종족을 보족하는 일'에 대해 밝히고자 했던 것이리라. 또한 「도언」5의 해설에서는 다음과 같이 말하기도 한다.

혁슬리의 다른 저서에서는 십중팔구 방임을 주장하고 있지만, 유독 이 책에서만은 방임을 비판하고 있다. 이는 아마도 방임을 잘못 이해하고 있는 자를 비판하기 위해 이 책을 썼기 때문일 것이다. (옌푸, 『천연론』, 2008: 75)

방임(任天)의 설을 비판하는 혁슬리의 사상이란, 옌푸의 번역으로 말하자면 "자연의 운행과 인위적 행위가 상반(天行人治之相反)(옌푸, 『천연론』, 2008: 74)"된다거나 "자연과 싸워 이긴다(与天爭勝)(옌푸, 『천연론』, 2008: 230)"는 것으로 즉 스펜서의 자연운행을 추종하는 방임주의에 대해, 자연과 싸워 이기는 인간의 인위적 활동을 강조하는 내용을 담은 것이었다. 전술하였듯이, 스펜서의 진화론은, 중국의 위기라는 긴급한 과제의 해답으로는 너무 소극적이었다. 거기에서 옌푸는 스펜서 진화론에 기울면서도, 그 결점을 보충하고, 중국의 자강보종을 위해서 유효한 사상으로 혁슬리의 인위강조의 사상(勝天)에 주목하였던 것이라고 여겨진다. 물론 옌푸도 언급하듯이 헉슬리 역시 원래는 '임천'을 주장하는 자이지만 유독 여기에서만 '승천'을 주장한 것인데, 여기서 헉슬리의 '승천'은 "사물의 본성을 다 파악하여 해로움을 이로움으로 바꾸는 방법을 아는 것(옌푸, 『천연론』, 2008: 231)"이다.

이러한 헉슬리의 사회진화론은, 그러나 옌푸가 기대했던 만큼에는 미치지 못하였던 듯하다.

> 헉슬리의 이 책의 요지는 생존경쟁이 혼란의 근원이며, 인간사회는 결국 인구과잉으로 궁지에 몰리게 된다는 것이다. 이러한 견해가 바로 스펜서와 매우 상반된 점으로, 태평성대는 없다고 말한 이유이다. 하지만 스펜서는 언제 도달할지 알 수는 없지만 인간 사회가 반드시 이상적인 정치를 실현할 수 있을 것이라고 주장한다…(중략)…스펜서의 학설이 어찌 타당하지 않겠는가. (옌푸, 『천연론』, 2008: 116)

여기에서 옌푸는 다시 스펜서의 낙관주의로 회귀하는 듯하다. 헉슬리는 생존경쟁을 '혼란의 근원'으로 보지만, 스펜서에게 있어서 생존경쟁은 이상적인 정치의 실현과정일 뿐이다. 그런데 여기에서 주목할 만한 것은 과연 헉슬리가 생존경쟁을 단지 '혼란의 근원'으로만 파악하고 있는가의 문제일 것이다. 헉슬리는 일찍이 '다윈의 불독'이라고 불릴 만큼 열렬한 다윈의 옹호자였다. 생존경쟁, 자연선택과 같이 스펜서보다도 더욱 냉혹한 진화의 원리를 설파했던 다윈의 옹호자가, 생존경쟁을 '혼란의 근원'이라고 파악하며 배척한다는 것 자체가 이해하기 어렵다. 옌푸가 언급하듯이 헉슬리는 이전까지 방임을 주장했지만, 유독 『진화와 윤리』에서만 방임을 비판한다. 그렇다면 헉슬리의 저 '승천'이라는 개념은 과연 진화에 대한 인간의 저항과 승리를 의미하는, 혹은 진화의 법칙을 거스르는 행위로 볼 수 있는 것일까.

본디 이 『진화와 윤리』는 1893년 행해진 로마니즈 강연이라는 옥스퍼드에서 행해진 강연을 옮겨 적은 것으로, 그러나 강연 이후 철저한 자연주의적 일원론(임천설)으로 일관하던 헉슬리가 유독 이 강연에서만큼은 '인간의 윤리적 행위, 과정'을 강조함으로써 마치 이원론적인(승천설) 입장을 취했던 것이 화제가 되었다. 헉슬리의 서문(1894, 『천연론』의 「도언」 부분)은 이러한 논란을 보다 잘 설명하기 위해서 새롭게 추가해 적은 글이다. 이 「도언」의 마지막 부분은 다음과 같이 번역되었다.

> 예로부터 인류의 업적은 모두 자연의 운행을 보완하고 사람의 생존을 도와주는 일이다. 이미 성취한 일은 성과를 훼손시키지 않고 아직 성취하지 못한 일은 성실히 추구해 나간다면, 인간의 행위가 시간이 흐를수록 새로워져 선인들이 꿈속에서도 보지 못한 진전이 있을 것이다. 예전의 일들이 모두 남아있으니, 어찌 그렇게 되지 않겠는가? 이렇게 보존하고 이렇게 나아가더라도, 물질세계 내부의 일은 포물선처럼 극한에 이르면 회귀하지 않을 수 없다. 회귀하게 되면 광대한 우주에 다시 자연의 운행이 작용할 것이다. 정치도 이로 인해 점점 쇠퇴하여 막을 수 없는 지경이 되겠지만, 우리들이 억만 년 이후에 바닷물이 줄어들까 염려하여 눈물로 부족한 물을 보태려 할 필요가 있겠는가! (옌푸, 『천연론』, 2008: 135~136)

이 절의 내용은 명백하게 스펜서의 전진적인 낙관론과는 다르고, 마치 중국 고유의 순환적 역사관을 연상시킨다. 이에 대한 옌푸의 해설은 다음과 같다.

> 그렇다면 유토피아는, 스펜서가 언급한 바와 같이, "본래 존재하지 않는 것인가?"라고 물어, 다음과 같이 답하였다. "말하기 어렵다. 대체로 우주의 궁극적 가치와 시원은 알 수 없다는 면에서 동일하다. 알 수 없다는 것은 논리로 증명할 수 없음을 말한다. 오늘날에 태어난 우리가 알 수 있는 것은 세상이 반드시 진보하여 미래가 현재보다 나아질 것이라는 사실 뿐이다. 태평성대가 도래하면 그것이 어떤 모습인지 볼 수 있겠지만, 천년 후에라도 이에 대해 말할 수 있는 사람을 만난다면 그것은 아침저녁으로 만나는 것과 같이 행복한 일이다." (옌푸, 『천연론』, 2008: 138)

옌푸는 여전히 낙관적인 스펜서의 견해를 따르는 듯하지만, 사실은 애초에 스펜서도 헉슬리도 불가지적인 관점으로부터 출발한 이상, 그 끝이 정말 이상향일지 어떨지 알지 못한다고 말하는 것이 논리적 귀결일 것이다. 헉슬리는 우주과정과 투쟁하는 인간의 윤리과정을 강조하지만, 정작 그 윤리과정 또한 보다 더 큰 우주과정의 일부이며, 종국에는 우주적 과정에 압도당하고 말 것이라는 점을 말하고 있는 것이다. 즉 여기에는 우리가 현상계에서 관찰할 수 있는 인간의 진화, 생물의 진화를 모두 뛰어넘는 보다 근본적인 어떤 보편원리(물론 헉슬리의 입장에서 이것은 evolution이다)의 존재를 전제하고 있다고 보아야 하지 않을까. 헉슬리의 스펜서에 대한 비판은, 이 보편원리만으로 인간의 진화를 논하는 것이 부당하며, 자연과정에 대한 투쟁(승천, 즉 윤리과정)마저도 보다 거대한 자연과정의 법칙에 따르는 것이라는 점을 말하고 싶었던 것인지도 모른다.

만일 위의 가설이 맞다면, '임천'과 '승천'을 둘러싼 이 모순, 즉 헉슬리를 통해 스펜서를 옹호(?)하는, '임천'의 입장을 옹호하면서도 동시에 '승천'을 포기해서는 안 되는 옌푸의 전략적 선택은 이 지점에서 설명 가능할 것이다. '승천'과 '임천'은 일견 모순되는 듯하지만, 사실은 더 거대한 '천(天)'의 움직임 아래로 포섭되는, 그런 작용인 것이다. 만일 옌푸가 스펜서의 자유방임적 진화설의 전면적 추종자였다면, 어쩌면 이 번역서의 제목은 『임천론(任天論)』이었을지도 모를 일이다. 그러나 옌푸는 앞에서 언급한 전통적인 '도' '태극', 궁극적으로는 전통적 개념으로서의 '천'의 형이상학으로부터 진화론을 이해했다. 그리고 이 '천'은 비록 '불가지'하지만, 그럼에도 그것은 인간의 미래를 예측하는 판단 내지 행위의 준거로서 유효하다. 언뜻 모순되지만, 그것이 불가지하다 해서 무시할 수 있는 것은 결코 아니다. 옌푸는 본론 17에서 "자연의 운행을 추종하는 것은 잘못된 일이며, 자연의 운행을 피하는 것 역시 옳지 못한 일(法天行者非也, 而避天行者亦非)"이라는 표현을 쓰는데, 여기에서 인간의 투쟁 대상은 '천'도 '천연'도 아닌 '천행(天行)'임에 주목할 필요가 있다. '도'나 '태극'의 단계에서는 상대가 없기 때문에 투쟁이 발생할 수 없다. 그런 의미에서 천행은 이미 보다 궁극적인 형이상의 단계, 즉 '천연' 안에 포섭되는 것이며 동시에 인간의 행위 또한 마찬가지로 '천행'이라고 이해할 수 있을 것이다. 인간은 자연과, 그리고 인간 스스로와 끊임없이 투쟁해 왔다. 옌푸가 보기에, 서구열강의 '천행'에 맞서 싸워 '승천행(勝天行)'하는 것이야말로 더 넓은 의미의 '임천'에 포섭되는, 즉 '천연'이었다. 옌푸는 스펜서와 헉슬리로부터 '임천'과 '승천'의 대립을 넘어서는 '천연'을 발견함으로써, 중국 내부의 '구법'을 극복하고 중국의 위기를 타파해야 하는 두 과제를 동시에 극복하려고 했던 것이라고 여겨진다.

## (2) 가토 – 우승열패(優勝劣敗)와 안민(安民)에서 천칙(天則)으로

앞에서 살펴 본대로, '천'의 원리를 알아내고 그로부터 자신의 정치적 이상을 정당화해야 했던 진화론을 접하고 나서 낸 1882년의 저작 『인권신설(人權新說)』은 그 발간단계에서부터 많은 논란을 일으켰다(松本三之介, 1966; 김도형, 2015).

가토가 여기에서 가장 중요하게 주목했던 점은 진화야말로 바로 '자연계와 인간계를 일관하는 원리'라는 것이었다. 가토에 따르면, "물리에 관한 학과"는 "오로지 실험으로써 연구를 함으로써 능히 지구상 만물 진화의 실리(實理)를 발견하여 비로소 종래의 망상주의를 탈각할 수 있었"던 데 비해서, "심리에 관한 학문 즉 철학 정학 법학 등"은 "실험에 종사하는 것이 가장 어렵기 때문에 학자들이 종래의 망상주의의 범위를 방황하여 아직 거의 이를 탈각할 수 없"는 상태에 있다. 그로 인해서 "오늘날에 있어서 심리에 관한 철학의 이치를 논하고자 하면, 반드시 먼저 물리에 관한 생리학을 닦을"필요가 있다. 이처럼 '물리'의 원리를 '심리'에 적용하는 근거로는 "만물법의 일개의 대정규(大定規)인 우승열패의 작용"은 "특히 동식물세계"뿐만 아니라, "우리들 인류세계에도 역시 필연히 생기는 것"이라고 주장한다. 가토가 '물리'를 '심리'에 적용하는 근거는 자연계와 인간계를 동시에 관철하는 원리에 대한 확신이었다. 그와 같은 확신 위에서 그는 "물리의 학과에 관한 진화주의로 천부인권주의를 박격하고자 한다"며 호언장담한다(加藤弘之, 『人權新說』, 植手道通 編, 1972: 411~423).

그런데 가토는, 이 책에서 다음과 같은 입장을 꼭 관철하고 있지는 못하다. 가령, 국가의 기원을 논하며 다음과 같이 말한다.

견고한 단결공존을 하고자 하면 반드시 전제의 권력을 이용하여 사람들 가운데 優者들의 自由放恣를 금하는 方術을 시행해야 한다. 그렇지 않으면 사람들 가운데에 오직 우승열패만이 성행하여 우등한 각 개인은 멋대로 열등한 각 개인을 압도하며 우등한 친족부락 등은 멋대로 열등한 친족부락 등을 억제하는 등의 해가 있음을 피할 수 없다. 이는 다만 우승열패만 행해져서 우열이 서로 완전히 이해를 달리하는 때는 결코 견고한 단결공존을 이룰 수 없음은 필연이기 때문이다(加藤弘之, 『人權新說』, 植手道通 編, 1972: 444).

여기에서는 국가의 기원이 진화론의 원리인 '우승열패'를 제한하는 데에서 찾아지고 있다. 그리고 그와 같은 "우승열패들의 자유방자"를 제한하는 수단으로 "전 인민에게 약간의 권리와 의무를 수여"했다고 하여 권리의 기원을 설명하고 있다. 가토는 이처럼 '우승열패'를 제한하는 일도 "대우승열패의 작용을 이용함으로써 소우승열패의 작용을 제한할 수 있는 일"로 "동등하게 우승열패의 작용에서 나오는 것"으로 자기 논리의 일관성을 도모하지만, 여기에서 그의 '일원주의'는 이미 논리적 파탄을 맞고 있다(加藤弘之, 『人權新說』, 植手道通 編, 1972: 444~446). 흥미로운 것은, 이것이 앞에서 살펴본 『진정대의』에서 '불기자립의 정'으로부터 인간의 권리를 설명하고자 하다가 결국 '예양, 충신'등의 '성(性)'을 끌어들임으로써 사회의 성립을 설명하였던 것과 거의 다르지 않은 논의구조를 이루고 있다는 점이다.

또한 가토는 "승리를 얻을 수 있는 자, 곧 우자 가운데에는 혹은 정선한 자도 있고 혹은 폭악한 자도 있을 것이다. 패배하는 자, 즉 열자들 역시 그러하다(加藤弘之, 『人權新說』, 植手道通 編, 1972: 460),"라고 말하면서, 다른 한편 '우승열패'에 대해서 다음과 같은 구별을 하고 있다. '야만의 세계'에 있어서는, "지식이 아직 열리지 않고 도덕이 아직 일어나지 않으며 법률이 아직 서지 않았"기 때문에 '장자(長者)'와 '유자(幼子)', '남자'와 '여자' '체력'의 강약 등의 '순호한 천연의 차별'이 존재할 뿐으로, "순호한 천연의 우승열패의 작용(加藤弘之, 『人權新說』, 植手道通 編, 1972: 424)"이 발생한다. 이에 대해서 '세도(世道)의 개명'에 따라서 "도덕이 점차 일어나고 법률이 점차 서서 풍속습관도 역시 점차 루야(陋野)함을 벗어나서", "혹은 지식 혹은 재능 혹은 담략 등 기타 모든 정신력 상에 있어서 우승열패가 생겨난다"고 논하면서 가토는 전자를 '사악한 우승열패', 후자를 '양정한 우승열패'라고 규정한다 (加藤弘之, 『人權新說』, 植手道通 編, 1972: 425-426).

그러나 이미 우승열패 자체에 '양정'이니 '사악'이니 하는 가치판단이 붙는 순간부터, 이 우승열패의 원칙은 '자연계와 인간계를 일관하는 원리' 따위가 아닌, 명백히 인간 독자의 법칙이 되어버린다는 점 또한 명백하다. 그렇다면 가토가 목표로 했던 '천부인권'의 부정, 일원주의의 관철은 적어도 이 『인권신설』 단계로부터 달성되지 못한 것이다. 도리어 그가 『진정대의』 단계에서 보였던 도의적이고 초월적인 '천'이 살아남아 진화론의 원리를 희석시키고 있는 것으로 보이는 것이다. 게다가 그는 '양정한 우승열패'를 논하면서 사회진화의 주체인 '상등평민'이 아무리 그 능력이 뛰어나다고 해도 '최대우자'의 자리에 오르지는 않을 것(加藤弘之, 『人權新說』, 植手道通 編, 1972: 430)이라는 주장마저 하는데, 이는 그야말로 자기 진화론의 최대원리인 '우승열패'를 정면으로 스스로 반박 내지 방기하고 있는 격인 것이다. 이쯤 되면, 상등평민을 제어할 수 있는 원리는 '예양과 충신'이라는, 그야말로 '성(性)'을 부여한 '천'의 '조화'라는 원리 이외에는 존재하지 않게 되는 것이다.

이러한 '진화의 파탄'을 경험한 가토는, 이후 무려 10년간을 절치부심하며 자기 진화론의 모순, 즉 '양정'과 '사악'이라는 구별을 일원적으로 해소하는 일에 전념했고, 그 결과로 나온 것이 그의 후반기 대표작인 『강자의 권리의 경쟁(強者の権利の競争)』(1893)이다.

이 단계에 이르면 『인권신설』에서는 다소 애매함을 남기고 있던 자연계와 인간계의 관계가, "대개 각 국가도 역시 동식물과 비슷한 일종의 생물(사회생물이라고 함)로 우리 인류는 곧 그 세포인 것"이라는 형태로 보다 명료하게 정리되고 있다(加藤弘之, 1893: 14~15). 여기에서 사회는 일종의 '생물'이며, 인간은 그 '세포'라고 하여 모두 자연 속으로 해소된다. 이렇게 "보통의 생물을 지배하는 천칙(天則)과 사회생물 즉 국가를 지배하는 천칙은 모두 동일하다(加藤弘之, 1893: 8)"는 확신은 더욱 강고해진다. 일반적으로 '빙탄상용'이라고 인식되는 '자유권'과 '강자의 권리'와는 결코 '양정', '포악'이라는 구별이 있는 것이 아니라, 모두 '강자의 권리'의 '발현'일 뿐이다(加藤弘之, 1893: 29). 그 때문에 "권력의 조폭맹악함과 고상위대함의 차이에 의해서 강자의 권리인지 아닌지를 차별할 수 있는 도리"는 없는 것이다(加藤弘之, 1893: 53). 또한 '제도법률상의 권리'는 '자연적인 권력'에 있어서, 강자가 약자를 압제하고, "약자는 결국 이에 저항할 수 없기 때문에 어쩔 수 없이 이를 인허(認許)하는"데에서 성립한다(加藤弘之, 1893: 31). 여기에서 바로 권력=권리론이 성립하며, 이것은 모두 진화론의 원리 그 자체에 의해서 설명된다. 여기까지 이르면, '천부의 인권을 해하는 것'으로서 비판되는 '전제정치'도 '사회의 진보발달이 아직 충분치 않을 때'에는 도리어 필요하고, '개화의 원천'이라고도 평가된다(加藤弘之, 1893: 98). 마찬가지로, '오늘날 유럽의 최대개명'은 '노예를 사역함으로써 자기 이익을 도모한 결과(加藤弘之, 1893: 138)'라고 해야 한다.

그러나 이렇듯 모든 모순을 해결하고 언뜻 일원적 원리를 관철한 듯이 보이는 가토의 이론은, 여전히 미묘한 구석을 남긴다. 가토에 따르면 이 권리=권력이론 및 그 사회구성이론으로서의 소위 '인허설 (認許說)'은 결국 강자가 최초에 권력과 제도적 인허를 통해 권리가 인정될 뿐만 아니라, 약자 역시 경쟁을 통해 힘을 길러 강자를 압박(= 권력)하면 강자 또한 어쩔 수 없이 이를 권리로서 인정하게 되면서 법률상, 제도상의 권리가 획득된다는 것인데, 그럼에도 이러한 '진화'의 과정은 여전히 노예, 여성, 계급 간의 '권력의 평균'문제에 이르러서는 부정적인 묘사가 이어진다. 즉 자연적으로 '남성과 여성의 차이'와 같은 것이 존재하는 한 완전한 권력의 평균이 이루어질 수 없으며, 이렇게 '무한경쟁'이 아닌 어떤 자연적 한계를 갖는 경쟁이 '천칙'이라고 말하는 것이다. 이것은 마치 가토가 『인권신설』에서 '상등평민은 아무리 능력이 뛰어나도 최대우자(즉 군주, 천황)가 될 수는 없다'고 말한 것과도 일맥상통한다. 자연에는 '순호한 천연의 차별'이 존재하며, 이것은 일종의 자연적 질서와도 같은 것으로 고정되어 여기에는 권력의 평등, 권리의 획득과 같은 일이 일어나지 못한다. 모든 것을 관통하는 일원적인 진화의 법칙은 '순호한 차별'의 존재를 인정하는 지점에서 머뭇거리고, 거기에는 '천' 고유의 어떤 질서를 인정해버리는 듯한 태도를 취하면서 '천칙'이라는 이름이 붙게 된다. 여기에서 그것이 '칙 (則)'이라는, 어떤 원리라기보다는 '법칙' 내지 '규칙', 즉 고정된 어떤 질서를 연상시키는 글자가 쓰인 것은 어쩌면 모든 계급, 신분을 삼켜버릴 만큼 무서운 기세로 폭주하던 우승열패라는 원리를 길들여서 사회의 안정, 즉 자신의 정치적 이상인 군주의 '인정'에 의한 '안민'을 도모하는 법칙으로 규정하고자 하는 가토의 의중이 반영된 지점에서 멈춰선 것처럼 느껴지기도 하는 것이다.

## 4. 맺으며: 천(天)과 진화(進化)

이상 옌푸와 가토 히로유키라는 두 인물의 진화론수용양상을 '천'이라는 전통적 관념과의 관계로부터 비교해 보았다.

먼저 옌푸의 '천연'은 '구법의 해소'와 '국가의 위기극복'이라는 양대 과제를 염두에 두면서 이루어진 만큼, 그것이 새로운 '천'의 원리(=진화)를 소개함과 동시에 그 원리 안에서 중국이 새롭게 살아날 수 있는 방법을 제시해야 한다는 문제의식으로부터 만들어진 것이다. 그런만큼 옌푸는 스펜서의 방임주의, 즉 '임천'에 경도되어 있었음에도 불구하고 그와 같은 방임주의에만 중국의 운명을 맡기기에는 불안함을 느꼈고, 이에 인위적 진화, 즉 '승천'을 주장하는 듯 보였던 헉슬리의 『진화와 윤리』에 일말의 기대를 걸었던 것이다. 여기에서 옌푸는 '승천'마저도 '임천'의 일부이면서 종국에는 이 모두를 포괄하며 끊임없이 운행하는 원리를 '천연'이라고 이름 붙였고, 이것은 중국적인 '천' 개념이 가진 종교적이거나 초월적·형이상적인 관념에 입각하면서 이루어진 번역이었다고 말할 수 있을 것이다.

가토 히로유키의 경우 최초 '천'의 초월적, 형이상학적인 관념에 기대면서 서구의 제도를 이해하고 받아들이는 경향을 강하게 보이지만, 메이지천황(천손)의 등장과 자유민권운동(천부)라는 현실 정치의 과제에 부딪히면서 자신이 입각하는 '천'의 형이상학을 가지고는 이러한 과제들에 제대로 대응할 수 없음을 깨닫게 되면서 급격하게 새로운 '천'의 원리를 찾아 나서게 되었다. 그러나 그의 진화론은 마지막까지 '천'의 형이상학으로부터 이어지는 이원론(천인분리)을 극복하지 못하는 양상을 보이는데, 이것은 그의 출발점이 어떤 '원리(理)'의 탐구에 있었다기보다 '안민'이라는 정치적 이상을 구현하기 위한 어떤 '규칙

(則)'내지 사회적 질서의 추구에 있었기 때문인 것으로 생각된다.

　이러한 두 진화론의 전개는 중국의 진화론이 개개인들의 자강론을 강조하는 방향으로 나아갔던 데 비해, 일본의 그것이 철저한 유기체론 안에서 해소되는 진화론, 즉 국가주의적인 방향으로 나아가게 된 것과도 일정한 연관이 있을 것이다. 물론 이 두 사람의 진화론이 중국과 일본의 진화론 전체를 대표한다고 말할 수는 없지만, 이와 같은 전통적 교양으로부터의 각자의 '천'에 대한 이해가 그 수용의 방식이나 향후 사상전개의 향방에 유의미한 차이를 낳을 수 있는 가능성을 확인하였다는 점에서 의미가 있지 않을까 생각한다. 이와 같은 '천연' 또는 '천칙'의 영향이 이후 중국이나 일본의 역사적 장면들에서 구체적으로 어떤 양상으로 발현되었는가에 대한 고찰은 이후를 기약하고자 한다.

## | 참고문헌 |

가토 히로유키, 2014, 『도나리구사』, 김도형 옮김, 문사철.

김도형, 2014a, 「근대초기 일본 양학(洋學)수용의 유교적 맥락」, 『日本學報』 제99호.

_____, 2014b, 「加藤弘之의 洋學受容과 '天'의 變容」, 東洋史學會, 『東洋史學研究』 제 128집.

_____, 2015, 「가토 히로유키(加藤弘之)의 ≪人權新說≫과 천부인권논쟁 재고」, 『동아인 문학』 제33집.

박홍규·조계원, 2012, 「옌푸와 번역의 정치 ―천연론에 담긴 '천'개념을 중심으로」, 『한국 정치학회보』 46(4).

벤저민 슈워츠, 2006, 『부와 권력을 찾아서』, 최효선 옮김, 한길사, 2006.

양일모, 2006, 「중국의 근대성 문제와 '천연론'」, 『中國學報』, Vol. 53.

_____, 2007, 「동아시아의 사회진화론 재고 ― 중국과 한국의 진화개념의 형성」, 『한국학 연구』 제17집.

_____, 2008, 『옌푸: 중국의 근대성과 서양사상』, 태학사.

옌푸 지음, 2008, 『천연론』, 양일모·이종민·강중기 역주, 소명출판.

우남숙, 2012, 「허버트 스펜서와 옌푸 ― 지·덕·체 론의 사상적 영향을 중심으로」, 『한국 정치학회보』 46(5).

토마스 헉슬리, 2016, 『진화와 윤리』, 김기윤 옮김, 지만지.

加藤弘之, 1893, 『強者の権利の競争』, 哲學書院.

_____, 1990, 上田勝美ほか編, 『加藤弘之文書』, 同朋舍.

武田時昌, 2003, 「加藤弘之の進化学事始め」, 阪上孝編 『変異するダ―ウィニズム 進化 論と社會』, 京都大學學術出版會.

松本三之介, 1966, 「加藤弘之の轉向」, 『近代日本の政治と人間』, 未來社.

手代木有児, 1987, 「厳復『天演論』におけるスペンサ―とハックスリ―の受容」, 『集刊 東洋学』.

植手通有遍, 1972, 『日本の名著34 西周·加藤弘之』, 中央公論社.

荻生徂徠, 1973, 『弁道』, 『日本思想大系 荻生徂徠』, 岩波書店.

陳曉傑, 2014, 「荻生徂徠における天の問題」, 『関西大学東西学術研究所紀要』, 第47卷.

嚴復, 1895, 「論世變之亟」.

Spencer, Herbert, 1873, *The study of sociology.*

https://zh.wikisource.org/wiki/論世變之亟

http://oll.libertyfund.org/titles/spencer-the-study-of-sociology-1873

# 5장

# 근대 동아시아의
# 기독교 수용과 확산

|

요코이 쇼난(橫井小楠)과 구마모토(熊本)밴드의
'봉교취의서(奉教趣意書)'

박은영

동아시아는 유교 또는 한자문화권이라는 형태로 광역적인 문화적 공통성이 이야기 되는 경우가 많은데, 이는 동아시아의 종교상황과도 무관하지 않다. 동아시아 상호 간에는 이전 시기부터 여러 분야에 걸친 광범위한 상호교류가 존재하였고, 근대 이후 기독교[1]가 동아시아에 전해지기 이전에 이미 다양한 형태의 종교들이 중요한 위치를 점하고 있었다. 그런데 19세기 중엽을 전후로 서구 열강의 동아시아 진출과 그로부터 촉발된 근대화라는 역사적 상황 속에서 기독교가 전파되었고, 이로부터 동아시아의 종교상황은 급속하게 유동하게 된다. 심지어 당시 동아시아에 전해진 기독교는 각국의 전통적인 종교 문화

---

* 이 글은 『동아시아문화연구』 제62집(2015.8)에 실린 논문을 수정 보완한 것임.

1 '기독교(Christianity)'라는 용어는 본래 가톨릭(Catholic)과 개신교(Protestant)를 포괄하는 명칭이다. 참고로 일본에서는 'キリスト教(그리스도교)'가 공식적인 표기법으로 가톨릭과 개신교를 전부 포괄하는 용어이며, 양자를 특별히 구분하는 경우를 제외하고는 양측 모두에서 사용되고 있다.(물론 표기법적으로 수용 초기에 사용되었던 '基督教(기독교)'를 지금도 그대로 사용하는 경우도 존재한다) 반면 한국의 경우 기독교는 개신교를 지칭하는 용어로, 가톨릭을 천주교로서 각각 별도로 사용하는데, 이는 한국 사회에서 개신교의 영향이 가톨릭보다 크기 때문에 생긴 현상으로 보는 경우가 일반적이나 좀 더 상세한 논의를 필요로 하는 문제일 것이다. 최근 종교학 영역에서는 '기독교'라는 용어 대신 '그리스도교'를 사용하고, 이를 '가톨릭'과 '프로테스탄트' 혹은 '개신교'로 구별하여 사용할 것을 요청한다. 본고는 근대 이후의 개신교를 다루고 있으나 통상적인 사용법에 따라 기독교라는 명칭을 사용했으며, 가톨릭과의 구별이 필요할 경우에만 개신교 혹은 프로테스탄트라는 용어를 사용하였다.

와의 관계에서 대체로 상호 비슷한 문제에 직면했다는 공통점을 가졌음에도 불구하고, 현재 동아시아 각국의 기독교 현실은 크게 다르다는 점에서도 그 자체로서 해명을 필요로 하는 문제이다.

지금까지 동아시아 각국의 기독교 연구는 대체로 전근대와 근대라는 이분법적 구도를 전제로, 이른바 '교육과 의료'로 상징되는 서양문명과 등치된 기독교의 근대성과 합리성을 강조하는 형태로 연구되어왔다. 그리고 근대화의 원동력으로서 서양 종교(사상)의 수용이라는 관점은 비단 기독교사 영역에서만이 아니라 근대사 연구 영역에서도 그것의 긍·부정적 평가의 문제와는 별개로 지속적인 관심을 끌어왔다. 이것은 종래 동아시아 세계를 이해하는 기준이 되었던 서구·근대 중심적 인식에서 기인한다. 즉 동아시아의 19세기를 '근대'를 선취한 '서구'로부터의 '충격과 반응(대응)'관계로 해석하는 방식의 연장선상에서 기독교 수용문제를 전달자(충격)와 수용자(대응)의 관점에서 파악하려는 방식에 다름 아니다. 그러나 이와 같은 문제 설정은 결국 연구대상인 당시 기독교 수용자들의 기독교 이해를 단순화하고, 필연적으로 밀접한 관계를 가지는 그들이 처해있던 종교적·사상적 상황과 그 시대가 내포하고 있던 과제를 단선적으로 만들기 쉽다.

이에 따라 본고는 동아시아에 수용된 기독교, 그중에서도 일본의 사례를 통해 전통과 근대, 혹은 전근대와 근대라는 대립구도에 문제를 제기하고 양쪽을 겹쳐보려는 시도이다. 이것은 도쿠가와 막부체제가 '서구의 충격' 이전 이미 '유교적 영향'으로 동요 내지 변질되고 있다고 강조하며, 유교라는 전통적 요소가 메이지유신의 성공에 중요한 요인이었다고 주장한 박훈의 연구(박훈a, 2014)를 통해서도 이미 환기되었듯이, 전통과 근대를 단절이 아닌 연속적 맥락에서 접근하는 방식이다. 동시에 이제껏 주로 서구의 일방적 영향으로 수용된 기독교라는 전달자 중심의 구도에서 탈피하여 동아시아의 기독교 수용문제를 바라보는 시각을 재조정하고, 역사적 문맥 속에서의 '동아시아 기독교'라는 새로운 형태의 확산으로 이해할 것을 제언한다. 주지하듯이 '수용'의 사전적 의미는 어떤 집단 혹은 사람이 다른 집단의 문화 사상 등을 받아들여 자기 것으로 삼는 것을 말하는 것으로, 기존의 기독교 선교사적인 관점에서의 피동적 태도에 의한 것이라기보다는 오히려 당시 시대 상황 속에서 사람들에게 적극적으로 이해된 방식으로 보는 것이 더 적합하다. 이상을 염두에 둘 때, 일본의 구마모토밴드라는 신앙집단의 사례는 이른바 전통지식과 근대 이후 수용된 지식(사상)의 문제를 겹쳐보는데 사상적 연속성이라는 측면에서 흥미로운 시사를 준다.

## 1. 구마모토밴드

근대 일본의 기독교 수용에 있어서 밴드(band)라고 불리는 독특한 신앙집단이 출현했던 것은 주지의 사실이다. 그리고 이 밴드라 하면 특정한 종파라기보다는 신앙적 일체감을 가진 이들이 집단을 이루어 자신들의 신앙을 일종의 서약의 형태로 표명했던 젊은이들의 '결맹(結盟)'이라고 할 수 있다. 특히 요코하마(橫浜)에 선교사로 왔던 발라(J. H. Ballagh), 헵번(J. C. Hepburn), 브라운(S. R. Brown)의 학숙(學塾)에서 배웠던 청년들, 구마모토양학교(熊本洋学校)에서 제인스(L. L. Janes)의 지도를 받았던 청년 일군, 삿포로농학교(札幌農学校)에서 클라크(W. S. Clark)의 가르침에 따랐던 젊은 학생들이 각각 요코하마밴드, 구마모토밴드, 삿포로밴드를 형성했던 것은 일본 초기 기독교의 세 원류를 이루는 이른바 '3대 밴드'로 잘 알려져 있다.

이에 따라 구마모토밴드는 구마모토양학교에서 수학하고 있던 학생 가운데 결성된 것으로, 이들이 공표했던 '봉교취의서(奉教趣意書)'는 구마모토밴드의 신앙에 대한 표명문으로 이해될 수 있다. 그런데 주목하고 싶은 것은 구마모토밴드를 설명하는 연구들에 나타난 공통된 경향이다.[2] 곧 대부분의 연구에서 구마모토밴드의 형성과 '봉교취의서'의 공표를 기독교 정신의 발현이라는 형태로 구마모토양학교의 크리스천 교사였던 제인스의 영향관계 속에서 설명하고 있다. 이는 애당초 구마모토밴드에 대한 연구 자체가 '기독교사'의 범주 내에서만 이루어졌고,[3] 일반 사상사의 영역에서는 그다지 주목되지 않았던 것에 기인하는 현상이다. 하지만 엄밀히 말해 구마모토양학교는 구마모토번에서 설립한 이른바 번교(藩校)의 성격을 지닌 교육기관으로 선교사나 관련 단체 등에 의해 세워졌던 '미션스쿨'이 아니었다. 동시에 이 학교에 교사로 부임했던 제인스 역시 선교사나 신학자가 아닌 군인의 신분으로 부임했다.

무엇보다 당시 히고번(肥後藩), 곧 구마모토번의 정치는 요코이 쇼난(横井小楠)의 사상을 계승한 '히고 실학파'라고 불리는 그룹에 의해

---

**2**  "구마모토밴드란 무엇인가. 이는 메이지 4년(1871)부터 9년(1876) 사이에 구마모토양학교에서 제인스의 훈도를 받고, … 이 가르침을 일본 국내에 선포하고자 결의했던 사람들을 중심으로 하는 한 그룹(篠田一人, 1965:3)", "구마모토양학교에서 제인스로부터 감화를 받아 기독교에 입신한 학생들 30여명은 1876년 1월 봉교취의서를 공표했다(土肥昭夫, 1980:55)", "이 결맹이 그들의 스승 제인스의 인도에 연유하는 것임은 말할 필요도 없다(辻橋三郎, 1961:43)".

**3**  상기의 인용 외에도 대부분의 일본기독교사 관련 문헌에서 구마모토밴드에 대한 언급은 거의 제인스와의 연장선상에서만 이루어지고 있으며, 나아가 아예 제인스를 중심 테마로 한 연구도 다수 있다(石井容子, 2010; 石井容子, 2011; 落合建仁, 2010; 本井康博, 1988 참조).

장악되어 있었는데, 특히 1870년의 '히고유신(肥後維新)'은 바로 쇼난의 가르침을 받았던 이 그룹의 사람들이 주축이 되어 쇼난이 이상(理想)으로 했던 개혁을 단행하고자 했던 것에 다름 아니었다. 그리고 구마모토양학교는 이러한 흐름 속에서 교육개혁의 일환으로 기존의 번교를 대신해 설립되었던 것이다.

따라서 구마모토밴드와 이들의 '봉교취의서'를 단지 기독교 정신의 발현이라는 관점에서 언급하는 것은 전술했듯이 기독교 수용문제를 일방적인 서구의 영향으로 파악해 온 기존의 도식에 따른 것으로, 전통과 근대를 대립 구도로 위치시키고 그 안에 담긴 다양한 입장을 간과하게 만들 수 있다. 물론 구마모토밴드의 결성에 있어 기독교 사상의 전달자로서 제인스의 영향을 간과할 수 없을 것이나, 여기서는 수용자 측의 '사상적 예비'로서 요코이 쇼난의 사상을 확인하고 다시 그의 사상적 계보로서 구마모토밴드와 그들의 '봉교취의서'의 의미를 '사상적 연속성'이라는 측면에 주목하여 검토한다.


## 2. 요코이 쇼난의 유교 사상

구마모토번은 도쿠가와 시대 여러 번들 중에서도 유학이 가장 발달한 곳 중에 하나였다. 명군으로 유명한 호소카와 시게가타(細川重賢)가 번교인 시습관(時習館)을 설립한 것이 1755년으로 유력한 번 중에서 빠른 편에 속하는 것이었다. 설립당초의 시습관에서는 소라이학(徂徠学)이 우세했으나 점차 주자학이 대세를 점하게 되었다. 그러나 그 학문방법은 송유(宋儒)의 주석에 대한 훈고학적인 탐색과 사장적(詞章的)인 취미를 주로 하는 것이었고, 학문을 정치, 혹은 시사문제에 연결시켜 접근하는 경향은 매우 약했다(박훈b, 2014: 193). 그러다가 1832년 나가오카 겐모쓰(長岡監物)가 가로(家老)가 되어 번교에 관여하기 시작하면서 기존의 시습관(학교파) 세력에 대항하여 실학파를 형성하고, 이 무렵 거료생(居寮生)이었던 쇼난도 여기에 참가하게 된다. 이것은 당시 번의 사회적 위기에 대항하기 위한 목적이기도 했으나 당초 이들이 내건 대의명분은 오쓰카 다이야(大塚退野)[4]로 돌아가자는 것이었다(今中寬司, 1961: 10).

실학파의 사상적 결집축이 되었던 오쓰카 다이야의 주자학은 학문을 시작하는 초기 단계에서의 입지(立志)가 '위기(爲己)', '위인(爲人)' 중 어느 쪽에 있는지를 중시한다.[5] 따라서 시작단계에서 '명덕(明德)'이나 '본심(本心)'을 추구하려는 '위기'의 뜻이 확립되어 있지 않다면 거경(居敬), 궁리(窮理)의 공부가 아무리 바르다고 할지라도 결국 천하에 유해 무익할 뿐이라고 말한다. 게다가 다이야 학파 사람들이 사용한 '회주(回輈)'[6]라는 표현에서 알 수 있듯이 완전히 다른 사람으로 다시 태어나는 전인격적인 변화가 바탕이 될 때 그 후의 학문수행이 결실을 맺게 된다고 여겼다(平石直昭, 2002: 148~149). 곧 '위인'이라는 세속적 가치관에 사로잡혀 있던 사람이 이른바 '회심'을 통해 내면적 자기 변혁을 거쳐 비로소 새로운 존재로 변할 수 있다는 것이다.

쇼난 역시 이러한 회심을 거쳐 자기를 확립한 인간을 이상적 인간으로 여겼으며, 이 새롭게 변화된 주체는 '천(天)'을 섬겨야 하는 직분

---

**4**  1676(8?)~1750. 히고구마모토번사. 처음에는 주자학을 배웠는데 장성하여 양명학으로 전환. 후에 다시 주자학으로 돌아와 야부 신안(藪慎庵)과 교류. 저작에 「大学体験説」등이 있음.

**5**  『論語』(憲問). 子曰, 古之學者爲己, 今之學者爲人.

**6**  수레의 긴 손잡이를 180도 회전시키는 것을 의미함.

을 가졌다. 우리 몸과 형체는 일시적인 것임에도 사람은 끊임없이 이해(利害), 화복(禍福), 영욕(榮辱), 사생(死生) 등의 세속적 욕심에 집착하려는 속성을 가진다. 쇼난은 천을 섬기는 일을 통해서 비로소 사사로운 욕심을 버리고 천과 자신의 관계를 제대로 설정할 수 있었다고 생각했다(橫井小楠「沼山閑話」, 山崎正董編, 1942: 924).

이와 같이 다이야 학파로부터 강한 영향을 받았던 쇼난을 포함한 실학파 사람들은 천(天)을 인격적 존재로 파악하려는 경향을 강하게 가지고 있었다. 일찍이 다이야의 뛰어난 제자 중 하나였던 구사노 소운(草野草雲)도 천명을 경외하고 신독(愼獨)하는 마음가짐으로써 하늘에 죄를 짓지 말 것을 당부하는 등 천에 대한 경건한 종교적 감정을 드러내고 있었다(源了圓, 1986: 75). 쇼난 역시 이러한 천의 초월자, 주재자로서의 인식의 연장선상에서 천을 파악하고 그의 사상을 형성해 간 측면을 간과할 수 없을 것이다. 구체적으로 쇼난의 천인관계, 곧 천에 대한 인간의 지상에서의 책임을 살펴보면 다음과 같다.

> 사람은 천(天) 중의 한 소천(小天)으로 나보다 이전의 전인(前人), 내 이후의 후인(後人)의 세 단계의 사람을 합쳐서 비로소 하나의 천(天) 전체를 이룰 수 있다. 때문에 내 전인(前人)은 이전 세상의 천공(天工)을 받아 나에게 넘겨주었고, 나는 이것을 다시 내 후인(後人)에게 넘겨준다. 후인은 이를 이어받아 또 다시 후인에게 넘겨준다. 전생(前生), 금생(今生), 후생(後生)의 3단계가 있지만 우리 모두 한 천(天)의 자녀로서 이 세 사람이 천제(天帝)의 명을 담당하게 된다. (橫井小楠「沼山閑話」, 山崎正董編, 1942: 924)

이 글은 쇼난이 과거로부터 미래에 이르는 전 시기를 시야에 넣고 사람과 천이 어떻게 관계해야 하는지의 문제를 이야기한 것인데, 지금을 사는 사람은 과거에서 전해져 온 문명을 계승하고 동시에 그것을 후대에 넘겨줄 책임을 가지며, 이와 같이 과거, 현재, 미래의 세 사람이 힘을 합쳐야만 비로소 완전하게 천제(天帝)의 명을 담당할 수 있게 된다. 다시 말해 쇼난에게 있어 사람은 천을 섬기면서 자기의 생을 마치는 것이 지상에서 자신에게 주어진 책임을 다하는 것이었고, 미나모토 료엔의 말을 빌리면 바로 '주체로서의 자기의 본연적 자세'(源了園, 1986: 76)에 다름 아니었던 것이다.

그리고 이와 같은 '천'과의 관계를 바탕으로 새로운 격물관을 제시하는 것을 통해 송학(宋學)을 비판하고 요순 삼대의 치도의 정당성을 주장하는 길로 나아간다. 쇼난은 비록 송의 대유(大儒)가 천인일체(天人一體)의 리(理)를 발명하고 논설을 전개했지만, 오로지 성명도리(性命道理)만을 말하고 천인(天人) 상호 간의 관계에 대한 사유를 결여했다고 보았다. 그러나 쇼난의 실학에서는 천인관계가 '성명도리'의 차원에 머무는 것에 만족할 수 없었다. 왜냐하면 위정자라면 요순 삼대가 그랬듯이 천을 경외하며, 동시에 천제(天帝)의 명에 따라 천공(天工)을 넓히는 것을 통해 산천, 초목, 조수(鳥獸), 화물(貨物)에 이르기까지 격물의 용(用)을 다하여 지상에서 이용후생의 결실을 맺는 것이 당연한 수순이었기 때문이다(橫井小楠「沼山閑話」, 山崎正董編, 1942: 922). 이것이야말로 천제를 경외하고 천공을 받는 경륜의 위대함에 다름 아니었다. 따라서 쇼난에게 사해가 서로 교역하는 지금과 같은 시대에 요순 삼대의 치도는 완전히 부합되는 모범으로 여겨졌고, 만일 요순이 지금 이 세상에 있었더라면 "서양의 포함(砲艦) 기계(器械) 백공의 정밀한 기술이 그 공용(功用)을 다하여 당세(當世)를 경륜하고 천공을 넓히시어 서양이 미쳐 당해내지 못했을 것"이라고 확신할 수 있었던 것이다

(横井小楠(「沼山閑話」), 山崎正董編, 1942: 923). 이에 따라 쇼난이 1866년 미국으로 유학을 떠나는 조카들에게 말했던 '요순공자의 도(道)'와 '대의(大義)'의 실천이란 이러한 맥락에서 이해될 필요가 있다.

> 요순공자(堯舜孔子)의 도(道)를 분명하게 하고
> 서양 기계의 술(術)을 다한다면
> 어찌 부국에만 머무르겠는가
> 어찌 강병에만 머무르겠는가
> 대의(大義)를 사해(四海)에 펼칠 뿐(横井小楠(「送左·大二姪洋
> 行」), 山崎正董編, 1942: 726).

즉 쇼난에게 있어 요순과 공자의 도(道)는 단지 과거의 사건이나 신화가 아니라 현재에도 살려 나가야 하는 정치이념으로서의 이상적 동양문명의 정신이었다. 또한 이 정신을 기반으로 서양의 과학 기술을 받아들여 부국강병을 이룩하는 것은 세계에도 공헌할 수 있는 길이기도 했다. 한편 쇼난이 이와 같은 세계적 시점을 견지하게 된 데에는 『해국도지(海國圖志)』의 영향도 있었다. 쇼난이 『해국도지』를 수개월에 걸쳐 정독한 후 저술했다는 『국시삼론(國是三論)』의 일부를 살펴보자.

> 지금 만국의 형세는 크게 변하여 치교(治敎)도 눈부시게 발전했다. 아메리카에서는 워싱턴 이래 3대 방침을 세웠는데, 첫째는 천지간에 전쟁과 같은 참혹한 살육은 없으므로 천의(天意)에 따라 세계의 전쟁을 멈추게 하는 것이다. 둘째는 지식을 세계 만국에서 취하여 치교에 도움이 되게 하는 것이다. 셋째는 대통령의 권력을 현인(賢人)에게 물려주고 자식에게 물려주지 않는 것이다. 군신의 의를

폐하고 오직 공공화평(公共和平)을 위해 노력하며 정법(政法), 치술(治術)로부터 기예(技藝), 기계(器械) 등에 이르기까지 무릇 지구상의 선미(善美)한 모든 것을 취하여 자기 것으로 만들어 크게 인풍(仁風)을 드높인다. 영국의 경우는 민정에 기반하는 정치 체제로, 관(官)이 정치를 행할 때 크건 작건 모두 민(民)과 의논하여 그들에 뜻에 따른다. … 러시아를 비롯한 여러 나라들도 문무(文武)학교는 물론 병원, 유치원, 농아원 등을 설치하는 등 정교(政敎) 모두 윤리에 따라 백성을 위해 행한다. 이는 삼대(三代)의 치교에 거의 부합하는 것이다. (横井小楠(「國是三論」), 山崎正董編, 1942: 39~40)

쇼난에게 진정한 도(道)가 행해지는 삼대의 치세란, 군주는 신하를 경계하고 신하 또한 군주를 경계하여 군신이 서로 잘못된 마음을 바르게 함으로써 만사 정치를 바르게 하고 궁극적으로 만사 민생을 위한 정치를 하는 것이었다(横井小楠(「學校問答書」), 山崎正董編, 1942: 4). 따라서 쇼난은 군주를 세습하지 않는 미국의 대통령제를 옛 삼대의 치세를 현대에 되살린 탁월한 정치이념으로 여겼고, 이를 기반으로 여러 선미(善美)한 제도들을 취하여 궁극적으로 민을 이롭게 하는 노력을 요순 삼대의 도에 기반한 '대의'로서 인식했던 것이다.[7] 이와 같이 쇼난은 『해국도지』를 통해 동시대의 세계상을 파악하고 미국, 영국, 러시아의 정교(政敎)와 '삼대의 치교'와의 유사성을 발견하는 한편, 이를 통해 요순 삼대의 도를 재차 높이 평가하고, 이것이 세계적인 보편성을 가지고 있다고 확신할 수 있었다.

---

7 군주의 세습 문제와 관련해서는 다음을 참고할 것. 横井小楠(「沼山閑居雜詩」) 山崎正董編, 1942, 880.

요컨대 쇼난에게 '요순 삼대의 치교(治敎)'란 유교세계에만 한정된 것이 아니라 지금도 적용해야 할 정치적 이상에 다름 아니었다. 따라서 쇼난의 서양에 대한 자세는 단지 서양의 과학 기술과 같은 문제에 치우쳐 있었던 것이 아니라, 그 배후에 있는 정신적 측면에 대한 이해까지 포함된 적극적인 것이었다고 평가할 수 있다. 그리고 궁극적으로는 유교를 이상으로 한 삼대의 치교가 그의 사상의 핵심을 이루고 있었던 것이다. 그렇다면 위에서 인용한 쇼난이 조카들에게 요순공자의 도를 분명하게 하고, 대의를 펼치라고 했던 뜻은 결국 그가 세계속에서 목표로 한 바였던 '유교입국'에 다름 아니다.

## 3. 요코이 쇼난과 기독교

잘 알려져 있듯이 요코이 쇼난은 1869년 1월 교토에서 자객에 의해 암살되어 생을 마쳤다. 암살의 이유는 쇼난이 외국과 통하여 기독교를 일본에 널리 보급시키려고 했다는, 즉 쇼난이 '기독교도'였기 때문이라는 것이다. 물론 쇼난은 결코 '기독교도'가 아니었다. 하지만 그렇다고 이에 관해 전혀 무지했던 것도 아니었다. 쇼난이 기독교에 대해 직간접적으로 언급하고 있는 몇몇 글을 통해 그의 기독교 이해를 살펴보자.

> 서양에는 정교(正敎)가 있다(양인(洋人)이 스스로 정교라고 칭함).
> 그 교는 상제(上帝)를 근본으로 하고 계율로써 사람을 인도하며 선을 권하고 악을 징벌한다. 상하(上下) 모두 이를 받들어 믿는다. 교(敎)를 통해 법제를 세우고 치교(治敎)가 서로 분리할 수 없으며 이

를 통해 사람들은 기운을 낸다. 우리나라에 삼교(三敎)가 있다고 하나 인심(人心)이 이어지지 않는다. 신도와 불교는 둘 다 황당하고, 유교 또한 문예(文藝)에만 빠져 정도와 교법이 우매하니 그 폐해를 드러내고 있다. 양이(洋夷)가 교대로 항구에 들어오면서 사람들을 화리(貨利)로 이끄니 인심은 쉽게 이교(異敎)에 빠진다. 이러한 기세는 막기 어렵다. 아아. 당우(唐虞)의 도(道)는 명백함이 화창한 아침과 같도다. 이를 버리고 사용하는 법을 알지 못하니 기꺼이 서양의 노예가 된다. (橫井小楠「沼山閑居雜詩」), 山崎正董編, 1942: 881)

인용에서 보듯이 쇼난은 일본에서 서양의 정교에 대응할 만한 것으로서 신도와 불교, 그리고 유교를 언급하는데, 이미 신도와 불교는 황폐해졌고 유교는 문예화되어 서양의 세력에 당해내지 못하고 결국 예속될 우려가 있다고 한탄한다. 특히 서양에 예속될지도 모른다는 말은 당시 쇼난 뿐만 아니라 압도적 군사력을 가지고 일본에 박두해오고 있던 서양의 외압에 대한 일본 지식인들의 공통된 염려였는데, 이러한 서양 세력의 무력적 위협이라는 측면과 함께 쇼난은 정교의 정신성(精神性)이라는 측면으로부터 위협을 호소하고 있었다는 점을 주목할 수 있다. 즉 세 종교 모두 피폐하여 정치와 윤리가 괴리되어 있기 때문에 신심(信心)의 대도(大道)라고 할 만한 것이 존재하지 않는 무종지(無宗旨)의 상태가 되었고, 이런 상황에서는 인심을 일치시켜 치교(治敎)를 펼칠 수 없다는 측면에서 하루 빨리 개선할 필요가 있었다. 따라서 마지막 부분의 '아아 당우의 도는 명백함이 화창한 아침과 같도다' 라는 말은 '삼대의 치교'를 제대로 적용하지 못하는 현실에 대한 탄식과 더불어 유학자로서의 쇼난의 자부심을 동시에 엿볼 수 있는 부분이라고 생각한다. 쇼난의 또 다른 글을 보면 정교일치의 정책을 시행하는 서양의 종교 사정에 대해 다음과 같이 설명하고 있다.

> 서양 여러 나라의 사정을 살펴보면, 저들에게는 천주교(天主教, 여기서는 프로테스탄트를 말함 - 인용자)라는 것이 있는데 이에 대해 아주 상세하게는 알지 못하나 우리나라 천문(天文)[8] 무렵에 도래했던 기리시탄(吉支丹)과는 천양지차가 있다. 그 종의(宗意)는 천의(天意)에 기반하여 인류의 도를 정하고, 그 교법에 따라 계율을 만든다. 위로는 국주(國主)로부터 밑으로 서민에 이르기까지 진실하게 그 계율을 지키는 정교일도(政教一途)로 행해지는 교법(教法)이라고 한다. (横井小楠(「村田三郎へ(安政3年12月21日)」), 山崎正董編, 1942: 242~243)

인용을 통해 쇼난이 가톨릭과 프로테스탄트의 두 종류를 모두 인식하고 있었던 점을 확인할 수 있다. 더불어 지금 세력을 떨치는 서양 여러 나라들이 기독교를 바탕으로 인심을 일치시켜 치교를 펼치는, 윤리적으로 제도적으로 정비된 정교일치의 길을 가고 있다고 파악했음을 알 수 있다. 나아가 이 교법은 학문에까지 영향을 주고 있다고 말하며, "대저 그 교학(教學)의 법칙은 경전의 뜻을 구명하는 것을 제일로 하여, 그 국가의 법률을 명백하게 하고 국가의 고금의 역사로부터 천하만국의 사정 물산을 궁구하며, 천문·지리·항해의 기술 및 해륙의 전법·기계의 득실을 강구하여 천지간의 지식을 집합(横井小楠(「村田三郎へ(安政3年12月21日)」), 山崎正董編, 1942: 243)"하고 있다고 적고 있다. 곧 쇼난은 서양의 기독교가 단순히 종교의 측면만을 갖는 것

---

8 천문(天文) 연간(1532~1555)

이 아니라 법률, 산업으로부터, 천문, 지리, 항해, 군사에 이르기까지 모든 분야에 관계하며, 나아가 일상의 생활 속에서 적극적으로 적용, 실천되고 있다고 인식했던 것이다.

그리고 이것은 쇼난에게 '삼대의 치교'를 훌륭한 형태로 실현하고 있는 것으로 보였다. 앞서 언급했듯이 쇼난이 말하는 요순 삼대의 치교란, 요순이 모든 방면에서 '천'의 뜻을 따라 정치를 행하는 이른바 정교일치적 체제를 의미하는 것으로, 쇼난의 눈에 비친 서양 여러 나라들은 '신(God)'을 정점으로 그 '신'의 의지 아래 국가를 통치하는 체제였고, 기독교의 '신'과 '천' 혹은 '천리', '천명'과의 차이는 있을지언정 '요순의 도'를 실행하고 있는 체제로 이해되었던 것이다. 이와 같은 이유에서 쇼난은 서양의 정교가 가진 힘을 인정하였다고 할 수 있다. 그럼에도 기독교에의 회심 등은 전혀 고려하고 있지 않는데, 쇼난은 기본적으로 "서양의 학문은 다만 사업상의 학으로, 심덕의 학이 아니며", 기독교 역시 "일본의 불교와 같은 것으로 우민교화의 수단(橫井小楠「沼山閑話」, 山崎正董編, 1942: 926)"일 뿐이라는 관점을 끝까지 견지하였다.

한편 쇼난이 유교와 기독교의 관계를 러시아의 표트르대제 치하의 예를 통해 언급한 부분도 흥미롭다. 쇼난은, 러시아에서 중국의 『서경』, 『시경』, 『논어』의 세 가지 유교 경서를 깊이 연구한 결과 3천년 전의 요순의 성덕의 도(道)와 기독교가 완전히 부합한다는 결론을 얻었고, 현재 중국의 치도가 쇠퇴하여 인도가 어지럽게 된 이유는 전적으로 요순 공자의 도를 잃어버렸기 때문이라고 결론 내렸다는 사례를 들며, - 물론 성인의 도와 기독교가 완전히 부합한다는 부분에는 의문을 표하고 있으나 - 유학을 통해 서양 여러 국가들과 같은 체제를 만들 수 있다고 생각하고 있었다(橫井小楠「村田三郎へ(安政3年12月21

日)」, 山崎正董編, 1942: 244~245). 요컨대 다시 한 번 '요순 공자의 도'
로 돌아간다면 국가가 번영할 수 있을 것이라는 점이 쇼난의 의견이
었다. 쇼난이 쉽게 기독교에 기울지 않았던 점은 그의 유학에 대한 긍
지로부터인지, 혹은 금교(禁敎) 치하라는 상황 때문이었는지는 정확히
알 수 없으나 서양 여러 나라와 상대하기 위한 방책을 유학 속에서 발
견하려는 지극한 노력을 기울였음에는 틀림없다. 아울러 글의 말미에
'무종지(無宗旨)'의 국체 상태인 일본에 서양과의 왕성한 교류를 통해
서양의 종교와 정치가 알려졌을 경우, 부지불식간에 서양의 '사교'에
사로잡힐 위험이 있다는 경고를 통해서도 쇼난의 기독교에 대한 자세
를 엿볼 수 있다.

이상을 정리하면 쇼난이 기독교를 부정하면서도 관심을 지속할 수
밖에 없었던 것은, 그의 천인관계에 대한 부분에서도 살펴봤듯이 초
월적인 것에 대한 문제와 치교에 있어서의 '정교일치'라는 문제의 두
가지로 정리해 볼 수 있다. 그리고 쇼난은 당연히 유학자로서 유학의
입장에서 이상의 두 가지를 설명할 수 있다고 여겼던 것이다.

## 4. 요코이 쇼난과 구마모토양학교

요코이 쇼난은 1868년 메이지 원년 4월 신정부에 참여(參与)로서
불려가 활동을 시작하나, 이듬해인 1월 5일 교토에서 암살되었고, 이
후 쇼난의 사상은 그의 실학파 제자들을 통해 실행에 옮겨지게 된다.
1870년 5월 호소카와 모리히사(細川護久)가 구마모토번 지사로 취임
하면서 6월에 동생 모리요시(護美)를 구마모토번 대참사(大參事)에 임
명하고, 일찍이 번교 시습관 개혁을 주장했던 실학파 사람들이 중핵

에 등용되어 번정 개혁을 주도하게 된다. 도쿠토미 로카(德富蘆花)는 이 당시의 인상을 "스승 요코이 쇼난이 지금이라도 당장 실행할 수 있다고 입버릇처럼 말하고 계셨던 요순 삼대의 정치를, 지금 차례차례 실행하기 시작하는 그 유쾌함은 쇼난의 문인 등에게 있어서는 비할 바가 없는 것입니다(仲田行司, 2010: 184)"라고 적었듯이, 이른바 '히고유신'은 쇼난의 가르침을 받았던 실학파 사람들에 의해 실행되었음은 물론 그 개혁의 이념 또한 쇼난의 유지를 잇는 개혁으로 간주되었다. 특히 메이지 신정부 출범 후 유일한 구마모토번 출신자였던 쇼난의 죽음으로 중앙정부와 접점을 잃은 것처럼 여겨졌을 이들 세력에게 교육 개혁 활동이 가진 의미는 더욱 클 수밖에 없었을 것이다.

그렇다면 쇼난이 목표로 했던 교육이란 어떤 것이었는가. 일찍이 쇼난은 구마모토번교 시습관의 교육이나 학문이 현실로부터 유리되어 훈고 사장에만 빠져 버린 것을 비판하며, 천하를 위해 뜻을 세우고 백성을 위해 명을 세워 고금에 통하는 대의를 분명하게 밝히고 활견(活見)을 열어 이를 세무(世務)에 시행할 수 있는 학문의 구축을 요구하였다(橫井小楠「戊戌雜志(寓館雜誌)」, 山崎正董編, 1942: 780). 즉 쇼난에게 '민생일용(民生日用)의 실학'을 만들어 냈던 '요순삼대의 치도'에 기반한 학문이야말로 이에 응하는 실학에 다름 아니었다. 이와 같은 쇼난의 교육관은 1852년 후쿠이번의 자문에 답하여 작성되었던 「학교문답서」에 잘 드러나 있다. 쇼난이 이를 저술했던 것은 구마모토번에서는 그의 사상이 이단시되어 사숙 쇼난당(小楠堂)[9]을 통해 교육활동을

---

9 쇼난당에는 주로 소쇼야(惣庄屋, 히고번 특유의 '데나가(手永)'라는 지방행정구의 책임자를 지칭함)로 불린 호농출신의 향사계층이나 타번의 번사가 와서 배우고 있었다. 도쿠토미 소호(德富蘇峰), 로카(蘆花)의 부친이었던 도쿠토미 잇케이(德富一敬)도 여기서 배웠다.

전개하고 있던 무렵이었다. 주지하다시피 이미 천보(天保)[10]기를 경계로 번교를 창설하든가 번교 개혁에 착수했던 번은 적지 않았다. 이를 통해 목표로 했던 것은 현실에서 유리한 종래의 훈고 사장의 학문을 쇄신하여 재정 개혁을 비롯해 번이 당면한 과제를 담당할 인재를 양성하는 것이었다. 그런데 쇼난의 경우는 이러한 사회적 요청에 응하면서도, 학교 교육을 통해 이와 같은 현상에 원리적으로 대응할 수 있는 체제를 구축하는데 중점을 놓았다. 쇼난은 다음과 같이 말하고 있다.

> 학정일치(學政一致)라는 것은 인재를 길러 정사(政事)에 유용하게 쓰려는데 그 핵심이 있다. 그러나 이 정사에 유용하게 쓴다는 것에만 마음을 쏟아 학생들은 누구라도 정사에 유용한 인재가 되기 위해 경쟁하는 나머지 착실히 자기를 수양해야 하는(爲己) 본분을 잊어버리고 그저 정사의 부분에만 마음을 빼앗겨 버린다. 그 폐해는 상호 시기와 질투를 낳고, 더 심하게는 학교가 싸움의 장소가 되어 버린다. … 인재를 기르려 하나 도리어 인재를 망치고, 풍속을 도탑게 하려고 하나 도리어 풍속을 파괴한다. 그 결과 뜨거운 국에 데인 듯이 인재를 싫어하는 마음이 들고, 마침내 장구(章句)나 글자에만 연연하는 속유(俗儒)의 학교가 될 수밖에 없다. (橫井小楠「「学校問答書」), 山崎正董編, 1942: 3)

곧 정치가 학교 교육에 개입하여 사회적 요구에 부응하기 위해서라고 말하며 학교에 일정한 방침을 주고, 학교 역시 이러한 방향을 무비

---

**10** 천보(天保) 연간(1830~1844)

판적으로 받아들이게 될 경우 학문, 교육의 근본인 '착실하게 자기를 수양해야 하는', 곧 위기(爲己)의 부분이 경시되고 결국 말초적인 경쟁의 원리가 학교 교육을 지배하고 말 것이라는 것이다. 쇼난은 이러한 학정일치는 인재를 '정치에 이용하는 것'에 다름 아니고, 인재를 키우려고 하나 도리어 망치게 될 뿐이라고 엄격히 비판했다. 그리고 쇼난은 이러한 학정일치의 폐해를 막을 수 있는 전제로서 '삼대의 치도' 하의 군신 간의 모습을 제시한다. 왜냐하면 삼대 무렵에는 군신이 자유롭게 서로의 잘못을 비판하고 수정하여 상호 공경하고 경계하는 마음으로 정치에 임하였고, 나아가 이러한 모습이 비단 군신의 관계에서 만이 아니라 부자, 형제, 부부 사이에까지 확장되었기 때문이다(横井小楠「学校問答書」, 山崎正董編, 1942: 4).

이와 같이 쇼난은 나라 전체가 같은 의식을 공유하는 것을 통해 비로소 바람직한 학정일치의 모습을 이룰 수 있다고 생각했다. 쇼난에게 학교는 정사(政事)의 근본이면서 동시에 일국의 윤리 도덕의 기준을 분명하게 세워 인재를 양성하는, 이른바 '풍교치화(風教治化)'를 담당하는 곳이었다. 또한 학교에 배우러 오는 자의 신분이나 나이의 많고 적음을 문제로 하지 않고, 위로는 군공(君公)에서부터 밑으로 대부분의 무사의 자제에 이르기까지 틈이 날 때마다 모여서 학문을 익히고 서로 비판하며, 나아가 지금의 인정 정사의 득실을 토론하고, 또한 덕의를 수양하고 지식을 넓히는 곳, 그리고 이로부터 확립된 여론을 정치에 실천하는 것이 쇼난이 생각한 궁극적인 학정일치였다(横井小楠「学校問答書」, 山崎正董編, 1942: 5~6). 쇼난은 러시아의 학교시스템을 통해 이상적 학교의 존재 양태와 기능에 대해 다음과 같이 언급하기도 했다.

학교에 대한 법을 보면, 한 마을의 남녀 아동 모두가 학교에 들어
간다. 그리고 그 중에서 우수한 아이를 향(鄕)의 학교, 그로부터 군
(郡)의 학교, 또한 부(部)의 학교로 올려 마지막에 페테르부르크라
는 도성의 대학교에 들어가게 된다. 지금 학교의 학생수는 1만명 정
도인데, 정사(政事)에 무엇인가 변동이 있으면 모두 학교에 내려 보
내 여기서 중론을 모은 것을 정리하여 다시 올려 보낸다. 국왕이나
정부 관리가 정하는 것이 결코 아니다. 또한 집정대신(執政大臣) 등
의 요직에 있는 관료 또한 일국의 공론(公論)으로 관직에서 내쫓거
나 등용한다. 이러한 것은 모두 그 종지(宗旨, 기독교 – 인용자)의 계
율에 의한 것이다. (橫井小楠(「村田三郎へ(安政3年12月21日)」), 山崎
正董編, 1942: 243)


즉 일부 계층만을 위한 교육이 아닌 남녀 모두를 대상으로 한 교
육, 또한 학교가 정치로부터 자립해 있으면서 학문을 통해 사회, 정
치의 문제를 해결하는 방법, 그리고 설령 국왕이라고 해도 학교에서
결정된 공론은 따르지 않으면 안되는 권위를 가지는 것은 쇼난이 생
각한 이상적인 학교의 모습이었다. 아울러 쇼난은 거기에 기독교가
정교일치의 원리를 제공했기 때문이라는 인식을 전제하고 있었음은
물론이다.

이상에서 조금 길게 살펴봤지만, 이러한 쇼난의 사상에 영향을 받
았던 실학파 개혁세력들은 번정 개혁에 착수하자마자 기존의 번교
시습관 등의 구(舊) 교육기관을 폐지하고, 새로운 학교 개설을 목표
로 하여, 이윽고 1871년 9월 1일에는 구마모토양학교를 개교하게 된

다.[11] 그리고 실제로 1870년 새로운 양학소의 설립을 앞두고 제출된 취의서를 보더라도 양학(洋學)과 심덕(心德)의 학을 제공하는 유학을 동시에 배워야 한다고 기재되어 있었고, 또한 학생 선발에 있어서도 신분에 상관없이 우수한 자를 선발한다는 취지 등에서 알 수 있듯이 쇼난의 사상이 많은 부분에서 투영되어 있음을 확인할 수 있다(杉井六郎, 1961:28~30). 아울러 미국 유학 중에 병을 얻어 요양을 위해 귀국해있던 쇼난의 조카 요코이 다이헤이(橫井大平)는 미국에서 교사를 초빙하기 위해 아픈 몸을 이끌고 동분서주하였고, 소개에 소개를 거듭한 끝에 육군 대위 출신의 제인스를 교사로 맞이할 수 있었다. 이후 구마모토양학교의 존속과 운영에 있어서도 쇼난 문하의 실학 호농파의 역할은 큰 것이었다.

한편 교사 제인스의 교육에 대한 자세도 확인할 필요가 있을 것이다. 제인스는 학생 규칙 등에 있어서도 엄격한 시행보다는 학생 스스로 규칙에 공순(恭順)하는 마음을 일으키게 해야 한다고 여겼으며, 이에 따라 '공순온순(恭順溫順)의 기풍'을 기르는 것에 교육의 중점을 두고 있었다. 곧 단순히 산업이나 공업의 근대화에 도움이 되는 양학의 교육에 역점을 놓았다기 보다는 개개의 학생들의 인격형성을 중시했던 것이다. 물론 제인스가 이러한 인격 교육을 수행함에 있어 직접적으로 기독교를 언급하고 있지는 않았다고 하더라도 근저에 종교심의

---

11 번교 시습관 이외에 양학소, 의학재춘관 등 기존의 모든 교육기관을 폐지한 후, 1870년 10월 6일 우선 나가사키에서 서양의를 불러 구마모토번립병원을 개원하였고, 1871년에는 한방의학을 가르쳤던 재춘관을 대신해 전 네덜란드 해군군의관이었던 반 만스벨트(Van Mansvelt)를 초빙하여 서양의학소를 개교했다. 그리고 양학소의 경우 1868년 양학수행의 편의를 위해 개설되었던 기관으로 원래 구마모토양학소라고 칭해졌었다. 애당초 이 양학소에는 쇼난의 문하생들이 다수 가담하고 있어 기존의 학교파 세력과는 거리가 멀었다는 점에서, 이후 시습관을 대신해 이번에는 양학의 교육기관으로서의 구마모토양학교의 설립까지 이어지게 되었다고 생각할 수 있을 것이다.

발달을 염두에 두고 있었을 것임은 짐작할 수 있다. 실제로 제인스는 동료 선교사에게 보냈던 편지에서 "항상 직접적인 종교적인 훈화(訓化)도 소홀히 하지 않고, 시종일관 유일한 목적은 모든 사업을 신(神)의 인도하심에 맡겨, 여기에 그리스도의 왕국을 건설하고, 생도를 훈화하며, 나아가 다수 인민으로 하여금 최상의 복지를 얻게 하려고 노력하였다"라고 적고 있었다(仲田行司, 2010: 188). 따라서 제인스의 교육이 지속됨에 따라 학생들 중에 기독교에 관심을 가지는 자가 등장했던 것은 어쩌면 당연한 일이었을 것이다.

그러나 이러한 현상은 학교의 유지와 운영에 다대한 힘을 쏟고 있던 쇼난 문하의 실학파 사람들을 곤란하게 만들었다. 이들은 애초 양학교 설립 당시부터 '유학'과 '양학'의 조화를 목표로 한 교육과정을 제창한 바 있듯이, 곧 학교에서 '양재(洋才)'를 철저히 익히는 한편 실학파 선생들로부터 유교나 한학, 바로 '요순 공자의 도'를 공부하는 것을 통해 쇼난의 뒤를 이어 장래 중앙 정계에서 활약하는 인물을 양성하기를 바랬다. 무엇보다 쇼난이 '기독교도'라는 이유로 암살된 이후 구마모토의 사람들, 더욱이 쇼난 문하의 실학파 사람들에게 있어서 '기독교'는 특히나 금기시되지 않았을까 여겨진다. 나아가 이들은 오히려 더욱 열심히 '요순 공자의 도'를 실천하는 것을 통해 쇼난의 죽음에 관한 의혹을 풀고 싶었을지도 모르겠다. 따라서 이들 실학파 사람들의 주도로 창설된 구마모토양학교에서 기독교를 신봉하는 학생들이 등장한 것은 관계자들을 크게 동요시켰을 것이다.

## 5. 구마모토밴드의 '봉교취의서'

쇼난의 죽음으로부터 6년 후인 1876년 1월 30일, 학교 내부의 학생 간의 대립과 관계자들의 우려에도 불구하고 결국 하나오카산(花岡山)에 모인 35명의 구마모토양학교의 학생들이 '봉교취의서'를 낭독하고 여기에 서명하는 사건이 일어났다.[12] 특히 이들 중에는 쇼난의 아들 요코이 도키오(橫井時雄)를 포함해 도쿠토미 잇케이(德富一敬)의 장남 도쿠토미 소호(德富蘇峰)까지 포함되어 있어 실학파 사람들에게 큰 충격을 주었다. 이들의 서명했던 '봉교취의서'는 다음과 같은 내용이다.

> 우리들이 일찍이 서교(西教)를 배움에 조금 깨달은 바 있었다. 이후 이를 읽음에 점점 감동이 되어 기뻐하지 않을 수 없었다. 마침내 이 교를 황국에 펼쳐 크게 인민의 몽매함을 열고자 한다. 그러나 서교의 묘미를 알지 못하고 완고한 구설(舊說)에 침윤해 있는 무리가 아직 적지 않다. 어찌 개탄하지 않겠는가. 이러한 때에 당하여 적어도 보국의 뜻을 품은 자는 원하건대 기꺼이 일어나 생명을 먼지처럼 여기고, 이로써 서교의 공명정대함을 해명해야 한다. 이것이 우리들이 가장 힘을 기울여야 할 바이다. 그리하여 뜻을 같이 하는 자들이 하나오카산에 모여 같은 마음으로 협력하여 이로써 이 길에 종사할 것을 요청한다. (「奉教趣意書」, 1876.1.30)

이들은 배워야 할 '양재(洋才)'의 근저에 기독교가 있다고 이해하고,

---

[12] 결국 '봉교취의서' 사건이 있던 그 해 9월 2, 3기생의 졸업식을 끝낸 제인스는 구마모토를 떠나게 되고, 구마모토양학교는 폐교되기에 이른다.

이를 통해 새로운 일본을 구축하고자 했다. 앞서 언급한 것처럼, 쇼난은 일본에 신심(信心)의 대도(大道)라고 할 만한 것이 없으며 이러한 무종지(無宗旨)의 상태로는 인심을 일치시켜 치교를 펼치기 어렵다고 한 바 있었는데, - 여기서 쇼난은 물론 '요순 삼대의 도'를 받아들이는 것을 주장하고 있었으나, - 이 구마모토밴드의 청년들은 '새로운 윤리'로서 기독교를 받아들이는 것을 통해 국가개조의 길로 나아갈 것을 목표로 했다고도 이야기할 수 있을 것이다.

지금까지 살펴봤듯이 쇼난은 당면한 국가체제의 위기를, 동시에 유교에 대한 사상적 위기로 인식하고 정치, 경제, 윤리 사상으로서의 유교를 심화하는 것을 통해 대응해야 한다고 생각했다. 그러면서도 '양재(洋才)'의 수용에 있어서는 '민생의 용(用)'에 도움이 되는 것으로서 적극적으로 수용해야 하며, 이는 '요순 삼대의 도'를 분명히 하면 할수록 당연한 유학자의 태도라고 여겼다. 또한 서양의 학문은 사업상의 학문일 뿐으로 심덕상의 학문이 아니라는 관점을 끝까지 견지하면서도, '천'에 대한 이해와 '정교일치'라는 문제에서 기독교에 대한 관심을 지속했으며, 신분과 나이 등에 상관없이 학교에 모여 학문을 익히고, 서로 비판하며 나아가 확립된 여론을 정치에 실천해야 한다고 주장하였다. 이러한 쇼난의 자세를 이어받은 구마모토밴드의 청년들은 일본이 당면한 위기를 극복하여 국가를 구한다는 사명감을 가지고 기독교를 받아들였다. 이들의 결의는 단순히 '신'과 직면한 개성적 주체의 내면적 체험으로 끝나지 않고 그 시대의 역사적 사회와의 관련 속에서 전개되어, 사회사상, 국가사상, 도덕사상, 정치사상으로서 형성해 갔다. 물론 이들이 쇼난의 정통 계승자인가라는 문제는 별도로 논해야하겠지만, 이들이 완전히 쇼난의 길에서 벗어나 기독교로 나아갔다고도 말할 수 없을 것이다. 오히려 쇼난이 유학자로서 관심을 가졌던 기독교를 다시금 연구하는 것을 통해 '새로운 윤리'로서 접근했던 이들을 - 구마모토 실학파의 제자 및 손제자(孫弟子)들 - 쇼난 사상의 새로운 전개로 간주할 수 있을 것이라고 생각한다.

전술했듯이 구마모토밴드의 형성과 '봉교취의서'의 공표문제는 대체로 기독교 정신의 발현이라는 형태로 제인스와의 영향관계 속에서 언급되는 경우가 많았다. 곧 이것은 종래의 근대화의 원동력으로서의 기독교 이해, 서양 사상 수용의 한 사례 연구로서 한정되어 온 것이라고 말할 수 있다. 물론 이러한 연구 역시 일정한 의미를 가질 수 있으나, 역사 연구에 있어서 연구대상인 기독교 수용자들이 처해있던 개별적이고 구체적인 시대 상황 속에서 그들의 문제의식과 사상적 배경이 사상되어서는 안된다.

따라서 본고에서 살펴본 것처럼 서양의 여러 사상이나 지식을 받아들이는데 있어 기존의 전통지식과의 긴장 관계 속에서 파악하려는 시도는 중요하다. 특히 동아시아의 기독교의 현실을 이해하는데 있어 다양성의 배후에 존재하는 일정한 공통성이라는 측면에 유의할 경우, 동아시아의 기독교를 규정하고 있는 공통상황으로서의 유교 사상이라는 문제는 기독교의 실태가 이미 서구의 종교라는 틀을 확실히 넘어선 현재의 상황을 염두에 둘 때 기독교 연구의 중심적 테마의 하나로서 논해져야 할 필요가 있다. 그리고 이러한 문제 설정은 종래 서구의 종교로서 근대와 전근대, 서구와 비서구의 도식으로 이해해왔던 기독교 이해로부터 벗어나, 동아시아의 기독교 수용문제를 바라보는 시각을 재조정할 수 있다. 기독교는 항상 특정한 문화권 속에서 그 상황에 적응하면서 존재해 왔다고 볼 수 있다. 상황에 적응한다는 말은 그 상황을 기독교적으로 형성한다는 말에 다름 아니다. 그런 의미에서 동아시아라는 특정 문화권 속에서 상황에 적응하면서 존재해 온 '동아시아 기독교'를 어떻게 이해할 것인가를 검토하는 것은 향후 동아시아의 기독교에 부과된 공통 과제일 것이다.

| 참고문헌 |

「奉教趣意書」, 1876.1.30

『論語』(憲問)

『横井小楠遺稿』(山崎正董編), 日新書院, 1942

　「戊戌雜志(寓館雜誌)」(1838)

　「学校問答書」(1852)

　「村田三郎へ(安政3年12月21日)」(1856)

　「沼山閑居雜詩」(1857)

　「國是三論」(1860)

　「沼山閑話」(1865)

　「送左・大二姪洋行」(1866),


박훈, 2014a, 『메이지 유신은 어떻게 가능했는가』, 민음사.

_____, 2014b, 「19세기전반 熊本藩에서의 '学的 네트워크'와 '学党'의 형성」, 『동양사학연구』 제126집, 동양사학회.

今中寛司, 1961, 「横井小楠の実学と西教」, 『キリスト教社会問題研究』 4, 同志社大学人文科学研究所キリスト教社会問題研究会.

落合建仁, 2010, 「熊本バンドに移植されたL.L.ジェーンズの神学・思想とその影響−「新神学問題」以前の隠された自由主義神学の流入」, 『紀要』 13, 東京神学大学総合研究所.

本井康博, 1988, 「大阪のL.L.ジェーンズ−熊本洋学校辞任から帰国まで」, 『英学史研究』 21, 日本英学史学会.

杉井六郎, 1961, 「熊本洋学校−沿革篇」, 『キリスト教社会問題研究』 4, 同志社大学人文科学研究所 キリスト教社会問題研究会.

石井容子, 2010, 「L.L.ジェーンズ大尉と熊本洋學校: 教師館までのルート及び熊本洋學校再考」, 『熊本大学社会文化研究』 8.

_____, 2011, 「初度来日時におけるジェーンズ大尉と熊本洋學校生: ABCFM宣教師文書とキャプテン・ジェーンズ資料の書簡を通して」, 『熊本大学社会文化研究』 9.

篠田一人, 1965,「日本近代思想史における熊本バンドの意義」,『熊本バンド研究』, みすず書房.

辻橋三郎, 1961,「奉教趣意書」について－その成立と精神」,『キリスト教社会問題研究』4, 同志社大学人文科学研究所キリスト教社会問題研究会.

源了圜, 1986,「横井小楠의 実学思想 － 그 基本 概念을 根拠로」,『東洋学学術会議講演鈔』.

仲田行司, 2010,「肥後実学豪農党の教育事業－小楠思想の継承と展開」,『公共する人間3 横井小楠－公共の政を首唱した開国の志士』, 東京大学出版会.

土肥昭夫, 1980,『日本プロテスタント・キリスト教史』, 新教出版社.

平石直昭, 2002,「요코이 쇼오난(横井小楠)의 사상적 리더십」,『동양정치사상사』1-2, 한국동양정치사상사학회.

# 6장

# 일본에서 '근대의 초극'을
# 되묻는 방식

박이진

## 1. 들어가며

제2차 세계대전 이후 일본에서 '근대의 초극'을 둘러싼 대략의 논의
는 유럽근대의 총체 또는 본질, 그리고 그것을 수용한 일본의 근대를
문제 삼지 않아왔다. 이러한 문제설정 자체가 대동아전쟁을 긍정하
는 시각으로 여겨졌기 때문이다. '진정한 근대화'가 추구해야 할 방향
인 근대의 초극이 전시하의 아나크로니즘에 불과하다고 버려지는 풍
조도 퍼졌다. 패전 이후 일본에서는 '전쟁에 협력했는지, 저항했는지'
하는 이분법이 세를 떨치고 있었기 때문이다. 따라서 패전후 한동안
은 근대의 초극 사상을 대상으로 논의하는 논문이나 책이 나오지 않
았다. 이러한 상황이 변하는 것은 연합군과 강화조약(샌프란시스코 평화
조약, 1951년 9월 조인, 1952년 4월 발효)을 맺고 동시에 미일안전보장조약
이 체결되고, 그리고 1956년 10월에 소일공동선언으로 소련과의 국
교가 회복되고 일본이 국제연합에 가맹(동년 12월)을 한 1950년대 후

---

＊ 이 글은 2015년에 간행된 스즈키 사다미 『근대의 초극—전쟁이전 · 전쟁기 · 패전이후』
(鈴木貞美, 『近代の超克』──その戰前 · 戰中 · 戰後』, 作品社) 중에서 서장 제3장 「패
전이후 일본에서의 '근대의 초극'에 대한 접근법」을 동아시아연구 입문서의 성격에 맞
춰 초역해 구성한 것이다. 스즈키 사다미의 이책은 필자에 의해 성균관대학교출판부
에서 2017년 상반기에 완역판을 출간할 예정이니, 이후 자세한 부분은 번역서를 참고
하기 바란다.

반부터이다.

그 선두를 끊은 것이 마루야마 마사오가 쓴 『일본의 사상』(1961)에 실린 논문 「일본의 사상」(1957)이다. 제2차 세계대전 이후 오늘날까지 일본에서의 근대의 초극 사상의 흐름을 개관한 논고로서 지표로 삼을 만한 글이다. 또 하나는 후쿠다 쓰네아리 편 『현대 일본사상 대계 32, 반근대의 사상』(筑摩書房, 1965)과 이 글에 붙여진 「해설 반근대의 사상(解説反近代の思想)」이다. 일본에서 근대의 초극을 둘러싼 논의 중에서 이 두 편은 간과할 수 없는 위치에 있다.

그런데 근대의 초극이라고 하면 일본에서의 그 총체에 대한 문제 시각보다 전쟁기의 근대의 초극론, 그리고 그것에 대해 다케우치 요시미가 논문 「근대의 초극」에서 제출한 '전쟁의 이중성'론에 집중하는 경향이 있다. 그러나 전쟁기의 근대의 초극론도 일본에서의 근대의 초극 사상의 흐름 속에서 제안된 것이며 그렇게 평가하는 시각을 결여하면 편파적인 것에 머무르기 쉽다. 물론 다케우치 요시미의 제안 중에 '일본 근대사의 아포리아'가 문제시되고 있듯이 전쟁기의 그것을 둘러싼 논란 중에서도 총체로서의 근대화와 근대의 초극을 되묻는 국면이 일어났고 그것은 그것대로 검토의 대상이 된다. 하지만 이 글에서는 우선 각각의 문제 시각 자체를 소개하기 위해 편의적으로 '일본에서의 근대의 초극'의 총체를 묻는 논의와 '전쟁기 근대의 초극 사상'을 둘러싼 논의 두 그룹으로 나누어 그 대강을 살펴보기로 한다.


## 2. 일본에서의 근대의 초극: 두 가지 문제 시각

마루야마 마사오의 『일본의 사상』에는 일본인의 행위 주체로서의 유약함과 일본 지식인의 이론 숭배 버릇, 그리고 각 전문 영역에서 이루어지는 논의가 개방적이지 않고 폐쇄적임을 비판하는 총 네 개의 에세이가 담겨있다. 이 글들은 마루야마 마사오를 전후민주주의의 리더로 자타가 공인하게 되는 데 큰 역할을 했다. 그 권두에 놓인 논문 「일본의 사상」(1957)은 무모한 전쟁을 막지 못한 이유로 분파주의(sectionalism)를 지적하고 있다. 또 마루야마 자신의 군대 경험을 근거로 하고 있다고 추측되는데, 천황에게 지상의 가치가 부여되고 책임이 위임되면서 개개인이 책임을 지지 않고 권력이 계속 밑으로 위임되는 정신구조를 지적하며 그것이 가부장적 내지는 '정실(情實)'적 인간관계, 즉 '공동체적 심정'을 끌어 모아 조정함으로써 권력기구가 유지되는 구조를 설명하고 있다. 일본에서는 "사상이 대결과 축적 위에서 역사적으로 구조화되지 않는" 것이 '전통'이라는 점, 다양한 사상의 단편이 잡거해 있고 "'전통' 사상의 끈끈하게 밀착된 무관계한 잠입"이 끊임없이 이루어지고 있는 점도 지적하고 있다.

그리고 이 글에서 마루야마 마사오는 일본에서의 근대의 초극이 메이지기의 구화주의와 거의 동시에 등장한다고 한다. 이미 서구근대가 '위기'를 초래하고 있었기 때문인데, 그것은 일본에서 〈근대〉를 이해하는 데에 일찍부터 복잡한 음영'을 던졌다고 평가한다.

여기에는 아마도 나치를 피해 이탈리아를 거쳐서 1936년부터 도호쿠(東北) 제국대학에 취임한 유럽 철학사가 칼 뢰비트의 『유럽의 니힐리즘』(Der europäischen Nihilismus, 1940)에 실려 있는 「일본 독자에게 주는 발문(日本の読者に与える跋)」[1]이 영향을 준 것으로 보인다. 뢰비트는

---

1 특히 "일본인이 드디어 유럽인을 알았을 때는 이미 늦은 것이었다. 그 때는 이미 유럽인이 그 문명을 스스로도 믿지 않게 되었다." "일본의 서양화가 시작된 시기는 유럽이 유럽 자신을 해결할 수 없는 일개의 문제로 느꼈을 때와 불행하게도 같은 시기였다.

이 글에서 19세기 후반, 일본인이 유럽의 '진보'를 놀라울 정도의 노력과 열정을 갖고 받아들였는데 그 때 유럽문화는 이미 쇠퇴하고 있었다고 한다. 샤를 보들레르나 프리드리히 니체의 이름을 예로 들며 그들을 '일본인이 처음부터 천진난만하고 무비판적으로 남김없이 받아들였다'고 말하고 있다. 그 시기는 20세기 초엽으로 추측된다.

그리고 마루야마 마사오 「일본의 사상」은 '복잡한 음영'의 일례로서 오카쿠라 덴신의 『일본의 각성』(1904)이라는 글 중 '부의 우상숭배'에 빠진 서구의 현실을 비난하는 구절을 인용한다.

> 소위 현대문명의 대기구의 조직에 가담하는 개인은 기계적 습관의 노예가 되고 스스로 만들어 낸 이 괴물에게 무심하게 제어되고 있다. 서양은 자유라는 것을 큰소리치고 있음에도 불구하고 부를 얻고자 싸워서 진정한 개성이 해를 입고 끊임없이 심해져 가는 갈망에 행복과 만족은 희생당하고 있다. (후략) [岩波文庫版, 54쪽]

이 경고가 '우상숭배'를 경계하는 기독교문화나 또는 개성을 존중하는 낭만주의 정신을 향해 발신되고 있다는 점에서 천심(天心) 논의의 능란함이 엿보이는데, 마루야마 마사오는 이에 대해 "이름을 숨긴다면 오르테가에서 발레리, 토인비까지 '정신의 위기'를 주장하는 사상가의 말로서 그대로 통용될 수 있을 정도로 느껴질 만큼 '예언적'이"라고 평가한다.[2]

---

외국인에게 그것이 어떻게 해결될 수 있겠는가?"하는 구절을 예로 들 수 있다.

**2** 스페인의 사상가 오르테가 이 가세트는 『대중의 반란』(La rebelión de las masas, 1930)에서 러시아 혁명과 독일 나치즘의 대두를 지지하고 정치 동향을 좌우할 만큼의 기세를 가진 대중의 등장에 주목하여 그 생명력의 폭발에 우려를 표명한 것으로 알려져 있

그리고 「일본의 사상」은 다양한 전통주의가 부활하는 모습을 지적한다. 이 논문은 실제 제2차 세계대전후 일본에서의 근대의 초극 사상을 총람하는 시도로서 최초의 것이며, 또 이를 능가하는 것이 그동안 나오지 않았다. '근대'의 위기를 알리는 사상에, 또 그것을 일본 또는 동양의 전통정신으로 맞받아치는 사상의 움직임에 마루야마 마사오만큼 민감한 사상가는 없었는지 모른다.

이 글에서 그는 "일가일촌 '집안끼리'의 공동체적 심정 혹은 그것에 대한 향수가 거대 도시의 잡연함(무계획성 표현!)에 한층 더 자극되어 여러 가지 멜로디로 나타나는 근대의 초극의 통주저음(通奏低音)을 이룬다"라고 한다. 통주저음은 변함없이 이어지는 화음의 가장 낮은 소리를 말한다. 그 위의 소리가 변화함으로써 멜로디가 바뀌는 구조에 빗대어 농촌의 '공동체적 심정 혹은 그것에 대한 향수'가 일본 근대의 초극 사상 근저에 흐르고 있다는 뜻이다.

반면 후쿠다 쓰네아리 편 『반근대의 사상』은 Ⅰ부 「문명개화 비판(文明開化批判)」에서 나쓰메 소세키 「현대 일본의 개화」(1911), 나가이 가후 「신귀국자의 일기」(1909), 다니자키 준이치로 「음영예찬(陰翳礼贊)」(1933)을, Ⅱ부 「근대에 대한 회의(近代への懷疑)」에서는 '일본낭만파'를 이끈 야스다 요주로의 「일본의 다리(日本の橋)」(1936)를 필두로 가메이 가쓰이치로(亀井勝一郎), 가라키 준조(唐木順三), 야마모토 겐키치(山本

_____

다. 여기에 프랑스 시인 폴 발레리가 등장하는 이유는 그가 동아시아문화에도 친근감을 나타내고 또 나치즘의 대두에 대해서 유럽 지성의 회복을 호소하는 국제 활동을 했기 때문일 것이다. 아놀드 조셉 토인비는 제1차 세계대전을 계기로 서구 중심의 역사관에서 탈피하고 이슬람이나 불교에 주목한다. 그리고 세계사를 21개의 문명의 성장, 쇠퇴, 해체의 역사로 묘사하는 대작 『역사의 연구』 25권(A Study of History, 1934~1961)을 집대성했다. 1929년에는 일본을 방문하여 일본을 특수한 존재로 논의하는 것에 일조하고, 제2차 세계대전후 일본에서 주목을 받았다.

健吉)의 1930년대 후반부터 40년대에 걸친 논고를 열거하고 있다. 그리고 Ⅲ부 「근대의 초극(近代の超克)」 부분에서는 '역사와 문학' 이하, 1940년대의 고바야시 히데오(小林秀雄)의 에세이 다섯 개를 나란히 구성해 놓고 있다. 메이지 문명개화에 대한 비판을 시작으로 전쟁기 고바야시 히데오에 이르기까지 일본의 근대의 초극 사상이 이른바 완성되었다고 보는 구도이다. 이러한 시각은 메이지부터의 일본 근현대 사상사를 생각할 때 하나의 큰 지표가 되어왔는데, 어느 때인가부터 오히려 패전 이후 전후사상(戦後思想)의 편향을 꾀하기 위한 것으로 변해 버렸다. 후쿠다 쓰네아리 편 『반근대의 사상』도 마찬가지이다.

「해설 반근대의 사상」은 합리성과 실증주의 정신, 자아의 각성, 개인의 자유 같은 근대사상이 서양에서는 기독교 프로테스탄티즘의 전통 위에서 전개되어 온 것이고, 그 사상은 근대에 대한 회의나 위기의 자각을 내포하며 진전되어 왔다고 말한다. 그리고 그러한 것들이 19세기 후반에는 일부 천재들만의 것이었지만 20세기 초부터 확산되어 제1차 세계대전에 의해 '사실'이 되고 오스발트 슈펭글러의 『서양의 몰락―세계사의 형태학 소묘』(Der Untergang des Abendlandes, Umrisse einer Morphologie der Weltgeschichte, 1st vol.1, 1918, vol.2, 1922)가 그것을 보여주었다고 한다. 이와 반대로 일본에서는 '근대화=서양화'론이 압도적이었고 "완전히 이질적인 서구 문화와 접촉했을 당초에 그것과 비판적으로 대결하는 일을 게을리 하고 근대 산업 및 기술, 자본주의, 민법, 군대조직, 게다가 과학적 연구방법 등을 연달아 흡수하는 데 성공한 일본의 사이비 근대성은 외관의 성공이 화려할수록 내발성을 잃고 자기비판의 정신, 자기를 회의하고 부정하는 형식과 방법까지도 유럽에서 빌려오지 않으면 안 되었다"라고 말한다.

여기에는 앞서 소개한 칼 뢰비트의 『유럽의 니힐리즘』에 실린 「일본인에게 주는 발문」이 인용되어 있는데, 후쿠다는 마루야마와 달리 일본에서 '정신의 위기'가 확산된 것이 1935년 전후이고 그 예로 러시아의 철학자 레프 셰스토프의 『도스토예프스키와 니체(비극의 철학)』 (Dostoevskii i Nietzsche: Filosofiia tragedii, 1903)의 소개가 저널리즘에서 센세이셔널하게 선전된 것을 들고 있다. 요컨대 자기비판을 포함하지 않는 메이지 이후의 '근대화=서양화' 사상은 '가짜'이고 그것을 토대로 주창된 근대의 초극이 갖는 희비극성을 지적하는 것이다.

원래 후쿠다 쓰네아리는 패전후, 일찍이 「근대 일본문학의 발생(近代日本文学の発生)」(1945)을 쓴 무렵부터 일본의 근대의 초극 사상에 대해서 이야기하고 있다. 그 최초의 문예평론집 『근대의 숙명(近代の宿命)』(1947)은 권두에 「근대의 숙명(近代の宿命)」, 「근대의 극복(近代の克服)」 두 편을 배치시켜 놓고, 후자에서는 일본의 '근대의 확립'을 위해서는 서양 '근대의 한계와 그 극복'을 의도하지 않으면 안 된다는 역설적 논리가 필요하다고 주장한다. 「해설 반근대의 사상」은 말한다.

> 일본에 근대 같은 것은 없다. 그런데 있지도 않은 근대의 위기와 극복을 동시에 말하지 않으면 이미 설명할 수 없는 현실이 존재하는 것 역시 사실이다. 따지고 보면 이상한 일이다. 우리는 근대의 확립과 동시에 그 극복을 문제로 삼아야 한다. 이것이 도대체 가능이나 한 것일까? 극복이란 그 한계를 안 다음에 비로소 말할 수 있는 것이다. 그런데 한계에 주의하면서 그 확립에 전념하는 요령 있는 흉내가 과연 가능할까?

이처럼 단정을 먼저하고 그 위에 역설을 구사하는 레토릭 자체가 사실은 독일 낭만주의를 선도한 프리드리히 슐레겔이 구사하는 낭만적인 아이러니(romantische Ironie)의 계보를 계승한 서양의 '대리물'이다.

이상 요컨대, 마루야마 마사오는 「일본의 사상」에서 일본의 "'근대' 이해에 일찍부터 복잡한 음영"이 존재할 수밖에 없었다고 지적하며 "구화주의와 함께 '근대의 초극'적 사상도 거의 동시에 등장하는 운명에 있었다"고 한다. 그리고 오카쿠라 덴신이 러일전쟁기에 해외에서 쓴 『일본의 각성』을 일본에서의 근대의 초극의 이른바 효시라고 보고 이를 유럽에서의 근대의 초극 사상의 '예언'이라고 평가했다. 이와는 반대로 후쿠다 쓰네아리는 유럽에서 근대의 위기의 자각이 19세기 후반에 천재들에 의해 시작됐고 제1차 세계대전에 직면해서 그것이 확산되었다고 한다. 반면 일본에서는 1935년을 전후해 이러한 사상이 퍼져나갔다. 전쟁기의 고바야시 히데오에 이르러서 근대의 초극이라 부를 만한 사상이 등장했다는 구도로 생각하는 것이다. 이렇게 마루야마 마사오와 후쿠다 쓰네아리의 대조적인 관점은 일본에서 근대의 초극 사상의 전개를 생각할 때 크게 참고가 될 수 있다.


## 3. '근대'를 이해하는 데 얽힌 복잡한 음영

먼저 마루야마 마사오가 일본에서는 서양 근대가 위기에 직면해 있었기 때문에 "'근대' 이해에 일찍부터 복잡한 음영"을 띨 수밖에 없고, "구화주의와 함께 '근대의 초극'적 사상도 거의 동시에 등장하는 운명에 있었다."고 설명하는 부분을 검토해 보자. 여기서 말하는 '구화주의'는 청일전쟁(1894~1895)에 승리하고 경제에 탄력이 붙으면서 경공업의 대공장화가 진행되고 또 정부가 관영 야하타제철소(八幡製鉄所)를 설립(1901년)해 조업을 개시하는 등 중화학공업화에 나선 시기를 말한다.

당시 서양에 찾아온 근대의 위기는 존 스튜어트 밀이 『자유론』(On Liberty, 1859)에서 염려하고 있던 부르주아계급이 의회에서 다수파를 차지하여 정신적 자유가 압박을 당하던 현실만이 아니다. 영국 근대 경제학자 존 메이너드 케인즈가 『자유방임의 종언』(The End of Laissez-Faire)을 간행한 것은 훨씬 나중인 1926년의 일이지만 19세기 말에는 제국주의 간의 경쟁이 전쟁으로까지 진척될 예감 속에서 국내 모순의 조속한 해결이 재촉되며 자유방임 정책이 종식되어 가는 형편이었다. 영국에서 사회제국주의론이 태동하고 벤자민 키드가 『사회진화론』(Social Evolutionism, 1894)에서 기독교의 유대를 강화해서 사회를 재조직하는 방법만이 국내 모순을 해결하고 대영제국의 장래에 이바지한다고 주장했다.

이 주장은 일본 지식층에게도 거의 비슷한 시기에 알려졌다. 다시 말해서 허버트 스펜서의 철학을 신봉하고 일본에서 최초로 사회학을 만든 도야마 마사카즈(外山正一)가 1896년 철학회 강연 「인생의 목적에 관한 아신계(人生の目的に関する我信界)」(『哲学雑誌』 제24호, 1896.8)에서 이를 문제 삼아, 정교분리 원칙을 침범한다고 비난했다. 도야마 마사카즈는 스펜서의 사회유기체론과 사회진화론을 소개하여 일본 사회학 분야에서 선구자적인 존재가 되었다. 그리고 스펜서가 '적자생존(最適者生存)'의 원리를 알게 됨으로써 이기심 외에 애타심이 생겨난다고 주장하는 것에 대해서 도야마는 집단유지를 위한 자기희생을 마다하지 않는 개인이 많을수록 집단 간의 생존에서 승리할 수 있는 뛰어난 집단이라는 다른 원리를 내세운다. 집단의 생사가 바로 인생, 즉 인간성의 '진상'이며 개인의 생사는 집단 영속을 위한 신진대사, '가상'에 불과하다는 주장이다. 다시 말해 개인을 세포에 비유하는 서양식 사회생명체론을 집단주의로 역전시켜서 논증 없이 국가, 사회, 자

기의 일체화가 이루어질 수 있는 몰아적인 정신을 일본민족이 체현하고 있다면서 개인주의와 공리주의 또는 사회주의를 비판하는 논진을 펼친 것이다.

당시 번성했던 청일전쟁 승리에 대한 문명론적 총괄을 둘러싼 논란은 그 내용이 제멋대로일지 몰라도 서구화의 성공에서 그 원인을 찾는 경향이 강했다. 반면, 청조 중국보다 우수한 일본의 장점을 내세우는 태도도 담겨있다. 전쟁에는 순식간에 승리하고 내셔널리즘이 고양됐지만 '삼국간섭'을 받아 요동반도에서 철병을 해야 했던 정부가 '와신상담'을 표어로 내세워 국민의 불만을 잠재운 이듬해의 일이다. 메이지기 양학자(洋學者)들의 관념 속에 운명공동체로서의 '민족' 원리 같은 것을 새롭게 만들려는 움직임이 태동하고 있던 일례로 생각할 수 있다.

마루야마 마사오가 말한 대로 일본에서는 서구 근대의 위기가 감수되고 그래서 "'근대' 이해에 일찍부터 복잡한 음영"을 띠고 있었다. 마루야마는 오카쿠라 덴신의 『일본의 각성』에서 서구에서의 근대의 초극에 대한 예언의 징조를 읽어냈지만, 20세기 전환기 일본 지식인들은 거의 동시대의 서양사상을 수용하고 이와 함께 19세기 근대를 넘어서려는 사상이 등장했다. 오카쿠라 덴신의 『일본의 각성』도 그중 하나에 불과하다. 그것은 『동양의 이상—일본 미술을 중심으로』, 『차에 대한 책』(The Book of Tea, 1906)과 함께 물질문명을 구가하는 서양에 대해서 혹은 황화(黃禍) 사상이나 일본의 호전적 자세에 대한 인상을 상쇄하기 위해 동양의 평화적 정신의 우위를 주장한 이른바 삼부작 중의 하나였다. 그것을 생각한다면 우리는 오카쿠라 덴신의 동시대 사람들에게 좀 더 시야를 넓혀 봐도 좋을 것이다.

무교회파(無教會派) 기독교를 일본에 창설한 우치무라 간조(內村

鑑三)가 『대표적 일본인』(Japan and japanese, 1894; Representative Men of japanese, 1908)에서 공리주의의 침투를 저주하고 분노하여 '봉건' 세상의 질서를 찬미한 것을 기독교인이었던 마루야마 마사오가 모를 리 없다. 우치무라 간조는 이 글에서 중국 명나라에 주자학이 과거시험을 위한 학문이었음을 비난하고 주자학의 '성즉리(性即理)'—인간의 본성은 '이치'에 따른다—에 대해서 '심즉리(心即理)'—인간의 마음과 정은 '이치'에 따른다—를 대치시키고, 양명학을 내세운 왕양명(王陽明)을 동양에서 그리스도에 '가장 가까이 접근한 사람'으로 평가했다.

또 얼마 후 메이지의 문호 고다 로한(幸田露伴)이 「상인기질의 오늘과 옛날(商人気質の今昔)」(1911)에서 러일전쟁후, 신용제일을 모토로 가게의 신용을 지키는 전통적 상법이 갑자기 무너지면서 경쟁제일로 고객을 유인하는 상법으로 전환했음을 지적하고 있다. 또 경제 기사가 많이 실리던 잡지 『성공(成功)』에 연재한 에세이 「사용하는 자의 고락, 사용당하는 자의 고락(使用する者の苦楽、使用さるる者の苦楽)」에서는 정치가가 자본가와 결탁하여 정치가 경제에 침범되고 또 국경을 넘어 자본이 사람들의 생활과 문화를 변화시키는 사태에 경고를 하면서 상호부조가 사회의 원리여야 한다고 주장, 사유재산 등은 미개하다고 말한다. 연재 마지막 글인 「생산력 및 생산자(生産力及び生産者)」에서는 자본주의의 구조, 자본가가 의회에 영향을 미치는 상황의 폐해, 또 그 국제성을 간파하여 "재력(資力)의 압박에 대해서 개인 자체를 지키려는 것에 기초한 사상이나 감정이 어떻게 위험사상이겠느냐"며 노동자 파업이나 사보타주의 정당성을 강조한다. 아울러 일본은 제국주의의 길을 가서는 안 된다고 경고한다(『修省論』 1916). 대역사건 이후 사회주의 사상이 철저히 억압당한 시기의 에세이이다.

또한 고다 로한은 쇼와(昭和) 시대를 통틀어 롱셀러가 된 『노력론(努

力論)』(1912)에서 유학에 나오는 '날마다 새롭게 하라'는 관념을 이용해 '자기 혁신'을 설파한다. 즉 그러한 노력으로 '세상이 진보한다'고 보는 유학과 전혀 무관한 사회진보사관을 주장하고 있다. 발간하면서 덧붙여 쓴 1장 「밀물썰물(進潮退潮)」에서는 도교적인 '일기유행(一氣流行)'이라는 관념에 서서 생존경쟁설이 전체의 일부분만 보는 인간의 얕은 지혜라며 다위니즘을 지양한다. 그리고 태양열로 식물이 광합성을 해서 엽록소를 만들고 그것을 동물이 먹어 영양을 섭취하는 등의 자연과학적 지식을 구사하며 모든 "현상은 본래 단지 힘이 이동하는 모습"이라고 설명하고, '우주의 대동력'에 의한 '생생한 활동', 그 성쇠가 순환하는 세계관을 개진한다. 지구가 언제 대운석과 충돌할지 모른다고도 하는데 중국 전통사상과 당대의 물리화학 에너지이원론을 조합하고 결합시킨 일종의 생태적인(ecologica) 사상을 전개한다. 중국 고대 '기(氣)'의 관념에 대해서는 "물체가 발하는 미분자 같은 것을 칭한다고 해석해도 상관없다"(「설기산하어(説気山下語)」)며 이른바 원자론적으로 해석하고 있다.

다만 로한은 '에너지불멸(力不滅)'설, 즉 에너지보존법칙을 음미하고 과학이 '권내의 설'이라는 것, 즉 그 카테고리 범위 내에서의 그 시대, 그 수준에 국한된 진리임을 비유클리드기하학 등을 끌어와서 제안하고 그 한계를 지적한다. 우주는 그 구성조직이 깨지면 사멸할 수밖에 없지만 아직 활동기에 있다며 논의는 결론이 난다. 물질이든 에너지든 물리법칙을 표현하는 좌표계의 차이에 불과하다고 하는 아인슈타인의 특수상대성이론(1905)을 빌려 온 듯한, 아니 한층 더 나아가 고대인들에게는 고대인 나름의 진리가 있었다고 역사적으로도 상대화하고 그것을 현대에서 해석하는 사고법이라 할 수 있다.

유럽 세기말 데카당스의 풍조 또한 이미 20세기 초기 일본에 받아들여졌다. 오구리 후요(小栗風葉)가 소설 「탐닉(耽溺)」을 발표한 것이 1908년인데, 이와노 호메이는 그것을 단순한 주지육림(酒池肉林)의 일이라며 자신의 소설 「탐닉(耽溺)」(1909)의 타이틀이 진정한 데카당스의 번역어라고 선전했다. 일본의 민중은 러일전쟁에서 근대국가 간의 전쟁이 얼마나 인간의 육체를 훼손하는 일인가를 지겨울 정도로 겪었고, 전쟁후 경쟁사회의 도래가 사회를 얼마나 좀먹는지도 알았다. 근대에 대한 회의와 그것으로부터의 구제, 그리고 탈락을 좋다고 보는 생각도 확대되었다.

요컨대 20세기 전환기 일본에서는 서양 산업혁명의 첨단에 대한 캐치업을 도모하면서 거의 동시대 근대 문명비판에 대한 서양사상을 받아들이고 일본 근대화의 진전이 초래한 폐해에 대해서 다양한 반응이 차례차례 전개되었다. 그 이전에 후쿠다 쓰네아리가 말하는 서양 19세기 '일부의 천재'들에 의한 '반근대 사상'의 수용도 이미 진전되고 있었다.

마루야마 마사오는 '부의 우상숭배'에 빠진 서양에 경고를 보내는 오카쿠라 덴신의 『일본의 각성』에서 한 구절을 끌고 왔지만 그것을 읽은 영미 지식인 중에는 토머스 칼라일의 『과거와 현재』(Past and Present, 1843)[3]의 메아리를 듣는 듯이 생각한 사람도 몇 명이나 있었으리라 생각된다. 또는 오카쿠라 덴신은 칼라일이 인간의 손발이 기계처럼 다뤄져서 사회의 기계처럼 운영되고 있음을 고발한 초기 논문 「시간의 징조」(Signs of the Times, 1829)에 대해서도 알고 있었던 듯 싶다.

---

**3** 신앙심과 노동의 고귀함을 강조하고 약육강식과 수요공급의 법칙, 또 자유방임 (laissez-faire) 정책으로 노동자가 곤궁에 빠졌음을 알리고 자본가의 배금주의와 귀족의 유희주의를 격퇴해 현금결제가 인간과 인간을 잇는 유일한 사슬이 된 영국사회가 위기에 처해 있음을 호소하고 있다.

오카쿠라 덴신은 1881년부터 어니스트 페놀로사의 조수로 일하며 사원 창고에 잠들어 있던 고대 불상 발굴에 나섰다. 페놀로사는 일본으로 오기 전에 쓴 논문 「범신론」(Pantheism, 1874)에서 랄프 왈도 에머슨 등의 스피리추얼리즘(spiritualism)을 신봉하는 자세를 보이고 있었다. 그런 페놀로사가 에머슨의 동지라고 할 만한 칼라일의 사상을 알지 못했을 리 없다. 그것이 헤겔의 『미학 강의』(Vorlesungen über die Ästhetik, 사후 1835)로의 경도로 이어지고 동양의 정신성에 대한 숭배 감정의 토대가 된 것도 틀림없다. 그리고 페놀로사는 일본을 떠난 후 분명히 상징주의로 입장을 선회한다.

페놀로사와 함께 불상 발굴에 힘썼던 오카쿠라 덴신의 『동양의 이상』에는 헤겔의 『미학 강의』를 비판적으로 섭취한 흔적이 역력하다. 우에노(上野)의 예술대학(芸術大学)에 보존되어 있는 영국의 헤겔학파(Hegelian) 버나드 보즌켓이 초역한 『미학 강의』를 보면 오카쿠라 덴신의 것으로 보이는 메모 흔적이 남아 있다고 한다.

일본인이 공적으로 편찬한 최초의 『일본 미술사(日本美術史)』는 1900년 파리 만국박람회를 겨냥한 것이었다. 이 책은 고대 불교미술 소개에 역점을 두었다. 유럽에서 가쓰시카 호쿠사이(葛飾北斎) 등의 우키요에(浮世絵)와 같은 근세의 민중예술을 중심으로 일본미술이 찬양되던 분위기를 전환해 보려는 의도였다.

이 책 편찬의 중심 멤버였던 오카쿠라 덴신은 페놀로사와 마찬가지로 나라(奈良) 왕조시대의 불상이 그리스·로마의 조각에 필적한다고 생각하고 있었다. 그리고 파리 만국박람회에서는 나라 왕조시대의 불상을 전시하고 그중 세 개가 루브르에 수장되었다.

그래서 『동양의 이상』 중 「노자교와 도교 — 중국 남부(老子教と道教 — 中国南部)」(Laoism and Taoism-Southern China)라는 장에서는 5세기

(오늘날에는 6세기 전기라고 본다)의 사혁(謝赫)의 말 "사물의 리듬을 통해서 나타나는 정신의 생명적 운동"(The Life-Movement of the spirit through the Rhythm of Things)을 소개하고 있다. 이것은 사혁이『고화 품격(古畵品格)』에서 말하는 회화의 육법(六法) 중 가장 중요하다고 여긴 '기운생동(氣韻生動)'(그림에 '기운'이 생생하게 흘러넘치는 것)을 번역한 것이다. 덴신은 '기운'의 번역에 대문자인 Spirit을 이용하고 있다. 그리고 이렇게 말한다.

美는 우주에 편재하는 생명의 원리(the vital principle that pervaded the universe)이든, 별 빛 속 또 꽃의 생생한 색채, 지나쳐 가는 구름의 움직임, 흘러가는 물의 운동 속에서 반짝이는 것이다. 우주의 대령(the great World-soul)은 인간에게 서로 같이 침투하여 우주의 생명(world-life)을 명상 속에서 관조하는 우리 앞에 펼쳐진다. 생명 존재의 수많은 놀라울 만한 현상 중에 예술가의 정신이 스스로를 비출 수 있는 거울을 발견할 것이다. (사에키 쇼이치(佐伯彰一)번역, 〔 〕는 원문에서)

'우주의 대령'은 미국 시인 에머슨의 에세이「대령(大靈)」(The Over Soul, 1841)을 연상시킨다. 헤겔이 주장하는 정신성과 생명성(Lebendigkeit), 그리고 에머슨의 초월적 정신을 도교의 '기(氣)' 관념으로 받아들였기 때문에 '우주에 편재하는 생명의 원리' 및 우주의 활동이나 활력을 의미하는 '우주의 생명'이라는 관념이 만들어졌다고 할 수 있다. 이것이 바로 덴신이 생각한 미(美)의 '궁극적인 것', '보편적인 것'이며 '일본 미술 전통'의 근간에 있는 것이었다. 다시 말하면 '기(氣)'의 관념을 구체적으로 느낄 수 있도록 묘사한 그림이야말로 동양의, 그리고 일본의 '미(美)'의 정수가 된다.

덴신은 그것을 '동양적 낭만주의'라고 부르는데 그가 지도를 받은 히시다 슌소(菱田春草), 요코야마 다이칸(橫山大観) 등이 이른바 '몽롱체(朦朧體)'로 나아간 이유는 중국 산수화를 상징주의 이념에 따라 이해했기 때문으로 보인다.

오카쿠라 덴신은 1886년에서 1887년까지 페놀로사와 미국으로 갔을 시절, 아르누보의 유행에도 관심을 가졌다. 모리스, 러스킨을 시작으로 그 정신의 근원을 칼라일로 거슬러 올라가 탐구했다는 추측도 충분히 가능할 것이다.[4]

## 4. '근대화=서양화' 도식의 희비극

후쿠다 쓰네아리가 「문명개화 비판」 서두에서 설명한 나쓰메 소세키의 「현대 일본의 개화」는 메이지기의 문명개화가 외발적이었다는

---

**4**  칼라일은 일본에서는 그 문장이 자주 영어 교과서에 채택되는 등 메이지 중기부터 지식층에게 잘 알려져 있었다. 민우사(民友社)의 「십이문호(十二文豪)」 시리즈로 히라타 히사시(平田久)의 『칼라일』(1893)과 기타무라 도고쿠(北村透谷)의 『에머슨』(1894)이 있고, 칼라일과 에머슨의 친분은 물론이고 칼라일이 한때 친했던 존 스튜어트 밀과 결별을 한 에피소드 등도 일반적으로 알려지게 되었다. 칼라일의 사상은 범신론 내지 신비주의자로도 불리며 또 젊은 날에 급진주의의 논진을 펴고 늙어서는 보수주의로 돌아선 일 때문에 명확한 상을 잡기 힘든 부분이 있다. 동시대에는 특히 정신의 고결함이 역사를 움직인다고 주장한 『영웅, 영웅숭배와 역사에서 영웅적인 것에 대해서』(On Heroes and Hero Worship and the Heroic in History, 1841, 일반적으로 『영웅론』 내지 『영웅숭배론』으로 알려져 있다)나 『프랑스혁명사』(The French Revolution: A Histor, 1837), 『올리버 크롬웰』(Oliver Cromwell's Letters and Speeches, with Elucidations, 1845)의 편찬 등 사론가(史論家)로서도 유명하다. 특히 『영웅숭배론』은 1893년부터 20세기 초기에 걸쳐 때마침 일어난 '수양(修養)' 붐을 타고 반복해서 번역, 간행된다. 쓰보우치 쇼요(坪内逍遙)의 『영국문학사(英国文学史)』(1901)도 제12장을 칼라일에 할애하고 있다.

것을 지적한다. 그리고 소설 『그후(それから)』(1909)에 등장하는 다이스케(代助)가 서양문명의 길을 서두르는 일본을 소를 흉내 내는 개구리에 비유하며 "언젠가 배가 터질거야."라고 말한 대사도 유명하다. 하지만 「현대 일본의 개화」에서 소세키는 "아무리 피상적이고 수박 겉핥기라도 눈물을 머금고" 따를 수밖에 없다고 말한다.

이 글에서 소세키는 "원래 인간의 목숨이나 삶이라 부르는 것은" "활력의 시현이나 진행이나 지속이라 평가하는 것 외에 방법이 없다"고 말한다. 이 '활력'이 에너지의 번역어임은 나중에 도쿄고등공업학교에서의 강연('おはなし」 1914)에서 「현대 일본의 개화」 속의 이 조목을 들어서 'energy'라는 영어를 사용하고 있는 것을 보면 명확하다.

소세키가 여기서 근본적으로 문제 삼던 것은 개화가 외발적이냐, 내발적이냐, 개화에 따라야 하느냐 마느냐와 같은 것이 아니었다. 소세키는 인간의 '활력'의 발현에는 '의무'와 '도락' 두 가지 면이 있는데 동시에 문명개화에 의해서 충족되어야 함에도 불구하고 '생존의 고통'이 줄어들고 있지 않은 것을 '개화의 패러독스(paradox)'라고 한다. 이것이 바로 소세키가 지적한 문제였다.

욕망이 충족되면 더 큰 욕망을 낳는 것은 언제 어디서나 변함이 없다. 욕망의 재생산이 더 큰 '고통'을 낳는 것 자체는 패러독스가 아니다. 하지만 소세키는 그것을 패러독스라고 생각했다. 『양귀비꽃(虞美人草)』의 후지오(藤尾)가 자살하는 것을 비롯해서 여기저기에서 '활력'의 자유로운 발현에 경계를 게을리 하지 않았다. 소세키가 추구한 것은 서양에서 밀려들어온 '생활욕'의 갱신의 풍조로부터 자유로워지는 것이었다.

소세키가 만년에 '칙천거사(則天去私)'를 좌우명으로 한 것은 잘 알려진 바이다. 한자어 '사(私)'는 원래 '아(我)'와 구분해 사용되어서 '공

(公)'의 뜻에 반대되는 사리사욕을 의미한다. 중국에서는 지금도 변함이 없다. 즉, 소세키의 도의(道義)는 '천(天)'이 정한 길을 따르는 것 외에는 없었다. 에도시대에 민간에 유행한 천도(天道) 사상과 그리 다르지 않다. 소세키가 추구한 것은 그 같은 도의를 지키고 자기 스스로 책임을 지는 주체였다. 그것이 「나의 개인주의(私の個人主義)」(1914)에서 말하는 '도의상의 개인주의'가 의미하는 바이다. 그리고 그것이 소세키에게는 '메이지 정신'이었다. 그래서 소설 『마음(こころ)』(1914)에 등장하는 선생님은 친구를 배신한 자신을 재판하게 된다.

이는 바로 에너지가 '원래 인간의 목숨이나 삶이라 부르는 것'의 근저에 있다는 소세키의 인생관의 저변을 관통하는 에너지일원론에 착목해서 얻은 결론이다. 이것마저도 후쿠다 쓰네아리는 가짜 '근대'를 가짜 지식으로 공격하는 패턴으로 지적할 수 있을까.

그런데 소세키의 문명비판을 말할 때면 개화의 외발성이나 소설 『그후』속 다이스케의 대사만을 문제시 해 왔다. 그 이유는『문학계』의 「근대의 초극」 좌담회, 특히 나카무라 미쓰오가 제기한 내용을 검토하는 과정에서 대답을 찾을 수 있을 것이다. 즉 일본에서의 근대의 초극 사상에 대한 후쿠다 쓰네아리의 견해, 그 시대착오는 전쟁기의 근대의 초극 논의를 계승하면서 만들어진 것이었다.

메이지 이후를 '근대'라고 부르기 시작한 것은 주로 1920년대 마르크스주의자들이고 그것은 자본주의의 길을 걸어왔다는 뜻이었다. 후쿠다 쓰네아리의 말은 정신문화의 의미이다. 그런 의미에서 메이지 이후 '근대화=서양화'는 예컨대 고바야시 히데오가 「고향을 잃은 문학(故郷を失った文学)」(1933)에서 "근대화라는 말과 서양적이라는 말이 같은 의미를 갖는 우리나라의 근대문학"이라고 말했을 때의 일이다. 그것은 말 그대로인데, 고바야시는 이를 전통주의의 대두를 겨냥해

구화주의 입장에서 발언했다. 고바야시 히데오는「근대의 초극」좌담회 무렵에는 일본의 전통을 탐색하는 입장으로 이행했다. 일본의 근대의 초극 사상에 얽힌 희비극을 말한다면 우선 이 일을 언급해야 할 것이다. 그리고 그 논의에 농락당한 자신의「해설 반근대의 사상」의 희비극성에 후쿠다 쓰네아리가「문명개화 비판」으로서 두 번 째로 언급하는 나가이 가후의「신귀국자의 일기」는 서양의 물결에 저항해서 새롭게 만들어져야 할 '국민음악'의 씨앗을 에도시대 민중음악에서 찾는 작곡가의 모습을 보여준다. 그는 해외에서 유학하며 민중생활에 뿌리내린 국민음악 창조의 움직임을 배워서 돌아왔다. 후쿠다 쓰네아리가 말하는 가짜 '반근대' 사상의 부류이다.

다만 서양의 국민음악이 대다수 농민들의 포크송에서 테마 또는 모티브를 얻은 반면, 가후가 쓴「신귀국자의 일기」는 유곽의 샤미센(三味線) 소리에서 그것을 찾고 있다. 일본에서는 이미 에도시대에 지방의 '민요'가 유곽에서 일정 수준의 세련미를 얻어서 도시 서민문화의 속요(俗謠)로 전개되었기 때문이다.[5]

나가이 가후의『굽이 낮은 왜나막신(日和下駄)』(1917)이 도쿄의 근대화에 따른 변화를 고발하고 번화가의 뒷골목에 숨어 있는 민중의 애환에서 미를 추구한 것도 잘 알려져 있다. 이것은 프랑스 시인 샤를 보들레르가 산문시집『파리의 우울』(Le spleen de Paris; petits poèmes en prose, 1869)에서 가난한 사람의 생활 속에 바로 아름다움이 있다고 말

---

**5** 덧붙여서 말해 두면, 20세기 전환기에 모리 오가이나 우에다 빈(上田敏)이 독일에서 배워 와서 '민요'의 수집을 호소하고, 문부성도 악보를 포함해 수집에 나섰지만 이것은 한편으로『만엽집(万葉集)』의 재평가를 진전시키고 또 한편으로는 에도시대에 속요를 수집한 서적의 번각도 진행시켰다. 그리고 신체시(新体詩)에도 고우타풍의 리듬이 급물살을 타기 시작했다. 소설에도 농촌과 함께 기온(祇園)의 정서 등 로컬 컬러(지방색)를 담아내는 작풍이 활발해진다.

한 부분을 응용한 것이라고 볼 수 있는데, 전근대 중에서 에도의 뒷골목에 샤미센의 소리가 흐르고 있는 그런 풍경은 파리의 번화가에는 없었다. 20세기 전환기 파리에서는 민요조를 도입한 도회풍의 가요가 유행했다. 일본의 시인들은 그것을 민감하게 받아들였지만, 그 유행은 일본 쪽이 훨씬 빨랐고 실제 그것이 밑거름이 된 것이다.

후쿠다 쓰네아리가 '문명개화 비판'의 세 번 째로 꼽고 있는 것은 다니자키 준이치로의 『음영예찬』인데, 행등(行燈) 등불에 비추는 희미한 빛에 대한 향수를 불러일으키는 것이었다. 1910년대에 일본의 어느 가정에서든 전등불이 들어오고 도시바(東芝) 전구는 비약적으로 빛의 밝기를 올렸다. 그 시기에 행등 불빛 아래의 음영을 예찬한 다니자키 준이치로의 시국에 대처하는 방법은 훌륭하다고 할 수밖에 없지만, 다니자키는 이 글에서 왕조시대의 궁중 여성의 모습이 풍기는 아른거리는 요염함에서부터 에도시대 여인숙의 행등까지 촛불의 불꽃의 흔들림이 만드는 환영처럼 미를 찬미하고 있다. 사실 1930년대 아카데미즘의 문예학과 미학(美學) 중에서 '일본적인 것'의 대명사처럼 취급된 것은 중세 선림(禪林)의 생활문화에서 길러진 '와비(わび), 사비(さび)'나 유현(幽玄)을 중세의 '미학'으로 간주했다. '미학'은 진(眞)·선(善)·미(美)를 분리해서 보는 서양 근대의 소산이며 동양의 전통에 그 습관은 없다.

즉 일본 근대화의 위기를 감수하고 그 초극을 목표로 하는 의지에는 마루야마 마사오가 말하는 "거대 도시의 잡연함(무계획성의 표현!)'에 한층 더 자극받아서 다양한 멜로디로 나타나는 '근대의 초극'"에는 "일가일촌 '집안끼리'의 공동체적 심정 혹은 그것에 대한 향수"뿐만 아니라 실로 다양한 지향이 있다. 에도시대의 서민문화에 대한 향수나 왕조미학이나 중세미학도 함께 생각하지 않으면 안 된다. 그 '통주저음'이 무엇인지를 결정하는 것은 논자의 사유라기보다 자의에 의하게 된다.

후쿠다 쓰네아리의 말대로 서양의 합리성과 실증주의 정신, 자아의 각성, 개인의 자유는 기독교하에서 신으로부터 만인에게 골고루 주어진 이성이라는 생각이 있었기에 키워진 것이다. 기독교가 뿌리내리지 않은 일본에서는 서양근대와 같은 것이 자랄 수 없다.

하지만 동아시아에는 주자학이 제일의 원리에 두고 있는 '천리(天理)'에 대한 생각이 있고, '성즉리'나 양명학의 '심즉리'의 사유가 있었다. 그 '이치'는 우주 혹은 자연이 갖고 있는 것이라 믿었다. 절대적 초월신이 주는 것으로 보는 기독교가 말하는 자연의 법칙성이나 인간의 이성과는 다르다. 그러나 예를 들어 네덜란드의 천문학을 배운 미우라 바이엔(三浦梅園)은 나가사키(長崎)의 네덜란드 통역사와 문답을 주고받고, 난학(蘭學)과 주자학이 서로 많이 다르지만 "서양의 학문은 필경 궁리의 학문이다(『帰山録』 1778)."라고 납득했다. 난학의 자극을 받은 에도후기 오사카의 민간 유학자 야마가타 반도(山片蟠桃)는 철저한 주자학 합리주의를 제시한 것으로 잘 알려져 있다.

또한 메이로쿠샤(明六社)를 나와 후에 제국대학 총장이 된 가토 히로유키(加藤弘之)가 『진정대의(真政大意)』(1870)에서 일찍이 천부인권론의 논진을 폈을 때 양명학이 수용 그릇으로 작용한 기색이 농후하다. 공화주의에 경도되어 있었다고 나중에 스스로도 회고한다. 또 우치무라 간조가 기독교를 양명학으로 받아들인 것은 우치무라가 『대표적 일본인』에서 왕양명을 동양에서 가장 그리스도에 가까운 사람으로 평가한 것이 잘 말해준다. 니토베 이나조(新渡戸稲造) 또한 그랬다는 것은 『무사도』(Bushido, the soul of Japan; an exposition of Japanese thought, 1899)에서 무사도의 형성에 양명학이 끼친 역할을 강조하는 독자적인 견해를 피력하고 있는 것에서 두드러진다.

동양에는 동양의 '자유'와 '평등'의 개념이 예로부터 있었다. 실증주의에 상응하는 것은 고대로부터 중국 사대부의 사상에 '사실(事實)'을 가지고 교훈으로 삼는 '역사(史)'에 대한 생각이 있었다. 또 문헌비판이나 해석논의도 왕성했다. 이런 중국의 사유는 일본의 흐름에 차질을 빚으면서도 기본적으로 받아들여지고 있었다. 서양근대에서 창조된 '민족전통'에 상응하는 관념도 유학에 대항하는 모토오리 노리나가(本居宣長) 등의 '국학(国学)'의 흐름이 만들어냈다.

일본에서는 서양의 '근대' 사상이나 '반근대' 또는 '근대의 초극' 사상도 말하자면 동양 내지 일본의 전통사상을 이용해 나름대로 받아들이고, 그것들에 상응하는 사상과 투쟁해 왔다고 할 수 있다. 그러나 후쿠다 쓰네아리는 그렇게 생각하지 않았다. 메이지 이후 '근대화=서양화'가 압도적이었던 신화—일본의 1920년대에 마르크스주의가 자본주의를 지표로 해 만들고, 그것을 1930년대에 고바야시 히데오 등이 정신문화로 확장한—를 순진하게 믿고 있었던 것이다. 그것들이 어떤 사상사적 맥락에서 생겨나서 언제, 어떻게 일본에 소개된 것인지, 그는 돌아보려고 하지 않았다. 후쿠다보다 조금 연상인 고바야시 히데오 등의 세대가 1930년대에 메이지시대부터 일본에서는 '근대화=서양화'가 압도적이었다는 역사관을 선전하고 또 20세기 전환기에 독일에서 간행된 근대문명의 위기를 알리는 레프 셰스토프의『비극의 철학』을 소개한다. 그리고 1942년에 입장을 바꿔서 근대의 초극을 논할 때, 즉 후쿠다 쓰네아리는 스스로 젊은 날에 경험한 사상사의 문맥에서 한 발짝도 나가지 않은 채 역설을 구사하는 레토릭으로 보수파 논객의 길을 걷고 있었기 때문이다.

후쿠다 쓰네아리가 언급하고 있는 슈펭글러『서양의 몰락』서문에는 괴테『파우스트』(Faust, 1808, 1833)에서 한 구절을 인용하며 니체에 대한 감사의 말을 기술하고 있다.『파우스트』에서 인용되는 부분은 살아서 유동하는 형태라는 생각을 말하는 내용이다. 니체에서 기독교 문화를 상대화하는 태도를 배우고 아울러 각 '문명권'의 형태를 파악하여 이를 생명체에 빗대어 성장하고 쇠퇴하는 모습을 비교하는 생각이 형성된 것이다. 유럽의 근대의 초극 사상의 근본은 19세기를 통해서 준비되고 있었다고 할 수 있다. 그럼 그것들은 어떻게 일본에 수용되고 있었을까.

『서양의 몰락』제1권의 번역서는 제1차 세계대전 이후 독일에서 저널리스트로 취재하러 간 무로후세 고신(室伏高信)이 자신이 창업한 출판사에서 1926년에 낸『아시아주의(亜細亜主義)』(1926)와 거의 비슷한 시기에 4권의 책으로 묶어 무라마쓰 마사토시(村松正俊) 번역으로 간행했다. 무로후세 고신은 그 이전, 근대 문명비판을 전개하고 특히 종합잡지『개조(改造)』를 무대로「기계의 논리(機械の論理)」(『改造』1924.10) 등에서 공업화 사회에 반대했다.「농주공종으로(農主工従へ)」(『改造』1925.3) 등에서 공업 노동자를 혁명의 주체로 하는 마르크스 사상을 비판하며 중농주의(重農主義)를 제창하는 등, 논단의 제일선에서 활약했다.『문명의 몰락(文明の没落)』(1923),『흙으로 돌아가다(土に還る)』(1924) 등이 널리 읽혔다.

이는 다이쇼시대에 니체의 번역, 소개 등으로 활약했던 이쿠타 초코가『초근대선언(超近代宣言)』(1925)에서 중농주의를 주장한 것과 시기와 궤를 같이 한다.『초근대선언』은 1910년대 이쿠타 초코의 네 번째 평론집으로 근대 물질문명이 낳은 '새로운 사물'에 대한 물신숭배를 공격하며 서양문화에서 '질보다 양을' 요구하는 것과 달이 동양문화에서는 '양보다 질을' 요구하는 것을 상위에 두고 이를 추구하는 길

을 '초근대'로 주창하고 있다. 그 권두의 글 「'새롭고' '낡음'의 문제(『新しい』『古い』の問題)」(1925.1)에서는 "대부분의 사람은 이 세계가 이 우주에 충만한 곳의 대생명이 미완성에서 완성으로 향하는 도중에 있다는 식으로 생각하는 것을 강하게 거부하려 하지 않는다."고 하며 생명원리주의가 확산되고 있음을 긍정적으로 인정하고 있다. 오카쿠라 덴신이 『동양의 이상』에서 말한 미를 이상으로 추구하는 세계관이 이른바 만연해 있던 것이다. 하지만 이쿠타 초코가 '초근대파'로 주장하는 것은 오카쿠라 덴신의 미학이 아니라 '중농주의'이다. 일본에서 자본주의의 전개, 대공장제, 중화학공업이 붕괴한다는 예감을 갖고 마르크스주의의 대두에 대항하는 주장이었다.

그리고 1929년 10월에 시작된 국제 금융공황은 그 해의 풍작기근(豊作貧乏)과 겹치면서 농촌공황으로 이어지면서 일본의 촌락(村落)을 절망의 구렁텅이에 빠뜨렸다. 1932년 해군 청년장교들이 내각 총리대신 이누카이 쓰요시(犬養毅)를 살해한 5·15사건에서 유격대, 농촌 결사대를 이끈 다치바나 고자부로(橘孝三郎)는 결기의 격문을 정리한 팸플릿을 내걸고 천황제하에서 농촌공동체를 주체로 하는 혁명의 전략적 전망을 말했다. 중화학 공업화를 추진하는 정부에 대해서 마르크스주의와는 다른 아시아주의·농본주의를 전략적 입장으로 하는 반격의 거사였다. 이는 1920년을 전후한 시기 이전부터 싹트고 있던 근대의 초극 사상이 과격한 형태로 표출된 것이었다.

마루야마 마사오의 「일본의 사상」이 이러한 중농주의와 농본주의 움직임을 가리켜서 근대의 초극 사상이라 부르고, 그 안에는 "일가일촌 '집안끼리'의 공동체적 심정 혹은 그것에 대한 향수"가 흐르고 있다고 한다면 일단은 이해할 수 있다. 하지만 마루야마 마사오가 직접 예로 든 오카쿠라 덴신의 『일본의 각성』이든, 혹은 후쿠다 쓰네아리가

「문명개화 비판」에서 꼽고 있는 나쓰메 소세키의 「현대 일본의 개화」, 나가이 가후의 「신귀국자의 일기」 등, 20세기 전환기에 등장하는 근대화에 대한 회의와 비판 내지 근대의 초극 사상의 모든 것이 중농주의와 농본주의 경향을 띤 것은 아니다. 전쟁기의 『문학계』의 「근대의 초극」 좌담회에서나 교토학파 『세계사적 입장과 일본』에서도 마찬가지이다.

마루야마 마사오의 「일본의 사상」 이후 2년 뒤, 프랑스 문학자로 문예비평에서 활약하던 데라다 도오루(寺田透)가 「삶에의 의지(生への意志)」(1959)라는 평론을 쓴다. 그 첫 부분에서 데라다는 니체의 『반시대적 고찰』(Unzeitgemässe Betrachtungen, 1876) 제2편 「삶에 대한 역사의 이해」(Vom Nutzen und Nachteil der Historie für das Leben, 1874), 베르그송의 제일 저작 『의식에 직접 주어진 것에 관한 시론』(1889), 앙드레 지드의 『지상의 양식』(Les Nourritures terrestres, 1897), 지그문트 프로이트 『꿈의 해석』(Die Traumdeutung, 1900), 또 덴마크 시인 에밀 베르하렌의 여러 시집, 베르하렌과 함께 다카무라 고타로(高村光太郎)를 매혹시킨 생명찬미의 조각가 로댕의 여러 작품(「발자크」(Statue momentale de Balzac)는 1898년, 「키스」(Le Baiser)는 1900년)을 들어서 "각기 삶의 가치의 부흥자(再興者)로서, 현창(顯彰)의 모습으로서 따로 꾸미지 않아도 바로 생각해 낼 수 있지만 지금으로서는 여기에서 제시한 사람들과 그 작품이 모두 개별적 고찰을 요구하고 또 그 편이 풍부하고 유익한 성과를 거두리라는 것은 분명하다. 하지만 이 시대—세기말이라고 보통 불리는 19세기 말이 그저 퇴폐의 시기가 아니라 일찍이 양식주의나 물질주의와 인간소외의 추세에 저항하는 생명의 반격이 시작된 시대였음도 분명하다."라고 말한다. 그리고 "유일한 부란 생명이다."라는 말을 내포하고 있는 지드의 『지상의 양식』 제1장을 인용한다. 또 여기에 이탈

리아 시인 가부리엘레 단눈치오, 영국의 퇴폐파 시인 오스카 와일드, 프랑스 시인 앙리 드 레이네, 쥘 라포르그, 옥타브 미르보, 그리고 영국 작가 데이비드 허버트 로렌스 등의 이름을 들고 있다.

데라다 도오루는 여기서 이러한 사람들의 '인간소외의 추세에 저항하는 생명의 반격'의 모습뿐 아니라 특히 D.H. 로렌스와 폴 발레리, 그리고 독일의 '생 철학'의 흐름에 속하는 게오르그 짐멜 등과 병행관계를 논하고 있다. 폴 발레리에 대해서는 "제1차 세계대전의 본질을 생명과 인간의 유기적 조직에서 유리되어서 오로지 권세의 자리를 차지한 정신이 그 생산물에 의해 행한 파괴작업이라고 보고, 그 점에 대한 확신이 제2차 세계대전이 절박해짐에 따라 차츰 깊게 굳어져서 마침내 만사를 수량화하고 모든 것을 무명의 인간의 기계적이고 무책임한 행위에 맡긴 현대문명의 생명소외와 인간 안에 있는 자연소외의 책임을 예전에는 그토록 찬미하고 자신이 전범(典範)이라고까지 본 데카르트와 그 일당으로 돌아가게 된 해당 인물"이라 평가한다. 데라다 도오루는 발레리의 후기에 나타나는 경향을 놓치지 않았다. 그리고 그러한 자세를 '반근대'라 부른다.

마루야마 마사오가 오카쿠라 덴신의 저작에 대해 지적한 근대문명에 의해 개인과 사회 제반의 관계가 '기계적 습관의 노예'로 변하고 있는 상황을 극복하려는 사상의 계보가 성애의 해방으로 수렴될지, 또 '반근대'라 할지를 일단 차치한다면 그것은 유럽 19세기 말에 이미 큰 흐름을 이루고 있었다고 할 수 있다. 또 그 인식은 마루야마 마사오와 동세대의 사람들—후쿠다 쓰네아리는 1921년, 마루야마 마사오는 1914년, 데라다 도오루는 1915년생—에게는 일정정도 공유되어 있었음을 알 수 있다.

또 경제부분에 있어서의 일본 나름의 근대화 문제는 1960년 전후

부터 외부로부터 들어왔다. 일본의 부흥, 고도 경제성장에 놀란 해외 경제학자들, 특히 에드윈 올드파더 라이샤워가 이끄는 미국의 일본연구자 그룹 등이 일본의 에도시대를 살펴보고 서양과 다른 근대화의 길이 있을 수 있다고 말하기 시작했다. 그러나 후쿠다 쓰네아리는 라이샤워를 실용주의자(pragmatist)로 규정하고「라이샤워 공세라는 것(ライシャ〜攻勢といふ事)」1963),「눈을 뜨고 춤춰라─'근대화'란 무엇인가(醒めて踊れ─『近代化』とは何か)」(1976)에서는 "일본이 에도시대에 이미 근대 국가로의 변모의 사회적, 경제적 조건을 충분히 갖추고 있었다."라고 하는 것 등은 새로운 이론이 아니라 "우리가 이미 전쟁 전부터 상식적으로 느끼고 있던 것"이라고 말한다. 전쟁 이전의 일본인도 또 라이샤워의 면면도 사회경제 조건뿐만 아니라 사상문화에 대해서도 에도시대의 '내재적 근대화'론을 다양하게 논의하고 있다. 그러나 후쿠다 쓰네아리는 라이샤워 등의 제기로 인해 소환된 전쟁 이전과 전쟁기의 기억을 회피하고 근대화를 합리화(rationalization)와 기계화(mechanization)에 대한 지향으로 정리함으로써 그 '독(毒)'에 대항하는 정신성의 문제로 이야기를 옮겨 간다. 그것을 인정하면 메이지 이후 근대화=서양화가 압도적이었다는 그의 일본 근대문화론의 대전제가 무너져 버리기 때문이다.

후쿠다 쓰네아리는 그가 1930년대 후반부터 40년대까지 문단에서 이루어진 일본의 근대화론이나 근대의 초극론에 귀를 기울이던 무렵, 자신보다 2살 정도 아래인 마루야마 마사오가 에도시대 정치사상의 내재적 근대화 문제와 씨름하고 있던 것, 그 일이 라이샤워에게 힌트를 준 것에 대해 잘 알고 있었다. 메이지 이후의 근대화=서양화 도식은 사상문화뿐 아니라 경제면에서도 1960년대에는 이미 국제적으로 전면 재검토가 제기되고 있던 것이다.

## 5. 전쟁기 '근대의 초극'을 되묻는 방식

제2차 세계대전 이후 오늘까지 '근대의 초극'이라는 말을 제목으로
한 책을 우선 살펴보자.

① 하나다 기요테루, 『근대의 초극』 (花田清輝, 『近代の超克』, 未
来社, 1959.6)

② 다케우치 요시미, 「근대의 초극」 (竹内好, 「近代の超克」, 筑摩
書房, 『近代日本思想史講座7』, 1959.11; 筑摩叢書 『近代の超克』,
1983)

③ 히로마쓰 와타루, 『'근대의 초극'론—쇼와 사상사에 대한 일단
상』 (廣松渉, 『「近代の超克」論—昭和思想史への一断想』, 朝日出
版社, 1980)

④ 야노 도오루, 『근대의 초극—세기말 일본의 '내일'을 묻는다』
(矢野暢, 『近代の超克—世紀末日本の「明日」を問う』, 光文社カ
ッパサイエンス, 1994)

⑤ 고야스 노부쿠니, 『'근대의 초극'이란 무엇인가』 (子安宣邦,
『「近代の超克」とは何か』, 青土社, 2008)

⑥ 스가와라 준, 『'근대의 초극' 재고』 (菅原潤, 『「近代の超克」再
考』, 晃洋書房, 2011)

①을 제외하고 모두가 전쟁기의 근대의 초극론을 주제로 삼고 있
다. 물론 이외에도 여기에 든 논고의 각각에 촉발되거나 이들을 대상
으로 논의하고 있는 글들도 수없이 많다. 그러나 검토할 만한 주요 문
제는 이들에게서 거의 망라할 수 있다. 그 대강을 둘러보면서 검토해

야 할 큰 문제점을 뽑아 보면 다음과 같다.

이들 가운데 특히 논의 대상이 되어 온 것은 ② 다케우치 요시미
「근대의 초극」이다. 당시 전쟁기의 근대의 초극 제기가 논의의 대상으
로 부상하고 이와 함께 재평가하는 움직임도 일어난 것을 설명한 후
『문학계』의 「근대의 초극」 좌담회, 교토학파의 『세계사적 입장과 일
본』(모두 1943), 『일본낭만파』의 움직임 등을 거슬러 올라가면서 (첫째)
일본에서는 반전·반파쇼 운동을 조직할 수 없었던 것에 대해서, (둘
째) 일본의 근대사가 안고 있는 아포리아에 대해서, 그리고 (셋째) 그
전쟁의 이중구조론을 제기한 논문이다.

이 논문에는 메이지시대부터의 일본 대외정책이 제국주의적 침범
과 아시아 민족독립이라는 이중의 기준을 세웠는데 그것을 '대동아공
영권' 구상이 사실상 일체화했다는 것 등, 검토해야 할 날카로운 지
적이 이루어지고 있어 오늘날에도 열심히 읽을 가치가 있다. 『일본낭
만파』에 대해서 근대의 초극과 관련시켜 생각해야 한다면서 『일본낭
만파』의 "난해함은 그것이 낭만주의를 자칭하는 데에 원인이 있다.",
"야스다가 완수한 사상적 역할은 모든 카테고리를 파괴함으로써 사상
을 절멸시킨 데 있었다."라고 하는 지적 등도 충분히 시사적이다. 또
"전쟁은 연속했으나 각 단계별로 성격이 변하고 또 여러 가능성의 선
택으로 진행된 것이다. 최종전이 대미영전쟁으로 시작될지, 대소련전
쟁으로 시작될지는 1940년경까지는 세력이 균형을 이루고 있어 거의
우연한 결정에 가까웠다."라고 하는 견해에도 주목해야 한다. 전자는
야스다 요주로의 평가에, 후자는 전쟁기 분석에 빼놓을 수 없는 시점
이다.

다케우치 요시미가 제기한 전쟁의 이중구조론은 곧 극동군사재판
에 대한 비판이었기 때문에 이 논문을 신호탄으로 해서 1960년, 미일

안보조약 개정을 둘러싼 국론을 양분하는 반대 운동의 고양을 두고 다음과 같은 논고가 나왔다.

- 우에야마 준페이, 「대동아전쟁의 사상사적 의미」 (上山春平, 「大東亜戦争の思想史的意味,『中央公論』, 1961.1)
- 하야시 후미오, 『대동아전쟁 긍정론』 (林房雄, 大東亜戦争肯定論,『中央公論』1963. 연재후 中央公論社, 1964)
- 아시즈 우즈히코, 『메이지유신과 동양의 해방』 (葦津珍彦, 明治維新と東洋の解放, 薪勢力社, 1964)

우에야마 준페이는 해군 특별공격대로서 인간어뢰·회천(回天)에 탑승한 경험을 지닌 철학자이다. 「대동아전쟁의 사상사적 의미」는 역시 '그 전쟁'의 이중성을 논했다.

하야시 후미오는 쇼와전쟁 전에 좌익에서 전향하고 『문학계』 좌담회에서도 충군애국 사상에 의한 서구 근대사상의 '초극'을 주장, 패전 후에는 GHQ에 의해 문필가 '공직' 추방을 당했다. 『대동아전쟁 긍정론』은 극동군사재판이 만든 역사관에 정면으로 반대하고 막부말기 이후의 '동아 백년전쟁'론을 제기한다.

아시즈 우즈히코는 전쟁 이전 시기에 아시아주의 단체, 현양사(玄洋社)를 이끌었던 도야마 미쓰루(頭山満)에게 사사한 인물이다. 『메이지유신과 동양의 해방』은 '패도(覇道)'을 부정하는 황도파(皇道派)의 입장에서 식민지 경영에 종사한 군인이나 관료도 일본에 의한 침략과 식민지 독립옹호라는 두 가지 입장으로 분열되어 있었다는 취지로, 이른바 다케우치 요시미나 우에야마 준페이가 주장한 '그 전쟁'의 이중성론을 일본의 식민지지배 전반으로까지 확장하는 글이다. 이러한 논의가 속발한 이유는 극동군사재판과 그 판결이 상당한 문제점을 지니고 있었기 때문이고, 그 논의는 오늘에까지 미치고 있다.

교과서재판으로 잘 알려진, 전체적으로는 비교적 온당한 입장을 유지한 역사학자 이에나가 사부로(家永三郎)가 극동군사재판에서 '재판의 모든 소인(訴因)에 관해서는 무죄'를 주장한 인도의 라다비노드 펄판사의 판결문을 '반공이데올로기'에 의한 것이라는 취지의 논문 「15년 전쟁과 펄 판결문(十五年戰爭とパール判決文)」(『みすず』, 1967.11)을 저술했다. 전쟁기에 벌어진 일본의 행동에 반공이데올로기가 관통하고 있는 것은 분명하다. 그런데 그 설명원리로서 반공이데올로기만을 드는 것은 의문이다. 또 판결문 내막에 펄 자신의 반공이데올로기를 알아챈 이에나가 사부로의 태도도 위기감 과잉으로 인한 단락(短絡)에 지나지 않는다는 비난을 면치 못할 것이다.

만주사변에서 중일전쟁으로 본격화되는 과정에 관해서 종종, 식민지를 거느린 일본이 자국의 '생명선을 지킨다'는 슬로건을 가지고 설명하는 경우가 많다. 그러나 그것은 국내용으로는 통해도 국제적으로 통용되는 것은 아니었다. 실제로 1932년 '만주국' 건국선언에 대해서 국제연맹 총회에서 기존 만주철도의 이권은 인정했지만 압도적인 다수의 표로 부결된 것이 '대국의 횡포'를 당한 많은 '약소국'의 부인의 표현이었다. 국제적으로 통용되는 것으로는 유일하게 '반공'의 깃발뿐이었다. 그래서 중일전쟁 본격화에 대해서도 그 해 9월 초순에 중국 국민당군(제2차 국공합작기)을 지원하기 시작한 소련은 별도로 하고 12월에 일본군이 난징학살사건을 일으키기까지 영국과 미국은 사실상 이른바 묵인하는 꼴이었다.

하지만 1938년 가을 제1차 고노에 후미마로 내각에 의한 '동아신질서', 1940년 여름 제2차 고노에 내각에 의한 '대동아공영권' 구상은 모두 '반공'에 국한되지 않는 광역 블록(block)론이었다. 그리고 그 브레인 트러스트(brain trust) 쇼와연구회(昭和研究会)가 낸 '동아협동체'론은 자본주의의 모순 및 민족갈등의 해결을 주장하고 있었다. 또 대동아전쟁을 둘러싼 교토학파 좌담회는 공산주의는 물론 파시즘도 제국주의도 자본주의, 민족주의, 민주주의 등 온갖 서양 '근대'의 원리를 뛰어넘는다는 것을 지향하고 있었다. 그래서 대동아전쟁이 한창 중에 근대의 초극이 구호가 될 수 있었다. 그런데 1941년 가을, 도조 히데키 정권은 그러한 지식인의 사상 신조를 짓밟는 언론탄압에 나섰다.

이렇게 굴절된 경위를 포함해서 전쟁기 근대의 초극 사상에 관해서는 만주사변에서 중일전쟁의 본격화, 제2차 세계대전의 동아시아 무대에서의 전개와 맞대면하면서 역사관과 사상사의 문제를 되물어 가야 한다. 그리고 연합국군이라는 승자측이 재판한 극동군사재판과 그것이 만들어낸, 그리고 그것에 반대하는 입장의 역사관에 관한 검토도 이루어져야 할 것이다.

③ 히로마쓰 와타루 『근대의 초극'론―쇼와 사상사에 대한 일단상』은 서브타이틀에 나타나 있듯이 전쟁기의 근대의 초극 문제에 이르는 쇼와 사상사를 교토학파의 동향을 중심으로 성실히 뒤쫓은 것으로 오늘날에도 이 이상의 연구는 바라기 어렵다. 히로마쓰 와타루는 이 책에서 마르크스주의를 근대의 초극 사상으로 여기는 신념 위에서 내재적인 비판에 집중하고 있다. 그러면서 전혀 입장이 다른 니시다 기타로의 철학 및 그것에 반응한 교토학파의 언설이 근대가 낳은 인간소외를 극복하려고 하는 의도 면에서는 철학에서의 근대의 초극에 상당한 기여를 했다고 본다. 과거 히로마쓰의 학생이었던 고바야시 도시아키(小林敏明)가 저서 『히로마쓰 와타루―근대의 초극』(講談社, 2007)에서 히로마쓰는 교토학파에 경의를 표하고 '공감'을 가지고 있다고 잘

못 읽을 정도로 내재적인 비판이 전개되고 있다.

교토학파 좌담회, 그중에서도 특히 제2회에 대해서 다케우치 요시미가 「근대의 초극」에서 "개전조칙을 이처럼 완벽하게 설명한 것은 전쟁 기간을 통해 없었다"고 한 말은 평가하고 있는 그대로이다. 어떤 정부 관계자의 말보다 지식층이 파악한 개전조칙의 정신을 잘 설명하고 있다. 그런 의미에서도 또 『문학계』 좌담회보다 훨씬 영향이 컸던 점에서도 전쟁기의 근대의 초극 문제는 교토학파 좌담회를 초점으로 삼아 생각할 수 있다. 그러나 그것은 전쟁의 실제 전개와 구별해서 생각해야 한다.

또 히로마쓰 와타루의 교토학파에 대한 비판에는 한계도 있다. 교토학파 좌담회가 당시 일본 제국주의정책을 대변한 것이라는 본질 규정에 그쳐서 그 정책의 내실에, 또 니시다 기타로나 미키 기요시(三木清)의 이념에 한 걸음 더 파고들지 못하고 있기 때문이다. 그것이 그가 만년에 '아시아의 시대'가 도래할 것을 예고하고 아시아주의자의 딱지를 걸게 된 원인이 됐다고 생각한다.

그리고 칼 마르크스의 사상을 자본제 생산양식이 창출한 '물상화(物象化)'에 대한 비판으로 재인식해서 '철학의 근대'을 넘어서는 '패러다임 체인지'라는 의미를 가지고 있던 것을 파헤치고, 변증법적 유물론에 선 인간의 인식=존재론의 구조(사지구조四肢構造)를 전개한 히로마쓰 와타루의 철학에 관해서도 전면적으로 검토해야 할 필요가 있다. 이러한 작업은 교토학파, 특히 좌파로 불리는 도사카 준(戸坂潤) 및 미키 기요시의 작업에 대한 재평가도 수반되어야 할 것이다.

④는 서브타이틀이 시사하는 것처럼 글로벌리제이션이 진행되는 와중에 주로 『문학계』의 「근대의 초극」론을 검토하는 시각에서 일본이 선 입장(stand point)의 역사적인 변화를 논의하고 있다.

⑤는 중국 사회과학원의 젊은 여성 논객인 쑨커(孫歌)에 의한『다케우치 요시미라는 문제(竹内好という問題)』(岩波書店, 2005)가 루쉰과 마오쩌둥 사상을 둘러싼 논의로 중국의 일본연구자에게도 주목을 받아 온 다케우치 요시미의 논문「근대의 초극」을 논하고 거기에 다케우치 요시미가 안고 있던 딜레마를 지적해서 화제가 된 것을 담아내고 있는 글이다. 다케우치 요시미의「근대의 초극」을 정면에서 비판하고 있다.

⑥은 일본에서의 니체 수용 등을 다뤄 온 젊은 연구자가 교토학파 좌담회『세계사적 입장과 일본』을 앞서 언급한 이쿠타 초코의『초근대선언』의 전개로 보는 넓은 시점에 서서 그 내실로 파고들어 각각의 입장 차이에 주목하고 있는 것이 특징이다.

이 외에도 미국에서 좌익 반대파적 입장에서 논진을 펴 온 해리 하르투니언이 쇼와전쟁 이전의 사상사를 꼼꼼히 추적한 대작『근대에 의한 초극—전간기 일본의 역사·문화·공동체』((Overcome by Modernity: History, Culture, and Community in Interwar Japan, Princeton University press, 2000). 우메모리 나오유키(梅森直之) 번역, 상·하권, 岩波書店, 2007)가 간행되었다. 이 책은 오늘날 국제적으로 일본연구자 사이에서 20세기 전반기의 양대전 사이에 동아시아에서 진행되었던 사상문화 현상에 관해서 유럽과의 차이에 주목하는 움직임이 일고 있으며 그중 하나의 결과물이라 할 수 있다.

| 참고문헌 |

加藤弘之, 1870, 『真政大意』, 谷山楼.

岡倉天心, 1903, *The Ideals of the East, with special reference to the art of Japan*, New York: Dutton.

_____, 1904, *The Awakening of the East*, New York: Century.

_____, 1906, *The Book of Tea*, New York: Putnam's.

谷崎潤一郎, 1939, 『陰翳礼讚』, 創元社.

菅原潤, 2011, 『「近代の超克」再考』, 晃洋書房.

廣松渉, 1980, 『「近代の超克」論―昭和思想史への一断想』, 朝日出版社.

内村鑑三, 1908, Japan and japanese(1894). *Representative Men of japanese*(『代表的日本人』), 岩波文庫のちワイド版.

鈴木貞美, 2015, 『「近代の超克」―その戦前・戦中・戦後』, 作品社.

林房雄, 1964, 『大東亜戦争肯定論』, 中央公論社.

福田恆存, 1947, 『近代の宿命』東西文庫.

_____, 1965, 『現代日本思想大系 32　反近代の思想』筑摩書房.

_____, 2008, 「ライシャワー攻勢といふ事」(1963), 「醒めて踊れ ―「近代化」とは何か」(1976), 『福田恆存評論集』第7卷, 麗澤大学出版会.

寺田透, 1972, 「生への意志」(1959), 『評論』5, 思潮社.

上山春平, 1961, 「大東亜戦争の思想史的意味」, 『中央公論』1月.

生田長江, 1925, 『超近代宣言』, 至上社.

小林敏明, 2007, 『廣松渉－近代の超克』, 講談社.

小林秀雄, 1933, 「故郷を失った文学」, 『文藝春秋』5月号.

孫歌, 2005, 『竹内好という問題』岩波書店.

矢野鴨, 1994, 『近代の超克―世紀末日本の「明日」を問う』, 光文社カッパサイエンス.

新渡戸稲造, 1899, *Bushido, the soul of Japan; an exposition of Japanese thought*, Leeds & Biddle.

永井荷風, 1909, 『新帰朝者日記』, 易風社.

_____, 1915, 『日和下駄』, 籾山書店.

外山正一, 1896, 「人生の目的に関する我信界」, 『哲学雑誌』24.

葦津珍彦, 1964, 『明治維新と東洋の解放』, 薪勢力社.

子安宣邦, 2008, 『「近代の超克」とは何か』, 青土社.

竹内好, 1959, 「近代の超克」, 『近代日本思想史講座7』, 筑摩書房.

_____, 1983, 『近代の超克』, 筑摩叢書.

夏目漱石, 2003, 「現代日本の開化」(1911), 『現代日本の開化ほか』, 教育出版.

幸田露伴, 1912, 『努力論』東亜堂書房.

_____, 1916, 『修省論』東亜堂書房.

花田清輝, 1959, 『近代の超克』, 未来社.

丸山眞男, 1961, 『日本の思想』岩波新書, 2015(改版).

Bergson, Henri, 1889, *Essai sur les donées immédiates de la conscience*.

Carlyle, Thomas, 1843, *Past and Present*.

D. Harootunian, Harry, 2000, *Overcome by Modernity: History, Culture, and Community in Interwar Japan*, Princeton University press.

Gide, Andre, 1897, *Les Nourritures terrestres*.

Keynes, hn Maynard, 1926, *The End of Laissez-Faire*.

Kidd, Benjamin, 1894, *Social Evolutionism*.

Löwith, Karl, 1940, *Der europäischen Nihilismus*.

Mill, J.S., 1859, *On Liberty*.

Nietzsche, F.W., 1876, *Unzeitgemässe Betrachtungen*.

Shestov, Lev lsakovich, 1903, *Dostoevskii i Nietzsche: Filosofiia tragedii*.

Spengler, Oswald, 1918, *Der Untergang des Abendlandes, Umrisse einer Morphologie der Weltgeschichte*, 1st vol.1.

_____, 1922, *Der Untergang des Abendlandes, Umrisse einer Morphologie der Weltgeschichte*, 1st vol.2.

y Gasset, J.O., 1930, *La rebelión de las masas*.

y Gasset, 1934-1961, *A Study of History*.

## 1부  질서·생활

### | 1장 |  고대 동아시아의 호적제도
### 김경호

성균관대 사학과를 졸업하고 동 대학원에서 박사학위를 받았다. 중국사회과학원 역사연구소 방문학자를 거쳐 현재 성균관대 동아시아학술원 교수로 재직하고 있다. 중국 고대 출토자료를 이용한 진·한시기의 역사와 문화 및 사상 등의 분야를 연구하며 최근에는 고대 동아시아사 전반으로 그 연구 영역을 넓혀가고 있다. 주요 논저로『중국출토문헌자료와 학술사상』(역서, 2010), 『지하地下의 논어, 지상紙上의 논어』(2012), 『한대 경학의 발전과 사회변화』(역서, 2015), 『문자의 발견 역사를 흔들다』(공역, 2016), 『인간 시황제』(역서, 2017) 등이 있다.

### | 2장 |  동아시아 근세의 호적(戶籍)
### 손병규

성균관대 동아시아학술원 교수. 동아시아 역사인구학과 조선시대 사회경제사를 전공하여 호적 및 족보, 재정자료의 전산화를 시행해 왔다. 호적 관련 논저로는『호적; 1606-1923 호구기록으로 본 조선의 문화사』(휴머니스트, 2007), 「明治戶籍과 光武戶籍의 비교」(『泰東古典研究』24, 2008), 「식민지 시대 除籍簿의 인구 정보」(『史林』30, 2008), 「13~16세기 호적과 족보의 계보형태와 그 특성」(『대동문화연구』71, 2010), 「18세기 말의 지역별 '戶口總數', 그 통계적 함의」(『史林』38, 2011), 「18·19세기 단성호적 가족복원을 통한 혼인·출산의 계층성 분석」(『한국문화』67, 2014), 「조선왕조의 戶籍과 통치체계」(『東洋史學研究』131, 2015), 「산 자와 죽은 자의 기재 - 戶籍과 族譜에 대한 역사인구학의 관점」(『朝鮮時代史學報』79, 2016) 등이 있다.

## |3장| 전근대 동아시아의 국제질서
### 고은미

성균관대 동아시아학술원 재직. 일본중세사 전공. 주요 연구분야는 동아시아 대
외관계사(9-14세기)이다. 저술로는 「南宋の沿海制置司と日本·高麗」, 『東京大学
日本史学研究室紀要　別冊　中世政治社会論叢』, 2013; 「宋銭の流出と「倭船入
界之禁」」, 『史学雑誌』, 2014; 「日本金の輸出と宋·元の貿易政策」, 『日本史研究』,
2015 등이 있다.


## |4장| 근세 동아시아의 토지 소유구조와 매매관습
### 배항섭

성균관대 동아시아학술원에 재직 중이다. 주요 연구 분야는 19세기 민중사, 19
세기 동아시아사에 대한 비교사적 이해 등이다. 최근에는 19세기의 동아시아사
연구를 통해 근대중심주의와 서구중심주의를 넘어 새로운 역사상을 구축하는
데 관심을 두고 있다. 대표 논저로는 『19세기 민중사연구의 시각과 방법』(2015),
『동아시아는 몇시인가? : 동아시아사의 새로운 이해를 찾아서』(공저, 2015), 「서구
중심주의와 근대중심주의, 역사인식의 天網인가」(『개념과 소통』 14, 2014), 「'근세' 동
아시아의 直訴와 정치문화」(『역사비평』 117, 2016), 「'탈근대론'과 근대중심주의」(『민족
문학사연구』 62, 2016) 등이 있다.


## |5장| 동아시아 촌락공동체론
### 정승진

성균관대 경제학과를 졸업하고, 같은 대학원에서 한국경제사로 박사학위를 받
았다(한국근대농업사 전공). 성균관대학교 대동문화연구원 연구교수, University of
Washington, Seattle, Jackson국제학부 방문교수, 전북대학교 쌀삶문명연구원
HK교수, 東京大學大學院 農學研究院 研究員을 역임하고, 현재 성균관대 동아
시아학술원 교수로 재직 중이다. 주요 저서로서 〈한국근세지역경제사: 전라도
영광군 일대의 사례〉(2003), 〈한말 일제하 나주지역의 사회변동 연구〉(2008, 공저),

〈근현대 지역공동체 변화와 유교 이데올로기: 지역공동체 재편 I〉(2016, 공저) 등이 있다.

## | 6장 | 현대 중국의 탄원(信訪)정치
### 백우열

연세대학교, City University of Hong Kong, 미국 UCLA에서 비교정치와 국제정치를 공부하였으며 현재 연세대학교 정치외교학과 교수로 재직 중이다. 성균관대학교 동아시아학술원 교수(2011-2016)와 성균중국연구소의 부소장(2014-2016)으로, 칭화대학교, 중국사회과학원, University of Hong Kong 등에서 연구원으로, 외교부 국정과제 평가위원으로 활동했다. 주요 학술적-정책적 연구 분야는 중국과 동남아시아, 중앙아시아, 남아시아의 정치경제, 국가-사회관계, 비교권위주의, 그리고 동아시아의 안보, 국제정치경제, 공공외교 등이다.

## 2부 지식·소통

### |1장| 동아시아 미학과 예술정신을 어떻게 이해할 것인가?
#### 조민환

성균관대학교 철학박사. 성균관대학교 동아시아학과 교수. 한국도가도교학회 회장. 춘천교대 윤리교육과 교수 역임. 한국서예학회, 한국도교문화학회 회장 역임. 『유학자들이 보는 노장철학』, 『동아시아문화로 노장사상을 읽는다』, 『중국 철학과 예술정신』외 동양미학, 도가도교관련 다수의 논문이 있으며 철학과 예술의 경계 허물기에 주력하고 있다.

### |2장| 유학의 전개와 조선의 주자학
#### 이영호

성균관대학교 한문교육과를 졸업하고 동대학원에서 조선시대 『대학』주석서에 관한 연구로 문학박사학위를 받았다. 현재 성균관대학교 동아시아학술원 HK부교수로 재직하면서, 조선시대 경학과 동아시아 경학을 연구하고 있다. 저서로 『조선중기 경학사상 연구』가 있고, 역서로 『이탁오의 논어평』, 『독논어대전설』 등이 있으며, 논문으로 「조선논어학의 형성과 전개양상」, 「이탁오의 논어학과 명말 새로운 경학의 등장」, 「공자와 부처 : 『논어』 주석사적 전통에서 바라본 유교와 불교의 교섭양상」 등이 있다.

### |3장| 17~19세기 조선과 청나라의 비학(碑學) 유행과 그 의미
#### 조성산

고려대학교 한국사학과를 졸업하고 같은 대학원 사학과에서 석사·박사 학위를 취득했다. 고려대학교 민족문화연구원 HK연구교수를 거쳐 현재 성균관대학교 사학과 부교수로 있다. 주요 저서로는 『조선 후기 낙론계 학풍의 형성과 전개』(지식산업사, 2007)가 있고, 주요 논문으로는 「16~17세기 北人 學風의 변화와 事天學으로의 전환」(『조선시대사학보』 71, 2014), 「申欽의 학문형성과 古學의 영향」(『민족문화연구』 65, 2014), 「18세기 후반 李喜經·朴齊家의 북학사상 논리와 古學」(『역사교육』 130, 2014), 「조선후기 소론계의 古代史연구와 中華主義의 변용」(『역사학보』 202, 2009), 「18세기 후반~19세기 전반 對淸認識의 변화와 새로운 中華관념의 형성」(『한국사연구』 145, 2009) 등이 있다.


## | 4장 | 근대 동아시아의 '천(天)'과 '진화(進化)'
### 김도형

성균관대 동아시아학술원에서 석·박사 졸업.
일본근대사, 사상사를 연구 중이며, 특히 '동아시아의 근대'를 보는 창으로써 메이지 초기 일본의 양학자(洋學者)들에 많은 관심을 갖고 있다. 현재는 성균관대 동아시아학술원에서 HK연구교수로 재직 중이다.


## | 5장 | 근대 동아시아의 기독교 수용과 확산
### 박은영

성균관대 동아시아학술원 HK연구교수로 재직 중이다. 성균관대에서 근대 일본의 비전평화사상에 관한 논문으로 박사 학위를 받았고, 일본 도시샤(同志社)대에서 근대 일본기독교사로 박사 학위를 받았다. 주요 연구 분야는 근대일본사상이며, 최근에는 동아시아적 시각에서 근대 이후 기독교 수용과 확산 문제를 연구하고 있다. 「근대 일본의 여성 '운동가' 간노 스가(管野スガ)에 대한 일고찰」(2016), 「15年戦争期における矢内原忠雄の平和論に関して」(2016), 「『교육과 종교의 충돌』 논쟁에 관한 일고찰 - 이노우에 테츠지로(井上哲次郎)와 요코이 도키오(横井時雄)의 논쟁을 중심으로」(2015), 「가시와기 기엔(柏木義円)의 주전론(主戦論)과 비전론(非戦論)」(2014)을 비롯한 다수의 논문을 저술했다.

| 6장 | 일본에서 '근대의 초극'을 되묻는 방식

　　　박이진

일본 오사카대에서 문화표현론을 전공, 아베 고보에 관한 논문으로 박사학위를
받았다. 최근에는 아베 고보를 포함하여 식민지출신 귀환작가들의 일본문학 내
에서의 위상 정립과 동아시아적 지평에서의 귀환사업 및 귀환자 문학에 관심을
갖고 연구 중이다. 현재 성균관대 동아시아학술원에 재직 중이다. 주요 업적으
로『아시아의 망령』(저서) 외에『오에 겐자부로 작가자신을 말하다』(공역),『韓國に
おける日本文學飜譯の64年』(공저),『전후일본의 생활평화주의』(공저), 그리고「전
후일본의 이방인들」,「The Postwar Experience of Repatriates」,「전후 '귀환 소년'
의 실존의식」,「집합기억으로서의 전후」등 다수의 논문이 있다.

# 동아시아로부터 생각한다

초판 1쇄 인쇄 2017년 4월 22일
초판 1쇄 발행 2017년 4월 30일

**책임편집**  배항섭 · 박소현 · 박이진
**편 집 인**  진재교(동아시아학술원)
　　　　　성균관대학교 동아시아학술원 02)760-0781~4
**펴 낸 이**  정규상
**펴 낸 곳**  성균관대학교 출판부 02)760-1252~4
**등　　록**  1975년 5월 21일 제1975-9호
**주　　소**  03063 서울특별시 종로구 성균관로 25-2

ISBN　　979-11-5550-224-2 94150

＊ 본 출판물은 2007년 정부(교육과학기술부)의 재원으로 한국연구재단(구 학술진흥재단)의
　지원을 받아 수행된 연구임(NRF-2007-361-AL0014).